W0334029

CONVOYEUR
DE LA MORT

Etty Mansour

CONVOYEUR DE LA MORT

ÉQUATEURS

ISBN 978-2-3828-4107-5.

Dépôt légal : août 2021.

© Éditions des Équateurs / Humensis, 2021.
170 *bis*, boulevard du Montparnasse, 75014 Paris.

contact@editionsdesequateurs.fr
www.editionsdesequateurs.fr

À Pierre Pachet,

et à ma mère.

« Les monstres existent, mais ils sont trop peu nombreux pour être vraiment dangereux ; ceux qui sont plus dangereux, ce sont les hommes ordinaires. »

Primo Levi, *Si c'est un homme.*

« Pourquoi nous sommes-nous lancées sur pareils chemins ? »

Annemarie Schwarzenbach,
Où est la terre des promesses ?

Je vais accoucher au milieu d'un désastre. Me perpétuer en pleine mort. Donner la vie quand la nuit nous pétrifie. La vie va sortir de moi dans une ville meurtrie.

Dans la nuit du 13 novembre 2015, des attentats ont tué cent trente personnes et en ont blessé près de cinq cents autres à Paris.

La vie tape dans mon ventre pendant qu'on entasse les corps. Je nage à contre-courant. Je porte une fille quand des mères pleurent leur enfant. Je me régénère alors que Paris est à sang.

Aucune trace en moi d'un esprit de révolte : je n'ai pas décidé d'enfanter pour m'épargner la mort. Être fertile pour faire peau neuve, non. Je ne me demande pas pour quel monde mettre au monde. La vie est déjà en moi. Elle bat obstinément depuis huit mois.

Que reste-t-il en nous quand, au plus intime, la vie et la mort se sont livré bataille ?

I

COMPRENDRE

Que cherchez-vous avec votre pseudo-enquête ? Faire le jour sur un homme mutique ? C'est ça votre affaire ? Mais tournez-vous vers l'avenir plutôt que vers le passé auquel on ne comprend rien. Croyez-vous que moi qui ai aimé Salah pendant neuf ans j'y comprenne quelque chose ? J'ai partagé sa vie, grandi avec lui, je me suis fondue en lui dans l'amour, mais je ne le connais pas. Un trou dans l'espace. Un immense silence.

Avant les attentats, cette manière qu'il avait de disparaître sans donner de nouvelles me blessait déjà. L'impression d'être mise au rancart, mais il m'aimait. L'intonation d'une voix au téléphone ne trompe pas.

Quelques heures après les attentats, il a dit à des inconnus qu'il allait se marier avec moi. Des jeunes gens agonisaient par sa faute, le sang montait dans la ville et lui hurlait ses noces en haut d'une tour.

Il y a de lui en moi vous savez, et j'en ai honte.

Honte pour ma famille, mon honneur, mon avenir. Qui acceptera la souillure d'un mariage avec moi ?

Au moment des massacres, j'étais la fiancée de cet homme. Les fiançailles, ce n'est pas rien. Une promesse devant nos familles et devant Dieu, rompue par sa haine.

Vous cherchez à écrire sur lui, à en connaître davantage car il serait un symbole de notre époque, le visage d'une jeunesse à la dérive, c'est bien ça ? Je ne veux pas être un symbole, je n'ai rien demandé, j'aimerais qu'on arrache cet homme de moi comme une maudite dent, et qu'on me laisse enfin vivre.

Nour.

J'ose à peine lever les yeux vers elle. Son visage et son corps se tiennent fermés au fond du fauteuil. Elle m'a donné rendez-vous dans un café de la galerie marchande d'Anderlecht, une des communes de la Région bruxelloise, où elle retrouvait Salah Abdeslam. Elle tient à me parler sur les lieux de leur amour. Moi, à lui lire les pages la concernant.

Nour a tenu ses mots en laisse pendant plusieurs années. Pourquoi a-t-elle accepté de me voir aujourd'hui ? Pourquoi briser le silence ?

Mon texte s'est écrit sans elle comme si je l'avais pressentie. Elle me fait signe de continuer à lire.

2

CE SOIR-LÀ

Tout commence le jour des attentats. Je sors de la projection de *L'Homme irrationnel* de Woody Allen. Il est vingt-trois heures. Enceinte de huit mois, je ne marche pas très vite. Des alertes sur le téléphone de Paul nous informent d'une prise d'otages au Bataclan, et d'explosions aux abords du Stade de France et dans plusieurs cafés.

Nous ne nous connaissons pas encore mais, à quelques centaines de kilomètres l'une de l'autre, Nour et moi sommes aussi peu informées.

Mon aînée dort à poings fermés. La baby-sitter reste insensible au vacarme, refuse qu'on lui appelle un taxi pour rentrer chez elle.

Fébrile, je presse mes amis – celle qui vit tout près du Bataclan, celui qui travaille dans l'industrie du disque, celle dont le mari et le fils sont au Stade de France – de me donner signes de vie. Quand je suis rassurée sur leur sécurité, Paul me demande d'éteindre, nous en saurons plus demain.

Le matin, l'enfer a assiégé la ville. Au réveil, cent trente morts.

Je pleure sur mon gros ventre.

Le filleul de dix-huit ans d'une amie proche n'est pas rentré de son concert.

« Qu'est-ce qu'on a fait ? » sont mes premiers mots au milieu des larmes.

Question sans bord qui m'obsédera pendant des semaines puis des mois. Murmure. Adresse intime. Pourquoi n'as-tu rien vu venir ? Pourquoi ta ville a-t-elle polarisé la haine ?

Des hommes de mon âge veulent tuer jusqu'au point final

du massacre : leur propre disparition. Voilà ce à quoi je ne comprends rien. Ce n'est pas uniquement un sentiment d'effroi ni de sidération. Je ne comprends rien de ces hommes européens, de ma génération, shootés à la mort, qui s'acharnent sur nos vies.

3

METTRE AU MONDE

« Cassandre hurlait sur les murailles, en proie à l'horrible travail d'enfanter l'avenir. »

Marguerite Yourcenar, *Feux*.

Quatre heures du matin. Un liquide coule entre mes jambes. La perte des eaux? Peut-être, comment savoir? La femme accouche depuis la nuit des temps mais n'en sait pas grand-chose. L'infirmière que j'ai au téléphone ne se prononce pas. *J'ai besoin de vous ausculter.*

Je me rends seule à la maternité. Les terrasses défilent derrière la vitre du taxi. Les cordons de sécurité ont disparu. Quinze jours après les attentats, Paris s'est empressée de rallumer ses feux.

Je ressens les premières contractions vers neuf heures du matin, à l'arrivée de Paul. Aucune salle d'accouchement n'est disponible. Hier était terrorisant, demain n'est pas plus sûr. Les femmes se hâtent de mettre au monde leur enfant.

Mon ventre se fait pierre mais il n'y a pas de place pour nous. J'accouche presque sans aide médicale, guidée par les coups dans mon ventre et les caresses de Paul. Une bulle qui n'est qu'à nous, au fond d'un couloir où j'ai cru que les sages-femmes finiraient par nous oublier.

Fixée sur sa vie, je pousse dans le noir. Ava sort de l'abîme les yeux fermés. Son corps est minuscule. Ses battements de cœur, fragiles. Elle est mise en couveuse où elle trouve la force de crier.

La nuit suivante, je tremble dans mon lit. Par où nous enfuir si des hommes armés surgissent ? La fenêtre semble la voie tracée. Depuis le premier étage, nous ne risquons rien. Il me faudra tenir fort ma petite contre moi et nous enrouler d'un drap serré. Je ne ferme pas l'œil.

Ava ne les ouvre pas. Il faut se méfier des nouveau-nés qui dorment longtemps, ceux que la faim ne réveille pas. Quelque chose en elle se laisse aller. Quelque chose en elle veut dormir pour toujours.

La panique ressentie au moment des attentats a imprégné mon ventre et le sien. Mère et enfant envasés dans la mort. Mais mon ventre restait un refuge, elle y entendait, assourdie, battre ma vie. Une fois à l'air *libre*, où trouver la force d'échapper à la mort ?

La vidéo de revendication des attentats de Paris par l'État islamique, auxquels les frères Clain originaires de Toulouse, installés un temps à Molenbeek, ont prêté leur voix, évoque une attaque dans le dix-huitième arrondissement où nous vivons. Attaque qui n'a pas eu lieu. Elle aurait dû être commise par Salah Abdeslam.

Je blottis Ava dans mon cou. Je caresse sa peau de velours en lui parlant tout bas. Mes mots doux réchauffent peu à peu son corps et chassent la mort.

Se maintenir en vie dans tout ce noir lui a coûté. Je lui dois quelque chose. Lui raconter ce que sa vie a rafraîchi en moi, éclairer aussi ce qui est resté dans la nuit.

4

AGIR

> « Il était tout à fait capable d'expédier à la mort des millions de personnes, mais il était incapable d'en parler d'une manière convenable quand il n'avait pas reçu ses *règles de langage*. »
>
> Hannah Arendt, *Eichmann à Jérusalem.*

Sur l'écran géant du bistrot, un taureau en robe d'avocat s'exprime face aux journalistes.

— Pour assurer la défense de quelqu'un, il faut être deux, l'avocat et l'accusé. Salah Abdeslam ne collabore plus. À partir du moment où, pour les deux derniers interrogatoires, il a choisi de se murer dans le silence, mon rôle cesse. Être seul contre tous ne me dérange pas du moment que je porte la parole d'un homme, mais pas son silence. Un médecin sans patient ne guérit personne. Il en va de même de la défense d'un avocat, elle n'existe pas sans son client.

— Que pense Salah Abdeslam de votre décision? demande un journaliste.

— Il a compris que nos chemins devaient se séparer, il a écrit au juge d'instruction pour l'informer qu'il ne souhaite plus être représenté. Il sait depuis le jour où nous nous sommes rencontrés que j'acceptais de le défendre à condition qu'il s'explique sur les attentats. Lui-même voulait parler, il l'avait dit au juge. Avec son avocat en Belgique, nous considérions que c'était utile pour lui, au moins pour ne pas porter sur ses seules épaules les crimes d'autres individus. Nous ne lui demandions pas de se renier, mais d'aller vers ce qui est l'intérêt de tous dans ce dossier: la vérité. Lors de sa première audition, il avait dit qu'il s'expliquerait ultérieurement. Je l'ai vu une dizaine de fois, nous nous sommes parlé régulièrement au téléphone. Aujourd'hui, il refuse de répondre à une quelconque question du magistrat. Je pense qu'il n'aura pas d'autre d'avocat. Il n'en a plus envie. Il abandonne. C'est comme un suicide, je le crains. Il me faisait confiance, je me sentais capable de le ramener au monde. Mais j'assiste depuis sept mois au spectacle d'un garçon qui s'effondre psychologiquement. Depuis plusieurs semaines, je le vois décrocher.

— Comment l'expliquez-vous ?

— C'est le système carcéral organisé autour de lui qui l'y a conduit. Je me suis battu pour qu'on lève la vidéosurveillance. À l'occasion de la dernière procédure disciplinaire engagée contre lui, j'ai senti qu'il se radicalisait de manière extrême. Tout a commencé très tôt. Souvenez-vous, il est arrêté le 18 mars 2016. Le lendemain, il est auditionné par les policiers et le juge d'instruction. Le soir même, alors que l'encre de ces procès-verbaux n'est pas encore sèche, le procureur de la République en lit le contenu à la télévision. Pour Salah Abdeslam, les dés sont pipés. Les racines de son mutisme sont là. Il n'a jamais été l'organisateur des attentats de Paris. Mais le pouvoir politique a choisi de répondre à une attente populiste en le traitant comme tel, en l'épiant comme un rat dans sa cage. La prison est en train de le transformer en bête sauvage. Sa fenêtre est obstruée par un plexiglas, il n'a pas accès à l'air. Il voit sa famille derrière une vitre, il n'a plus le moindre contact physique avec quiconque, hormis les fouilles au corps. C'est dégradant. En vingt-cinq ans de carrière, je n'ai jamais vu ça. Cela se passe chez nous. La parole n'est possible qu'en étant traité humainement. Il ne lui reste que son silence. Et, comme il le dit, je le crains, la protection de Dieu.

— Qu'il crève ! lance un type au comptoir, les yeux avalés par l'écran de télévision au-dessus de la tireuse à bière.

C'est ce jour d'octobre 2016 que j'ai décidé d'agir ; quand on nous apprenait qu'Abdeslam ne parlerait pas et que ses avocats renonçaient à le défendre.

La sensation d'un gouffre.

Cela semble scellé, il ne parlera pas et nous non plus avec lui.

La mort et maintenant la menace d'un silence sans fin.

J'avais d'autres choses à faire que de m'appesantir sur cette nouvelle. La suivante la chassait déjà sur l'entrefilet de l'écran. Pourtant, ce matin-là, je me souviens avoir peiné à quitter le comptoir. Tout était devenu plus lent.

J'ai rejoint la société de production où je travaillais depuis mon retour de congé maternité. Rédiger des projets de documentaires me permettait d'économiser un peu pour mes mois d'écriture.

On m'avait mise sur un nouveau sujet : le tourisme halal, dont je ne connaissais rien. *C'est dans l'air, ça va plaire,* avait dit le responsable.

Incapable d'écrire, d'ajouter une ligne à la présentation de la veille, j'ai parcouru les lettres à un jeune poète sur le blog de Colum McCann : *Don't write about what you know, write towards what you want to know. Step out of your skin. Adventure in the elsewhere. This opens up the world. Go to another place. Investigate what lies beyond your curtains, beyond the wall, beyond the street corner, beyond your town, beyond your country even. A young writer is an explorer*[1].

Colum McCann ou pas, je n'y arrivais pas. Déflorer le sujet du tourisme halal depuis la nouvelle du matin m'apparaissait vain, décalé, malvenu. L'exploration véritable, la seule à valoir la peine, semblait celle de l'irréductible, du non-sens. Quel orage avait couvé en Salah Abdeslam ? J'ai quitté la péniche où les bureaux sont installés, le ponton en bois a grincé sous mes pas. J'ai rejoint les quais jusqu'à un café et une chaîne d'information en continu.

---

1. N'écrivez pas sur ce que vous savez, écrivez vers ce que vous voulez savoir. Sortez de votre peau. Aventurez-vous dans l'ailleurs. Cela ouvre le monde. Partez. Enquêtez sur ce qui se trouve au-delà de vos rideaux, au-delà du mur, au-delà du coin de la rue, au-delà de votre ville, même au-delà de votre pays. Un jeune écrivain est un explorateur.

5

LE CRI DE LA MÈRE

Une fois Ava mise au monde, j'ai senti l'indécence de mon bonheur.

Est-ce pour ça que j'ai quitté son corps de pain chaud et marché sur les pas boueux de Salah Abdeslam ?

Quand l'enfant naît, la mort s'enfuit. Le temps est à l'avenir. « L'avenir qu'est l'enfant », écrit Marina Tsvetaïeva. N'est-ce pas là où j'ai puisé la force de mon étrange entreprise, éclairer l'énigme de cet homme, reconstruire ses raisons sans lui donner raison ?

Ce soir-là, l'humanité était du côté des victimes et des sauveteurs : médecins urgentistes, sapeurs-pompiers, chirurgiens, anesthésistes, infirmiers, aides-soignants et policiers. Elle s'exprimait aussi à travers les actes des anonymes qui ont ouvert leur restaurant ou la porte de leurs immeubles pour accueillir les blessés. D'autres, le lendemain, se sont rués dans les centres de transfusion sanguine.

Là se trouvaient la dignité et l'innocence. Pourquoi alors décider d'écrire sur Abdeslam ?

Son silence m'a jetée sur ses pas. Je ne pouvais pas m'en tenir là. Il me fallait comprendre. Agir. Démêler ce nœud.

Quand j'étais très jeune, ma mère a plongé dans la folie, l'autre nom de son désespoir. Devenue adulte, je me suis tenue à distance d'elle durant plusieurs années, comme un enfant s'écarterait des flammes.

Petites avec ma sœur, nous étions prises au piège de ses crises qui nous lacéraient jusqu'à l'arrivée de notre père. On attendait sa loi. On en attendait beaucoup. Le plus souvent, elle se couchait aux pieds de la mère malade.

À cette période, j'ai commencé à saigner du nez. Et à écrire. Sans doute, je le comprends à présent, pour m'extraire de ces scènes de violence.

Quand je criais à l'injustice, mon père essayait de m'expliquer le mal qui remplissait ma mère à ras bord. Il m'invitait à faire pareil. Comprendre, mettre de l'intelligibilité où siégeait l'irrationnel.

Mon père m'a appris à ausculter ce qui m'effrayait en elle. Et moi j'ai été sommée de croire que la violence extrême était l'œuvre d'un humain, le porte-voix d'un cri.

6

LE CRI DE L'AIMÉE

Vous faites fausse route : humain il ne l'est plus. Il n'est plus l'homme avec qui j'avais le projet de fonder une famille mais un parfait étranger.

Nour, la fiancée de Salah Abdeslam, desserre à peine les lèvres pour me parler. Craint-elle de laisser s'échapper sa rage ? Elle s'exprime pour ne pas perdre la raison ; que les mots hantés désertent enfin sa chambre.

J'ai rarement vu une femme aussi belle. Combien de têtes se sont tournées lorsqu'elle est entrée dans le café *Exki* d'une galerie marchande comme on en voit partout dans le monde ?

Shéhérazade lui avait tout volé. Son corps élancé semblait sorti d'un moule. Elle portait un pantalon gris et un pull col roulé sombre. Style élégant et classique, cheveux noirs, soyeux, pommettes hautes, teint mat, yeux de lynx.

Nour n'était couverte ni d'un voile ni du *niqab* ni du *hijab* ni d'une djellaba noire. Avait-elle voulu se rapprocher de moi ou était-elle toujours vêtue ainsi, sans masque ? À Molenbeek, résistait-elle à la pression quotidienne des regards et des messes basses ?

Comment peut-on prendre la vie en haine avec une compagne telle que Nour ?

À la regarder, à l'écouter, je sentais que j'étais à la racine de l'histoire de Salah Abdeslam et peut-être de son secret.

Mon texte s'est écrit sans elle mais il avait besoin d'elle pour devenir un livre. J'ai accepté d'attendre que quelque chose advienne du côté du cœur. La rencontrer a déjoué mes suppositions, ma lecture du réel par le seul prisme de la raison ou de mon éducation. Nour était au clair quant à la détermination intime de Salah Abdeslam. Elle disait « je » alors je l'ai dit aussi. Je n'ai pas voulu échapper à la responsabilité mais attester de ce qui a eu lieu pour ceux que j'ai rencontrés à Molenbeek, comme pour moi. Tous ont voulu être exacts, j'y ai tenu aussi.

À partir de 2011, Nour a poussé Salah à retrouver un emploi. Qu'est-ce que tu vas nous donner à manger, des cailloux? lui lançait-elle à bout de patience. Chaque jour il rentrait chez ses parents bredouille et dépressif.

Elle lui reprochait d'avoir perdu ce travail qui faisait la fierté de son père. Employé à la Société des transports intercommunaux de la ville comme son père, il avait accepté un temps d'être un digne héritier du labeur paternel. Mais quoi, ce n'était pas assez? Cela ne rapportait pas suffisamment d'argent? Il n'avait pas de quoi s'offrir la vie dont il rêvait? Il ne pouvait que se payer des baskets d'imitation?

Certains collègues du père Abdeslam, conducteurs de bus comme lui, ont vu leurs enfants entrer à la STIB et devenir cadres, occupant des postes de chefs de travaux ou de commerciaux. Salah Abdeslam les enviait-il?

Pensait-il mériter mieux que ses confrères qu'il regardait de haut? Méprisait-il son travail qui lui ferait pousser des cheveux blancs avant l'âge? Voulait-il se hisser économiquement, convaincu qu'il avait du talent et de la classe à revendre?

« Pour obtenir de l'avancement, il fallait des études plus poussées. Alors, toute ma vie faire ce travail? Je voyais autour de moi des hommes de trente-cinq ans qui avaient débuté au même âge que moi et qui étaient déjà des vieux. Le travail était trop malsain. La poussière qui vous entrait dans les poumons, le bruit », déclara Franz Stangl à propos de son travail dans une fabrique de tissus, avant de rejoindre la police autrichienne, puis de prendre le commandement du camp d'extermination de Treblinka.

Discipline, ponctualité, travail en équipe, telles étaient les attentes de l'employeur de Salah à la STIB. Comme tout le monde, Salah avait des horaires variables. Il était de service soit depuis l'aube jusqu'à 12-13 heures, soit de 13 heures à 21 heures, soit encore de 17 heures à une heure du matin. Des conditions de travail qui exigeaient une certaine abnégation et un renoncement à sa vie nocturne.

Tu parles d'un avenir, maugréait-il entre ses dents.

Tensions, enfer de l'amour.

La perspective de devenir un jour père sans ressource semblait honteuse pour lui, affolante même. Nour lui faisait sentir qu'elle ne voulait pas d'un bon à rien comme père de ses enfants et qu'ils s'installeraient ensemble une fois mariés, comme le veut la tradition. Elle avait tort de croire que son ambition pour lui allait lui donner envie de se battre. La frustration a été un poison dans ses veines.

Mois après mois, il s'exilait dans une vie monotone et vide.

À tomber dans les filets de ce bon à rien d'Abdelhamid Abaaoud, il a ruiné sa vie.

Mes parents et moi étions déçus, il le savait.

Après son cambriolage avec Abaaoud en 2010, et son passage en prison, Salah devait remonter la pente, repartir de zéro, gagner la confiance d'un nouvel employeur, construire leur avenir.

Des efforts, il en a fourni mais insuffisamment à mes yeux. Pourtant il était intelligent et faisait bonne impression. Quand on veut un travail, on l'obtient, je ne cessais de le lui répéter.

J'imagine la fièvre de la jeune femme à lui exprimer ses convictions. Elle n'était pas sans pouvoir de séduction sur lui mais les arguments de sa fiancée ne le satisfaisaient pas. Appartenir à quelque chose, voilà ce que Salah désirait. En s'alliant à d'autres, c'est un chef qu'il cherchait, une figure, une loi, pourvu qu'elle redresse les torts, pensait-il. Il avait besoin d'adversaires pour tenir enfin les responsables de ce qui vacillait en lui.

Il semblait plein de rêves de puissance, de possession et d'ascension sociale. Rien n'était jamais assez bien pour lui. La vantardise était son plus grand défaut et il n'avait aucun sujet de fierté. Sinon, peut-être, avoir Nour à son bras.

Plus modeste, je me voyais en mère prenant soin de nos parents et travaillant dignement. Pour moi, des perspectives d'avenir heureuses.

Salah portait sur ses épaules le poids du temps qui ne donnait rien. À entendre Nour, il aurait fallu se donner plus de peine et arracher avec les dents leur avenir. Son ami d'enfance, Abaaoud, a fait mine de le traiter comme un prince, jetant des fagots de haine sur son feu.

Nous étions en concurrence, je ne mesurais pas à quel point.

Abaaoud me fait penser aux petits insectes suçant la sève des arbres. On les reconnaît aux filaments cireux qu'ils sécrètent sur les rameaux. Ce puceron sans ailes a fait croire à Salah qu'il avait une valeur. Son existence et ses frustrations allaient être utiles à quelque chose. Ce fut sa première larve.

Je sentais en Salah une excitation nouvelle, une intensité, un plaisir qui ne venaient plus de notre histoire. Ses départs en voyage devaient être de grands jours pour lui. Je n'en savais rien. Cette Mercedes rutilante au moteur puissant dont les journaux ont parlé, je ne l'ai jamais vue, pas plus qu'Abaaoud. Salah me tenait à l'écart.

Convoyeur de la mort arpentant l'Europe : Nour l'apprendrait plus tard. Quand il la retrouvait, rien n'y paraissait. Elle ne connaissait pas les raisons de ses déplacements. Il avait « à faire » et elle n'avait pas à poser de questions.

L'épouse de Franz Stangl ignorait à peu près tout des activités de son mari au service du IIIe Reich. « Ça faisait partie de son caractère, de sa règle de vie : ne jamais parler à la maison de ce qui se rapportait au service », déclara-t-elle à Gitta Sereny. Stangl s'arrangeait pour tenir sa femme dans une parfaite ignorance de ce qui se passait au camp d'extermination de Treblinka. Il lui disait qu'il était chargé d'une mission spéciale, un secret d'État. Elle ne soupçonnait rien, d'autant qu'elle n'était pas autorisée à poser de questions. Elle prit l'habitude de son silence, se contentant de vivre les moments qui les réunissaient. Elle finit même par se laisser convaincre que son rôle était purement administratif.

La nuit, Salah était-il travaillé par la mort ?

Mes informations, je les tiens des médias et de la police. Où est l'homme que j'ai aimé ?

Je n'ai jamais vu ses poches emplies de billets de cinquante euros. Il savait que je n'aurais jamais accepté de cadeaux de l'argent sale.

Comment l'horreur pouvait-elle être au bout des moments qui les réunissaient ? Au volant de sa voiture noire, sa peau frissonnait-elle d'émotion ? Était-il concentré sur son agonie et celle d'innocents, un but lointain qu'il osait appeler gloire ?

Ce qui échappait à la jeune femme était devenu le ciment d'une fraternité que rien ne semblait pouvoir détruire.

Lors de notre dernier dîner, trois jours avant les attentats, il s'est mis à pleurer. Bredouillant, perdu comme pour un adieu. Je ne comprenais pas ce qui lui arrivait.

Il était là mais entre eux se dressait un mur infranchissable. Implorant et tenaillé, il semblait ployer sous un fardeau, mais lequel ?

Je croyais que c'était celui de notre mariage qui nous était devenu interdit par mes parents tant qu'il n'aurait pas une situation.

Nour ignorait qu'il était chargé de creuser des tombes.

Avant de s'enfuir la nuit du 13 novembre 2015, Salah avait soigneusement aligné les fosses des cimetières. Par ce geste, il avait aussi anéanti une femme.

7

COMMENCER QUELQUE PART

Un journaliste auteur d'un documentaire consacré aux frères Abdeslam a été le premier à accepter de me rencontrer. Julien : la trentaine, jean, blouson, casque rouge de scooter à la main. Nous n'avons pas passé la porte de la brasserie Terminus qu'il doit téléphoner, il me présente ses excuses. J'en profite pour choisir notre table, banquette pour lui. *Le filet de saint-pierre est bon,* me précise-t-il raccrochant tout juste. *Un ami qui rentre d'Irak. Il n'est plus possible de tourner là-bas.* J'imagine. *Croque-madame pour moi.* Julien jette un bref coup d'œil à la carte. *Très bien, moi aussi, campagne,* lâche-t-il au serveur avant de se lancer dans la conversation.

— On se tutoie, c'est plus simple, non ?

— Oui, bien sûr. Je lui réponds comme emportée par un tourbillon.

— Tu dois te demander pourquoi j'ai accepté de te voir ? Je me suis renseigné sur toi, c'est mon métier. Je passe mon temps à harceler les gens pour obtenir des informations alors je trouve normal d'en accorder à mon tour. Je vais te dire en vrac tout ce que je sais, mes impressions, car je crois que c'est ce qui t'intéresse, et ce qui est resté en *off* dans notre reportage. Je te donnerai les contacts dont tu as besoin. Je ne les ai pas là, je ne retrouve plus mon cahier de notes. Un reportage en chasse un autre.

— Dans celui que tu as consacré aux frères Abdeslam, il y a des absents et notamment sa petite amie, l'as-tu rencontrée ?

— J'ai été en contact avec elle. Ils étaient ensemble depuis plusieurs années, neuf ans je crois. Sa famille tient un commerce. Elle m'a laissé un message car elle était furieuse que j'aie dévoilé son prénom, la première fois qu'il sortait dans les médias. Elle disait qu'elle cherchait à se cacher, à refaire sa vie, que cette histoire était pesante, qu'elle s'était sentie trahie, humiliée par Salah. Fais-moi penser à te transmettre son message, que tu entendes sa voix. Elle parle très bien, tu verras. Je te donnerai aussi le téléphone de son frère.

— Merci. Elle n'a pas été le voir en prison ?

— Non, elle dit avoir coupé les ponts mais comment savoir la vérité ? Elle était sur écoute quand elle m'a parlé. Ce qui doit être constamment le cas.

— Quel statut donner à la parole dans ces circonstances ? Tu as enregistré votre conversation sans qu'elle le sache ?

— Oui. On a fait ça pour tout le reportage, en caméra cachée, personne ne voulait nous parler. Je n'en suis pas fier.

— Tu parles d'une famille ordinaire. Si ordinaire que ça ? Les fils Abdeslam ont tous eu des problèmes avec la justice. Qu'est-ce qui s'est joué pour eux à ton avis ?

— Originaires de la région du Rif au Maroc, les parents sont venus en Belgique suite aux accords de 1964. La Belgique manquait de main-d'œuvre. Il faut bien te représenter que Salah est devenu brutalement le visage de l'horreur. Ses parents sont dévastés, se murent. Leur adresse est connue de tous et a été pendant deux mois le siège des journalistes. La presse mondiale tournait sans cesse. Ils ont vécu une pression très forte, aussi un déluge de haine. On leur a reproché de parler et de ne pas parler. Quoi qu'ils fassent, ils avaient tort.

Je me souviens du père de Salah Abdeslam à la radio, demandant à l'État de *faire quelque chose. Je vis depuis quarante ans en Belgique. On était heureux. Et maintenant, on ne peut même pas sortir de chez nous.*

Je coupe Julien.

— Attention de ne pas inverser les rôles. La pression médiatique que les parents ont subie était la conséquence d'un massacre de masse auquel leurs fils ont pris part. Les vraies victimes ne sont pas eux. Je me méfie des compassions mal dirigées. Il me semble aussi normal que, dans une démocratie, la presse fasse son travail et cherche à comprendre d'où viennent les terroristes. Tu en sais quelque chose.

— Je ne sais pas si tu te souviens de la phrase de son frère Mohamed sur un plateau de télévision ou de radio : « C'est quand même mon frère. »

Une fois le meurtre commis, la haine apaisée, les exécuteurs, leurs proches et parfois ceux qui le sont moins s'affairent pour sauver la moralité des auteurs du crime et préserver leur humanité. « Moi aussi, j'avais un cœur », disait Rudolph Höss, commandant du camp d'Auschwitz. Se sentir jusque dans le meurtre *quelqu'un de bien.*

Julien pense que l'origine de la bascule de Salah Abdeslam dans le terrorisme islamiste n'est pas liée à ses parents mais au « glissement d'un quartier ». Salah vend du shit, s'adonne à des trafics. *Tout ce qu'il fait, c'est pour l'oseille, comme ils me l'ont tous dit sur place.* Même aller chercher des comparses en Hongrie et conduire la Mercedes qu'il a louée lui-même. *C'était un jouisseur.* Évoluant dans un quartier de truands, il aimait s'habiller et séduire. Abaaoud, multirécidiviste tué le 18 novembre 2015 lors de l'assaut du Raid à Saint-Denis, coordinateur des attentats de Paris, et Mohamed Abrini, impliqué dans les massacres de Paris et de Bruxelles, étaient ses voisins. Des copains de quartier qui habitaient à vingt mètres les uns des autres. Ils ont fait la fête ensemble à Paris. La nuit, ils buvaient de l'alcool au goulot. Au petit matin, ils rejoignaient un hôtel près du périphérique. Le djihad entre potes : c'est le titre que Julien voulait donner à son reportage.

Il est parvenu à engloutir son croque-campagne tout en sollicitant sa mémoire et alimentant la conversation. Je noircis mon carnet.

— Les frères Abdeslam étaient des roitelets, reprend-il, à la fois respectés et craints. Ils avaient une mainmise sur la mairie. Le père, conducteur de tram à la STIB, connaissait des politiques, bénéficiait d'un logement social malgré le niveau de revenus du foyer. L'ancien bourgmestre s'est beaucoup appuyé sur cette famille pour son élection. Dans l'esprit des fonctionnaires de la mairie, ils étaient des relais, et donc des intouchables. D'ailleurs son frère Brahim, qui s'est fait exploser à la brasserie Comptoir Voltaire le soir du 13 novembre, avait agressé un des représentants de la mairie en lui lançant : « On ne parle pas de n'importe qui là mais d'un fils Abdeslam. » Des mecs implantés. En les ménageant, la mairie pensait garder la main sur cette famille. Ils imaginaient même faire du social… Les frères Abdeslam étaient à la fois des caïds et des bouffons. Les gros coups ne venaient jamais d'eux.

Julien évoque le café tenu par les deux frères. Les Béguines : une société d'hommes très machistes. La géographie semble importante. Molenbeek est à cinq cents mètres du centre de Bruxelles, à trois stations du cœur de la ville. Il précise que 80 % des habitants sont musulmans. Des magasins vendent des voiles, des *hijabs*… Mais, selon le journaliste, on peut s'y promener normalement. On y croise de petites frappes. *Salah Abdeslam vient d'un quartier de rien du tout, un quartier de* nobody. *Le seul qui soit devenu quelqu'un, c'est Abaaoud.*

« Devenu quelqu'un », c'est-à-dire ? Selon quelle hiérarchie ? Je n'ose pas poser la question. Je lui fais simplement cette remarque :

— Quand j'ai entendu Mohamed, le frère de Salah Abdeslam, à la télévision au moment de sa cavale, j'ai eu cette sensation : cet homme n'est pas seulement effondré par la situation, il a du plaisir à être dans la lumière.

— Il n'en a pas fait beaucoup. On le lui a reproché. Ce qui est sûr c'est que Salah Abdeslam voulait devenir quelqu'un. C'était une fierté de rouler en Mercedes, d'être missionné pour recruter des complices en Europe. Il agissait. Il faisait partie de quelque chose.

Pour autant, il ne va pas au bout. Selon Julien, c'est parce qu'il n'avait pas été assez loin dans sa radicalisation. Son frère Brahim semblait plus mûr pour agir, il s'était rendu en Syrie. Salah n'aurait pas été prêt à mourir. *Il avait encore des raisons de vivre. Je pense que, s'il avait gagné suffisamment d'argent, il n'aurait pas basculé.*

« L'argent était leur problème numéro un », écrit Truman Capote à propos des deux tueurs, Dick Hickock et Perry Smith, dans *De sang-froid*.

— Salah Abdeslam est arrêté après quatre mois de cavale. Quelques jours plus tard, les attentats de Bruxelles. Pourquoi n'a-t-il rien dit ?

— Cet attentat s'est décidé très vite, je pense. Il a eu lieu à Bruxelles car les terroristes étaient acculés. Au départ ils ne voulaient pas que ce soit chez eux.

« Acculés »? « Ils ne voulaient pas »?

Regarder de près un meurtrier semble comporter de multiples pièges. J'espère ne jamais y tomber.

— Les parents sont accablés, le frère Mohamed assume le rôle de protecteur et de porte-parole.

Cent trente personnes ont perdu la vie, et eux le moral.

Julien ne m'apprend rien sur la petite sœur, Myriam. D'autres zones d'ombre subsistent. Salah a été aperçu dans un bar gay avant les attentats, tout près du carré des boîtes de nuit où il allait régulièrement danser. Pour y faire quoi? Voler des papiers d'identité utiles le soir du 13 novembre? Vendre des stupéfiants? Se prostituer, faire le gigolo? On ne sait pas. Mohamed Abrini, « l'homme au chapeau » le jour des attentats de Bruxelles, y est vu aussi *et consomme*, me précise Julien. Le terroriste de l'attentat d'Orlando en juin 2016 dans une discothèque gay était aussi un habitué des bars fréquentés par des homosexuels.

— Brahim et Salah ne sont pas les têtes pensantes des attentats de Paris. Les tueurs des terrasses, ou du Bataclan, pouvaient l'être : c'étaient de vrais costauds.

L'enquête montrera que le cerveau présumé des attaques ne faisait pas partie des commandos parisiens.

Julien me raconte que l'avocat de Brahim Abdeslam qualifiait son client d'abruti. Celui qui prendra la défense de Salah aurait déclaré lors de leur première rencontre : « Le Coran je l'ai lu, on va pouvoir en parler », Salah lui aurait répondu : « Moi je viens de commencer. » *Il ne sait rien de rien sur l'islam. Je pense qu'en revanche il va se radicaliser en prison et prendre de l'étoffe.*

« Prendre de l'étoffe », cette expression me laisse songeuse. Y a-t-il du galon à prendre dans l'horreur?

— La haine pour ces enfoirés qui réussissent était le moteur de sa participation aux attentats du 13 novembre. À Paris, ni lui ni son frère ne rentraient en boîte de nuit. Un de ses enseignants devenu son ami était parti avec Salah, son frère et Abaaoud en week-end à Paris. Ils avaient bu, s'étaient fait recaler à l'entrée du Queen et avaient fini dans un rade dans le onzième arrondissement de Paris, un des quartiers pris pour cible. Le surnom d'Abaaoud était « Tu rentres pas » car il se faisait toujours refouler à l'entrée. Il était manifestement sans envergure, sans connaissance religieuse jusqu'au jour où son père a voulu l'éloigner de Molenbeek et de ses mauvaises fréquentations. Il l'a envoyé étudier en Égypte où il se serait radicalisé.

« Ces enfoirés qui réussissent » n'avaient rien volé à personne. Leur vie, ils l'avaient construite avec leur propre force.

Salah Abdeslam devait ressentir haine et envie. Et rêver d'engloutir ce qu'il désirait être et avoir. Le mépris et le ressentiment semblaient les ennemis qu'il portait en lui.

— Le frère d'un terroriste a déclaré: « Quand les parents sont pourris, les enfants le sont aussi. »

— Dans le cas de Salah, les parents n'étaient pas pourris. Le père travaillait et les parents soutenaient Salah pour qu'il réussisse.

Je comprends que ma question est mal posée. Julien m'a seulement répondu sur l'aspect idéologique. Ses parents n'étaient pas des islamistes revendiqués. En revanche, je ne sais pour l'instant rien de leur psychologie ni de l'éducation transmise à leurs enfants.

— Salah Abdeslam a eu le sentiment d'avoir été trop loin, reprend Julien. Il dit à ceux qui sont venus le chercher à Paris après les attentats : « J'ai été trop loin, je suis grillé, mon nom est partout. » Pour moi, ces deux frères ont tout raté. Brahim se fait exploser seul, sa ceinture est défaillante, il meurt en se faisant arracher le dos. Même au climax de sa vie, il rate. Abaaoud a réussi en revanche. Les frères Abdeslam n'auront jamais eu sa lumière.

Julien a-t-il senti mon trouble? Je me replonge dans mes notes.

À l'entendre, Salah était un agitateur et un médiateur à l'école. Quand le proviseur faisait une « descente » en classe, Salah qui n'était pas officiellement le délégué prenait la parole pour les autres. Il faisait le lien entre la direction et les élèves. Il avait donc, semble-t-il, une conscience collective. Ses parents étaient impliqués dans son éducation, selon Julien, rencontraient ses professeurs. La famille n'était pas dépourvue financièrement, elle avait de quoi nourrir ses enfants et leur offrir des vêtements de marque. Ce n'était donc pas un exclu économique devenu adepte de l'identitaire.

L'été, Salah se rendait à Bouyafar, un village du Rif marocain. Julien n'a pas obtenu l'autorisation d'y tourner. Mais il a appris que Salah ne faisait pas la prière, contrairement à Brahim qui respectait les traditions du village. Pour leurs cousins, ces deux frères étaient des braves types qui leur rapportaient des sweat-shirts et leur laissaient toujours un billet en partant. Brahim a été marié pendant deux ans.

Pour moi ce sont des abrutis qui ont dévié tranquillement et qui se sont embarqués dans un domaine qu'ils ne maîtrisaient pas.

Les petits voyous ne sont-ils pas surtout des malins ? Ils viennent souvent de milieux modestes. L'école ne les a pas emmenés très loin et la délinquance est une forme de métier dans lequel ils développent des capacités et une agilité.

— Un souvenir me revient, un de ses amis me disait que Salah lui avait montré la vidéo d'Abaaoud traînant des cadavres, en commentant : « Tu as vu ce bâtard ce qu'il fait ? » Qu'est-ce que ça voulait dire ? Une manière de tester son ami pour savoir de quel côté il était ? Il m'a aussi dit, comme tant d'autres témoins, que jamais il n'aurait imaginé Salah basculer à ce point, qu'il n'avait pas le profil et avait dû se faire embrigader.

J'ai surtout l'impression que Salah Abdeslam fait partie de ceux qui surprennent leur entourage. L'écart est grand par rapport à ce qu'il percevait de lui. Il semble que ce soit une constante chez les proches d'exécuteurs. En s'exprimant ainsi, ils le font avant tout pour eux-mêmes. C'est une manière de prendre leurs distances vis-à-vis de l'horreur des actes commis, et afin de préserver leur image et leur intégrité morale. Quant aux tueurs et leurs complices, ils agiraient non pas en dépit du bon sens ou comme des somnambules qui suivraient la voix d'un autre, mais selon une conception morale particulière qu'ils se seraient forgée et au nom de laquelle il y aurait une nécessité inéluctable à tuer ou à participer à une tuerie. Le plus troublant pour les proches est que cela ne les a pas empêchés de les voir agir de manière habituelle.

— Ce sont des *nobody*, ces types-là, lance Julien. On s'y intéresse faute d'avoir d'autres survivants ou d'autres informations. Abaaoud et Abdeslam ont échappé aux radars des services antiterroristes. Ce qu'a fait Salah est le fruit de ses mauvaises fréquentations. Il nous fait prendre conscience que n'importe qui peut déraper dans ce djihad entre potes.

« N'importe qui »?

— Il suffit que quelqu'un nous mette le pied à l'étrier. Un Abaaoud par exemple qui, lui, avait du charisme depuis son retour d'Égypte, citait des sourates. On l'écoutait, il posait.

« Charisme. » Étonnant, ce mot qui donne de la grandeur à l'abjection.

— Il a sans doute dit à Salah: « Viens dans un garage, il y a un billet à se faire. » « Viens à Paris. » L'auteur du massacre de Nice qui avait un petit copain est aussi un *nobody*. Le djihad est pour eux la rédemption des péchés. Le martyre les efface d'un coup. Rapide et efficace comme au fast-food. Ça te lave et te remplit de paradis.

Les fils invisibles de la vie d'Abdeslam restent emmêlés sur cette table. Pourquoi vouloir en dénouer chaque nœud?

« Il y a cette vieille théorie selon laquelle un serpent ne mordra pas si on ne le quitte pas des yeux », déclarait Joan Didion. Moi non plus, je ne veux pas quitter le serpent des yeux. Je ne veux pas non plus chercher à l'apprivoiser, mais rester constamment sur mes gardes.

8

MASSACRE

« Je n'oublierai jamais les hurlements de douleur ni les monticules de corps. »

« Ils sont venus flinguer tout le monde. Pire, ils les ont finis un à un. »

« Je revois le regard déterminé, haineux de Brahim Abdeslam. »

« C'est à la vue de la ceinture d'explosifs que j'ai compris que j'étais en train de faire un massage cardiaque à un kamikaze. »

« On était mille cinq cents à la merci de trois petits cons. »

« J'ai été à deux doigts de me faire assassiner par un mec en jogging. »

« Écoutez les gens mourir, nous a dit un des terroristes. Vous avez de la chance qu'on ne finisse pas le travail. »

« Vous êtes des bâtards, a hurlé un homme dans la fosse. Mitraillé sur-le-champ. »

« Si l'enfer a un bruit, c'est celui de la Kalachnikov. »

« Ma fille a perdu sa mère et moi mon amour. »

« Jamais je n'oublierai cette odeur de fer, de poudre et de sang. »

« On parvenait à se tenir la main. S'il y avait une bulle d'humanité ce soir-là, elle était entre nous. »

Les témoignages des victimes à la télévision m'obsèdent. Raconter l'histoire d'un des assassins leur porterait-il atteinte ? Je ne le supporterai pas.

Je cherche à mettre un peu d'intelligibilité où il y a du vide, un peu d'intelligence, c'est-à-dire – étymologiquement – de liens, où il y a eu massacre.

Approcher l'opaque du silence, le gouffre du déni.

Les victimes, l'entendent-elles comme moi ?

J'en ai rencontré quelques-unes, comme cet homme qui avait perdu sa fille à la terrasse d'un des cafés pris pour cible le 13 novembre. Il était sur le banc à côté de moi lors du procès d'Abdeslam à Bruxelles. On a discuté pendant la suspension de l'audience. Il était fier de me montrer la photographie de sa fille avec ses longueurs brunes. Il m'a confié avoir besoin de comprendre, les journaux ne lui suffisaient pas, il tenait à être là. Je m'en suis sentie proche.

9

SAVOIR

> « Entre toutes les passions de l'esprit humain, l'une des plus violentes, c'est le désir de savoir. »
>
> Jacques-Bénigne Bossuet, *Sermon sur la mort.*

Mes doigts cavalent sur l'ordinateur. Il faut que je sache, comprenne, parle à d'autres. Le temps est compté, Salah Abdeslam s'emmure. Je ne supporte pas qu'il glisse à ce point – non pas pour lui-même mais pour tous ceux qu'il laisse seuls dans le silence, comme une double mort, comme une double peine. Le carnage n'a-t-il pas suffi, faut-il encore sceller la séparation en nous privant du sens ? Quelque chose en moi vacille.

Le silence nous laisse là, perdus.

Je suis la petite fille impuissante au bord du lit de ma mère démontée.

Je suis une de ces silhouettes hagardes, errant à travers la ville, au soir des attentats.

Impossible de me résoudre au silence.

J'entends celui, terrible, de cette nuit-là. Les proches, les policiers, les secouristes ont appelé ceux qui ne répondront jamais plus.

J'écris à l'un des deux avocats d'Abdeslam dont j'ai trouvé l'adresse de messagerie sur la page Internet de son cabinet.

Maître,

Je vous écris au sujet d'un documentaire que je prépare autour de Salah Abdeslam.

J'invente. Personne ne m'a missionnée si ce n'est une force étrange en moi.

Remonter le fil de sa vie pour tenter de comprendre – et non de juger qui appartient à la justice – jusqu'à son silence actuel. Je respecte l'engagement qui a été le vôtre aux côtés de cet homme, dans l'exercice de votre fonction. Je comprends le sentiment d'échec dont vous avez parlé récemment dans la presse.

Le parcours de Salah Abdeslam ne peut nous rester étranger. Partager et comprendre, voilà ce qui m'anime.

N'assurant plus sa défense, vous serez peut-être, je le souhaite, plus libre de m'accorder un entretien, déterminant pour mon projet, selon les modalités qui vous arrangeront.

En vous remerciant pour votre attention,

Bien à vous.

En message privé sur un réseau social :

Bonjour,

Dans le cadre de mon travail,

Je floute, c'est en réalité pour ma propre vie.

j'essaie de cerner la personnalité et le parcours de Salah Abdeslam. Remonter le fil de sa vie pour tenter de comprendre jusqu'à son silence actuel.

Vous avez été son éducateur et son ami, j'aimerais pouvoir m'entretenir avec vous à Bruxelles.

J'envoie d'autres messages à son entourage et à celui des victimes dont les réponses m'arrivent comme des flèches :

« Je ne veux plus jamais entendre parler de cet animal ! »

« Rien de ce que vous découvrirez ne nous rendra notre vie d'avant. »

« Il faut débarrasser l'humanité de ce genre de monstre. »

« Je veux rester fidèle aux personnes disparues et à l'émotion de cette nuit. »

« Pure folie de vous engluer dans cette boue ! »

S'adresser à Salah Abdeslam est capital. « Vu le personnage, il vaut mieux être totalement transparente », m'a conseillé une journaliste rompue aux sujets ardus. « Par ailleurs, il vous faut l'accord de l'autorité pénitentiaire pour correspondre avec un prisonnier. Vous devriez commencer par la prison. Ce sont eux qui liront vos courriers, les siens s'il vous répond, la police, etc. L'autorisation ne sera pas évidente à obtenir. »

Allergique au téléphone, je suis d'une timidité maladive quand il s'agit de demander quelque chose pour moi-même. Je ne vois pas comment j'y parviendrai.

Monsieur Abdeslam,

Trouver du sens, remonter le fil d'une histoire, y mettre des mots, tel est mon rôle en tant qu'écrivain.

Aujourd'hui, vous êtes au centre du nouveau livre sur lequel je travaille.

La volonté de pouvoir l'a obsédé dans sa participation aux attentats. Le mot « centre » est impossible. J'efface.

Mon projet : remonter le fil de votre vie, comprendre ce qui a été fondateur, destructeur, et y mettre des mots.

Je le ferai sans vous juger – ceci appartient à la justice – et sans vous excuser (ce qui serait d'une parfaite indécence). Entreprise périlleuse, mais, à mes yeux, les sociétés progressent quand on comprend les choses et qu'on y fait face avec honnêteté. Votre procès sera le moyen de comprendre les modalités de votre passage à l'acte, mon livre, plus modeste, mais plus proche de l'individu, peut être celui de démêler les fils intimes qui vous ont conduit à perpétrer ces attentats et, au dernier moment, à vous désister.

Afin de mener à bien ce projet, j'aurai besoin de votre concours. Je m'engage à ce que vos lettres, comme les miennes, ne soient pas données aux journalistes.

Si vous acceptez que nous correspondions, ma première question concernerait votre rapport à la langue arabe : quand l'avez-vous apprise ? Dans quel contexte ? Était-ce petit avec vos parents ? Que représente-t-elle pour vous ?

J'avais la naïveté de croire que, parce qu'un nom est à consonance arabe, on en connaît la langue. Je n'ignorais pourtant pas que ma mère ne parlait pas l'hébreu. Naïveté ou préjugés? Ils vivent parfois en nous comme un État dans l'État.

Je me trompais sur toute la ligne.

Julien m'avait donné son numéro d'écrou. Opération complète, de type bonne écolière, mais stérile. Comment croire que le logisticien présumé des attentats de Paris les plus meurtriers depuis des décennies allait répondre au courrier d'un individu en mal de sens?

— Le fantasme d'approcher un monstre, me lance mon amie Monia, provocante, au téléphone.

— Absolument pas. Et je ne le rangerai pas dans la catégorie des monstres en éteignant la lumière derrière moi, c'est trop facile.

— Mais sur quelle planète vis-tu?

— Des êtres humains, et j'aimerais que ça le reste. J'ai besoin de savoir ce qui nous a séparés.

— Pourquoi?

— Parce que je ne m'y fais pas.

10

LE CERCLE

> « Je vais dire mon sentiment personnel. Je vais donc être parfaitement subjectif; j'en préviens le lecteur. [...] Je ne fais plus un résumé des faits, je fais un résumé de mon expérience. »
>
> Jean Giono, *Notes sur l'affaire Dominici.*

Mon portable vibre, SMS de Julien. *Gros papier sur Salah dans l'Express. Très détaillé, une mine d'or.*

Étrange sensation de faire soudain partie d'un cercle d'initiés dont le centre d'intérêt est le complice d'un massacre, appelé familièrement par son prénom.

J'entrevois les grandes lignes de sa trajectoire personnelle. Sa famille se compose de cinq enfants dont quatre garçons qui ont tous eu des problèmes avec la justice. Yazid et Mohamed sont condamnés pour des vols, Brahim s'enfonce dans la délinquance: une quarantaine de mentions dans son casier judiciaire pour vol, vol avec effraction, détention de stupéfiants, affaire de faux en écritures et escroquerie en 2003. La famille s'est offert les services de Maître Olivier Martins à Bruxelles pour défendre Yazid et Brahim. Impliqué dans des affaires de drogue au début des années 2000, Brahim comparaît pour trafic d'armes en 2005 en Belgique. Il est condamné à vingt mois de prison avec sursis et trente-cinq heures de travaux d'intérêt général. Il est ensuite arrêté en mai 2015 pour flagrant délit de cambriolage dans un bar-tabac. Les seuls qui filent droit, Salah et sa petite sœur Myriam. Salah a eu son bac électrotechnique en 2008. Dans les pas de son père, il décroche un emploi à la STIB en septembre 2009 dont il est licencié au bout d'un an et cinq mois pour absence injustifiée : il est en détention préventive pour vol avec effraction. Fin 2010, il tente de cambrioler un garage automobile avec Abaaoud et un autre complice. En février 2011, il est condamné à une peine d'un an de prison avec sursis. Il a vingt et un ans. Incarcéré un mois à la prison de Nivelles, il ne retrouve pas de travail malgré ses tentatives. En 2013, il reprend la gérance d'un bar, Les Béguines, avec son grand frère, deale, fume et bascule dans l'islam radical. En janvier 2015, son frère Brahim rejoint la Syrie avant de rentrer dix jours plus tard. Il ne s'en cache pas. Salah a l'intention de partir lui aussi avant d'y renoncer. En juin 2015, la famille reçoit un avis d'expulsion de son logement social, Brahim furieux s'en prend à un fonctionnaire de la mairie. Les Béguines est fermé à cause du trafic de stupéfiants. Ils se murent en soldats islamiques et préparent les attentats de Paris.

L'article met également en lumière l'implication de Salah dans la préparation des tueries. Convoyage des djihadistes envoyés par Daech, brassage de milliers d'euros en espèces, achat des produits nécessaires à la fabrication des explosifs, réservations d'appartements, remise de faux papiers d'identité aux djihadistes.

Radicalisé en février 2015, dit-on. Les frères Kouachi et Coulibaly, auteurs des massacres contre *Charlie Hebdo*, l'auront-ils inspiré dans l'horreur ? Comme Coulibaly, Salah a laissé sa carte d'identité dans la Clio abandonnée place Albert-Kahn dans le dix-huitième arrondissement.

Les lignées noires, les parentèles de mort me frappent. Mohamed Merah a entretenu une correspondance avec Fabien Clain, incarcéré à Fleury-Mérogis à la suite du démantèlement de la filière djihadiste d'Artigat. Nemmouche en prison à Toulon pour cambriolage regardait fasciné à la télévision le siège de Merah qui venait d'assassiner un homme et trois enfants juifs dans une école maternelle. Deux ans plus tard, le 24 mai 2014, il abattra quatre personnes au musée juif de Bruxelles.

L'hebdomadaire indique qu'en décembre 2014, soit six mois après la proclamation du Califat à Raqqa et quatre-vingt-dix ans après la disparition du Califat ottoman à Istanbul, Salah confiait à Nour vouloir rejoindre l'armée de Daech en Syrie. Il lui a demandé de l'accompagner. Était-ce pour se vivre en couple libérateur ? Ou bien parce que les Syriens ne laissaient pas les djihadistes européens épouser des Syriennes ?

Nour a vu clair sur la destinée funeste de ces processions de robes nuptiales en route vers l'Orient. L'immaculée aurait un temps. L'organisation l'utiliserait comme génitrice des futurs combattants du djihad, chair indispensable à son expansion. Une femme en noir parmi des sœurs en noir. Elle a dit non.

Salah Abdeslam, cheville ouvrière des idées macabres d'Abaaoud ?

Il semblait aussi allié dans l'horreur à son frère Brahim imbibé de vidéos sanguinaires et, depuis des années, de fortes doses de cannabis. Ce dernier devait chercher un autre anesthésiant, plus fort encore.

À partir du 31 juillet 2015, Salah Abdeslam se lance dans les préparatifs des attentats de Paris, en homme à tout faire à bord de sa Mercedes C200. Grisé par l'argent, le pouvoir, la sensation d'être quelqu'un ?

Salah n'y fait aucune allusion devant Nour. Selon elle, c'était pour la protéger. *Il a essayé de s'éloigner de moi. Il revenait plus attaché.*

Cet été-là, cent trente personnes vivront leurs dernières vacances avant d'être sauvagement assassinés.

Sonnerie du téléphone. Monia, joyeuse au bout du fil.

— Tu sais qui est le grand ponte de l'enseignement dentaire ?

— Non.

— Le professeur Machetou !

Sa bonne humeur me rafraîchit. Née au croisement de l'Égypte, de la Tunisie et de la France, Monia est une ardente. Dans les eaux souvent blafardes du monde politique et culturel où elle manœuvre depuis des années en France, elle tranche par sa suavité et son intransigeance. À chacun de ses voyages, elle me rapporte des parfums à la tubéreuse ou à la figue.

— Tu m'as l'air dans tes petits souliers. Toujours après Salah Abdeslam ?

— Oui.

— J'ai réfléchi à ton truc. Il devait se vivre comme l'Arabe de service qui malgré son baccalauréat ne trouvait pas de boulot, évoluait dans un environnement de ratés et de truands. Il devait chercher un sens à sa vie. L'injustice des siens en Syrie comme étendard, le sentiment d'appartenir enfin à une communauté, lui qui ne se sentait ni Belge, ni Français, ni Marocain, Daech lui donnait du travail et de l'argent pour l'élever au-dessus des autres. Ses fantasmes prenaient forme.

— Au prix de combien de vies ? Toute cette histoire me déchire. Elle n'est pas uniquement celle d'un type né dans un cul-de-sac, qui a vrillé. Une force sociale, culturelle, politique, historique et idéologique est capable aujourd'hui, en Europe, d'accoucher de fanatiques et de les laisser vivre.

II

HISTOIRE INTÉRIEURE

Salah Abdeslam est un nourrisson quand au début des années 1990 des figures influentes de groupes islamistes afghans et algériens s'installent dans les municipalités belges bordant le canal de Charleroi.

Salah Abdeslam a cinq ans en 1995 quand une vague d'attentats tue huit personnes et en blesse près de deux cents autres en France. Le principal responsable des attaques, Khaled Kelkal, est un islamiste algérien membre du Groupe islamique armé (GIA).

En 1996, Salah Abdeslam a six ans quand le gang djihadiste de Roubaix proche d'al-Qaida est démantelé.

Enfant, Salah Abdeslam croise dans la rue la silhouette athlétique de Nizar Trabelsi, footballeur tunisien proche d'al-Qaida, qui fomentera un attentat contre une base américaine en Belgique, en liaison avec celui qui deviendra dix-neuf ans plus tard un des mentors des auteurs du massacre de la rédaction de *Charlie Hebdo* et de Juifs à l'HyperCacher de la porte de Vincennes.

Salah Abdeslam marche dans les mêmes quartiers que les futurs assassins du commandant Massoud, Rashid Bouraoui El-Ouaer et Abdesattar Dahmane, résidents molenbeekois.

Salah Abdeslam a sept ans quand Bassam Ayachi, né à Alep, formé par les Frères musulmans à Hama en Syrie et emprisonné en Arabie Saoudite pour militantisme salafiste, fonde son association 41, rue Vanderdussen à Molenbeek, jouxtant la mosquée de la rue des Étangs. Il la nomme Centre islamique belge (CIB), introduisant volontairement la confusion avec le Centre islamique et culturel de Belgique (CICB), décidé au plus haut niveau de l'État. Le CIB devient le lieu de rencontres de salafistes et de combattants islamistes. Bassam Ayachi fait peu à peu figure de référence à Molenbeek. Prédicateur de l'idéologie d'al-Qaida, il prend la tête d'un groupe local, les Faucons du Sham. Au programme : cours de religion, unions halal, activités sportives dont « parachutisme dans la province de Namur, entraînement aux tirs dans la commune de Jette et stages de survie dans les Ardennes [1] ». Seize ans plus tard, Salah Abdeslam dira à sa petite amie « devoir passer du temps dans les Ardennes ».

En 1998, Salah Abdeslam a huit ans quand l'imam belgo-marocain, formé à Médine, Mustafa Kastit est embauché par le CICB. Il relance l'idéologie pro-saoudienne en Belgique, à travers des conférences à l'Institut européen des études islamiques de la mosquée al-Khalil, proche des Frères musulmans syriens et tunisiens. Salah Abdeslam est trop jeune pour y assister mais sa génération héritera de la réconciliation opérée par Mustafa Kastit entre les mouvances fréristes et salafistes. Les clivages dépassés encourageront l'action. Le djihadisme en sera le fruit mûr.

La même année, le Centre d'éducation et culturel de la Jeunesse al-Maarifa est fondé à dix minutes de chez lui. Il sert de succursale européenne de la maison d'édition wahhabite saoudienne Dar al-Hadîth.

En avril 1999, Salah Abdeslam a neuf ans quand Abdelaziz Bouteflika devient président de la République algérienne. Il libère les criminels islamistes en échange de la fin des massacres. Salah Abdeslam apprend que la « concorde civile », l'amnistie algérienne, sauve les adeptes de l'islam sanguinaire. Certains s'exilent en France dans les mêmes régions devenues vingt ans plus tard la base de départ du djihad syrien de deux mille Français.

Le 9 septembre 2001, Salah Abdeslam a onze ans quand le commandant Massoud est assassiné par Abdessatar Dahmane dont l'union avec Malika el-Aroud avait été célébrée en 1999 par Bassam Ayachi à Molenbeek.

Deux jours plus tard : les attaques contre le World Trade Center à New York et le Pentagone. La diffusion des idées salafo-djihadistes s'accélère. Les discours des prédicateurs trouvent leur audience auprès d'une partie de la jeunesse musulmane de

1. Bernard Rougier, *Les Territoires conquis de l'islamisme*, PUF, 2020.

Molenbeek. Les prêches imprimés par le CIB circulent comme des petits pains. Le centre crée le premier site djihadiste européen : *Assabyle*. Des fatwas, des contenus antisémites, des appels au djihad sont diffusés.

Salah Abdeslam a treize ans lors de l'invasion américaine en Irak et de la chute de Saddam Hussein le 9 avril 2003.

Un mois plus tard, le 16 mai, des attentats à Casablanca en partie planifiés depuis Molenbeek font trente-trois morts.

La même année, Fabien Clain s'installe entre Molenbeek et Schaerbeek. Les communes ont leurs lettres de noblesse pour les adeptes de l'islam politique. Fabien Clain est « émerveillé » de la place majeure de l'islam dans la vie publique de Molenbeek, de la séparation entre les sexes et du vivier d'islamistes européens. Il suit des enseignements coraniques, s'approvisionne en livres islamistes introuvables en France. Douze ans plus tard, les frères Clain seront les voix de l'EI revendiquant les attentats de Paris.

En décembre 2003, Salah Abdeslam a quatorze ans quand Bassam Ayachi remarie Malika el-Aroud, la « veuve noire » de l'assassin de Massoud, à une autre figure proche d'al-Qaida, Moez Garsallaoui. Ce dernier formera Merah en 2011, auteur du massacre de Toulouse.

Le 11 mars 2004, Salah Abdeslam a quatorze ans au jour des attentats de Madrid qui font cent quatre-vingt-onze morts et mille huit cents blessés. Le cerveau présumé des attaques, Hassan el-Haski, un Belge d'origine marocaine membre d'al-Qaida, est son voisin place Communale.

En août 2004, un camp d'été est organisé dans les Ardennes par l'une des mosquées de Molenbeek. « Au programme, kayak, randonnées, barbecue et entraînement au jihad[1]. »

En 2005, Salah Abdeslam a quinze ans quand des émeutes éclatent à Clichy-sous-Bois et Montfermeil en Seine-Saint-Denis et embrasent la plupart des banlieues pauvres des grandes villes françaises. Un nouveau coup de fouet pour l'idéologie salafo-djihadiste qui encourage la rupture avec la société « mécréante ». Les discours de désaveu du système démocratique se banalisent.

Le 30 septembre 2005, Salah Abdeslam a seize ans quand le

---

1. Hugo Micheron, *Le Jihadisme français, quartiers, Syrie, prisons*, Gallimard, 2019.

journal danois *Jyllands-Posten* publie des caricatures du Prophète en réponse à l'assassinat du vidéaste Theo van Gogh à Amsterdam. Un cheikh salafiste secondé par des islamistes égyptiens se mue en « entrepreneur de scandale[1] ». Ces derniers mobilisent les institutions islamiques afin d'obtenir reconnaissance de l'affront, déclenchant une mobilisation mondiale contre les « blasphémateurs ». Salah Abdeslam a vent de la campagne enseignant l'incompatibilité de la liberté d'expression avec l'islam.

Quelques mois plus tard, en 2006, l'organisation État islamique qui trouve son origine dans la guerre d'Irak fusionne avec plusieurs petits groupes extrémistes et se rebaptise État islamique en Irak.

En juin 2007, Salah Abdeslam a dix-sept ans quand Moez Garsallaoui, Belgo-Tunisien, futur formateur de Mohamed Merah, propagandiste d'al-Qaida sur Internet, prédicateur à la tête d'une filière d'envoi de combattants en Afghanistan, s'installe un temps en Belgique.

Salah Abdeslam a dix-huit ans quand Abou Omar al-Baghdadi, qui prétend être descendant du Prophète, lit en 2007 sa profession de foi et la vocation de cet « État » en Irak : appliquer strictement les préceptes wahhabites, notamment la pratique du djihad et la soumission à la charia.

Salah Abdeslam a vingt ans quand le 18 avril 2010 Abou Omar al-Baghdadi est tué lors d'une opération conjointe des forces américano-irakiennes.

Salah Abdeslam a vingt et un ans le 11 octobre 2010 quand la loi interdisant le port du voile intégral dans l'espace public est promulguée en France. Les femmes dissimulant leur visage sous un *niqab* sont verbalisées. Des incidents se multiplient.

Le 2 mai 2011, Oussama Ben Laden, qui commandait al-Qaida, est tué au cours d'un raid des forces spéciales américaines au Pakistan.

À l'été 2011, le conflit en Syrie débute.

Abd al-Rahman, le fils du cheikh Bassam Ayachi de Molenbeek, devient commandant d'une *katîba* (brigade) du groupe salafiste Suqour al-Cham en Syrie.

À la fin de l'été 2011, Abou Bakr al-Baghdadi fonde la

---

1. Bernard Rougier, *Les Territoires conquis de l'islamisme*, PUF, 2020.

branche syrienne d'al-Qaida : le Front al-Nosra, précurseur puis rival de Daech. La djihadisation de l'opposition à Bachar el-Assad s'accélère, d'autant que plusieurs centaines de djihadistes sont délibérément remis en liberté par les autorités syriennes.

Salah Abdeslam a vingt-deux ans le 11 mars 2012 quand Mohamed Merah abat l'adjudant Imad Ibn Ziaten à Toulouse.

Le 15 mars 2012, le même assassin tire dans le dos de trois militaires. Abel Chennouf, âgé de vingt-cinq ans, et Mohamed Legouad, vingt-trois ans, meurent sur le coup. Un troisième, Loïc Liber, vingt-sept ans, grièvement blessé aux cervicales, reste paralysé.

L'idéologie islamiste accuse les victimes de faire allégeance à l'ennemi occidental et, pour trois d'entre elles, de désavouer leur religion au sein de l'armée française engagée en terre d'islam.

Le 19 mars 2012, Mohamed Merah tue un rabbin et professeur, Jonathan Sandler, un enfant de trois ans, Gabriel, un second de six ans, Aryeh, et une petite fille de huit ans, Myriam Monsonégo, à l'école Ozar Hatorah de Toulouse.

Soixante-sept ans après la fin de la Seconde Guerre mondiale, des enfants sont tués à bout portant parce que juifs, dans une école en France.

Comment écrire que le massacre de ces enfants a donné des gages au djihadisme et à ses agents ? Et pourtant. L'islam politique a gagné du terrain. Les massacres ont été vécus comme licites sur le plan religieux dans la sphère salafo-djihadiste de Molenbeek. Merah, par ses meurtres, a été perçu comme un héros ayant accompli un acte religieux, un djihad contre l'Occident en majuscule : la France. Et contre l'ennemi par excellence : le Juif. Une nouvelle ère s'est ouverte. Le combat sacré aurait lieu au sein des sociétés dont les djihadistes sont issus.

Été 2012, la guerre en Syrie imprègne le quotidien de Salah Abdeslam. Des connaissances, les plus investis dans la cause djihadiste, partent au front.

En février 2013, Salah Abdeslam a vingt-trois ans quand son meilleur ami, Abaaoud, rejoint les six mille combattants internationaux en Syrie. Il est un de ces *mouhajirin*, émigrés, venus peupler et soutenir le futur État. S'appuyant sur ses prédécesseurs dont certains sont des proches de Molenbeek, Abaaoud devient un des cadres du Front al-Nosra.

À l'été 2013, Daech émerge. Seconde vague de départs de familiers d'Abdeslam. Leur voyage jusqu'aux fronts irako-syriens semble parfaitement organisé grâce à des conseillers en *hijra*. Un réseau de connaissances s'est constitué en Syrie qui continue d'entretenir les liens avec son cercle français et belge.

Le 29 juin 2014, Salah Abdeslam a vingt-quatre ans quand le « califat » djihadiste est proclamé au nord de la Syrie, à cheval sur l'Irak.

Il ne manque pas un mot de la déclaration d'al-Adnani à la grande mosquée de Mossoul – « ville pressentie presque un siècle auparavant par Muhammad Rashîd Ridâ pour être le nouveau centre du monde musulman[1] » – diffusée sur Twitter. Il appelle les musulmans à accomplir la *hijra*, l'exode et le djihad contre les mécréants (les Juifs, les croisés et leurs alliés) et les apostats partout dans le monde. « Il n'y a pas de vie sans djihad et il n'y a pas de djihad sans *hijra*. » Il faut détruire le nationalisme, le sécularisme et la démocratie, renverser les régimes des pays musulmans et soumettre le monde entier à la vraie religion.

Troisième vague de départs depuis Molenbeek.

Salah Abdeslam veut en être.

---

1. Nabil Mouline, *Le Califat, histoire politique de l'islam*, Flammarion, 2016.

12

DANS QUELLE LANGUE SE PARLER ?

« Le meurtre est possible [...] quand on n'a pas regardé autrui en face. »

Emmanuel Levinas, *Difficile liberté.*

Si ma mère ne parle pas l'hébreu ni Salah Abdeslam parfaitement l'arabe ou l'amazighe, mes grands-parents m'ont baignée dans les deux langues. L'arabe dans la bouche de ma grand-mère, c'était pour s'exclamer, se réjouir, médire ou insulter. L'hébreu dans la bouche de mon grand-père, c'était pour lire la prière à table les soirs de chabbat et de fêtes. Le français, pour le reste, était à chacun.

— Je ne parle pas aux ivrognes, a lâché un jour ma grand-mère, Rachel, à son cousin germain, avant de lui raccrocher au nez.

Cette femme teigneuse a vécu jusqu'à quatre-vingt-quatorze ans. Claquemurée dans une maison de retraite, elle ne voulait voir personne et me réservait ses sourires. Je lui racontais mes voyages à Batna, ville algérienne aux portes du désert, qu'elle avait quittée à trente ans à cause de la guerre.

— Ces oranges, tu les as vues ? Grosses comme mes poings. Tu te rends compte, ma fille, me disait-elle, le regard soudainement allumé par un plaisir lointain qui sautait la haie du temps.

Elle n'avait pas revu son pays. En France, pendant plus de quarante ans, elle vécut l'exil au ventre. À leur arrivée en 1962, son mari et elle ont trouvé un emploi de gardien à la mairie du quatrième arrondissement de Paris. Ils ont nettoyé, ramassé les poubelles, tenu le registre des visites et des clés sous un ciel gris et bas.

Intarissable chez l'épicier Israël face à la mairie, pour raconter à qui voulait l'entendre le ciel de Batna plus bleu qu'ailleurs, plus haut qu'à New York où elle n'avait pourtant jamais traîné ses savates.

Si les langues se mêlaient, elles avaient leurs lieux et leurs heures. Mon grand-père disait des mots doux en arabe à sa fille : *Aziza*, ma chérie, mais il reprenait ma grand-mère quand elle parlait arabe à la maison. « Tu te crois encore là-bas ? » L'ambivalence du rapport aux langues semblait toute une histoire.

Âgée de neuf ans, ma mère fréquentait l'école de filles Geoffroy-l'Asnier. La nuit, à la lumière des réverbères, derrière les barreaux de sa chambre, elle lisait en français *Le Club des cinq* emprunté à la bibliothèque.

— Cochon, tu lui coupes la queue, cochon il reste, s'amusait à dire ma grand-mère en évoquant ce qui ne change jamais, quoi qu'on fasse.

Grandes tablées familiales pour Pessah, Kippour ou Roch Hachana.

— Le ventre n'est pas une vitrine ! lançait Rachel qui avait pourtant cuisiné pendant deux jours des plats qui passaient déjà de mains en mains. Pois chiches, poulet, radis, salades de poivrons et tomates cuites, semoule, brick à l'œuf, harissa, pommes au miel, dattes, makroud…

Je me suis souvent endormie à ces fêtes, sur le canapé en cuir près de la table de la salle à manger ; enveloppée dans leurs rituels, leurs langues mêlées, leurs odeurs, leurs rires, certaine que rien ne pourrait m'arriver.

Gare du Nord. File d'attente. Cordon inutile du Thalys puisque nous passons sans être contrôlés. Personne ne nous demande de déposer nos bagages sur le tapis roulant. Le détecteur de métaux ne cesse de clignoter rouge sans provoquer la moindre fouille. Mystère. Faut-il croire que le système est en cours de rodage ?

La dernière fois que je suis allée à Bruxelles, c'était pour rendre visite à ma sœur en stage à la Commission européenne.

Aujourd'hui, aux trousses d'un djihadiste de Molenbeek, Bruxelles l'européenne est devenue menaçante.

Oserai-je demander droit dans les yeux aux proches d'Abdeslam pourquoi il a voulu répandre la mort aux terrasses des cafés, au Bataclan et au Stade de France ? Et à ses amis radicalisés, les raisons de leur soutien ?

J'y vais, pensant naïvement que, dressée face à eux, mon visage d'ennemie ne pourra que les désarmer.

13

MOLENBEEK

Dehors ce sont des couleurs de plomb, des balcons en fer forgé accrochés aux immeubles, puis, à intervalles réguliers, des inscriptions en arabe au fronton des magasins bordant les rues. À quelques pas de là, le marché est dressé. Je regarde la place fourmillante. Le rouge, le vert, l'orange des fruits et des légumes se déroulent aux pieds des passants. Je frissonne sous le ciel gris et la brume épaisse. On devine à peine le dôme de la mairie et la crête des édifices. Dans le corps de la ville, des femmes aux têtes couvertes, qu'accompagnent des filles, transportent des sacs de courses et les tracas du jour. Un Molenbeek au coude à coude, noyé dans le brouillard.

Je ressens l'excitation de la découverte d'un endroit que je ne connais pas, teintée d'appréhension. Des attentats qui n'ont pas été élucidés pèsent sur la commune. Plusieurs mis en cause ont vécu ici. Cette ambivalence de sentiments et l'étrangeté de la situation me donnent envie d'écrire.

J'arpente les rues comme si les murs, les pavés, les visages croisés avaient des choses à me dire. Me reviennent les unes de journaux sur la commune, titrailles accrocheuses et sans nuances. J'en vois ici : une atmosphère de commune de Paris islamique au cœur d'une capitale européenne. Nettement moins dans les cafés de Molenbeek où l'absence des femmes me frappe. Mais je ne me sens pas dans une citadelle islamique impénétrable où personne ne serait toléré.

Je me souviens des propos de l'ancien juge antiterroriste rencontré avant mon départ. *En France, il y a des zones où les policiers ne peuvent pas aller, c'est très dur de faire une enquête à Trappes par exemple. Quasiment impossible. À Molenbeek, ce n'est pas le cas. Plutôt une allure de cour des miracles.*

Banlieue, le lieu du ban. Proche du centre mais à l'écart. À l'inverse, Molenbeek est au cœur de Bruxelles, siège de l'Union européenne. La densité de la population est impressionnante, plus de seize mille habitants au kilomètre carré – le double de la moyenne bruxelloise. Ici, on vit entassé, et un tiers des jeunes est au chômage.

Il y a cinq ans un homme d'une vingtaine d'années, au teint pâle, soigneusement vêtu, se tenait là, juché sur un scooter. Tout est exactement comme il y a cinq ans et cet homme, Salah Abdeslam, je ne l'aurais pas remarqué.

Ses parents, Abderrahmane et Mina, ont vécu avec leurs enfants 30 place Communale, dans un logement social de cent quarante-cinq mètres carrés, dès 1998. Donnant sur la place du marché, l'immeuble a son élégance. J'imagine la belle hauteur sous plafond de l'appartement, sa lumière qui perce à travers les voilages blancs et l'espace réservé à chacun des enfants. Salah et Mohamed partagent la même chambre. Devant la porte d'entrée de l'immeuble, il y a toujours quelqu'un, un sac de courses à la main, avec qui échanger des nouvelles.

Chaque jour, Salah a vu son père rentrer du travail, employé de la ville pendant quarante ans, chargé de la maintenance des transports en commun, puis conducteur de tram. *Le père Abdeslam a fait partie de la première génération d'émigrés en Belgique*, m'apprend un élu de Molenbeek dans la cafétéria de son club de sport. On le dit féru d'arts martiaux. La cinquantaine, très grand, un peu voûté. Avant d'entrer dans le circuit du pouvoir, ce Belge d'origine marocaine a aussi été éducateur. Il sort du vestiaire. Son kimono s'est transformé en costume trois-pièces.

Il y avait une série d'emplois que les Belges ne voulaient plus faire, dont conducteurs de bus et de tram. La STIB avec ses sept mille travailleurs dont beaucoup d'origine étrangère est le plus gros employeur à Bruxelles. À l'époque, on y trouvait des gens de toutes conditions dont certains avaient fait des études. Le père Abdeslam avait dû être scolarisé car il n'était pas analphabète même si son écriture était rudimentaire. Rentré à la STIB avec beaucoup de facilité, il y a fait toute sa carrière, environ trente-cinq ans. Ses horaires étaient variables. Parfois il travaillait la nuit, payé 150 %, ce qui permet d'avoir de bons salaires. Voire le dimanche, en « congé travaillant », payé 200 %.

A-t-il progressé dans sa carrière ?

Non, il est resté chauffeur de bus. C'est un homme introverti, loin de la pratique religieuse, bon vivant, chaleureux, aimant boire sa bière avec ses collègues, bref, un père tranquille, a ajouté celui qui fut son collègue à la STIB au début de sa vie professionnelle.

Le père de Salah est réservé, ponctuel, portant avec lui une odeur d'acier, d'huile de moteur et de bière. Mais aussi un épicurien. Après sa sieste quand il travaillait de nuit, il prenait un verre à Andaloussia et jouait aux cartes ou aux dés avec ses amis.

Était-il présent pour ses enfants ?

La présence, tout dépend comment on la définit. Les parents de Salah Abdeslam sont des Marocains de la première génération. L'approche que nous pouvons avoir en tant que membres de la deuxième génération n'est pas la même. Quand mon père, Dieu ait son âme, rentrait du travail, il demandait à voir ma journée de classe. Il ne maîtrisait pas le français mais il traquait les écritures rouges sur mes copies. Contrairement à nos parents, mon épouse et moi nous travaillons tous les deux. Nous suivons surtout la scolarité de nos enfants en période d'examens. Chez nous, tous les parents souhaitent que leurs enfants réussissent, mais ont-ils les outils pour mettre en œuvre l'accompagnement nécessaire ?

« Les outils. » Faut-il comprendre la langue et les codes sociaux ? Le français des parents semblait rudimentaire.

Au pays, la rue avait un rôle de socialisation très important. On ne pouvait pas faire de bêtises sans que le voisin ou le commerçant ou une autorité n'intervienne. La première génération d'immigrés l'a reproduit à Molenbeek. Les choses ont évolué depuis. On s'est rapproché du modèle occidental. Les enfants de la génération suivante ont été livrés à eux-mêmes. Il y a de moins en moins de contrôle social, aussi une crise économique qui a provoqué de la violence et le développement de mouvements contestataires et sectaires.

Mouvement contestataire, secte : c'est ainsi que l'élu ceinture noire semble concevoir l'idéologie djihadiste.

Tous les fils Abdeslam ont eu des soucis avec la justice, même si ce sont des bêtises de jeunesse, des petits vols, de la consommation ou de la vente de stupéfiants. C'est à la fin de l'adolescence qu'il y a eu une cassure. Les fréquentations et le passage des dix-huit-vingt ans leur ont été fatals.

« Des bêtises. Des petits vols. »

La mère, quant à elle, exerçait un certain ascendant dans la famille. De nature possessive, elle gardait ses fils contre elle. Les gratifiant, les louant sans cesse. Sous ses tombereaux d'amour, l'adoratrice avait bâti des fils fous d'eux-mêmes. Elle entretenait avec eux une relation fusionnelle.

La mère étouffante se montrait à poigne, aimait polariser l'attention et commandait chacun. Elle avait appliqué la même recette avec ses fils. L'aîné, père de trois enfants, marié depuis dix ans à une femme choisie par ses soins. Brahim avait divorcé. Mohamed multipliait les conquêtes et vivait sous le même toit que ses parents, partageant sa chambre avec Salah.

Les mères savent faire ravage. Celle d'Abdeslam était une charmeuse malgré son âge, sous son *hijab* aux couleurs criardes et ses robes longues qui laissaient voir les courbes de ses seins et de ses hanches. Une femme qui parlait fort pour se faire voir, dit-on. J'imagine ses yeux et ses sourcils très maquillés. Une femme aux traits encore fins de la jeunesse, posant la main sur la taille sur des photos qui n'étaient pas de famille. De l'autre, elle tenait sa robe à l'étoffe chatoyante comme si elle allait se mettre à danser.

Une femme qui refusait toujours de blâmer ses fils. Les merles blancs qu'elle avait couvés ne pouvaient être responsables du moindre écart. Quand ils perdaient leur chemin, c'était à cause des autres. Elle ne savait voir que le bien en eux, ses fils chéris, ses bien-aimés. Ils étaient de si bons enfants qui l'aimaient tant.

Je lève les yeux. À l'étage de leur immeuble, les lumières sont éteintes.

Leibès. Ça va. *Salam alikoum.* Que la paix soit sur vous. Les gens se disent bonjour la main sur le cœur.

Lire c'est grandir, assure une pancarte sur une vitrine crasseuse.

Plus loin : *Nous avons autant de talent que vous.*

14

DIEU LE FRÈRE

> « Un jour, les frères chassés se sont réunis, ont tué et mangé le père, ce qui a mis fin à l'existence de la horde paternelle. [...] L'aïeul violent était certainement le modèle envié et redouté de chacun des membres de cette association fraternelle. »
>
> Sigmund Freud, *Totem et Tabou.*

Au fil du temps, d'horaire décalé en horaire décalé à la STIB prolongé dans les bars, le père n'a-t-il pas laissé du terrain et été évincé par la mère au profit des fils ? Une mère protégée par la puissance – serait-elle abrutie – de son fils Brahim et du plus alphabétisé de la famille, Salah. Mépris sourd pour le père qui s'est laissé devancer et ascendance à double tête des fils chéris sur la famille.

Mis à la place du père, ils en sont devenus la loi.

Dans ce clivage en lui, son insatisfaction, son inertie, Salah s'est fixé sur sa participation aux attentats en délire psychotique, me dira Esther, psychologue qui exerce en prison auprès de détenus pour terrorisme islamiste. *Daech s'est substitué au père. Un produit fantasmatique, une figure démoniaque. Faute d'avoir rencontré le Père, il a rencontré Dieu le Père,* avait-elle conclu.

Salah voulait rendre justice. S'exprimer à la place de Dieu. Comme ses comparses, il s'octroyait le droit de dire qui était mécréant et qui ne l'était pas.

« Allah est unique », répétait-il les derniers temps. Il le pensait surtout de lui-même.

Chez les Abdeslam, c'était comme s'il n'y avait pas de porte. Tout était confus. Les rôles, inversés. La place du père était occupée par les fils. Les parents dans le déni, l'impuissance, le manque d'autorité, se sont laissé dépasser par Brahim et Salah. Avec l'accord tacite de leur mère, ils ont pris le pouvoir dans la famille. Entre les deux frères existait une surenchère de loyauté. Ils se serreraient les coudes jusqu'au bout. Une parole donnée à un frère ne se reprend pas.

L'anthropologie de la famille arabe est fondée sur la solidarité entre les frères, m'a dit Jalil F., conseiller politique auprès du gouvernement, partisan d'un islam de France. Quadragénaire à la beauté racée et au costume signé.

Les Arabes font du business entre frères. Partout dans le monde arabe les groupes familiaux ne sont pas composés de pères et de fils mais de frères. Ensemble, ils participent aussi à des attentats.

Si Salah avait été loyal vis-à-vis de son frère, il serait mort, a nuancé un homme proche du dossier judiciaire, avant d'ajouter: *Salah a vu Brahim se faire sauter. Ce n'est pas rien pour renoncer.*

L'information me laisse songeuse.

Il y aurait deux raisons pour décider de ne pas tuer, selon le psychosociologue Harald Welzer[1]. La première consiste en la forme immédiate d'une éthique, « On ne peut pas faire ça ! » qui suppose un haut degré d'autonomie psychique. La seconde est la proximité avec les cibles, souvent due au hasard de la situation. Son frère Brahim?

Mais n'est-il pas mort Comptoir Voltaire ? Salah Abdeslam ne se trouvait-il pas au Stade de France ? *Je vous dis ça parce que je vous le dis*, avait ajouté l'homme proche du dossier judiciaire. J'ai remonté le fil de la chronologie du soir du 13 novembre. Brahim est bien mort Comptoir Voltaire dans le onzième arrondissement vers 21 h 40. Après l'épisode du Stade de France, Salah a laissé sa voiture dans le dix-huitième arrondissement et pris la ligne 4 du métro à la station Marcadet-Poissonniers, jusqu'au terminus à Montrouge. A-t-il pu faire un crochet à l'est et voir Brahim se faire exploser? Les horaires des déplacements précisés dans l'enquête rendent l'hypothèse impossible. Mais l'homme proche du

---

1. Harald Welzer, *Les Exécuteurs. Des hommes normaux aux meurtriers de masse*, NRF Essais, Gallimard, 2007.

dossier semblait avoir des raisons d'insister. Salah avait dû lui faire part de son double effroi : celui suscité par l'image de son frère se faisant exploser (elle a circulé sur les réseaux sociaux) et celui de son frère de combat, Bilal, mort sous ses yeux au Stade de France.

15

LE PETIT DU QUARTIER

À Molenbeek, je ne trouve pas de place où prendre un café.

Quartier de la Senne, de l'autre côté du canal, je m'attable avec mon journal à l'intérieur du café Walvis, en attendant Liès, un ami d'enfance de Salah. Comme au café Le Phare devant lequel je viens de passer, on croise au Walvis des étudiants, des artistes néerlandophones et des bourgeois bohèmes au teint pâle. Un café comme on en verrait à Brooklyn : haut sous plafond, dans un décor industriel de métal et de bois. *Walvis* signifie baleine en néerlandais. Certains viennent échouer sur sa terrasse ouverte sur le canal. Beaucoup y savourent leur bière, leur muffin en lisant les journaux belges et étrangers mis à disposition par le patron. Le week-end, on y danse toute la nuit.

J'ai connu Salah gamin, ses parents venaient d'emménager place Communale où j'habitais. Il avait entre six et neuf ans, me dit Liès, la trentaine, petit, bien en chair. Il porte un pull en V et des cheveux courts soignés.

À l'adolescence, il fréquentait le grand frère de Salah : Brahim, de trois ans son cadet. Salah, le petit du quartier, selon son expression, les suivait. Il jouait au foot avec eux au parc Bonnevie ou à la maison de quartier. En 1998-1999, Liès sortait régulièrement avec un groupe d'étudiants auxquels Brahim se joignait. Il avait seize ans, eux dix-neuf. *Brahim voulait s'amuser avec les grands.* À la fin des études de Liès, Salah avait treize ans. Liès est devenu enseignant en lycée au sein du groupe scolaire Serge-Creuz quand Salah y était au collège.

Salah était comme la majorité des jeunes de Serge-Creuz à cette époque-là, qui de temps en temps déconnaient, dont on entendait parler en conseil de classe et qui provoquaient des conseils de discipline.

Salah était proche de ses frères qui le protégeaient. En cas de problème dans le quartier ou à l'école, ils étaient toujours à ses côtés et débarquaient s'il le fallait. Je l'ai eu comme élève de 2006 à 2008, en première et terminale technicien-électricien-automaticien. J'enseignais les cours techniques.

À croire Liès, en cas de problème, le père de Salah se montrait toujours présent. Il appréciait qu'il ne défendît pas ses fils mais donnât raison aux professeurs. *Il gueulait sur Salah devant tout le monde. C'est toi le pourri, lui disait-il. C'est toi, c'est toi. Ce n'est pas eux, c'est toi.*

Le père Abdeslam portait les torts sur son fils et l'humiliation publique ne le gênait pas. Malgré ses soucis de santé, il répondait aux convocations. Très discret, il parlait peu mais donnait l'impression d'être autoritaire. Salah le craignait encore. *Sa mère était très affectueuse. Quand je venais chez eux, elle m'appelait mon garçon, mon petit.*

Comme élève, Salah ne faisait pas d'effort, comme 70 % de la classe, alors qu'il avait des capacités. La preuve, il a eu son bac.

À l'entendre, 40 % des jeunes quittent l'école sans diplôme, en Belgique ; 60 à 70 % pour les Marocains et les Turcs.

Faible dans certains cours, Salah ne donnait pas d'importance au français – son orthographe était calamiteuse – ni à l'histoire ni à la géographie. Mais dans les cours techniques, il était très bon. Il fallait lui parler tension, résistance, courant, amplificateur. Il savait câbler un variateur de fréquence avec une machine sans chaîne. Il aurait pu mieux réussir. En terminale, il était souvent absent.

Deux choses me frappent. Salah Abdeslam n'est pas imprégné par l'Histoire. Par ailleurs, n'est-il pas étonnant, pour un technicien manifestement doué, de laisser passer une ceinture d'explosifs défectueuse le soir du 13 novembre ?

Les jours où il était absent du lycée, il travaillait avec son frère Brahim au marché. Ce dernier tenait aussi un café à Laeken où Salah l'aidait. *Ils faisaient du business ensemble. Pour justifier ses absences, Salah présentait des certificats médicaux. Son médecin traitant le connaissait depuis son plus jeune âge. Malgré ses absences, il a réussi son année.*

Sur le fil du rasoir.

Satisfait d'avoir obtenu son bac technique, et fier d'être le seul de la famille, avec peut-être sa sœur Myriam, Salah possédait le sésame pour décrocher un emploi. Une remise de diplôme fut organisée au lycée. Ni ses parents ni lui n'y ont assisté. Le directeur le lui a reproché. « Oui bon, donnez-moi mon diplôme, je n'ai pas que ça à faire », lui aurait répondu Salah.

À sa décharge, on n'a pas été très gentil avec lui. Il ne venait jamais aux leçons, seulement aux contrôles. On n'avait pas le même regard sur lui que sur un élève qui faisait des efforts et ses devoirs. On l'a fait passer en délibération extraordinaire et il a dû repasser en septembre cinq ou six examens, qu'il a réussis.

« Pas très gentil », je ne comprends pas bien en quoi.

Ensuite, il s'est présenté aux tests psychotechniques et techniques d'entrée à la STIB, l'équivalent de la RATP en France. Il venait chez moi pour que je l'aide à préparer l'examen. Il est le seul du groupe à l'avoir réussi.

À la STIB, il est devenu technicien de bus, en charge de l'entretien des ouvertures de porte. Les vérins hydrauliques, les commandes d'ouverture de porte pneumatiques, les boutons-poussoirs électroniques étaient son domaine. Rares sont ceux qui avaient cette qualification au dépôt. La plupart étaient mécaniciens ou chauffeurs. Bien mieux placé par rapport à eux, on faisait appel à Salah quand il y avait un défaut de batterie ou de générateur. Il faisait un diagnostic pour évaluer la panne et la durée de la réparation. Au-dessus de lui : un chef d'équipe, un brigadier et des ingénieurs.

Il aurait pu s'épanouir dans ce travail. J'aurais été très content à sa place : un emploi sûr et bien payé. J'étais déçu d'apprendre son licenciement pour absences. Entre nous, s'il était allé voir son ami médecin, il aurait eu un certificat médical et aurait pu conserver son travail. Il ne l'a pas fait.

Salah a été licencié de la STIB en 2011 pour absences injustifiées. Il était alors en prison suite au braquage d'un garage automobile avec Abdelhamid Abaaoud. Unique mention à son casier judiciaire relevée au jour des attentats.

La serveuse apporte un Coca-Cola pour Liès, une orange

pressée pour moi. Je le sens à l'aise à évoquer ses souvenirs dans ce café, un peu à l'écart du centre de Molenbeek.

Salah a fait vingt-huit jours de préventive avant de passer devant le juge. Abaaoud est resté en prison. Salah avait un téléphone portable dans sa cellule et m'avait contacté. « Comment ça va ? » « Ça va bien et toi, tu tiens le coup ? » « Ça va. J'ai besoin d'argent, tout est payant en prison. » Je lui ai envoyé cinquante euros.

La détention pour des faits de droit commun ne coupe pas l'incarcéré de l'extérieur.

Pour moi, à l'époque, c'était un gentil. J'avais gardé de lui la bonne image du secondaire.

Au collège, Salah s'était montré très sensible aux yeux de son professeur. Il avait les larmes aux yeux quand il lui disait : c'est toi le meilleur. Il s'exprimait peu en cinquième. En dernière année, il s'était mué en meneur. Quand un professeur faisait preuve de sévérité, il était capable de calmer les tentatives de rébellion de ses camarades.

Un jour, je ne sais plus pour quelle raison, un professeur ou la direction qui n'avait pas été juste, la classe s'était mise en grève. « On ne suit plus de cours, on ne fait plus de contrôle, plus rien. » Salah avait joué le rôle de médiateur. Quand il y avait un souci, il était le porte-parole. Il savait comprendre deux points de vue, celui de la direction et celui des élèves.

Liès me raconte qu'un primo-arrivant d'Albanie de vingt-deux ans était arrivé dans leur classe en cours d'année. Tous les élèves, sans exception, se moquaient de lui. Les professeurs ont qualifié la situation de harcèlement. Un jour, le proviseur et dix enseignants ont débarqué dans le cours de Liès, en l'absence de l'élève albanais, pour s'expliquer. Les ricaneurs ont chargé l'étranger. Salah s'est levé : « Effectivement, a-t-il dit, il y a eu de l'injustice et nous n'avons pas été corrects. Je vais me concerter avec mes amis et je vous promets que ça ne se reproduira plus. » Les professeurs l'ont applaudi.

Salah était très perméable à l'injustice. Même dans le quartier, la vieille dame qui portait ses courses, il l'aidait. Il était apprécié.

16

SAVEZ-VOUS LIRE ET ÉCRIRE ?

Le grand mot, c'est prévenir la radicalisation, tout doit rentrer dans cette boîte, me dit Ewan, un anthropologue septuagénaire à la moustache fine et à l'accent flamand. Il me reçoit dans les locaux du centre social qu'il dirige depuis plus de trente-cinq ans à Molenbeek.

Ewan est assez dubitatif quant au mot même de « radicalisation » qui sature le débat public depuis 2014. Y a-t-il un radicalisme inhérent à l'époque contemporaine ? Il ne le croit pas, davantage à la puissance d'une idéologie à l'œuvre depuis plusieurs années. Ce que ces jeunes ont en commun c'est une *opinion.*

La déradicalisation véritable passe par l'école. Et l'école de la réussite, c'est celle qui fait que, quand vous en sortez diplômé, vous avez la réputation d'avoir fait de très bonnes études. C'est aussi simple que ça.

Salah Abdeslam a fréquenté l'établissement Serge-Creuz. Il est le seul de sa fratrie à avoir eu son bac, en dehors de sa sœur peut-être. Que représente un diplôme d'électrotechnique obtenu dans ce lycée ?

Je ne veux pas juger les enseignants ni les écoles, mais sortir d'une école à Molenbeek…

Sa grimace ne laisse rien présager de bon.

Si vous sortez de Sint-Jan Berchmanscollege, on vous dit d'aller à l'université. Mais si vous sortez d'une école de Molenbeek : « Savez-vous lire et écrire correctement ? » sera la question qu'on vous posera. Si en une heure vous parvenez à recevoir dix minutes d'enseignement, c'est un bon jour.

Ewan a enseigné. Il a fait des remplacements au centre de formation de son association.

Je mettais la cravate – ce que je ne fais jamais.

Aujourd'hui, il porte une chemise sombre sous un pull en laine.

Je laissais parler les élèves et je reprenais, ainsi de suite jusqu'à la fin du cours. Je n'en avais qu'entre douze et quatorze, c'était faisable. Mais à Serge-Creuz, ils en ont plus de vingt.

Molenbeek est aussi une zone de transit vers l'Angleterre. Des migrants arrivent dans les classes avec leurs propres difficultés.

L'école est le plus grand défi de Molenbeek.

Les mots d'Ewan ne me quittent pas en remontant les rues humides qui me mènent aux locaux d'une autre association. J'en profite pour téléphoner à Sven Mary, l'avocat belge de Salah Abdeslam que je vais rencontrer prochainement. Je partage brièvement avec lui ma conversation avec Ewan. Il prend le temps de me parler, décidément je ne suis pas en France. Quand je prononce le mot éducation, il me répond propagande.

Une fois déscolarisé, vous devenez une munition pour Daech qui compte dans ses rangs des individus nettement plus intelligents que vous. Tout est une question de propagande. À l'aube de votre radicalisation, ils vous montrent des images frappantes. Sur Al Jazeera, vous ne verrez pas les mêmes qu'au journal de TF1 ou de France 2. Sur Al Jazeera, des gamins à l'agonie sous les coups d'avions français, belges ou anglais. Sur TF1, des types en combinaison orange prêts à être égorgés.

Je lui rappelle que son client n'était pas déscolarisé mais avait eu son bac. *Ne comparez pas le bac belge au français. Je n'ai d'ailleurs jamais vu ce diplôme.*

Je savais par ses professeurs qu'il l'avait obtenu. Était-ce le peu d'éducation reçue qui l'avait aidé à se désister la nuit du 13 novembre ?

Immeuble en pierre de taille. Naël, la cinquantaine, tignasse bouclée et épaules larges, m'accueille derrière la porte cochère. Travailleur social, il dirige une association d'éducation permanente et d'insertion socioprofessionnelle qui existe depuis plus de trente ans à Molenbeek. Parmi ses multiples casquettes, il sensibilise les élèves à la question du racisme. Il me reçoit dans son grand bureau couvert d'un parquet ancien.

Le problème n'est pas trop d'islam mais trop peu d'islam.

Lors des débats organisés à l'école, les jeunes disent : « On veut que les cours de religion restent à l'école parce que nous n'avons confiance ni en l'éducation de nos parents, ni en celle des mosquées. À l'école, il y a des inspecteurs, un programme, c'est contrôlé. »

Dans les écoles publiques belges, les élèves doivent choisir entre cours de morale et de religion ; dans ce dernier cas, on est prié d'en choisir une seule.

Le mariage arrangé entre l'école publique et la religion musulmane finit aussi par provoquer une défiance chez certains. Beaucoup conduisent par eux-mêmes leur éducation religieuse, sans adulte. Les associations ont longtemps refusé de s'en mêler. Et à la maison, à partir de l'adolescence, les parents ne sont plus une ressource.

En lisant le Coran, ils se rendent compte de l'écart avec ce que les parents leur ont transmis : un mélange de textes coraniques et de traditions régionales, tribales, ce qui peut créer des conflits.

Certains se rendent alors sur le premier site Internet venu, sans esprit critique, ni lecture des sources qui ne s'acquiert pas avant l'université où, à en croire Naël, la majorité des jeunes de l'immigration ne va pas. La plupart est orientée en section professionnelle où les cours de culture générale sont réduits à peau de chagrin.

Les cours d'histoire commencent à la préhistoire, mais les jeunes abandonnent au Moyen Âge ou au début des temps modernes. La plupart n'a pas accès à l'histoire contemporaine. Dans les meilleures écoles, ceux qui vont en sixième secondaire, l'équivalent de la terminale en France, arrivent péniblement à la Seconde Guerre mondiale. En section professionnelle, je ne pense pas qu'il y ait encore de cours d'histoire, ça s'arrête en deuxième ou en troisième. À un moment donné, les cours de géographie disparaissent aussi. Ma fille est en technique, dans le domaine de l'éducation. On ne lui demande pas de lire Voltaire.

Le désert de connaissances semble savamment organisé. On croit alléger la scolarité d'un élève destiné à un métier manuel en le privant de l'histoire de l'humanité, quand on creuse la première douve de son aliénation.

17

L'ADOLESCENCE ET LA FRANCE

Quand on quittait le canal pour aller au cinéma dans le centre-ville de Bruxelles, l'attitude du groupe de Salah changeait. Limite s'ils ne mettaient pas leur plus beau vêtement. Ils y venaient en invités, en étrangers. C'est comme, j'imagine, d'emmener des élèves de Bobigny ou de Drancy sur les Champs-Élysées. La sortie de l'année.

Trentenaire d'origine algérienne, Élie est père de trois garçons et le beau-fils d'un imam. Il a suivi Salah de ses quatorze à ses seize ans, entre 2003 et 2005, d'abord en quatrième au collège Serge-Creuz puis au lycée au campus Saint-Jean. Élie m'a donné rendez-vous dans un café place Flagey, tout près d'un bâtiment Art déco dédié à la musique, face aux étangs d'Ixelles.

Élie était pion puis éducateur principal et préfet de discipline à l'époque où il a connu Salah. Plus tard, il a enseigné dans d'autres établissements. Il a repris ses études il y a quatre ans. Il est actuellement en quatrième année de droit pour, demain, *combattre les inégalités.*

À l'entendre, les relations étaient fortes avec les jeunes de Serge-Creuz, Élie se sentait un peu leur grand frère. *Salah était magnifique.*

Derrière ce mot, il faut entendre : serviable, gentil, d'humeur à rire.

C'était excitant pour Salah et ses amis de sortir de Molenbeek. Le centre-ville était le lieu où ils allaient faire leurs bêtises. Pas forcément de la délinquance mais rencontrer des filles alors qu'à Molenbeek ça ne se fait pas. Dans le quartier de Flagey, on peut marcher main dans la main. À Molenbeek, le regard des autres nous en empêche. « Ici, c'est en secret… Il y a des choses qui se font en dehors », disaient-ils. Il fallait comprendre : en dehors de Molenbeek. Ils se donnaient rendez-vous de l'autre côté de la ville. Le week-end, je les voyais porte de Namur ou Louise, ça m'avait frappé. Avec le recul, j'ai compris que c'était à cause du poids des regards à Molenbeek, une zone très communautarisée. Le regard de la tantine, du tonton qui travaille à la chaussée de Gand… Ils préféraient aller loin des yeux.

Élie a grandi à Ixelles, une commune de Bruxelles qu'il considère plus cosmopolite et mélangée socialement que Molenbeek. L'entente qui y régnerait lui aurait donné de la force. *Rien ne m'impressionne, j'ai vécu avec des riches, des pauvres, et des individus de divers horizons.* Une diversité qu'il ne retrouvait pas à Molenbeek.

Le soleil perce les baies vitrées du café. Ses rayons vont bien aux joues rebondies du jeune homme, et à son grand sourire.

J'ai aimé cette période molenbeekoise, moins ses inconvénients : le système ghetto et le peu de moyens de l'enseignement.

Avec l'ancien corps enseignant de Serge-Creuz, nous avons un sentiment d'échec. Nous avons commis des erreurs, mais lesquelles ? On ne sait pas… On les a connus comme des types super, pas plus turbulents que les autres. Sauf Abaaoud qui, à seize-dix-sept ans, était plus difficile. Salah à quatorze-quinze ans était dans la vague positive. Comme un de ses amis, Jalal Attar, condamné en 2015 dans le cadre de la filière de Khalid Zerkhani et arrêté en 2016 par les autorités marocaines, un mec super-sympa, gentil, un bon élève, un excellent sportif. Il avait le pied gauche digne d'Antoine Griezmann.

« La vague positive. »

Salah était-il intelligent ?

Intelligent… Ce n'est pas lui qui allait avoir le prix Goncourt. Il avait un bon vocabulaire, était assez éveillé.

Un bon vocabulaire alors que Liès l'avait dit faible en français.

Quand Élie l'a connu, Salah était capable de se soumettre à l'autorité.

Un jour, Salah avait lancé un pétard dans la cour de récréation du collège. Je l'ai réprimandé, il a compris et accepté la remarque. Au début de l'adolescence, c'était un jeune comme un autre.

D'une famille comme il y en a tant d'autres à Molenbeek, selon Élie.

Ce n'est pas du tout une famille radicalisée. La maman est une bonne vivante. Le papa, un très bon vivant.

Élie tient à faire la distinction avec la famille d'un ami d'enfance de Salah : Mohamed Abrini, qui a participé aux attentats de Paris et de Bruxelles. Le foyer abriterait des musulmans très pratiquants et d'autres en revendication politique.

Les parents de Salah sont des Marocains qui ont grandi en Algérie. Sous Boumédiène, ils en ont été chassés. Ils ont poussé leurs enfants tant bien que mal dans le système scolaire belge. Ils étaient nostalgiques de la période algérienne. Ils ont vécu là-bas avant de s'installer en Europe.

Quand les journaux ont présenté Salah comme un Français, on a rigolé. Il est français parce que ses parents ont la nationalité française, mais ça s'arrête là. C'est un mec de Molenbeek qui a grandi à Molenbeek. Il est molenbeekois avant tout.

Je peux vous présenter beaucoup de jeunes dont les parents ont été expulsés d'Algérie dans les années soixante-dix à cause du Polisario et qui se sont retrouvés en France ou en Belgique, des parents très nostalgiques du passé algérien. Ceux qui ont la nationalité française ici – qui ne correspond à rien – ont un niveau culturel et académique élevé pour la communauté maghrébine. Ce sont des raretés.

La nationalité française pour Salah Abdeslam a donc été un faire-valoir autant qu'un sujet de raillerie.

Pour le sport, inutile d'avoir un passeport français pour être attaché à la France, précise Élie. Les jeunes de Molenbeek admirent le boxeur français Tony Yoka ou le judoka Teddy Riner, champion du monde, alors que le numéro deux est un Belge qu'ils ignorent. Ici, la France aimante. On connaît mieux les équipes sportives françaises que belges. Les jeunes ne sont pas câblés sur la Belgique mais sur la France. Pour eux, Bruxelles est un département français. Ils ne regardent pas les chaînes belges mais la télévision française : TF1 à 20 heures, C8, France 2. À vingt ans, Élie passait plus souvent ses week-ends à Paris qu'à Bruxelles. La porte de Clignancourt, il la connaît par cœur. *C'est l'attirance à la française*, conclut-il.

Paris est synonyme de liberté sexuelle et de fête.

Depuis l'adolescence, cette vision de la capitale française n'a pas quitté Salah Abdeslam, comme me le dira aussi Kamel qui a fréquenté le café Les Béguines tenu par les frères Abdeslam :

Pour la bande des Béguines, Paris était le symbole de la décadence occidentale, bien plus que Bruxelles. Paris, ce sont les femmes, la musique, l'alcool. La France est le pays colonial par excellence du monde maghrébin et celui de la coalition en Syrie. Le Bataclan symbolise la décadence du pays des Lumières. Le Moulin Rouge les attire, ils ont la pochette Louis Vuitton, et leur répugne. Ils dénoncent les valeurs qu'ils promeuvent.

Élie confirme.

La France est à la fois attirante et répugnante aux yeux de nos jeunes. Répugnante sur le plan politique, une sensation qu'ils ont mais ils sont incapables d'aller plus loin. C'est aussi le jeu de l'endoctrinement.

Sans doute. Mais sur un terreau familier. La liberté qui les dégoûte est celle qui manque cruellement à leur vie. La haine que leur inspire la France est indissociable de leur attirance pour elle. Elles les renvoient à leurs désirs les plus profonds.

18

ON SE VIDAIT ET ON REVENAIT

Dans son rapport avec les hommes et les femmes, je sens que Salah Abdeslam aime jouer avec les limites jusqu'à se faire prendre à son propre piège.

Il a toujours été comme ça, même à l'école, il poussait jusqu'aux extrémités à en frôler l'exclusion, me dit Liès que je revois au Walvis après sa journée de travail. Tout près du verre de bière que l'on vient de lui servir : son classeur et ce que je prends pour un paquet de copies d'élèves.

Il était « sauvé » et il recommençait.

La loi du père semble avoir fait défaut.

Quand un enfant cherche les limites à une situation, il faut lui en donner, sinon il franchit par lui-même ce qui lui manque, semble dire Liès en connaissance de cause. *Le père de Salah a travaillé longtemps, avait un certain âge, était un peu malade. Il a fait ce qu'il a pu.*

Brahim était plus dur que les autres, en sourdine à la maison, et dehors à haute voix. Peut-être exerçait-il une forme d'autorité sur son petit frère, Salah.

Le dernier garçon de la fratrie était bien différent du second. Plus posé, un beau gosse des quartiers, habillé avec un survêtement peau de pêche Adidas, une casquette et une sacoche Vuitton. *Un conformiste qui aimait les belles fringues et la consommation,* disait-on de Salah.

La plupart du temps, il prenait ses repas en famille, à l'exception du week-end : à l'heure du petit-déjeuner, il retrouvait son ami Liès. Je les imagine partager un croissant et boire leur café dans des gobelets en carton. Liès devait remarquer les jolies passantes derrière la vitrine mais il redoutait de se montrer pataud et ne se trouvait pas très beau non plus. Sa petite taille, sa rondeur ne le mettaient pas tout à fait à l'aise ; telle était l'ombre à sa nature joyeuse. Il n'osait pas sortir du café d'un bond ni apostropher des jeunes filles comme le faisait son ami Salah dont il enviait la finesse des traits et le bagou. Dans le domaine de la séduction, c'était Salah le maître.

Pourquoi avait-il besoin d'argent s'il était nourri-logé-blanchi ? *Pour faire la fête. On en veut toujours plus. Il avait une belle voiture mais les flics la lui ont prise. Il a été très frustré avec cette histoire.*

Salah était très frustré de manière générale. Il travaillait à la STIB comme technicien, ce n'est pas rien dans la région bruxelloise. Pourtant, il a fait ce braquage avec Abaaoud. Il était capable de partir un week-end à Marrakech et de dépenser mille cinq cents euros en une nuit. Impossible avec un petit salaire de la STIB. C'est cette vie-là qu'il voulait.

S'étourdir de mille et un plaisirs, jouer sur les bords jusqu'à la chute.

C'est énervant, je trouve. À force de jouer avec le feu, on se brûle. Il en jouait, Salah.

Amoureux du jeu, Salah était doué pour le théâtre à l'école. Être au côté d'un trublion a diverti Liès. En évoquant ses souvenirs, il ne cesse de sourire.

Se sentir en danger provoquait un certain plaisir chez Salah, en réchapper quotidiennement rendait la vie plus intense. Un jeu d'esquive et de frôlement avec les abîmes. « La vie s'appauvrit, elle perd de son intérêt dès l'instant où dans les jeux de la vie on n'a pas le droit de risquer la mise suprême, c'est-à-dire la vie elle-même », écrit Freud.

Quand il se levait en classe, tout le monde l'écoutait. Aussi étrange que cela puisse paraître, il dégageait un certain charisme. Certains profs avaient peur de lui. Il était à la fois charismatique et sûr de lui quand il parlait de ce qui lui tenait à cœur. Parfois il avait raison, mais n'agressait personne physiquement.

« Charismatique », non-violent et convaincant à ses heures. Où est le loup ?

Quand Salah était au lycée, avec deux autres professeurs nous avons organisé un voyage à Barcelone pour les terminales, appelé « voyage de rhéto » – c'est-à-dire ceux qui terminent, qui ont gagné en rhétorique. À vocation pédagogique.

On a visité le musée de l'automatisme, le musée Gaudí à Barcelone. Puis, direction Lloret de Mar, 100 % touristique. Je me souviens du boulevard des discothèques. Salah sortait et je devais attendre qu'il termine. Il jouait à des jeux. Il dansait et passait d'une discothèque à une autre. C'était le dernier à quitter la piste de danse. Il déconnait à plein tube, mais très gentiment. Il dormait peu, rentrait très tard vers quatre-cinq heures. Le matin à huit heures, il était à la piscine.

J'imagine Liès assoupi sur l'accoudoir du canapé de l'hôtel à attendre le dernier noctambule de la classe. Le professeur n'était pas un redresseur de torts. Salah faisait sans doute ce qu'il aurait aimé s'autoriser. Liès avait la bride sur le cou du fait de ses obligations professionnelles et de sa retenue naturelle. Au petit matin, écouter le récit des frasques de Salah, respirer son odeur d'alcool et de sueur devait susciter en lui un mélange d'amusement et d'excitation.

Plus tard, à titre personnel, j'ai voyagé avec Salah, Abaaoud et un autre copain. En 2009, virée à Paris. Moi, c'était pour visiter.

Sans aucun doute.

En discothèque, tout le monde rentrait, Salah était beau gosse, bien sapé, jusqu'au moment où les portiers s'arrêtaient sur Abaaoud. « Pas toi. » « Si j'te donne vingt euros ? » répondait Abaaoud. On éclatait de rire. Sa tête ne passait pas, il était gentil pourtant. Il plaisantait tout le temps. Quand on passait une soirée avec lui, c'était de la franche rigolade. C'est pour ça qu'aujourd'hui j'ai du mal à réaliser.

À Paris, on sortait, on allait en boîte de nuit mais on ne mettait pas le bazar. Rien d'extraordinaire. C'était plus détendu qu'à Barcelone pour moi, je n'avais pas la responsabilité d'une classe.

Je me souviens qu'on était à Paris pour la Nuit blanche. Nous avions dormi dans un hôtel Ibis à l'extérieur de Paris, et étions revenus tôt le lendemain. Paris ne représentait rien d'extraordinaire pour Salah.

Je ne crois pas. Depuis les années soixante-dix, la littérature islamiste considère la France comme l'Occident en majuscule. Ses valeurs républicaines, sa production de connaissance s'exportent à travers le monde, faisant d'elle « la pire créature de l'Occident haï[1] ».

J'ai aussi voyagé avec lui à Amsterdam, à Mons plusieurs fois, il était abonné à la boîte l'Alhambra où il rentrait sans problème. On le connaissait. Il rentrait un peu partout en fait, dit-il en riant.

Le pouvoir de séduction de Salah faisait beaucoup d'effet à Liès. Tant de jeunes femmes papillonnaient autour de lui. Si seulement il avait pu en vivre autant.

J'ai aussi voyagé avec Salah en Allemagne, Cologne, Düsseldorf, des petites sorties. On a visité la place, les monuments. On sortait dans les pubs, les bars-discothèques, on revenait à deux heures du matin sans passer la nuit sur place. Avec Salah, on habitait à côté l'un de l'autre. L'air de rien, faire une petite sortie, à deux cent cinquante kilomètres de chez nous. On se vidait et on revenait. L'enjeu n'était pas spécialement Paris ou une autre ville. C'était des moments d'oubli.

Je vois très bien.

En classe, on savait que Salah était mon voisin et un proche. Je ne le fréquentais pas à cette période pour des raisons déontologiques. Une fois le lycée terminé, c'était possible. Il venait me chercher. On sortait. Ça le vidait.

Salah s'étourdissait des plaisirs de la danse, de la musique, de l'alcool et du sexe jusqu'à l'écœurement. Cherchant constamment à assouvir ses désirs, il ne quittait jamais la piste avant le dernier titre, ne laissait pas une goutte d'alcool dans les bouteilles, ni un billet dans son portefeuille. Ne pas partir avant d'avoir tout brûlé derrière lui. Épuisé jusqu'à la corde, il aimait l'engourdissement qui suivait ces nuits, la sensation du corps et de l'esprit en coton empêchant d'éprouver le vide en soi.

Liès affirme avoir connu des contrôles abusifs, des altercations arbitraires à Molenbeek, *mais comme tout le monde*. Selon lui, Salah n'a pas été plus discriminé qu'un autre. Il a terminé ses études, a été engagé après son diplôme. *Ce n'est pas un rebut de la société. Il aurait pu faire beaucoup de choses. C'est lui qui a voulu vite de l'argent. Je le connais.*

Salah n'était pas capable d'attendre, à ses yeux. Il voulait

---

1. Hugo Micheron, *Le Jihadisme français, quartiers, Syrie, prisons*, Gallimard, 2019.

l'argent tout de suite et un maximum. Vivre sa vie, partir en voyage et s'amuser. Il flambait tout ce qu'il gagnait quand il travaillait. Lors de leur séjour en Espagne, Liès avait remarqué que l'adolescent avait beaucoup d'argent sur lui. Devant une boîte de nuit à Lloret de Mar, un portier d'origine maghrébine ne l'avait pas laissé rentrer. Salah lui aurait répondu en arabe : « Tu ne veux pas me laisser passer la porte ? » et il aurait sorti une liasse de billets. « Voilà ce que j'allais donner comme pourboire mais t'auras rien », me rapporte Liès en riant de nouveau.

Le professeur était sous le charme.

19

FRÈRE DE SEMBLANT

Abdelhamid Abaaoud vient d'une famille amazighe originaire du sud marocain. Il n'en connaît pas la langue, pas plus que l'arabe, seulement le français avec un fort accent belge. Né le 8 avril 1987 à Anderlecht, commune du sud-ouest de Bruxelles, il est l'aîné d'une fratrie de six.

Son père, Omar, tient une boutique de vêtements pour enfants, rue Prado. Il est arrivé en Belgique il y a plus de quarante ans. « Nous avions une belle vie, une vie fantastique même. Nous devons tout à ce pays », a-t-il déclaré à la presse belge. Avant d'ajouter que son fils avait « couvert de honte toute la famille ».

Chaque année, Abdelhamid passe ses vacances à Ouled Teïma, au Maroc. Ses amis du bled parlent de lui comme d'un jeune frimeur, fou de motos et de jeux vidéo.

Dès ses débuts à l'école, il se montre plus turbulent que les autres. « Une tête brûlée », « charismatique, aussi », raconte un de ses professeurs. Pourtant, à ses quatorze-quinze ans, il a du mal à embarquer les élèves dans ses mauvais coups. Cela viendra plus tard.

Issu d'une famille aisée pour la communauté locale, Abdelhamid fréquente pendant un an un collège de bon niveau, Saint-Pierre, à Uccle dans les beaux quartiers de Bruxelles. Ses parents semblent soucieux de son avenir. En 1999, âgé de douze ans, en classe de seconde, il est expulsé de l'établissement pour indiscipline. L'équipe enseignante garde de lui l'image d'un « petit con » qui volait les portefeuilles. C'est à cette période qu'il tient l'une des deux boutiques de vêtements de son père avant de commencer sa dérive délinquante.

« À la base, Abaaoud est un clown. Il est connu comme tel ici, pas comme un chef de guerre », me confie un de ses proches. Sans doute a-t-il fini par prendre un certain ascendant, à se rigidifier. Stature et pouvoir se créent. À l'intérieur de son groupe d'amis, c'est lui qui commandait.

À quinze ans, il connaît ses premières interpellations. En 2010, Abaaoud embarque son ami Salah dans le cambriolage d'un garage automobile qui tourne court et les conduit en prison.

Ils sont incarcérés ensemble en 2011. Abaaoud l'a-t-il entraîné dans son projet après avoir malmené son orgueil, en lui lâchant : « Tout employé de la STIB que tu es, combien de billets as-tu dans les poches, allez montre ? Et quand vas-tu pouvoir quitter papa-maman ? À ce rythme-là, tu ne vas pas t'élever très vite dans la hiérarchie des hommes. Viens un peu si t'en es un. »

« Mieux vaut, si c'est nécessaire, succomber sous le bras d'un homme, de façon qu'on ne dise pas que nous sommes aux ordres des femmes », déclarait Créon dans la pièce de Sophocle.

L'occasion pour Salah Abdeslam de se lier à un autre, en rang dans un même uniforme, se sentir enfin fort et rouler les mécaniques.

Ce qu'ils ont fait ne ressemblait à rien, aucun professionnalisme. La plupart des délits ici sont ridicules. On va essayer de se faire un peu d'argent de poche, et voilà.

« Rien », « ridicules », « et voilà ». Ce jeune homme qui fut proche de Salah et d'Abdelhamid ne semble pas avoir conscience des mots qu'il utilise, ceux qui déresponsabilisent et minimisent. On dirait ici des habitudes de langage.

Entre 2008 et 2012, soit entre vingt et un et vingt-cinq ans, Abdelhamid multiplie les incarcérations de courte durée et tisse des liens avec ceux qui deviendront des terroristes tristement célèbres : les frères Kouachi, Mehdi Nemmouche, Amedy Coulibaly, Sid Ahmed Ghlam, Ayoub el-Khazzani…

En 2012, alors qu'Abaaoud rentrait chez lui ivre et puant le joint, son père décide de l'envoyer dans une madrasa au Caire pour suivre les enseignements islamiques. Il espère le remettre sur le droit chemin.

Partir en Égypte sans rien connaître n'était pas la meilleure voie, me dit son ami. *Abdelhamid avait une vie de débauche. Sans doute a-t-il regardé derrière lui et s'est-il dit : nous vivons en Europe dans la mécréance et le multiethnique.*

À son retour, il continue de s'occuper du commerce de son père. Salah lui donne un coup de main, va chercher les marchandises. *Ils étaient deux vrais amis. Aucun n'était plus grand que l'autre.*

Salah considère Abaaoud comme son frère. Toutes les mauvaises combines, les larcins, ils les font ensemble depuis leurs seize ans. Abaaoud est son aiguillon : son stimulant et son venin.

Avec Abaaoud et Salah, on avait souvent été au Monte Cristo en boîte de nuit près de la bourse ou dans les chicha bars. Peu à peu, Abaaoud n'a plus voulu sortir. Sur le coup, je me suis dit c'est bien. Un bon pratiquant qui reste le même. Il parvenait à rire un peu quand on se croisait.

Depuis son retour du Caire, Abaaoud s'était islamisé.

Ce qui était neuf en lui exerçait une fascination sur Salah d'autant plus grande que son sens de la déconne le rendait toujours familier. Du jour au lendemain, à Molenbeek, Abaaoud avait changé ses tenues vestimentaires, portait la barbe et de longs cheveux. Devenu sérieux, il ne fréquentait plus les filles ni les bars et ne jetait plus son argent par les fenêtres. Il avait son petit commerce, ce qui pour moi était positif. À mes yeux, il n'était pas radicalisé puisqu'il n'arrêtait pas de rigoler.

Que son rire s'en aille, voilà ce qui aurait été de nature à inquiéter Liès et Salah. Ce rire les reliait, scellait leur complicité. Il était pourtant l'arbre qui cache la forêt.

L'université al-Azhar est un lieu d'enseignement millénaire, à rayonnement international, où l'islam est aujourd'hui pris en otage par des doctrinaires. Là-bas, personne n'a dû apprendre à Abaaoud à développer un esprit critique. Lors de cette courte étape, il a dû boire le petit-lait de l'histoire sainte et de l'intolérance. Il a aussi dû se convaincre de la nécessité de prendre les armes pour étendre l'islam politique à travers le monde.

De retour à Molenbeek, Abaaoud est le passeur de sens politisant son expérience de l'islam obscurantiste et distillant auprès de Brahim et de Salah une logique d'attente réciproque. Chacun des membres du trio doit se rendre service.

Abaaoud leur a transmis l'obligation de passer à l'acte.

« L'obligation religieuse » pour tout croyant d'aller combattre, proclamait Abdallah Azzam pour justifier le djihad en Afghanistan il y a plus de trente ans.

Omar Abaaoud achète un gros quatre-quatre à son fils. Abdelhamid circule dans les rues de Molenbeek en suscitant l'admiration autour de lui. Avant de disparaître en février 2013, âgé de vingt-cinq ans. *On savait tous que c'était pour rejoindre la Syrie.*

Le djihad européen s'est déroulé en trois vagues : été 2012 au moment de la djihadisation de la rébellion syrienne, été 2013 après la création de Daech et été 2014 à la suite du rétablissement du califat islamique.

Abaaoud est un des instigateurs des attentats de Paris, mais aussi con que les autres. C'est un bon ouvrier, un bon exécutant, point barre ! Certainement pas un cerveau, me confie un de ses éducateurs. *C'était un imbécile, celui-là. Même son père le dit.*

Pourtant, il gravit les échelons de l'État islamique. Il occupe des fonctions de commandant militaire avec une centaine de combattants sous ses ordres. Il travaille aussi pour son service de renseignement (l'Amniyat). Son nom de guerre est Abou Omar (le prénom de son père) al-Soussi qui renvoie à ses origines amazighes. En somme, il s'est baptisé père de son propre père. Il est aussi connu sous le nom d'Abou Omar al-Beljiki qui fait écho à son identité belge.

Il a pris part à la seconde vague des départs en Syrie. *Rangers, piscine, des allures de vacances. Disneyland en Kalachnikov,* poursuit l'éducateur. *Sur place, ils n'ont pas arrêté de se droguer ni de boire. La première période de la constitution de l'État islamique était un paradis terrestre sans règle où, en plus, tu pouvais canarder. Pour un jeune sans structure, le concept de réalité disparaissait. Ce sont eux qui ont été les premiers ambassadeurs de la marque. Des vidéos ont ensuite circulé auprès des jeunes de Molenbeek.*

Fin 2013, Facebook autorise la diffusion des vidéos de décapitation considérées comme une *information,* sous réserve que le diffuseur n'en fasse pas l'apologie dans un message. En armes, le sourire aux lèvres, Abaaoud inonde Molenbeek de photos et de vidéos. Pour les jeunes du quartier, il devient l'ambassadeur du djihad.

Un jour, un reportage au journal télévisé montrait Abaaoud et d'autres disant : « Venez, on a une villa, une piscine et des femmes. » « Je suis sûr que là-bas il s'amuse comme un fou et qu'il n'a pas changé », voilà ce que Salah disait, me rapporte son ami.

Quand Abaaoud est parti en Syrie, d'une certaine manière Salah l'a suivi. Abaaoud, ce complice musclé, était l'équivalent d'un frère. Un de ceux à l'aise dans les ténèbres. Salah lui attribuait une force, une influence, celle entre les mains de qui convergeaient les fils de sa vie. Abaaoud l'amusait autant que Salah le vénérait.

Abdelhamid revient en Belgique le 20 janvier 2014 pour enlever son petit frère de treize ans à la sortie de l'école, et l'emmener en Syrie. Quelques semaines plus tard, des photos de Younes armé commencent à circuler.

Au printemps 2014, Salah vient chez moi et me dit : « T'as vu ce qu'Abaaoud a fait ? Il roule en quatre-quatre en traînant des morts derrière lui, c'est un malade, il est fou qu'est-ce qui lui prend ? » J'étais choqué. « Regarde la vidéo », me disait-il, affolé. Est-ce qu'il était dans le coup et faisait semblant ? Il continuait : « Mais il est fou, il prend des Kalach et face caméra il dit : Maintenant on prend des morts, des ennemis de Dieu. »

Sur cette vidéo macabre, Abaaoud, la barbe hirsute, paraît sale. On dirait le gardien de l'Hadès, la queue de reptile en moins. Voilà ses mots : « Avant, *soubhan Allah*, on tractait des jet skis, des quads, des grosses remorques remplies de cadeaux, de bagages pour aller en vacances au Maroc. Aujourd'hui, on tracte les infidèles, ceux qui nous combattent, ceux qui combattent l'islam. »

Ce film de propagande a été vendu à une équipe française de journalistes. Des extraits ont été diffusés sur BFM en février 2014. La vidéo montrait six ou sept corps tirés par un quatre-quatre jusqu'à une tombe creusée dans le désert. Lui et ses amis échangeaient des blagues obscènes sur la puanteur des cadavres et Abaaoud, riant, jouait au foot avec un crâne humain.

Salah s'est révolté. « C'est quoi ce bâtard ? Qu'est-ce qu'il fait ? Mais il est fou. »

Révolte, dégoût, avant d'être subjugué et renforcé dans une virilité cruelle. L'image du crime ne rend pas criminel mais invite à la communion.

Abaaoud était l'ami en qui il se reconnaissait, celui qui pimentait sa vie. Il a été le remplaçant, le substitut du père. Dieu sera pour lui sur le même rang. Fantasme d'un désir refoulé ?

L'amour n'est jamais tout à fait aveugle.

Malgré le dégoût qu'il exprime devant Liès, ces images ont été une déflagration dans la vie de Salah. Non pas pour elles-mêmes mais parce qu'Abaaoud avait pris un rôle de tuteur dans sa vie. Et voilà qu'il prenait part à des massacres. Horreur et admiration. Abaaoud a brutalement mis de l'ordre dans le chaos de sa vie. Là où tout semblait bloqué, alors que Salah ne trouvait sa place nulle part, ni sous son toit, ni dans la société, ni dans le regard de ses beaux-parents, et qu'il ne savait répondre à ce désordre en lui, ces images ont fouetté ses sens. Via les réseaux sociaux, Salah reprend contact avec Abaaoud, son fascinant frère d'armes.

Pour la fiancée de Salah, cette vidéo a provoqué un choc dans le quartier. *Salah me disait que ce n'était pas son problème, que chacun avait choisi sa propre voie.*

Je crois que Nour a compris qu'ils étaient en contact et qu'Abdelhamid essayait de le persuader de rejoindre la Syrie.

Le 15 janvier 2015, huit jours après les attentats contre la rédaction de *Charlie Hebdo* et les Juifs de l'HyperCacher, les forces spéciales belges démantèlent une cellule terroriste qui projetait de commettre des attentats à la police fédérale et au commissariat de Molenbeek. Elle prévoyait de filmer la décapitation d'un membre des services de sécurité belge. L'enquête montre qu'Abdelhamid Abaaoud coordonnait l'opération depuis Athènes. Il restera l'un des djihadistes les plus actifs sur les réseaux sociaux.

En février 2015, dans le magazine *Dabiq*, Abdelhamid se targue d'avoir été choisi par Allah pour terroriser les croisés en Belgique, se félicite d'avoir pu y retourner, se fournir en armes et installer une planque sûre.

En juillet, la justice belge le condamne, par contumace, à vingt ans de prison pour son rôle dans le recrutement de djihadistes européens pour la Syrie.

Abdelhamid Abaaoud est tué lors de l'opération policière du 18 novembre 2015 à Saint-Denis. Son père refuse de s'occuper de sa dépouille. Depuis les attentats de Paris, Omar Abaaoud, séparé de son épouse, a quitté Molenbeek pour le Maroc qu'il sillonne en voiture, à la recherche de l'oubli.

Abaaoud était un psychopathe, selon une clinicienne exerçant en prison. *Des traces de violence dans son parcours. Il roule des méca-*

niques et a dû inciter Salah Abdeslam à faire pareil. Épater l'autre dans une surenchère de toute-puissance.

Il est difficile de poser un diagnostic clinique en l'absence du patient et d'éléments précis sur sa petite enfance, mais ses actes parlent pour lui (meurtre de masse, vidéo de mise en scène de soi et de jouissance macabre). Un psychopathe au sens clinique du terme est un individu dont le trait saillant est l'absence d'empathie.

Duplicité pour ne pas dire mensonge pathologique, impulsivité, agressivité, loquacité, surestimation de soi, manipulation, affect superficiel pour ne pas dire parfaite insensibilité, incapacité à éprouver des remords ou de la culpabilité, duperies par plaisir pour ne pas dire jouissance au mal sont ses notes, certaines manifestes avant l'âge de quinze ans.

Les tueurs en série sont pratiquement tous des psychopathes. Charles Manson, Theodore Robert Bundy, Michel Fourniret, Guy Georges…

Le psychopathe se montre souvent incapable de relation amoureuse. C'est ce qui distingue Abaaoud de Salah, à même de se lier à une femme. Abaaoud séduit et instrumentalise l'autre. Il est craint. Il cherche à défier l'autorité paternelle puis l'autorité en général. En même temps, il adhère à la punition de son père qui l'envoie au Caire. Il va même au-delà. Il s'avère organisé, occupe des postes à responsabilité avec du monde sous ses ordres. Il donne satisfaction à sa hiérarchie.

Il n'a aucun état d'âme à mettre en danger sa cousine durant sa cavale en lui demandant de trouver un hébergement pour préparer de nouvelles attaques. Elle meurt avec lui dans l'appartement de la rue du Corbillon à Saint-Denis. Il n'a pas eu davantage de scrupules à l'égard de son petit frère en l'emmenant avec lui en Syrie. Il a manifesté un total manque d'affect quand, fin 2014, il l'a poussé à appeler ses parents pour annoncer sa mort. Une stratégie cruelle en vue d'échapper aux mailles du filet des services de renseignement.

Abaaoud est le Léviathan qui règne sur les fauves. Sa gueule marque l'entrée de l'Enfer. Elle s'ouvre comme des fleurs carnivores. Salah s'y engouffre.

En suivant Abaaoud, il s'est senti devenir quelqu'un. Il s'est soumis à une puissance psychique, à une figure de maître, au tyrannique et au cruel. Entreprise lubrique. Il a dû aimer être ainsi possédé et se sentir plein de cet autre admiré – Daech, Abaaoud. Cet autre qui était la loi, fût-elle insensée et féroce. Salah a consenti au meurtre, encouragé inconsciemment par sa mère toute-puissante à jouir jusqu'au bout.

Appel au jouir dans le crime, la violence. Captation, séduction, promesse de « guérir » de soi et prestige de sa propre mort.

Un pacte avec le diable est plus rassurant que d'être seul avec son corps et ses pulsions.

20

PROMISE

> « Dans la banlieue d'Athènes, Léna tressaillit au bruit des acclamations séditieuses où le nom de son maître lui revenait usé par dix mille paires de lèvres. »
>
> Marguerite Yourcenar, *Feux*.

Ils se sont fiancés en avril 2010. Je m'en souviens, j'étais bloqué en Turquie à cause des nuages islandais.

À la même période, l'éruption du volcan Eyjafjallajökull provoque un nuage de cendres qui paralyse pendant quelques jours le ciel européen.

Le point d'ancrage de la mémoire de Liès était le volcan islandais, et non le début du printemps arabe qui enflammait les foules en Tunisie.

Salah m'a appelé : Salaud, tu ne viens pas à mes fiançailles ! — Je suis bloqué, que veux-tu que j'y fasse ? — Je te pardonne parce que c'est les nuages.

Manifestement ils ont fait une grande fête.

Dans l'ivresse de cette journée, deux jours après l'anniversaire des dix-huit ans de Nour, Salah s'était senti l'égal de tous.

Mais plus les fiançailles sont longues, moins c'est bon. Je me suis marié un an et demi après mes fiançailles.

Cinq ans et sept mois après les siennes, Salah Abdeslam prépare les attentats de Paris.

Ses parents à elle n'en voulaient pas, poursuit Liès.

Au début oui. Après non. Leur réaction ne plaisait pas à Salah. Dans notre communauté, on n'aborde pas beaucoup le sujet de la famille. Je ne veux donc pas me permettre de parler des problèmes qu'il avait à la maison avec ses parents. Mais je me souviens d'une soirée où on les a évoqués. « Je sais que je ne suis pas un ange ni un enfant de chœur, mais regarde ce que dit sa mère à la mienne. Je ne peux pas l'accepter. Ni ma mère. »

Les derniers temps, l'objet du différend n'était pas Salah mais autour du mariage de son frère, je ne me souviens plus exactement. Ça arrive tous les jours à Molenbeek. Rien d'extraordinaire. Les mères ne s'entendaient pas.

Les parents ont eu peur de donner leur fille à Salah, avant même le braquage. Il était connu pour faire de petites conneries à droite à gauche. C'était un caïd.

Ici, on *donne* sa fille.

Ici, les actes déviants sont minimisés. Le mot *petit* n'est jamais loin.

En quoi consistaient les « petites conneries » avant son braquage ? Trafic de stupéfiants ?

Non je ne pense pas. Simplement, il ne se laissait pas faire, n'avait pas peur de se battre. Les parents de Nour n'ont pas apprécié qu'il demande la main de leur fille.

Ils ont dit oui pourtant.

Ils n'avaient pas le choix. Leur fille leur a dit, c'est lui ou personne. Elle le voulait absolument. Il y a eu une demande officielle fin 2009. Le père de Salah a demandé au père de Nour ou la mère à la mère, je ne sais plus.

Des fiançailles officielles ont été organisées dans le quartier. Y a-t-il eu un mariage religieux ? Il suffit de prendre un imam et deux témoins. On le voit tous les jours. Pour que la famille accepte qu'elle fréquente un homme, il faut une reconnaissance religieuse par un mariage.

En effet, ils se fiancent et se marient religieusement le même jour devant témoins. Nour porte une tenue traditionnelle. Sa robe blanche, elle la réserve pour le mariage civil. La maison commune, également. Salah doit avoir une situation.

Nour interrompt ma lecture.

Si l'on m'avait dit que dix ans plus tard je n'aurais pas d'enfants, je n'y aurais pas cru. Cet homme m'a mise dans une situation impossible. Trois ans à mentir à mes parents. Et aujourd'hui, non seulement il m'a volé neuf ans de ma vie, mais pire que tous mes cauchemars : il a du sang sur les mains.

Elle me tend un papier sur lequel est écrit ce qu'elle n'ose pas me dire :

Où trouver le sommeil ? Comment digérer tes esquives, tes trahisons ? Enterrer nos souvenirs ? Je lutte contre le vide. Pourquoi m'être à ce point obstinée ? Tu aurais dû être à la tombe, c'est moi qui suis en prison, au coin de l'enfer.

Nour passe de la tristesse à la colère. Rien ne dure, sauf la blessure.

21

AUDITIONNÉE

> « Toute femme qui aime n'est qu'une pauvre innocente. »
>
> Marguerite Yourcenar, *Feux.*

Dans le café Exki de la galerie commerçante d'Anderlecht, Nour tourne le dos à la caisse enregistreuse comme aux clients attablés. Face à eux, je n'aperçois pourtant aucun visage, pas plus que je ne sens dans mon dos, derrière la vitrine, les allées et venues d'un magasin à l'autre.

Trois jours après les attentats de Paris, alors que Salah était en cavale, j'ai raconté notre histoire aux enquêteurs belges. Nous nous sommes connus à l'adolescence, j'avais quinze ans, lui dix-huit. J'étais pleine d'agressivité. Un rien me mettait hors de moi. Jusqu'à ce que je fasse la connaissance de Salah. Son affection m'a fait du bien. Ses paroles avaient le don de m'apaiser.

À mes dix-huit ans, nous avons décidé d'officialiser notre union que mes parents ne voyaient pas d'un bon œil. Mes parents qui m'attendaient durant mon audition, transis de honte, à la maison. Ils n'ont jamais été les familiers des commissariats, aucun de leurs enfants n'ayant eu de problèmes avec la justice. Salah ne comptait parmi ses amis que de mauvaises fréquentations avec des antécédents judiciaires.

Nour déplorait qu'il fît les quatre cents coups avec Abdelhamid Abaaoud. Son incarcération d'un mois pour vol fin 2010 avait sonné le glas pour les parents de Nour. Ils lui ont interdit de revoir Salah. Fiancée depuis quelques mois, elle a passé outre leur interdiction.

Comme c'était gênant d'avouer tout ça à des inconnus. Mais c'était mon devoir. J'ai dit aux enquêteurs que Salah avait cherché à s'éloigner de moi.

Aussi qu'il lui avait demandé de l'accompagner en Syrie, ce qu'elle avait toujours refusé. Pour vivre, il touchait des allocations. Pour passer le temps, il donnait un coup de main dans le café de son frère Brahim.

Les derniers mois, il devenait plus aimable, attentionné, affectueux. Quand ils sont allés dîner ensemble mardi 10 novembre 2015 du côté de Bockstael, dans un restaurant de poissons, le Noumidia, Nour voyait que quelque chose ne tournait pas rond. Salah n'avait pas faim, il semblait malheureux mais lui disait de ne pas s'en faire, tout allait bien. « Je suis un peu ému, ma mère va se faire opérer » a-t-il prétexté. Ils ont parlé de leur avenir et de leur mariage. Nour avait posé une condition à leur union : qu'il ait une situation.

Elle lui a confié son inquiétude à le voir disparaître sans prévenir et ne pas fournir d'efforts pour retrouver un emploi.

J'ai pleuré. Salah qui n'avait cette fois pas d'arguments pour me rassurer s'était mis à pleurer aussi. Trop d'émotion… Nous avons à peine mangé. Il m'a dit : « On se mariera au paradis si jamais je n'arrive pas à t'épouser dans cette vie. »

Ses larmes à table, ses larmes dans la voiture. Nour a cru qu'il allait partir en Syrie rejoindre Abaaoud. Elle lui a exprimé son angoisse. Démunie face à cet accès de tristesse, elle l'a appelé à son retour à la maison. Il lui a répondu qu'il n'y avait rien de grave. Le lendemain, ils se sont à nouveau parlé. *Il m'a dit qu'il partait trois ou quatre jours et me téléphonerait quand il le pourrait. Sa famille m'a appris qu'il était aux sports d'hiver avec Brahim. Je ne l'ai pas cru.*

Face aux enquêteurs qui lui demandaient comment elle avait réagi à l'annonce de sa participation aux attentats : *J'étais effondrée. Je l'imaginais en Syrie. Ma mère s'est évanouie. Explosion de colère de mon père qui m'a reproché ce choix abominable.*

Salah avait détruit la vie d'une centaine de personnes, en plus de la sienne.

Sans doute allait-il préférer mourir que de se rendre. L'avenir me donnera tort. Elle lui avait prêté un courage dont il semblait dépourvu.

Longue, éprouvante, humiliante, mais aussi libératrice : cette audition a vidé le trop-plein d'émotions de Nour.

J'ai su qu'elle était du côté des victimes car elle était la proie de la culpabilité, si peu caractéristique des coupables. Elle n'a pas rempli son devoir de fille. Elle a négligé les mises en garde de ses parents. À cause d'elle, Salah a jeté le déshonneur sur eux. *Leur bonté les empêche de me répudier*, conclut-elle.

Salah fut son amour et son fardeau. Son sauveur et sa douleur. Elle lui doit son agonie. Pourquoi s'est-elle aussi longtemps grisée du goût de l'impossible ?

Nos premières amours ne déterminent pas nos actes. Ce serait injuste de faire porter à cette jeune femme le poids de la complicité assassine d'Abdeslam. Mais le premier corps aimé ouvre un chemin en nous, comme les forces parfois contraires qui l'entourent.

Nour vit chez ses parents depuis le début de leur relation. Comment Salah en a-t-il supporté la frustration ? Auprès de ses amis, il passe l'existence de la jeune femme sous silence. Ses hypothétiques futurs beaux-parents s'opposent à leur mariage, considérant qu'il est un vaurien depuis son passage en prison, et que sa mère qui parle fort et aime être vue n'a pas la discrétion exigée par une certaine moralité dans le quartier. Les fiançailles durent depuis trop longtemps.

Sa soif de revanche, ses actes de représailles ont-ils pris source dans son désir amoureux impossible à combler ?

« Dans l'avidité sauvage qui déchiquette et engloutit, haine et amour ne font [...] qu'un », écrit Günther Anders dans *La Haine*.

Nour est la dernière personne qu'il voit avant les attentats.

Lors de son procès à Bruxelles, je serai frappée par le long échange de regards entre lui et une femme qui ressemblait beaucoup à Nour.

Son cœur était là. Son amour et sa haine allaient de pair, une envie lubrique de haine, à en crever pour lui plaire.

22

TU ÉPOUSERAS UN HOMME DROIT

Par où le rouge et le jaune moutarde de la gare du Nord l'année de sa construction se sont-ils enfuis ? L'architecte Hittorff l'avait pourtant rêvée ainsi. Les mêmes couleurs avaient inspiré son Cirque d'Hiver. La première gare d'Europe a changé de ton depuis, s'est habillée en vert kaki. On retrouve ses couleurs d'origine à L'Étoile du Nord, imaginée par Patrick Bouchain : une brasserie construite comme un chalet de bois, de béton, de métal et de verre à l'intérieur de la gare aux allures de grande halle. Assise devant mon café allongé parmi les pendulaires venus par le RER E ou l'Eurostar, j'ai la délicieuse impression d'être dans un chapiteau de cirque en bois des années trente, la lumière et la boulangerie en plus.

Gamal franchit la porte vitrée. « Par tous les temps ! » m'annonce-t-il fièrement en brandissant son casque de vélo. Ses lunettes rectangulaires ont pris la pluie aujourd'hui. Sous son manteau trois-quarts, il porte un pull col rond et un jean. Trentenaire, il se destine à devenir imam, ou ce qu'on appelle en islam « les étudiants » ou « les sachants ». Originaire d'un pays musulman, il a été à l'école coranique de quatre à six ans, a suivi un enseignement strictement oral basé sur la répétition. De six à dix-sept ans, il a étudié l'unicité de Dieu, le récit des prophètes, la jurisprudence, l'interprétation et a appris par cœur des passages du Coran. Plus tard, il s'est installé en France où il a intégré l'École normale supérieure. Il fait aujourd'hui partie d'un mouvement dirigé par un imam ouvertement homosexuel, pour qui l'islam est un facteur de liens.

Quelle valeur religieuse ont les fiançailles ? est ma première question. Il m'explique ce qu'on lui a appris à l'école coranique. Au sein de la communauté musulmane, une personne en identifie une autre qui, par ses actions, lui donne envie de construire sa vie avec elle ; son comportement religieux, ses valeurs et sa manière de vivre lui correspondent. Celui qui « identifie » peut être l'homme ou la femme. Une première démarche vers les parents de l'un ou de l'autre a alors lieu. Après cette prise de contacts, les deux futurs époux se rencontrent une ou deux fois, toujours devant témoins.

L'exposé de Gamal a sa froideur. Il ressemble au ciel gris que j'aperçois dehors. Les codes de bonne conduite ne semblent pas avoir l'éclat des parades amoureuses.

Lors des fiançailles, poursuit-il, un imam ou la communauté peut formuler une bénédiction en vue de préserver l'engagement. Les fiançailles sont une promesse mais, à la différence du mariage, sans valeur contractuelle. Elles correspondent à l'étape durant laquelle les bases sont posées : le nombre d'enfants souhaité, les deux conjoints vont-ils travailler ? Quelle éducation pour les enfants ? Où vivre ? Quelle est la place des beaux-parents dans la famille, dans l'éducation des enfants ? La polygamie est-elle acceptée au sein du couple ? Dans la jurisprudence coranique, le mariage donne l'autorisation d'avoir des relations sexuelles avec son conjoint en vue de construire la société.

Après l'arrestation d'Abdeslam pour son braquage en 2010, les parents de Nour ont pressé leur fille de rompre les liens, de briser le mariage religieux scellé malgré eux avec la famille Abdeslam. Ils souhaitaient avant tout que leur fille partage la vie d'un homme droit. Il en était encore temps avant le mariage civil.

L'objectif d'un musulman est de construire une société vertueuse. Nous sommes tous responsables les uns envers les autres. En préparation du Jugement dernier, nous ne devons pas nous faire d'ennemis et faillir le moins possible. Le mariage est un des fondements de cette construction.

Les parents de Nour pensaient que la vertu n'était pas la caractéristique de leur futur gendre. Dans ces circonstances, le mariage religieux ne tenait pas lieu de tout. Nour le vivait autrement. La bénédiction de l'imam n'avait-elle pas autorisé un rapprochement plus grand entre Salah et elle ? Elle n'avait pas le cœur de le quitter à la première épreuve. Son amour ne pouvait-il pas le rendre meilleur ?

23

CARNET DE NUIT

Janvier 2017

Les enfants dorment encore quand je prends la route au petit matin. Direction Bruxelles. Le ciel est brumeux, percé de rose, de gris et de bleu marine. À le croire sorti d'une toile de Turner, la mer en moins.

L'aiguille de mon réservoir à essence a franchi la ligne rouge. D'où vient cette manie d'attendre toujours le dernier moment avant de faire le plein ?

« Arras-Amiens-Lille-Calais », annonce le panneau bleu sous lequel ma voiture file. Sur la droite, au milieu des champs, de grands poteaux électriques ressemblent à des monstres à jambes de fer enfoncées dans le sol. Ils ont les paupières closes. Leurs bras sont arqués sur des moignons. Ceux des éoliennes quelques kilomètres plus loin ressemblent à des ailes tournoyantes.

À 190 kilomètres de Bruxelles, je ne capte plus la radio. Le gris a gagné sur les autres couleurs de la brume. Heureusement, une pointe rouge se distingue, celle des cercles des panneaux sur la route plate et monotone.

« Aire de la sentinelle. » Je m'arrête pour prendre un café. Dans le magasin autoroutier, on peut aussi acheter les « bêtises de Cambrai » et le dernier livre de Guillaume Musso posé à côté d'un micro-ondes.

Paul m'a installé l'application de TSF Jazz : « Il ne te restera plus qu'à te mettre en Bluetooth et à appareiller ton téléphone. » *Pas de média disponible*, m'annonce mon poste de radio. J'ai peur de décevoir Paul.

Je pense à Nour qui croit avoir infligé une immense déception à sa famille. Au soir des attentats, elle se sent bouleversée par le massacre qu'elle apprend par la télévision. Elle est sans nouvelles de Salah depuis deux jours. Le samedi 14 novembre, en début de soirée, elle rend visite à ses parents pour savoir s'ils en ont. Plus tard, elle apprend que les « Poulets » ont été perquisitionnés. Yazid est le prénom du frère aîné de Salah. En amazighe, ça veut dire poulet.

« J'ai quelque chose à te dire, dit Nour à son frère. On a perquisitionné chez Poulet. Il y a autre chose. Salah et moi, nous ne nous sommes jamais séparés. » Son frère s'élance vers elle ; elle pense pour la gifler, c'est pour la serrer contre lui.

« Ennemi public numéro 1, présentez-vous au commissariat », annonce l'avis de recherche qu'elle voit à la télévision, accompagné de la photographie de Salah Abdeslam. Elle reconnaît aussi la Golf grise saisie. C'est celle que Salah conduisait le jour de leur dernière rencontre. Le 16 novembre 2015, elle se rend d'elle-même au commissariat de Molenbeek où le visage de Salah est placardé sur les murs : « Je ne sais rien mais je suis là. C'est mon devoir de citoyenne », dit-elle aux policiers. Il est 10 heures du matin, ils la reçoivent immédiatement quand elle annonce pour qui elle vient. Ils l'auditionnent pendant trois heures.

À cet instant, quand elle passe la porte du commissariat, elle ne croit pas à la culpabilité de son fiancé. Comment pourrait-il être impliqué dans un massacre ? Elle est là d'elle-même mais ne sait pas quoi dire aux policiers. Ils lui posent des questions, elle répond autant qu'elle le peut. Ses interlocuteurs savent très vite qu'elle est hors de cause. « Vous êtes sûrs, vous ne vous êtes pas trompés ? » leur demande-t-elle, comme on supplie. « En état de choc », inscriront-ils sur le procès-verbal.

« Jamais je n'aurais pu imaginer qu'il soit mêlé à cette affaire. Je suis horrifiée par ce qui s'est passé. Il a détruit la vie d'une centaine de personnes. Et il m'a trahie. » Savez-vous à présent où il se trouve ? « Je n'en ai aucune idée. »

Après trois heures d'audition, on délivre un mandat de perquisition de son logement familial. « Je ne descends pas de la voiture », dit Nour quand elle aperçoit les journalistes postés devant chez elle. Les policiers lui mettent une cagoule sur la tête.

Elle gardera longtemps l'image de son père à l'intérieur de la maison, se tenant droit au-dessus d'elle, en haut de l'escalier. Des policiers cagoulés entrent à sa suite. « S'il vous plaît, faites doucement, mon père est cardiaque. Il ne va pas le supporter. » Son enfant a fait venir la police sous son toit pour des actes d'une immense gravité. « S'il vous plaît doucement ne soyez pas brusques, faites votre travail. » Salah Abdeslam n'avait pas mis les pieds chez eux depuis 2011. Il n'y était pas le bienvenu. Sa réputation de noceur et son passage en prison l'empêchaient de franchir ce seuil. Il n'était plus question pour ses parents qu'elle ait de contacts avec lui. Elle le voyait en cachette alors que sa famille pensait qu'elle avait rompu. Ils continuaient de parler mariage, sa condition à elle était qu'il trouve un travail. « Je ne voulais pas m'engager avec quelqu'un qui ne gagnait pas sa vie », déclare Nour aux policiers.

La sensation de son père raide en haut de l'escalier. La déception d'un homme ; de Salah Abdeslam, il n'en a jamais voulu pour sa fille. En s'apprêtant à monter à l'étage, un policier lui dit : « Monsieur, ce n'est pas de la faute de votre fille. » « Oui, mais je l'avais prévenue qu'il n'était pas fait pour elle », lui répond-il dans une colère froide mêlée de honte.

En commettant la faute de croire en Salah, elle a établi le malheur des siens.

La perquisition dure deux heures. Nour est avec son cousin et son père. Sa mère qui était à son cours de couture est prévenue par des voisins : « Il se passe des choses chez toi. » Elle attend devant la porte de son domicile, au milieu des journalistes. Les policiers ne la laissent pas entrer. Nour reste dans la même pièce que son père, sans un mot. Elle s'inquiète pour son cœur.

À l'issue de la perquisition, la jeune femme est entendue pendant plus de dix heures par la brigade antiterroriste, jusqu'à une heure du matin. Ses parents restent à la maison. Nour appelle son frère pour qu'il vienne la chercher. « J'ai passé la journée ici avec notre sœur, ne t'inquiète pas, on t'attend en bas », lui répond-il. De retour chez elle, sa mère lui ouvre grand les bras : « Est-ce que ça va ? Ils t'ont bien traitée ? »

Pendant six mois, un de ses frères refuse de lui adresser la parole. « Je m'étais opposé à votre relation, tu n'as pas voulu m'écouter. » Il s'était senti trahi.

Redémarrer. Bruxelles est annoncé à soixante et onze kilomètres. « 13 accidents graves », prévient un panneau. SCHAAMTE (honte, en néerlandais) est gravé sur un pont en pierre à onze kilomètres de la capitale.

24

MARIAGE POUR TOUS

Nour semble une femme intelligente, de principes. Un homme qui a la chance de l'avoir dans sa vie ne désire-t-il pas en être digne ?

Je ne crois pas que Salah ait été jusque-là, me dit Soan, éducateur social d'une trentaine d'années avec qui j'ai rendez-vous dans un café près du métro Louise à Bruxelles. La première fois que je l'ai vu, c'était dans un documentaire consacré à Molenbeek. J'ai l'image d'un trentenaire plein d'allant. Je rencontre un homme révolté, sans emploi. De taille moyenne, mince, le jeune homme porte une barbe plus fournie que son crâne. Je sens une grande nervosité en lui, il tape du pied sous la table et parle très vite. Il commande un café serré.

Chez nous, il n'y a pas ça. Il faut retenir le paramètre familial. Si la jeune fille met la pression sur le jeune homme pour qu'il ait une situation, un emploi, c'est parce que ses parents la lui mettent. Pour eux, tu dois avoir un appartement décent, un salaire décent, ceci, cela. Or, quand on s'aime vraiment, on peut vivre à deux dans une chambre et construire petit à petit.

Nour et Salah étaient ensemble depuis neuf ans. Ils subissaient une pression trop forte, surtout Salah, selon Soan. Il ne remplissait pas « la liste ». *On peut se marier plus simplement, faire la cérémonie devant Dieu, un petit souper entre les deux familles, ça coûte que dalle, et l'un des deux peut trouver une chambre à louer ou un petit appartement. On va se serrer, et tout doucement on va avancer.*

Soan tient pour responsable la mentalité des parents de

Molenbeek qui exige beaucoup des fiancés jusqu'à finir par mettre en péril les unions. *C'est souvent des situations pareilles qui rendent les gamins fous. Eux, ils veulent juste se marier et vivre leur truc. Finalement tout part en vrille parce que la mère exige ceci, le père cela. Quand les jeunes se marient dans ce contexte conflictuel, ils divorcent six mois plus tard.*

Soan parle d'expérience. Il a traversé deux divorces. Mais il semble oublier que Nour a eu son mot à dire. Si elle continuait de fréquenter Salah en secret, elle n'était pas partie de chez elle. Elle n'avait pas décidé de s'enfuir avec son fiancé. Elle partageait les exigences de ses parents concernant la situation que devait avoir l'homme de sa vie. Elle pensait que Salah y parviendrait ; ses parents étaient convaincus du contraire.

Nour n'avait pas l'impression de demander la lune à Salah. Elle était prête à commencer avec peu, comme l'avaient fait ses parents au début de leur vie conjugale. *Nous aurions construit ensemble. Je me moquais du matériel, nous étions jeunes, j'attendais seulement une sécurité qu'il n'a pas su m'offrir.*

Soan semble prendre fait et cause pour Salah. Je sens que ses propres épreuves font écho à l'histoire d'amour inachevée de Nour et de Salah. Il monte d'un ton. *À un moment, soit vous vous quittez, soit vous vous installez ensemble. Lui, il voulait vivre avec elle, mais il n'avait pas la capacité de le faire.*

C'est faux. À la STIB, Salah avait un revenu régulier.

La suite logique dans le quartier était de se marier. L'institution du mariage à Molenbeek va de pair avec sa société traditionnelle. Il suffit de regarder les vitrines des magasins pour finir de s'en convaincre. Chaque jour, les jeunes gens aperçoivent des parures dorées, des trônes, de longues robes de mariée, des costumes noirs ou crème. L'obligation du mariage s'incruste peu à peu en eux.

Pour se marier, il faut travailler, être capable de payer la vie future, d'assumer un loyer, des factures, des vacances. On veut un mari, un beau-fils capable financièrement. On veut une femme qui soit une bonne épouse, une bonne mère de famille, comme dans les années soixante, et, aussi, conforme aux valeurs européennes, qui ait un emploi, occupe une place dans la société, et qui soit épanouie.

Soan n'a pas vu Salah pendant un long moment. Un jour, alors qu'il était porte de Namur, il est venu vers lui. Il lui a demandé ce qu'il devenait. Salah lui a dit bonjour, l'a embrassé. Il avait vingt ans. « Je vais essayer de travailler à la STIB où j'ai postulé », lui a-t-il dit. *Il semblait content et fier, il allait travailler et peut-être fonder une famille.*

Pourtant, quelques années plus tard, Salah habite toujours dans le même quartier, parmi les vitrines qui invitent aux noces. Il est uni à une femme religieusement sans vivre avec elle comme deux époux. La vie hors mariage n'est pas tolérée ici, me dit-on. Plus qu'une aberration, elle est considérée comme un vice. La République française avec son mariage pour tous n'en inspire que plus de répugnance pour certains. Peut-être particulièrement pour ceux, comme Salah, qui n'ont pas su donner des gages à l'institution du mariage.

25

PARADIS PERDU

> « Pendant les tueries, j'ai choisi de ne pas prier Dieu. Je devinais que ce n'était pas valable de le mêler à ça. »
>
> Jean Hatzfeld, *Une saison de machettes.*

Avec Liès, l'ami d'enfance de Salah, je reviens à la chronologie.

2011, Salah, fiancé et marié religieusement, perd son emploi après son emprisonnement d'un mois.

Il travaille alors à droite et à gauche. Ses parents reçoivent un avis d'expulsion de leur logement au début de la législature. Il va voir Ahmed El Khanouss, échevin, pour qu'il lui trouve un travail. Il n'a rien pour lui. Même s'il avait un diplôme, son casier n'était pas vierge, impossible de trouver une place pendant au moins cinq ans.

Son projet de mariage civil n'aboutirait pas non plus, il le savait. Comme si son passage en prison en 2011 avait mis fin à l'histoire. Tout ce qui l'avait mû jusque-là s'effondrait pierre à pierre.

En 2012, au moment où Brahim a vendu son précédent café et en a pris un autre, Les Béguines, celui qui avait changé d'apparence et de fréquentation, c'était notre ami Abaaoud. Il plaisantait moins.

L'enquête montrera qu'à cette période Abaaoud s'était rapproché du réseau Sharia4Belgium, soutien de la lutte armée d'al-Qaida.

Liès ajoute : *Pour eux, je suis mort parce que je discute avec vous et travaille pour l'État belge. Il faut m'exécuter à leurs yeux, pour vous dire le niveau.*

Aussi la peur qu'inspire à Liès la parole qu'il m'adresse.

Il dit avoir été secoué par la vidéo d'Abaaoud qui a circulé dans le quartier, mais il a continué sa vie.

Je fréquentais toujours Salah. Jusqu'en 2015, je n'ai rien vu venir.

Je m'entendais très bien avec lui, nous étions proches. Je me souviens qu'en février 2015 on a parlé du pilote jordanien capturé et brûlé vif dans une cage par l'État islamique. J'étais heurté. Je lui ai dit qu'un prisonnier doit être bien traité comme le prévoit l'islam. « S'il dépose les armes, tu dois le considérer comme un prisonnier de guerre, prendre soin de lui, le juger, qu'il ait l'occasion de se défendre. Si la sanction est la mise à mort, il y a des règles, on ne brûle pas un homme vif. » « Quand il a bombardé des familles, elles ne brûlaient pas vives peut-être ? » m'a répondu Salah.

Pourquoi n'ai-je pas été scandalisé ? D'un côté, je me suis dit qu'effectivement il faisait brûler des familles. D'un autre, je ne pouvais pas cautionner ça. Il m'a dit : « Je ne cautionne pas, mais il faut savoir que lui aussi brûle et bombarde. »

Œil pour œil, dent pour dent.

La police a convoqué Salah après la diffusion de la vidéo d'Abaaoud. « Oui, je le connais mais je n'ai rien à voir avec ça. » On n'a pas vraiment évoqué le conflit syrien ni la manière dont les musulmans étaient traités. Je ne dis pas qu'il n'était pas musulman ni qu'il n'en avait rien à faire de l'islam, mais il ne prêtait pas beaucoup d'attention à la religion.

À moins que du religieux il n'ait retenu que le politique.

Liès baisse la voix.

Un jour, il y a eu une bagarre entre un de ses amis qui vit toujours à Molenbeek et mon frère. Salah avait pris la défense de l'autre. Il m'avait blessé. Je ne lui ai pas parlé pendant quatre mois.

Un soir, il est venu chez moi. « Tu m'en veux pour ce que je t'ai dit ? Mon but est de me réconcilier avec toi, pardonne-moi. » Je voyais qu'il regrettait de ne pas avoir pris position pour mon frère. Je lui ai dit : « Ça va ça va. » En réalité, il m'avait dégoûté. Je ne voulais plus. Trois semaines plus tard, j'ai appris les attentats de Paris au journal de TF1.

J'ai compris pourquoi Salah avait défendu l'autre. Le frère de ce type est mort à Paris la nuit du 13 novembre. Celui dont il avait pris la défense a ensuite été emprisonné et relâché. Sa maison, perquisitionnée. On a trouvé onze GSM sur place et lui, caché dans une armoire.

C'est comme si, au dernier moment, Salah Abdeslam avait

voulu réconcilier ses deux mondes, ses amitiés d'avant et ses nouvelles loyautés. En se rendant chez Liès, cherchait-il à se réconcilier avec lui en vue du Jugement dernier? Ou attendait-il le secours d'un ami?

Ses paroles prononcées dans la cage d'escalier après les attentats : « Je vais me marier », ne sont peut-être pas sans rapport. En un éclair, il aurait aimé retrouver la vie d'avant, son ami d'enfance et la robe blanche de la mariée dont avec Nour ils avaient tant parlé.

L'immaculé du rêve. Et son ironie. Le désir de Salah, celui qui aurait ouvert l'avenir, n'était pas un mariage religieux mais civil.

Quand la guerre a été terminée, Franz Stangl, commandant du camp d'extermination de Treblinka, n'a pensé qu'à une chose, « repartir à zéro, proprement, tranquillement, rien qu'avec les miens autour de moi ».

Cette bagarre fut ma chance, poursuit Liès, sinon, le soir des attentats, il m'aurait appelé à la place d'Attou pour venir le chercher en France. S'il m'avait dit j'ai besoin de toi, de bonne foi j'y serais allé.

Dans le café, c'est l'heure de pointe. Le brouhaha de la sortie du bureau.

Quel est le mystère de sa bascule? *L'État islamique lui a donné des ressources. Il a agi parce qu'on lui a promis un gros paquet d'argent. Le côté religieux est un prétexte.*

Il consumait très vite son argent, dans ses sorties notamment. *De l'argent sale qu'il brûlait tout de suite.* Comme si flamber était le défi que la vie lui lançait. Il fallait tout dépenser au jeu, et surtout jouer à la dépense. Immédiatement claquer, brûler, toujours avec ses pairs et de la manière la plus voyante possible.

Cette fois, c'était au prix du massacre de vies humaines.

Peut-être qu'au moment où on lui a confié la mission il ne savait pas. On lui aurait dit : Tout ce qu'on t'a donné jusque-là, ce n'est pas pour rien. S'il refusait, il risquait des représailles. Il n'avait pas le choix. J'en ai l'intime conviction, je le connais. Fais ça, écoute ce qu'on te dit. Je suis sûr que le sacrifice, il l'a su le jour J. Sans doute Brahim le savait-il avant lui.

« Le sacrifice » de sa propre vie? Et celui de la centaine de vies?

La veille, il y a eu une dispute entre Brahim et Salah. Si je n'ai pas le reste du pognon, je ne le fais pas, aurait dit Salah. Après il est pris au piège, il ne sait plus faire demi-tour.

« Pris au piège » ?

Depuis quelques jours, je perds ma voix, au sens propre. Et donc au sens figuré. Liès m'entend à peine quand je lui demande : Adhérer à cette entreprise de mort, tuer cent trente personnes, il était pour ?

Je pense qu'il était bien dans le coup. Il a certainement servi de logisticien-convoyeur. Il a ramassé plein d'argent. Peut-être qu'in fine il ne savait pas et, quand il a su, n'avait plus le choix.

Bien sûr qu'il connaissait la raison de sa mission. Quant à savoir s'il avait le choix, ne parlons-nous pas d'un homme de vingt-six ans ?

Une partie de lui n'avait pas le choix, et une autre… Il est ce qu'il est. Comment respecter un type pareil qui tue des mères, des pères de famille et des enfants ?

Connaissant le gamin, son sens de la mise en scène, on l'a chouchouté, je pense. Pendant un certain temps, on lui a donné ce qu'il voulait. On lui a ensuite confié une mission ultime. Une partie de lui ne voulait pas. Pourquoi est-ce que je pense ça ? À cause de cette dispute durant laquelle il regrette d'avoir pris position pour l'autre et parce que, deux jours avant, il pleure au restaurant avec Nour. Mais une autre partie de lui a fait ce qu'il a fait.

Quel regard portez-vous sur lui aujourd'hui ?

Pour moi, il n'existe plus. Ce n'est plus le garçon d'avant. Je ne respecte pas ses actes. Ils sont indéfendables. « Je donne ma confiance à Allah », a-t-il déclaré. Encore plus irresponsable. Laisse Allah où il est, il ne t'a rien demandé. Ce que tu as fait n'a rien à voir avec l'islam, tu le sais, ne te fais pas passer pour un martyr ou quelqu'un de discriminé. Tu n'es qu'une merde.

26

COIFFEUR POUR DAMES

Le rideau de fer est baissé. Amine, petit homme rond d'une soixantaine d'années, a préféré me rencontrer à l'abri des regards dans son salon de coiffure de Molenbeek, un jour de fermeture. Les lieux sont restés dans leur jus des années soixante-dix. Les fauteuils rouges avec leur repose-tête et leur cale-pied entourés de métal ont des airs de chaise à torture.

Amine ne mâche pas ses mots. Pour lui, les jeunes qui ont perpétré les attentats de Paris sont une bande de crapules gagnées par le spleen. *Le père Abdeslam était un joueur de cartes.* J'apprends qu'il sortait la nuit. La mère se trouvait relativement seule avec ses enfants. *Le père n'était pas derrière eux, préférait aller boire sa bière chaque jour avec ses anciens collègues de la STIB.* Amine a la dent dure. *Il faut deux commandants dans un avion.*

Ses propos peuvent sembler contradictoires par rapport à ceux des enseignants.

Pour Amine, les fils Abdeslam avaient une mère poule et un père aux allures de chat en liberté. *Il avait fait des gosses avant de partir cavaler.* La mère au foyer passait son temps à couver ses poussins d'enfants.

La première génération d'immigrés : des papas venus en Belgique pour travailler. Ils y ont consacré tout leur temps sans avoir les outils pour décoder la société, me dira plus tard Marie, échevine (adjointe au maire, pour aller vite) en charge de la jeunesse. *On ne les a pas accompagnés parce qu'à l'époque tant la Belgique que le Maroc se disaient, ils vont repartir. Par la suite, des programmes de cohésion sociale ont été créés pour aider les femmes mais très peu pour soutenir les hommes.*

Amine se présente comme le modèle inverse du père Abdeslam. Il est fier de me dire qu'après son travail il s'intéresse à ses enfants, rencontre les professeurs. *Si j'avais trouvé des chaussures ou des montres à deux cents euros dans leur chambre, comme il y avait dû en avoir chez les Abdeslam, je ne serais pas resté sans bouger. Le père, où était-il ?*

On ne peut pas communiquer avec ses parents qui ne parlent qu'arabe. Cela fait quarante ans qu'ils sont là. C'est difficile, m'avait dit un homme proche du dossier judiciaire. Même le père qui a travaillé à la STIB ? *Les pères ne s'occupent pas des enfants. En tout cas, dans cette famille, ce n'était pas le père qui s'en occupait fortement*, ajoute-t-il.

Pour le coiffeur Amine, le père Abdeslam a laissé le champ libre. Son foyer était une marmite laissée sur le feu. *Les enfants sont devenus sauvages.*

La fille d'Amine est vétérinaire, son fils comptable. Leur réussite est sa fierté.

La vie de Salah Abdeslam est finie mais surtout, combien de morts et de familles de victimes anéanties ? lâche-t-il, amer.

Il voit encore le père Abdeslam traîner son caddy dans les rues de Molenbeek. La commune a déplacé la famille d'un logement social à un autre. Il y a des regards quand le père passe. *Les fils Abdeslam étaient majeurs, disent les uns. Le père est responsable, répondent les autres.*

L'éducation a une certaine limite, déclare son fils, Mohamed Abdeslam, à la presse. *Si le gars ne veut pas se ranger, on peut faire ce qu'on veut, il ne se rangera pas. Nos parents ont perdu le contrôle.*

Les fils Abdeslam ont accumulé les délits au fil des années. Les parents n'ont pas décidé de quitter le quartier pour autant. Ils ont fait le choix de rester.

Le djihad, c'est donner du pain à tes enfants, ce n'est pas tuer ses frères, poursuit Amine. « *Celui qui tue un innocent tue toute l'humanité* », *dit le Coran. Je suis un cannibale, je leur boufferai leur foi !*

Foi ou fanatisme ? En son nom, on tue et on massacre. L'islamisme dont les terroristes se réclament n'est pas la forme d'une foi mais d'un refus de vivre et de laisser vivre.

Pour le coiffeur, un des responsables du désastre est l'ancien bourgmestre (maire, disons) de Molenbeek resté vingt-deux ans au pouvoir. *On l'appelait Mohamed Moureaux.* Son entourage politique était composé de Marocains qui n'avaient selon Amine aucune compétence politique. *Il les a fait entrer au PS sans cheminement.* Comme d'autres familles nombreuses, les Abdeslam ont pris le pouvoir, à leur échelle. En tant que résidents en Belgique depuis plus de cinq ans, ils avaient le droit de vote aux élections communales. *Ils étaient surtout main dans la main avec la commune, dans le bien comme dans le mal.*

Les logements sociaux sont devenus des ghettos. Et, avec le travail au noir, la manifestation de tous les abus. Mais pour les Abdeslam, c'était la norme.

Je sens la révolte d'Amine.

Les Belges ont quitté Molenbeek par peur des voyous. Moi, parmi ma clientèle, je n'ai plus aucun Belge ni aucune femme.

Pourtant, au-dessus de sa tête, un « diplôme d'honneur coiffeur pour dames » est cloué au mur.

Le *roi bourgmestre* a été lâche, selon lui, et n'a retenu personne. *Marié à sa secrétaire marocaine, son but était de favoriser les Rifains. Beaucoup d'associations et de formations professionnelles ont été créées. Rien pour l'emploi.* À ses yeux, aucune initiative pour attirer les entreprises. L'Arabie Saoudite s'est occupée du reste en finançant la création de vingt-deux mosquées à Molenbeek. La solidarité communautaire a généré un repli ethnique du marché de l'emploi, sans qu'aucun environnement politique favorable à la mixité ne vienne s'y opposer.

Avant, il y avait onze cafés sur la place Ribaucourt. Aujourd'hui il n'y en a plus un seul. Où les gens se retrouvent-ils ? *À la mosquée.*

Le système politique était à ce point laxiste que les femmes en burqa ne dérangeaient plus personne. Nous, ici, on lui en veut à Moureaux.

Il a succombé à un cancer fin 2018. Dans son livre paru cinq jours avant les attentats de Bruxelles, sa vision culturaliste et paternaliste s'exprime parfois jusqu'à la caricature. La sombre concomitance de sa parution avec les événements a fini de rendre inaudibles ses tentatives de discrédit. Ce responsable politique a embauché deux des enfants Abdeslam à la commune et développé une culture de cour pendant vingt ans. Les passe-droits à des fins électoralistes étaient légion. Des dirigeants politiques peuvent déclarer leur amour à une communauté aussi longtemps qu'elle vote, lui témoigner de la sympathie pour peu qu'ils en obtiennent des garanties. L'éducation était aussi la partie du bourgmestre, il n'y a pas fait face, alors même qu'après 1990 la forte augmentation de la population de Molenbeek avait créé une situation de crise dans les écoles. Le rejet du pluralisme a été soigneusement cultivé sous son mandat.

À écouter Amine, c'est à l'époque de sa législature que les jeunes de Molenbeek ont été conditionnés pour s'identifier à la souffrance des Palestiniens. Par ailleurs, depuis les années quatre-vingt-dix, le parti politique d'extrême droite Vlaams Belang (« Intérêt flamand »), appelé Vlaams Blok (« Bloc flamand ») jusqu'en 2004, a multiplié les actions racistes au nom du nationalisme flamand. *Combien de vitrines cassées et de gens tabassés ?* Ces événements ont semble-t-il renforcé l'esprit clanique à Molenbeek.

Amine a su mettre en garde ses enfants contre le risque de ressassement victimaire d'une partie de la communauté. *Je leur ai fixé des objectifs à leur mesure : faire des études, construire leur vie et un foyer. Je leur ai raconté mon histoire et comment j'étais arrivé ici. Maintenant, c'est à vous de jouer. Vous savez nager, allez-y. Ça a payé.*

27

LE MYTHE PALESTINIEN ET SYRIEN

« La possibilité [...] de retourner comme un héros est plus enivrante à vivre que la certitude morte d'avoir à vivre derrière le héros et de rester, inactif, sans défense, sur le front de l'esprit toujours ennemi. »

Karl Kraus, *La Nuit venue.*

Dans certains quartiers de Molenbeek, il y a une suridentification des jeunes aux Palestiniens et aux Syriens comme peuples opprimés, m'explique Marie, échevine à la jeunesse. Elle me reçoit dans son grand bureau place Communale. Je remarque ses yeux bleus derrière ses lunettes métalliques et ses longueurs brunes encadrant un visage pâle. Elle doit avoir une quarantaine d'années. Elle porte un gilet en tricot de couleur terne et un jean moulant. Je ne lui vois aucun bijou.

Il n'y a pas nécessairement une admiration pour le Proche-Orient, son histoire et sa culture. C'est vraiment lié au conflit. Dans leur relation à l'État, certains jeunes se sentent Palestiniens. Cela se transmet sans qu'ils comprennent bien ce qui se passe là-bas.

Sans qu'ils sachent sans doute que les Palestiniens sont « musulmans, sunnites ou druzes, chrétiens de diverses communautés, juifs » et que « tous se vivent comme les gens de "Terre sainte", c'est-à-dire les enfants d'une terre réceptacle des trois monothéismes, les dépositaires des trois messages réunis [1] ».

---

1. Élias Sanbar, *La Palestine expliquée à tout le monde*, Seuil, 2013.

Un jour, dans l'école primaire de mes enfants, un gamin a lancé une manifestation dans la cour de récréation en clamant: « Nous sommes tous Palestiniens. » Qu'est-ce que l'école a fait? Au lieu d'engager une discussion et d'expliquer la situation: punition collective, ramassage de papiers dans la cour. Pour que des enfants de dix ans fassent ça, sans rien savoir du conflit, c'est bien que l'identification de la communauté musulmane de Molenbeek aux Palestiniens est très forte. Ça n'arriverait sans doute pas dans une école au fin fond de la Wallonie. Hélas, l'épisode raconte aussi la réaction de panique de l'école.

Marie a elle-même nourri cette identification en se rendant dans la ville palestinienne de Jénine pour signer un accord politique. Choix sans hasard: son camp de réfugiés est tristement célèbre pour avoir accueilli des auteurs d'attentats suicides et pour avoir subi l'assaut de l'armée israélienne en avril 2002. Le partenariat entre Molenbeek et la ville cisjordanienne est scellé en juin 2018, presque trois ans après les attentats de Paris. J'ai vu son visage éclatant de bonheur lors de la signature diffusée sur les réseaux sociaux. Elle portait une veste à épaulettes ce jour-là. Elle n'évoque pas l'épisode avec moi.

La liberté et l'idéal de démocratie que charriait le printemps arabe n'ont pas séduit les jeunes de Molenbeek dont elle avait la charge. C'est l'oppression qui les a aimantés.

Je n'ai pas le souvenir que le printemps arabe était un sujet qui faisait débat ici. Ça n'a pas fait de remous. Par contre, dès que le régime syrien s'est retourné contre les manifestants et que les premières images d'atrocités ont été diffusées, la cause syrienne a éclipsé la palestinienne. « De nouveau, regardez ces dictateurs soutenus par l'Occident qui laissent nos frères mourir! » Même ressentiment par rapport à ce qui s'est passé en Égypte, l'Europe n'a pas réagi quand les militaires ont repris le pouvoir sur Morsi. Ça a été très mal vécu aussi. « Parce que c'est un Frère musulman, il est montré du doigt alors qu'il a pris le pouvoir démocratiquement. Les militaires s'en emparent, personne ne bronche en Europe qui n'aime ni les Frères musulmans ni l'islam. »

Pour la première fois de son histoire, un membre des Frères musulmans, Mohamed Morsi, a été élu à la présidence de la République égyptienne en juin 2012. Il a fait l'objet d'une contestation populaire lors de la manifestation du 30 juin 2013 au Caire, avant d'être arrêté lors du coup d'État du général al-Sissi le mois suivant. Le souhait de certains jeunes de Molenbeek que l'Europe intervienne en Égypte au secours d'un Frère musulman contesté par son propre peuple a son étrangeté.

Bien sûr, ce n'est pas la raison qui est en jeu ici, mais l'idéologie et tout ce qui viendra la valider et nourrir l'ogre.

Le terrain avait été suffisamment labouré par les élus de Molenbeek et les islamistes pour qu'une partie des jeunes de la commune vive la guerre en Syrie comme une humiliation supplémentaire. Il faut éprouver un sentiment de proximité très fort pour décider de participer à un combat à plus de quatre mille kilomètres de chez soi.

Cette impression de partager des intérêts communs était un leurre. Que savaient-ils de la Syrie, de son histoire, de la diversité qui la compose et des aspirations profondes des Syriens en dehors du robinet de la propagande salafiste ?

C'est plutôt vers ce qui leur était le plus inconnu, leur orient intime, que chacun d'eux aurait eu raison de se tourner.

En tant que responsable politique, quel discours Marie a-t-elle opposé au sentiment victimaire de ces jeunes et à la fièvre syrienne qui s'est emparée d'eux ? Elle n'en dit rien.

Le prêcheur-imposteur Abaaoud a dû savoir commercialiser le bon dosage entre identité et anti-occidentalisme victimaire, « bon musulman » et combattant justicier, perfusant Salah et les autres à la fiction d'une communauté entièrement discriminée et revitalisant le discours postcolonial antifrançais et anti-occidental, prétextes au djihad.

Les frères Abdeslam ont dû prendre le relais dans le café Les Béguines, au cri de l'islam et de l'arabité en danger. Ça leur a valu leur clientèle – il se passait enfin quelque chose – et un certain statut vis-à-vis des plus jeunes du quartier pour qui les « héros » étaient jusque-là les adolescents palestiniens.

Ils se fantasmaient en Palestiniens d'Europe, en martyrs qui créeraient une terre islamique pour tous les musulmans.

Ils souffrent là-bas comme je souffre ici, a pensé Salah. Il faut donner une leçon aux mécréants qui tuent leurs citoyens et aux Européens qui laissent faire. Ils nourrissent la même insensibilité à mon égard, laissent ma génération se détériorer. Plus ses problèmes s'accumulent, plus Salah s'identifie aux Syriens. Et, comme un nœud serré volontairement, son sentiment d'indignation à l'égard de la société, cause de tous les malheurs, se renforce.

Le café Les Béguines donne de l'amplitude aux problèmes. Il les incruste. Tout devient plus brûlant. Confinement, projection de ses dépits personnels sur les malheurs d'un peuple foulé aux pieds par le pouvoir.

L'oppression est le pain bénit du ressentiment. À en pétrir la pâte, les Abdeslam se sont gargarisés des effets qu'ils provoquaient et ont peu à peu fait meute. Ils ont eu besoin de l'unanimité de ce petit cercle des Béguines, et de leur mentor derrière l'écran, pour se convaincre de la nécessité du meurtre.

28

LA VIOLENCE ET LES LIVRES

> « Dans nos ténèbres, il n'y a pas une place pour la Beauté. Toute la place est pour la Beauté. »
>
> René Char, *Feuillets d'Hypnos.*

Les bombes d'Algérie sont tombées sur mon enfance.

Ma mère a enfoncé les griffes du pays quitté à neuf ans sur la peau de notre quatuor installé en Seine-et-Marne. Le domestique, le ménage peuplaient aussi notre vie.

Du côté de ma mère, les femmes sont maniaques de mère en fille. Dans la poussière de l'Algérie, ma grand-mère voulait garder la tête haute. Son réduit devait briller comme un sou neuf. La crasse, c'était pour les gens de rien. On ne fait pas chabbat dans la vermine. Le rituel de *kiddouch* a besoin d'une nappe blanche.

Le nettoyage occupait une telle place à la maison que les visiteurs occasionnels pouvaient prendre peur, ne pas savoir où se mettre quand ma mère actionnait l'aspirateur dès la fin du repas. Une manière de les chasser et de garder une place maîtresse. Nous devions sans cesse ranger avec ma sœur, ramasser les miettes au pied du réfrigérateur, encaisser les cris de notre mère. Sa tête malade prenait le pouvoir.

Son désespoir était planté au centre de notre vie, infestait le cœur de l'enfance. Un arbre pourri dont il fallait prendre soin. Le seul enfant de la famille à valoir la peine, toute cette peine. La mère défonçait les portes, hurlait et on ne savait sous quel jour la trouver au matin, une mère en crue ou grelottante dans son lit ?

Je tremblais de l'irriter et priais sans desserrer les lèvres que mon père la quitte. Il a préféré s'enfermer dans son travail et nous laisser seules avec elle. C'est seulement à la naissance de ma première fille que j'ai pris conscience de la terreur qu'elle m'inspirait.

Cette violence, elle l'avait apprise en Algérie. Là-bas, les mains des femmes avaient des mâchoires. Sa mère comme son frère l'avaient frappée, enfant. Sa mère cassait des manches à balai sur la tête des enfants, frappait avec des poêles. Elle donnait des coups de poing au visage. À l'école, le fils disait qu'il avait pris une persienne dans l'œil. Les enfants se faisaient des croche-pieds entre eux à s'en fracturer le coccyx.

Le fils était roué de coups soi-disant pour devenir un homme. *Avance, ne t'occupe pas du reste. Le reste* dont il ne fallait plus s'occuper une fois portés, c'était les coups.

En dehors des insultes qui étaient légion, les adultes n'avaient pas les mots. *Pas de je t'aime dans la famille. Et chez nous, les mères ne prennent pas dans les bras*, m'avait dit mon oncle.

Le gant de crin du hammam avait quelque chose à voir avec la manière dont les parents s'occupaient de leurs enfants. Seaux d'eau glacée ou brûlante, la démesure était de règle.

Et le déni. Les enfants étaient sommés d'oublier la violence et de la considérer comme héréditaire. Elle n'était la faute de personne.

Salah Abdeslam n'est pas un enfant battu, il était couvé par sa mère, porté tel un dieu, mais à travers son quartier, sa culture et la figure de son père il a connu la violence de ce rapport à l'autre. Violence ordinaire qu'il a prolongée dans l'exercice de la délinquance, et plus tard habillée d'un certain islam.

Chez nous, en contrepoint à la violence, il y avait les livres, la possibilité d'un ailleurs. Notamment ceux de mon grand-père, David, qui avait dû arrêter l'école à douze ans à la mort de son père, pour aider sa mère lessiveuse restée seule avec huit enfants.

David avait acheté une collection de livres de peinture. Dans son HLM, il avait installé une bibliothèque près d'un vélo d'appartement. Sur l'étagère, derrière le bocal à friandises dans lequel je plongeais souvent ma main pour attraper des bonbons Batna, j'ai découvert les œuvres de Renoir, Degas et Van Gogh. Chaque vendredi soir, le livre des livres était lu autour de la table du chabbat. Les femmes attablées n'écoutaient rien et jacassaient, elles m'agaçaient. Mais il y avait cet homme, très grand, qui se tenait debout, un livre à la main, parlant une langue que je ne comprenais pas, venue de loin.

Sous notre toit, malgré les hurlements de la mère, survivait l'esprit du livre. Un espace où se réinventer.

Où trouvait-on à se métamorphoser chez les Abdeslam? Existait-il un refuge à soi, ouvert au possible?

Contrastant avec la violence et la puissance de ma mère – seraient-elles le visage de sa dépression –, les livres ont toujours manifesté pour moi une certaine force, presque invisible. Le verbe était le véritable temple.

Je me souviens de ces figures qui ponctuaient les prières de mon grand-père. Abraham le stérile, Isaac l'aveugle, Jacob le boiteux, Moïse le bègue. Mon grand-père aimait me raconter ces histoires. Il avait une tendresse pour ces personnages de la Bible, beaucoup moins pour les figures de rois ou de prophètes. La destruction du Temple participait pour lui de la beauté de cette brèche originelle. Je la retrouvais à chaque mariage où un verre était cassé; les mariés, l'amour, les enfants, étaient chargés de réparer la faille.

À ses yeux, ce creux permettait le foisonnement d'une vie intellectuelle; à l'échelle d'une existence, l'émergence d'une tout autre architecture: l'étude et les mots. L'inverse de la pureté pour laquelle il ressentait une défiance. Il lui préférait la vertu.

Quand mon grand-père me parlait de sa vie en Algérie et de la diaspora des Juifs à travers le monde, je retrouvais cette même puissance de l'impuissance. De la culture juive, m'a été transmise, à travers lui, la richesse de l'inquiétude, du tremblement, du doute. Se construire et avancer sur la brisure.

Qu'a-t-on transmis à Salah Abdeslam? A-t-il avancé dans l'existence d'un bloc, empli de certitudes? Ou dans un vide absolu que l'argent et la rage du néant sont venus combler?

29

LA VIOLENCE ET LA VIOLENCE

> « Chaque État est en guerre avec sa propre culture.
> Au lieu d'être en guerre avec sa propre inculture. »
>
> Karl Kraus, *La Nuit venue.*

Soit tu manges, soit t'es mangé, me dit Kamel, un éducateur qui a travaillé de 2011 à 2013 dans une maison de quartier à trois pâtés de maisons du café Les Béguines où il a connu Salah Abdeslam. Nous nous retrouvons en fin de journée au café Walvis près du canal. Kamel porte des cheveux ras. Il est très grand, filiforme sous son blouson en cuir. Je remarque sa voix cassée et son visage marqué.

La déshumanisation, ils l'ont traversée. Ils ont été humiliés, ont pris des coups, ont subi au quotidien des délits de faciès. Même en entrant avec des femmes, moi-même je ne pouvais pas passer la porte des boîtes de nuit. La vie en prison qu'ils ont tous connue est rude. Il faut montrer les dents. Ils ont vécu dans un monde binaire qui les a rendus vindicatifs. Pas le choix, c'est lui ou moi.

L'entre-deux ne fait pas partie de leur langage.

Kamel me raconte qu'au commissariat de Molenbeek on ramasse des tartes. La bande des Béguines, c'était pour des larcins, du type pickpockets ou sac-jacking sur des femmes : casser la fenêtre de la voiture et prendre le sac. Au feu rouge, chaussée de Gand, le sol ressemblait souvent à un lit de verre pilé. « *Ah tu t'attaques aux femmes !* » *leur disaient les policiers. Ils en ont pris des coups. Et en ont donné. Ils ont été humiliés, laissés pieds nus sans couverture au cachot toute la nuit, vingt-quatre heures sans manger ni chercher à comprendre quand il y avait eu une bagarre entre des* « *Blancs* » *et nous.*

À l'entendre, ce serait la panacée de la jeunesse, ici. Kamel dit ne pas pouvoir dénombrer les contrôles qu'il a subis. Souffler dans le ballon, être fouillé même quand le flic est un Arabe ont été son quotidien. Les comportements de défiance à son égard, il les a ressentis très tôt, à treize ans. Les femmes se rétractaient sur leur sac à son passage.

Selon lui, sa fille de sept ans a repéré qu'elle était du mauvais côté de la barrière. Quand Kamel était à l'école maternelle, une enseignante lui avait dit en hurlant : « *Il faut te le dire en marocain ?* » *Même pour des emplois d'étudiants, on ne te rappelle jamais. Tout ça participe d'un stigmate. Salah et les autres ont vécu un condensé de feedbacks négatifs. Difficile de se constituer une identité positive avec ce que renvoient la société, l'école, la police, le marché de l'emploi et l'environnement.*

La violence institutionnelle a d'après lui de lourdes conséquences sur les vies. En parallèle, des individus deviennent des références dans le quartier. On les dit riches grâce au trafic de stupéfiants. Des récits qui en inspirent d'autres.

L'engrenage a ses vices. Comment trouver un emploi avec un casier judiciaire rempli ? Bonne vie et mœurs vierges sont exigées. Les parents s'impatientent, que fais-tu de ta vie ?

Outre la violence institutionnelle, il y aurait celles des quartiers et des parents venus d'ailleurs. Ici on répéterait souvent : Pour qu'un arbre pousse droit, il faut un bâton à côté. *On a grandi avec les coups du père ou du grand frère. C'est presque valorisé. Quand quelqu'un voit son petit frère fumer, il doit le défoncer.*

Kamel me dit avoir connu des jeunes d'environ dix ans enfermés à la cave plusieurs jours. Même traitement pour les filles. Les jeunes se battent beaucoup. On leur propose de pratiquer des sports de combat afin de canaliser cette violence. *Personne ne semble prendre conscience que ce n'est pas d'un bâton mais d'un tuteur qu'ils ont besoin. Je comprends qu'on puisse disjoncter et déshumaniser, passer de l'autre côté. Que des victimes deviennent des bourreaux.*

« Je comprends » ?

Kamel me raconte à quoi jouent les enfants ici. En cercle, quelqu'un tient une veste, un autre lui rentre dedans. On en ressort plié de douleur. Le perdant au jeu de cartes Uno prend dix coups de chaussure sur la main. Il y a aussi le petit pont : *si la balle passe entre tes jambes, t'es mort.*

On peut trouver toutes les justifications possibles, sociales, identitaires aux terroristes, m'avait dit Jalil F., conseiller politique sur l'islam de France. *Ce sont avant tout des individus construits dans la violence. Les salafistes très religieux deviennent rarement violents, à part dans le cas d'al-Qaida. Mais les Européens combattants de l'État islamique ne sont pas religieux. Il y a une discordance de parcours entre l'élite terroriste et la troupe, les petits cons embarqués là-dedans mélangent esthétique du jeu vidéo et fascination pour la violence.*

La violence peut être une manière d'être au monde, un bain originel et un passage obligatoire. Un terreau alimenté par le discours binaire de Daech qui soutient la fusion du brigand et du militant politique. Il faudrait, en tant que musulmans, prêter allégeance au dogme véridique de l'islam que serait le djihadisme et désavouer les sociétés démocratiques. Au milieu du XXe siècle aussi, il fallait jurer fidélité à un régime et à un homme.

La violence qui a humilié enfant peut devenir magnétique, adulte. Salah Abdeslam, considéré comme un des petits du quartier, a eu plus de choses à prouver. Son grand frère Brahim ne l'en a pas détourné. Il n'a pas été cette figure bienveillante qui aurait pu l'aider à grandir autrement. Il incarnait, au contraire, la violence primaire. Petit, Salah devait faire un détour pour rentrer chez lui. Il ne passait pas par le parc de peur de se faire manger sa monnaie. Ici, c'est tout de suite les coups.

Combien faut-il avoir vécu de scènes de violence pour en arriver à participer à une tuerie de masse ? Combien d'appels aux meurtres avant d'en perpétrer soi-même ? Et si cela ne tenait pas aux strates de violence accumulées en soi mais à l'incapacité personnelle d'y résister et au désir sombre d'y prendre part ?

30

LIBRAIRIE ?

> « C'est une époque où on fait semblant de savoir tout de l'autre, et c'est une époque où, en vérité, on ne sait rien, plus rien, rien du tout de l'autre, où aussi personne ne veut savoir quelque chose de l'autre. Tout m'est énigmatique et devient, de jour en jour, plus énigmatique. Et par moment, je ne comprends plus rien. »
>
> Peter Handke, *Les Innocents, moi et l'inconnue au bord de la route départementale.*

J'ai fini par la trouver. On m'avait indiqué qu'elle donnait place Communale, à quelques mètres du domicile de Salah. J'ai eu beau faire le tour de la place, je ne voyais aucune vitrine avec des livres. La devanture était recouverte de *niqabs* de toutes les couleurs et d'une gondole de bonbons Haribo. J'ai recoupé les informations et fait le lien avec le numéro de téléphone transmis. Sans cela, je n'y serais pas parvenue parce que moi, dans le mot librairie, j'entends *libre.*

Le gérant en jean et sweat-shirt derrière sa caisse enregistreuse est un ami de Salah avec qui il est toujours en lien.

Ne sois pas triste de El-Qarni est le premier ouvrage que le gérant lui a envoyé en prison, pour qu'il puisse « faire face aux épreuves de la vie. » Un « très beau livre », précise-t-il en caressant la couverture rigide.

Je prends connaissance de la quatrième de couverture.

« Le Dr El-Qarni nous propose une étude qui offre les moyens de faire face à toutes les épreuves que l'on peut rencontrer : la confusion, l'inquiétude, le chagrin, le désespoir. Ce texte est destiné à toute personne qui a vécu une difficulté dans sa vie et qui a été touchée d'un malheur ou d'une tristesse. C'est aussi une solution aux problèmes du siècle à la lumière du Livre d'Allah et de la conduite du Messager (SWS) auxquels se joint le bon sens. Ce livre appelle le musulman à vivre épanoui avec sa religion, être heureux de la faveur d'Allah envers lui et à considérer les bienfaits dont il est comblé. Le lecteur trouvera dans la nouvelle édition revue et corrigée de *Ne sois pas triste* de nombreux conseils pour l'aider à attendre le dénouement et à espérer l'aisance après l'épreuve. »

Comment dire à ce commerçant que l'envoi de ce livre en pareilles circonstances est indécent ? C'est un écrit sur la conscience individuelle et l'éthique de la responsabilité qu'il aurait dû lui adresser.

En balayant du regard son « fonds » littéraire qui en est dépourvu, quelques titres m'interpellent : *Découverte des cinq piliers de l'islam* d'Abderrazzak Mahri, *La Prière nocturne*, *Es-tu sérieux dans ta pratique de l'islam ? Guide du nouveau musulman*, *Les Grands Péchés*, *La Zakat*, *Les Sept Défis capitaux*, *Et maintenant que faire ?*…

Tout un linéaire est consacré au mariage. Il obsède. *La Cérémonie du mariage*, *Les Règles du mariage*…

« Si tu peux me conseiller des livres à ce sujet… J'aimerais aussi en offrir à ma fiancée », avait dit Salah au « libraire » il y a quelques années.

Le Mariage à la lumière de l'islam, voilà ce qu'il lui conseilla, en ajoutant : « Quand on veut se marier, il faut bâtir les fondations. » L'ouvrage énonce les règles de « bienséance » entre fiancés puis époux, et revendique le mariage comme valeur fondamentale de l'institution islamique.

Salah était déterminé à créer une famille, m'avait dit l'élu ceinture noire. Les livres à dominante salafiste servaient à enfoncer le clou de la culture.

Depuis son passage en prison en 2011, Salah passait de temps en temps dans cette « librairie ». Il se posait des questions sur la foi.

Une étagère de livres entre un sarouel et un qamis, un pack cadeau « Femme musulmane » et des *jilbabs* de toutes les couleurs (gants inclus) lui a transmis ses réponses.

Dans cette boutique, on ne fait pas l'expérience de la littérature, rien n'est ouvert sur la différence et le monde. Ici, pas de panorama des écoles de droit musulman, son histoire et ses divergences. Rien sur la version libérale de l'islam, ni celle du chiisme, ni du soufisme. Façonner les sensibilités à un dogme évacue toutes formes de pluralisme. On ne trouve ici aucune alternative à l'islam orthodoxe sunnite. Le livre est réduit à un outil idéologique.

« Le futur homme allemand ne sera plus un homme de livres mais un homme de caractère, disait la propagande nazie. Pour cela, nous voulons vous apprendre, à vous, les jeunes, à avoir le courage de regarder droit dans les yeux impitoyables de la vie et de désapprendre la peur de la mort, pour réapprendre le respect de la mort[1]. »

Quand Salah a poussé la porte de ce fourre-tout confessionnel, j'imagine que le robinet a d'abord coulé tiède. Des ouvrages à prix très modeste (financés par les idéologues saoudiens et des Frères musulmans) sur la manière de mener une vie conforme à sa religion, les règles des pratiques rituelles telles que dictées par la doctrine wahhabite lui ont été proposés.

Mon regard s'arrête sur un journal d'une dizaine de pages affiché à vingt centimes d'euros, dans lequel les actes de mécréance sont listés. Dans un autre, le lecteur est invité à « suivre la Sunna et s'écarter du danger de l'innovation ». Il y a aussi des recueils de *hadîths*, d'autres sur les premiers musulmans.

Peu à peu Salah Abdeslam a dû s'intéresser à l'étagère « Islam et Occident ». « Ou » aurait été plus approprié tant le monde s'y présente séparé en deux. L'Occident dangereux, décadent, perverti, et l'islam : religion des purs. Certains auteurs appellent à resserrer les rangs face à l'ennemi juré, l'Occident, d'autres à mettre à mort les homosexuels, les femmes adultères, les apostats, les non-musulmans. Une seule norme, totalisante, enserre les pages qu'il a parcourues.

Je feuillette un livre. La France est vue comme hostile à l'islam, monoculturelle, hégémonique, tragiquement laïque. L'identité musulmane, considérée comme inférieure par « l'ennemi », doit trouver à s'aguerrir et à convertir autour d'elle de

1. Victor Klemperer, *L.T.I., la langue du IIIe Reich*, Pocket, 2003.

nouveaux fidèles. L'islam est la religion de la vérité, du chemin droit qui doit dominer toutes les autres composées d'« égarés » et de « damnés ». La vérité est une, c'est celle dictée par l'islam. La perfection islamique est affirmée comme seule capable de régir tous les aspects des besoins des musulmans « jusqu'à la manière de faire ses besoins ».

« À l'heure actuelle, nous voyons des générations entières de musulmans délaisser les mœurs exemplaires avec lesquelles fut envoyé le Prophète [...] pour suivre des sociétés non musulmanes dans leurs comportements abjects et leurs mœurs dépravées. Et malgré ça, ils subissent toujours de nombreuses discriminations et ne sont pas acceptés ni reconnus comme des citoyens à part entière. »

« Dans une société telle que la France où toutes les fractions politiques se battent pour imposer leur propre vision de l'intégration des musulmans, il n'y a aucun mal à ce que les musulmans se livrent à une contre-acculturation pour réaffirmer les traits de leur culture islamique. C'est peut-être le seul espoir qui leur reste pour retrouver leur identité et ainsi résister à la dernière conquête coloniale. »

Imaginaire capté. Dans les pas du Prophète, il faudrait lutter par la voie armée.

« Toute personne de cette communauté, juive ou chrétienne, qui entend parler de moi puis meurt sans avoir eu foi au message avec lequel j'ai été envoyé, sera parmi les gens de l'Enfer », rapporte un autre livre comme le passage d'un *hadîth*.

« L'image de ceux qui ont été chargés de la Torah et qui, par la suite, ne s'en chargèrent point est à la ressemblance de l'âne chargé de livres. Combien détestable est l'image de ce peuple qui traite nos *ayats* de mensonges ! Allah ne dirige point le peuple des Injustes », annonce-t-il comme le passage du Coran. Je chercherai à mon retour. La traduction de la sourate LXII, verset 5, de mon édition est proche.

« L'Heure ne viendra pas jusqu'à ce que les musulmans combattent les juifs et que les musulmans les tuent ; jusqu'à ce que le juif se cache derrière un mur ou un arbre, et le mur ou l'arbre diront : Ô musulman ! Ô serviteur d'Allah ! Voilà un juif derrière moi. Viens et tue-le ! » Ce serait extrait du Sahih Muslim, l'un des six recueils de *hadîths*.

« Lorsque l'Envoyé de Dieu fut frappé de la maladie dont il mourut [...]. Tandis qu'il était ainsi, il s'écria : "La malédiction soit sur les juifs et sur les chrétiens qui ont pris comme temples les tombeaux de leurs prophètes." » Ce serait extrait du Sahih al-Bukhari, toujours les *hadîths*.

En sortant de l'antre, je suis prise de vertige et d'une immense nausée.

31

PAS D'AVENIR

Par chance, Bruxelles rime aussi pour moi avec la présence de Catherine, mon amie belge qui a l'âge de ma mère. Une femme aux cheveux courts qui porte toujours des talons vertigineux et des robes à la coupe élégante. Mordue de littérature, ancienne journaliste, Catherine a passé de longues années au sommet d'un des géants de l'énergie, auprès d'ingénieurs avec qui elle ne parlait pas toujours la même langue. Aujourd'hui à la retraite, elle m'héberge dans son appartement où elle vit seule. Il lui arrive d'accueillir des couples de réfugiés suivis par une association dont elle est bénévole. La douceur est sa note ; la lumière, celle de sa maison.

Ce matin, je suis reçue pour la deuxième fois par Ewan, l'anthropologue flamand d'environ soixante-dix ans, président d'un centre social.

À Molenbeek, un récit collectif circule entre les jeunes : il n'y a pas de futur. Le plus difficile, c'est de les convaincre du contraire et qu'on est à leur disposition pour les aider.

Celui qui n'arrive pas à habiter le présent ni à construire l'avenir peut être tenté par la maladie de la nostalgie. N'est-ce pas le fonds de commerce de l'idéologie djihadiste ? Réactiver un passé « pur », le fantasme du califat.

Une histoire me fait penser à ça. Un jeune à l'allure d'un gentleman avait volé un saxophone dans nos locaux, qu'il avait revendu deux cents euros à Cash-Converter. Avant, on lui aurait dit : la maison est désormais fermée pour vous. Maintenant, on est plus prudents, c'est un type qui pouvait facilement se radicaliser si on le mettait dehors. Je lui ai dit : « Vous pouvez rester, mais vous devez faire une déclaration dans laquelle vous vous reconnaissez responsable du vol du saxophone : Moi, XX, déclare avoir volé le saxophone de l'association. Je regrette et j'assume mes actes. J'étais dans une situation financière problématique, mais ceci ne justifie rien. Après le vol, je suis parti chez Cash-Converter… »

Un de nos principes est de leur éviter la prison. Ce qui arrive souvent, c'est qu'ils cumulent les délits, et à un certain moment un juge décide de leur donner une leçon. J'ai voulu résoudre le problème d'une autre manière. J'ai téléphoné au commissaire que je connaissais bien : « Je vais vous l'envoyer, mais ne lui faites pas de PV. » Et j'ai dit au jeune homme : « Il faut aller déclarer à la police ce que vous avez fait. » Le commissaire lui a demandé de faire des heures de bénévolat à l'association. Ça s'est arrangé comme ça. Ce genre de cas arrive souvent. Les enseignants et la police doivent imaginer un autre système. Il faut responsabiliser les jeunes, et en même temps les aider à s'en sortir. Pour Salah Abdeslam, est-ce ce qui a manqué ? Lui a-t-on dit non trop brutalement ? C'est possible.

« Trop brutalement » ?

C'est la même personne, Ahmed El Khanouss, qui embauche son frère à la commune, qui dit non à Salah quelques années plus tard. En lui, la frustration et la colère ont pu s'accumuler.

C'est possible. Salah Abdeslam est vulnérable. Il s'isole dans un récit collectif qui raconte qu'il n'y a pas de futur. Il faut aussi savoir que les normes s'adaptent à Molenbeek. Dans l'exemple en question, j'ai demandé au commissaire s'il y avait quelque chose dans son casier judiciaire. Il m'a répondu : « Non, il n'a été pris qu'une fois pour deal. » Ici, les normes s'adaptent. Il y a un certain manque du sens des réalités.

Non signifie oui. La norme signifie le délit. La langue marche sur la tête. La peine mécomprise – j'oserais presque dire de bonne foi puisque tout est renversé – suit la commission d'un larcin. Elle se change rapidement en dépit. De larcin en larcin, de dépit en dépit…

Ewan est très engagé dans sa mission sociale. Être encore en poste à son âge en est le signe. Derrière son attachement aux jeunes de Molenbeek, je sens aussi l'anthropologue passionné d'observation.

Je me souviens d'un type très prometteur dans notre équipe d'athlétisme. Un jour, il est mis en prison. Je suis allé le voir. Il était indigné qu'on le traite comme ça alors qu'il avait fait un hold-up dans une bijouterie avec une fausse arme, un jouet. Il m'a dit : « La dame a pris peur mais je lui ai offert une chaise et un verre d'eau. Et maintenant, on me met en prison ! »

Beaucoup vivent des choses de ce type qui, en se cumulant, rentrent dans un récit collectif affirmant qu'ils n'ont pas d'avenir.

S'ils sont influencés d'un côté par un copain qui leur fait comprendre qu'on peut gagner beaucoup d'argent en peu de temps, sans risque, et d'un autre côté par quelqu'un qui leur parle de l'État islamique, de leurs frères en souffrance… C'est le langage, ici : le corps islamique souffre. Si vous mettez tout ça ensemble… Théoriquement, je situerais Abdeslam et Abrini dans ce cadre-là.

« Le corps islamique », « la *oumma* ». Hier, la langue de l'idéologie nazie saturait ses discours du mot « peuple ». La « communauté du peuple », « l'étranger au peuple », puis « l'étranger à l'espèce ».

Ewan se balance sur sa chaise de bureau comme pour mieux réfléchir. À ses yeux, Salah aimait l'argent gagné en peu de temps. L'anthropologue s'occupe de deux clubs de sport à Molenbeek. Dans certaines disciplines, il faut six ans pour parvenir à un niveau qui permette de commencer à gagner de l'argent. C'est un grand problème, me dit-il, parce que les jeunes ne sont pas disposés à attendre. Pourquoi en Belgique a-t-on eu de grands talents dans l'athlétisme pris pour dopage ? Ewan a connu un jeune de treize ans très bon en marathon, champion au huit cents mètres, il s'entraînait dur mais n'était pas prêt à patienter avant de pouvoir en vivre. Les millénials n'ont pas le même rapport au temps, selon lui. Ils veulent immédiatement et ne savent pas se projeter sur le long terme. Aujourd'hui c'est en prison qu'il va le voir. Il a été condamné pour vol.

À rapporter de l'argent facilement, la drogue n'est pas dénuée de charme. Des légendes circulent sur certains qui auraient pu s'acheter un appartement après un an ou deux de trafic de drogue. *Leur désir d'argent les aveugle.* Et quand ils en ont, ils le consomment immédiatement. Quant aux études, elles reviennent à leurs yeux au statut de chômeur.

32

MOCHES À CREVER

« Tout commence à l'école », m'écrivait mon grand-père sur une carte postale illustrée d'une danseuse espagnole dont j'ai si souvent caressé le tissu apparent de la robe.

L'école de la République dont les professeurs, les étudiants et les élèves juifs ont été exclus sous le régime de Vichy. Le renvoi des enfants dicté par la propagande nazie aura été, pour mon grand-père, une des mesures discriminatoires les plus douloureuses à vivre.

L'établissement scolaire fréquenté par Salah Abdeslam est un des rares qui accepte tout le monde. Sur le papier, c'est louable. Dans les faits, les moyens ne semblent pas alignés avec l'ambition. Le niveau de violence est tel que les professeurs mal payés, dévalorisés, sont déprimés dans leurs classes surpeuplées. Des préfabriqués aux airs de bungalows ont été installés sous le préau. Des primo-arrivants sont admis du jour au lendemain, sans connaissance du français. Tout est à faire, en plus de s'occuper des autres élèves : ceux refusés ailleurs et ceux du quartier avec un niveau de français très faible. Les professeurs sont « au front, dans les tranchées », ai-je pu entendre. En plus de « l'école-ghetto ».

On estime que 10 à 15 % de la population sont des primo-arrivants, c'est-à-dire des gens qui sont arrivés dans les trois dernières années, m'a dit Naël, responsable d'une association à Molenbeek. *Du côté flamand, depuis une dizaine d'années, il existe un programme d'accueil dédié. Ici, les francophones ont freiné, et finalement, à cause des attentats, de la crise des réfugiés, ils ont fini par créer des bureaux d'accueil des primo-arrivants à Bruxelles.*

Non loin du magasin « Assouah Assalen légumes » et de la

« Joaillerie Nisson », le groupe scolaire Serge-Creuz où Salah Abdeslam a fait ses classes, à quelques mètres de chez lui, est entre la rue Sainte-Marie, la rue de la Prospérité et la rue de l'Avenir. Dans la boule de cristal des noms de rue, il faut parfois savoir lire à l'envers.

Haut portail rouillé, briques rouges. Au menu de l'établissement tel que placardé sur la façade :

Classes passerelles primo-arrivant.
Différenciée 1re et 2nde.
Générale 1re, 2nde et 3e.
Électromécanique 3e et 4e TQ.
Électricien automaticien 5e et 6e TQ.
Vente 3e et 4e.
Mécanique polyvalente.
Vente.
Mécanique et garage.
Couvreur.
Complément en technique de vente.

La Fédération Wallonie-Bruxelles a établi un classement des écoles, attribué des notes de un à vingt. Officiellement, il permettrait de distribuer des subsides aux établissements dont les étudiants sont les plus précarisés. Serge-Creuz s'est vu épingler un piètre un sur vingt. C'est dire combien les revenus des parents d'élèves sont faibles, leur niveau de diplôme bas, les chômeurs surreprésentés et le confort des logements, insuffisant. Autant de critères affectant la scolarité des élèves.

À lire cette façade et ce rapport, comment imaginer que Salah Abdeslam ait pu se sentir fier d'y obtenir son diplôme d'électromécanicien ? Aux yeux de qui est-ce valorisant de faire ses classes dans un établissement auquel les autorités collent la note de un sur vingt et la rendent publique ?

Les locaux étaient moches à crever et véhiculaient un sentiment d'échec, me confie Ilyas, un ancien élève de l'établissement, rencontré dans un salon de coiffure des beaux quartiers de Bruxelles. *Je suis un baron maintenant.* Il semble fantasmer une vie de luxe, se rêver autre. Son père vendeur de drogue était un adepte de l'islamisme radical.

De l'air et de la lumière, voilà ce qui m'a sauvé.

Le hasard des rencontres lui a permis de se former à un métier en dehors de Molenbeek, et décrocher un emploi grâce au réseau des anciens élèves.

À Molenbeek, j'étais enfermé dans mon cercle. Je n'en veux pas à mon père. Le djihadisme était sa manière d'accéder à plus grand. Une porte sublime quand on vit dans un environnement intellectuel pauvre qui nous dit que Bachar el-Assad oppresse son peuple, que le conflit israélo-palestinien est injuste, et que même si ces mecs sont des barbares sanguinaires… Sans arme intellectuelle, on peut trouver là un schéma rationnel et décider d'être un combattant. Se révolter, c'est exister.

« Porte sublime »?

Ses vieux démons ne l'ont pas entièrement quitté.

Il faut tricher vous savez, d'abord avec soi-même, me dit-il avec un sourire malicieux.

Il ressemble à un personnage de travesti dans les films d'Almodovar. Pour posséder, donner des signes de richesse, jusqu'où Ilyas serait-il prêt à aller?

Les propos d'Aniss, rencontré au café Walvis à Molenbeek, me livrent des réponses. Sociologue de formation, quadragénaire charpenté aux montures noires, Aniss travaille dans le champ social depuis vingt ans auprès de la jeunesse populaire, c'est-à-dire, précise-t-il d'emblée, ceux qui partent derrière la ligne de départ. Il ne veut pas faire son Bourdieu mais pour lui ça commence là.

Je commande un café allongé, Aniss une bière. Il a habité à Molenbeek pendant dix ans avant d'en déménager faute d'avoir trouvé une bonne école pour ses filles. *J'ai eu les moyens de faire ce choix.*

À l'écouter, Molenbeek ne compte que des écoles poubelles. Un système scolaire au fond de l'écuelle. *Après le secondaire, on attend que ça passe, que les élèves atteignent la majorité. Les ingrédients sont là.* S'ajoutent souvent, selon lui, des conditions familiales difficiles qui ne permettent pas aux enfants de rattraper leurs lacunes. Personne ne trouverait non plus les moyens de s'épanouir en dehors de l'école.

Les familles sont souvent dépassées. L'époque est dure, il faut à la fois assurer sa survie d'un point de vue financier et psychologique.

À l'entendre, la rue à Molenbeek joue un rôle central. Elle est à la fois une ressource et une menace. La proximité entre le logement et l'établissement scolaire de Salah Abdeslam l'a conduit dès l'école primaire à fréquenter la rue.

Des jeunes peuvent y trouver l'apport affectif qu'ils n'ont pas chez eux.

Salah ne semblait pas en manquer avec sa mère ; c'est peut-être la raison pour laquelle la rue ne l'a pas happé très jeune. Mais, en grandissant, ses règles, basées sur la loi du plus fort, l'ont forgé.

Elle ressemble à un vaste champ d'expérimentation : cigarette, stupéfiants, alcool. Pour se procurer ces substances, on a besoin d'argent. D'abord on vole à la maison, reconnaît Aniss, et, une fois pris la main dans le sac, à l'extérieur.

Peu à peu, le monde se sclérose, l'horizon se ferme. On est dans la rue mais, au fond, dans une seule rue. Un cercle clos dont on finit par avoir fait le tour. L'ennui s'installe. La recherche de sens devient vitale. Le shit est le premier antidépresseur des jeunes de Molenbeek, selon Aniss. Il diminue l'angoisse et les met dans des états seconds qui les déculpabilisent.

N'est-ce pas dans le vide et l'ennui que pousse le mal ?

La carte postale envoyée par mon grand-père ne quitte pas mon sac. Un jour, il m'avait raconté que c'est parce que les enfants d'Israël avaient douté de la présence divine qu'Amalek, la figure du mal, était apparu. Dans la numérologie, les lettres représentant des chiffres en hébreu, la valeur numérique d'Amalek égalait celle de Safek qui veut dire *doute*. Mon grand-père en a fait une leçon de vie. Le penchant humain qui consiste à relativiser les valeurs éthiques, à confondre le bien et le mal, lui semblait destructeur.

Ce sont des gamins qui vivent des angoisses existentielles insondables. Ils sont foutus, ils le savent. Le jeune de Molenbeek sait très bien qu'il ne cadre pas, dit Aniss. Il l'a intégré dans son ADN intellectuel. Comment y faire face ? *D'abord, c'est angoissant. Le mot d'ordre d'une société démocratique comme la France ou la Belgique, n'est-il pas d'avoir un projet pour tout le monde ?* No man left behind. *Pour tout le monde, sauf pour toi. En psychiatrie, un double message comme celui envoyé par la société crée de la schizophrénie.*

Quand à quatorze ans Aniss l'a compris, il a traversé une profonde angoisse. Ensuite, il a eu de la chance, dit-il, des gens l'ont rassuré. *Si tu n'as pas cette ressource dans ton cercle proche, tu dois faire face seul. Beaucoup de jeunes dans un malaise monstre utilisent l'alcool et le shit.*

Pour ceux avec qui Aniss travaille à Molenbeek, la société est anxiogène à tous les niveaux, du marché du travail au poste de télévision en passant par les réseaux sociaux qui les suivent jusque dans leur lit. À un âge d'immaturité affective, psychologique, intellectuelle, physique, ce sont des cercles de bienveillance qui déterminent leur capacité ou non à s'en sortir.

Troublant dans le cas de Salah Abdeslam, car il a donné des signes de « réussite », a obtenu son bac. Mais est-ce valorisé dans un groupe de jeunes ? La réussite à leurs yeux ne passe pas par l'école, davantage par le nombre de vues sur YouTube.

Plus tard, il a décroché un CDI à la STIB où il fut technicien de maintenance pendant un peu moins de deux ans. Depuis neuf ans, il avait une petite amie. Avant la cascade de l'échec : braquage raté avec Abaaoud, vingt-huit jours de détention, gérant depuis mars 2013, avec son frère Brahim, d'une société qui louait un café sinistre au 49 de la rue des Béguines, couverture à leur trafic de stupéfiants, où plus tard il se radicalise et s'endette.

Aniss repose son verre de bière. Il a connu Salah. *Je ne peux pas dire que c'est un type intéressant. Moyen, médiocre, comme il en existe par milliers. Il a fini l'école avec un bac. Grâce au tuyau familial ou tribal, il est parvenu à trouver un emploi. La STIB est l'équivalent de la RATP. Tu ne travailles pas à l'ONU mais ce n'est pas non plus de la merde. Un emploi dans la moyenne sans sortir de sa communauté. Mais les lacunes dont je parlais n'ont jamais été comblées.*

Selon Aniss, Salah Abdeslam n'avait pas été assez préparé pour l'âge adulte. *Nobody,* le qualifiait Julien, comme si Salah n'avait pas de corps. Ni colonne vertébrale, ni conscience de ce que signifiait la responsabilité. Il n'était pas devenu un sujet. Rien d'exceptionnel dans son histoire pour Aniss, elle se résumerait à l'alliance d'un profil et d'un projet alternatif ayant su se vendre comme tel. Salah existait à peine. À travers l'entreprise terroriste, il s'est mis à exister en grand.

Certains jeunes dont les parents sont originaires du Maghreb partent d'Europe pour l'Asie, on en parle peu, regrette Aniss. Il y a des cas à Molenbeek. Partir pour exister en Européens qu'ils ne se sentent pas être en Belgique.

Ils ont compris que de retourner dans le pays d'origine de leurs parents n'était pas non plus le meilleur calcul. Sur place, hormis pour les universitaires, ils ne sont pas reçus avec les honneurs. Pour quelques semaines de vacances, passe encore, mais sinon c'est une impasse.

L'ailleurs sera au bout de la rue.

Dans une société où ils ont compris que l'égalité des chances était une arnaque, que la méritocratie n'existait pas, le projet de l'État islamique est devenu une aubaine politique. L'égalité des chances est obtenue en mourant en martyr. La méritocratie change de bord. Tu vas au paradis, c'est le dernier billet gagnant.

À l'entendre, le service vente est musclé. Il en a vu quelques-uns à la manœuvre à Molenbeek. *Une vraie prise de pouvoir.* Les recruteurs de l'État islamique s'introduisent dans un groupe de jeunes qui finissent par les suivre comme des brebis à l'abattoir. *Ils ont la technique.*

L'angle majeur n'est pas le Coran *que les jeunes d'ici ne comprennent pas.* La langue arabe, ils ne la parlent pas, tout juste le dialecte partagé à la maison mais qui ne permet pas de lire le Coran. Ils connaissent l'aspect culturel du religieux. Certains préceptes, rites, fêtes. *Leur approche est plus culturelle que cultuelle. Ça les ennuie autant qu'un cours de philosophie.*

L'argent joue pour beaucoup dans le recrutement selon lui. Les vendeurs de ce projet ne viennent pas parler de Dieu ; étant donné le profil des jeunes d'ici, ils savent que c'est le billet qui va leur parler. Sûrement y ont-ils passé du temps pour que six cents jeunes de Belgique partent en Syrie, « faisant de la Belgique le plus important État pourvoyeur de jihadistes proportionnellement à sa population [1] », dont environ un tiers par effet d'imitation, selon lui.

À quel prix ces vies ont-elles été achetées ? Salah Abdeslam aurait été payé cinq mille euros.

1. *Id.*

Ils ont la sensation que l'État islamique ne se moque pas d'eux. *Le paradis est une vraie égalité des chances. Ce que tu fais, tu vas le recevoir. Les arguments commerciaux qui fonctionnent sont les plus simplistes*, dit Aniss.

En tuant, pensent-ils sérieusement aller au paradis ? *Est-ce que Donald Trump en construisant un mur a pensé qu'il n'allait plus voir de Mexicains passer la frontière ? Ces jeunes en déshérence ont besoin d'une bouée. Rester sur le quai et considérer que cette bouée est pourrie sans leur en envoyer une autre ne changera rien pour eux. Peu importe mes remarques, ce que je peux penser, ils s'en moquent. Une vraie déconnexion s'opère.*

À ses yeux, déradicaliser un individu implique de lui proposer un projet. Si le djihadisme est un phénomène sectaire et mortifère, il suscite un sentiment d'appartenance et donne sens à une vie.

Les filles partent avec une espèce de romance à l'esprit. Ici, elles resteront les beurettes. Là-bas, elles seront utiles à une cause.

Nour ne s'est pas laissé prendre.

33

BON À RIEN

Après avoir fumé une cigarette dehors, Aniss commande sa deuxième bière et laisse tomber sa veste en treillis sur le dossier de la chaise.

Comment apprivoiser l'ennui? Des jeunes gens arrivés sur un rond-point restent bloqués, sans issue, poursuit-il. Ennui, redondance, manque de perspective, manque de projet. *Un braquage en est un.*

Pourtant, au moment de ce braquage, dans la nuit du 2 au 3 décembre 2010, Salah n'avait-il pas une situation, une jeune épouse, le projet de fonder une famille? *L'apparence d'un projet de vie. Beaucoup se sentent sauvés quand ils décrochent un emploi et ont une relation durable avec une femme. Une forme de résilience les travaille. Ils sont médiocres, ils le savent mais pensent qu'ils peuvent se sauver. Et puis, il y a ceux qui n'ont pas assez de maturité affective et pour qui avoir une petite amie et un gagne-pain ne comble pas l'abîme en eux.*

Nour et Salah rêvaient-ils de la même vie?

Salah Abdeslam aurait pu s'arrêter après l'épisode du cambriolage. Comprendre et reprendre pied, comme la plupart des jeunes dans son cas.

En travaillant comme son père à la STIB, il a suivi les directives familiales. Le père d'Aniss a aussi essayé de le convaincre d'exercer la même profession que lui. *Si c'est ton projet ça va, sinon tu vas souffrir. S'ajoute à cela une structure psychologique déficiente, lacunaire, un projet privé qui ne comble pas, un projet de société qui te dit que tes envies de richesse ne sont pas accessibles.*

Selon lui, naître à Molenbeek c'est réunir les ingrédients pour être un raté. *À La Courneuve, pareil. Il y a ce présupposé de départ et en plus ça arrive. L'auto-prophétie réalisatrice. Un moment de rupture, et le jeune ne peut plus croire à quoi que ce soit. Ni à quiconque, famille, petite amie, les liens sont rompus. Les jeunes qui se suicident arrivent à la même conclusion. Le système qui produit ce désespoir ne va pas s'arrêter. Aujourd'hui, il rencontre une entreprise politique meurtrière.*

À écouter Aniss, les jeunes ayant rejoint les rangs de l'État islamique veulent avant tout se donner la mort. Ce serait l'unique façon qu'ils aient trouvée d'élever leur désespoir. Ils se vivraient en martyrs au moment où ils deviendraient des meurtriers.

Me revient à l'esprit l'expérience de Kamel qui a travaillé dans une maison de quartier voisine du café Les Béguines.

Lors d'une soirée, quand un portefeuille disparaît, les yeux se tournent vers moi. Quand j'avais six ans, un album de timbres a été volé en classe. J'ai été emmené au commissariat. Le policier m'a montré son gros doigt. L'auteur du vol était un petit Hervé.

Il y a quelques années, je fréquentais une jeune femme blonde qui s'est avérée être une kleptomane. Je lui servais de couverture. Les suspicions des agents de sécurité étaient sur moi. Elle n'en dépouillait que plus facilement. On porte en nous ce truc de voleur. La société, les regards, entretiennent cette réputation. On devient voleur par assignation. Autant le faire puisque je suis classé. Il y a une puissance du stigmate de la dévalorisation, de la discrimination et à la fin de l'auto-discrimination, de l'assignation identitaire. Tu assumes le rôle qui t'est attribué.

Plus jeune, ça marchait bien à l'école, j'avais la reconnaissance des profs. Mais elle a commencé à disparaître. Il fallait que j'existe autrement. Je suis devenu fouteur de merde, j'envoyais des boulettes sur les autres qui m'encourageaient. Tu remplis ce rôle. C'est ta seule manière d'exister.

Le point de rupture pour Salah Abdeslam est sans doute son braquage raté. Tout le monde le qualifie de « raté » car les trois complices cagoulés ont été pris en flagrant délit par le gérant du garage automobile qui habitait sur place. Entendant les coups de bélier contre la porte, ce dernier a demandé : « Qui est-ce ? » « Le père Noël », lui a-t-on répondu. Salah et ses comparses sont repartis comme ils étaient venus. Sur la route enneigée, la police les a poursuivis, ils ont tenté de s'enfuir et ont été rattrapés. L'un d'eux a été repêché dans la rivière en état d'hypothermie.

« De la petite délinquance faite n'importe comment », selon un journaliste qui a couvert le procès à l'époque.

Dans le monde du crime, on sait très vite si on est fait pour ça ou non, déclare Aniss. *Que ça ne marche pas est encore plus indigne. Rater l'école n'est pas grave, il y en a plein. Et lui ne s'en est pas mal sorti. Rater aussi le monde professionnel n'est pas grave. Tu as choisi une voie illicite et, même là, tu ne sais pas faire ? Tu es un bon à rien.*

En participant aux attentats de Paris, Salah Abdeslam entendait peut-être prendre sa revanche sur tout ce qu'il ne serait pas. Figure décevante et non charismatique, médiocre même pour les journalistes et les juges. Je me souviens des propos du juge qui me disait avoir auditionné des terroristes *haut de gamme. Celui-là n'a pas l'ampleur des faits. Il est seulement celui qu'on a arrêté.*

Interpellée par la formule, j'avais voulu savoir ce qu'il entendait par *haut de gamme*.

Des gens très intéressants, passionnants, Faissal Amdouni par exemple, qui appartenait à al-Qaida. Administrateur du site Choumoukh al-islam, il faisait passer beaucoup d'informations d'un groupe à l'autre grâce à son site Internet. Un convaincu qui connaissait très bien la religion. Les interrogatoires de six ou sept heures durant deux ans ont toujours été très cordiaux. Rationnel, géopolitique, agréable, il était d'un haut niveau intellectuel. Une race en voie d'extinction.

Salah Abdeslam était peut-être dans la moyenne de la société belge. Ni le pire ni le meilleur. Cinquante pour cent de la terre, dit Aniss, pessimiste. *Mais lorsque des frustrations se cristallisent chez certains individus jusqu'à la schizophrénie et la rupture, le point de bascule est déterminant. La vengeance personnelle qui a aussi ses ressorts intergénérationnels a pu s'exprimer à plein dans ce projet alternatif.*

Un ventre mou dans lequel la seringue de Daech s'est enfoncée.

Pour Aniss, ce qui passe avant tout d'une génération à l'autre est le sentiment de honte. *Un peuple qui vit une honte, une défaite, une humiliation à travers plusieurs générations. Elle est toujours là comme un boulet à traîner derrière soi.* Il s'agit selon lui du *retard de la civilisation arabo-musulmane, à tous les niveaux. L'Arabo-Musulman naît avec quelque chose de spécifique. Sans même côtoyer le monde occidental, il nourrit un ressentiment à son égard. Ce sentiment de honte se spécifie dans chaque tribu, marocaine, algérienne, tunisienne. Chaque peuple a sa propre honte, et elle se transmet.*

Salah Abdeslam n'a pas un passé de victime – il n'a pas été battu, placé, violé – mais un sentiment victimaire.

La haine est positivée. Les jeunes dans la rue qui disent j'ai la haine se placent en position de victime. S'ils savent que ce sont eux les fautifs, ils ne prononcent pas ces mots. La haine est liée pour eux au statut de victime.

Elle est leur idée fixe, le soleil noir qui les éblouit. Ils le désirent, le cherchent à toute force afin de ne surtout pas voir ce qui vacille en eux. Ils ne le quittent pas des yeux, la fièvre monte. L'inversion des rôles devient naturelle. La perversion est à son comble quand, en eux, l'essentiel s'est effacé : c'est le sang qui sépare les criminels des innocents.

Ces types n'étaient pas des foudres de guerre mais des paumés au bout du rouleau. Des sans-projet qui se sont retrouvés dans un non-projet. La catégorie des robots et des automates se fait sauter parce qu'elle croit à la cause. Salah Abdeslam, pas entièrement.

Pour Aniss, la génération des parents se vit comme honteuse d'avoir été la main-d'œuvre de l'Europe. Leurs enfants ne se sentent pas le haut du panier. Un sentiment de honte sociale. Ils ne sont pas valorisés et ne se sentent pas valorisables. Rien de ce qu'ils produisent ne crée de la valeur. Les parents de Salah Abdeslam ont peut-être cru que leur fils pourrait rattraper le train social. Il a essayé mais a fini par croire que c'était impossible.

Nous ne nous entendons presque plus dans ce café où l'*happy hour* bat son plein. Tant mieux, sinon le silence se serait installé entre nous. Notre conversation a fait monter dans cette brasserie une vague de tristesse, de défaite et quelque chose du gâchis humain.

271

Où sont tes plus grands dangers ? — Dans la pitié.

272

Qu'aimes-tu chez les autres ? — Mes espoirs.

273

Qui appelles-tu mauvais ? — Celui qui veut toujours faire honte.

274

Que considères-tu comme ce qu'il y a de plus humain ? — Épargner la honte à quelqu'un.

275

Quel est le sceau de la liberté réalisée ? — Ne plus avoir honte devant soi-même.

Nietzsche, *Le Gai Savoir*.

34

CONSIDÉRÉ

Hélène m'offre une halte. Elle me permet de sortir de Molenbeek. Je fais sa connaissance dans l'école pas comme les autres qu'elle a créée au cœur de Bruxelles. Quand la norme est grise, combien l'alternative apparaît colorée ! Les murs de son établissement sont d'un blanc immaculé, recouverts de travaux d'élèves, de photographies et de peintures cédées par des artistes ou offertes par des mécènes. Âgée d'environ soixante ans, elle a été formée à la philosophie. Je remarque le trait de crayon bleu nuit sous ses yeux, ses gros bracelets en argent et sa jupe longue en taffetas rouge et or dont on entend le froissement quand elle croise et décroise les jambes. Selon elle, il existe trop peu d'établissements scolaires capables de récupérer les jeunes en décrochage scolaire.

Face à la phobie scolaire, aux souffrances des « décrocheurs », aux hordes d'élèves déscolarisés en Belgique, Hélène parie sur le plaisir d'apprendre, la créativité des élèves, la beauté du cadre, le choix des enseignants et la rencontre avec des personnalités extérieures. *Tous les jeunes ont envie d'être dans le mouvement de la vie*, me dit-elle avec un grand sourire.

Pour leur redonner envie de se lever le matin, il faut de bonnes conditions. Notamment que le bâtiment ne ressemble pas à une école traditionnelle. Avec son équipe, elle a visité des structures d'aide à la jeunesse. *Ce qui m'a frappée, c'est qu'elles étaient très peu accueillantes. Si j'étais un jeune, découragé, avec très peu d'estime de moi, en échec scolaire et donc en colère vis-à-vis de moi-même et du monde, pourquoi aurais-je envie d'y aller ? La première chose à offrir est la qualité des équipements, de l'infrastructure, de l'équipe, de la nourriture, des intervenants…*

La qualité rend meilleur, selon Hélène. Pour des personnes entre quinze et vingt ans, issues de milieux difficiles, elle leur fait prendre conscience de leur valeur. Quand un jeune se sent important, il se comporte bien, à ses yeux.

Un peu avant l'ouverture, elle avait fait visiter l'école. « Mais ils vont tout casser, c'est trop beau pour eux. Pourquoi fais-tu ça ? Pourquoi ne pas s'être installé à Molenbeek ? » disaient certains.

Pourquoi n'aurais-je pas suffisamment confiance dans les jeunes de Molenbeek pour les inviter chez moi ? Personne n'a jamais rien saccagé.

Les lieux ont été respectés précisément parce qu'ils étaient beaux, témoignant de la considération qu'on leur portait.

Il faut parfois leur apprendre à ranger mais globalement c'est un lieu dont ils sont fiers et qu'ils s'approprient. Les élèves des années précédentes reviennent régulièrement. C'est leur maison. Mais avec des exigences. On travaille avec des individus venus de pays différents, et des règles identiques pour tout le monde.

Ici, on a été respectés, considérés, disent-ils.

Quand j'ai commencé ce projet, je me suis souvenue de mon besoin de liberté à l'adolescence. Mais eux, la liberté ne les intéresse pas. Elle signifie « on ne s'occupe pas de moi ». Ils demandent un cadre, des activités adaptées et de la bienveillance. Il faut leur donner de l'amour, du temps et de l'attention. C'est alors comme offrir de l'air, de la lumière, de l'eau et une bonne terre à une plante. Elle pousse. Si vous donnez de l'amour, du temps et de l'attention à un jeune, tout en ayant beaucoup d'exigence, il grandit magnifiquement bien. C'est ce dont ils manquent le plus.

Ce qui est aussi très compliqué pour eux, c'est la violence. Dans certaines cultures, il est encore toléré que les parents frappent.

Je l'ai entendu plus d'une fois à Molenbeek.

La violence physique fait partie de leur vocabulaire d'éducation. Ces gosses ont été frappés, eux-mêmes frappent, les mamans sont parfois frappées et frappent leurs enfants parce que ni les mères ni les pères ne savent gérer autrement. Il y a un grand déficit de communication. Ils n'ont pas lu Dolto.

Certains de ses élèves viennent de Molenbeek mais Hélène veille à ne pas avoir trop de personnes issues de l'immigration maghrébine. La mixité est fondamentale à ses yeux, sinon il peut se créer des solidarités nuisibles au développement de chacun.

Dans cette école, il y a moins de trente élèves scolarisés. Nous sommes loin des effectifs des établissements de l'autre côté du canal. Les bonnes conditions d'apprentissage sont devenues un luxe financé par des fondations privées.

« Ce que tu fais, fais-le suprêmement », écrivait Pessoa.

« Ne gommez pas votre différence, enrichissez-la. Soyez ce que vous êtes avec exigence et qualité », voilà ce qu'on leur dit.

« Vous pouvez être impertinents si vos arguments le sont. » Plusieurs ministres sont venus déjeuner ici, les élèves leur ont posé des questions pas faciles, parfois ingénieuses ; toutes devaient avoir leur raison d'être.

Les uns font le gros dos en classe quand ils y mettent les pieds, esquivent les coups à Serge-Creuz quand d'autres partagent leurs idées avec des ministres.

L'école singulière d'Hélène m'a donné envie de la rencontrer. Le récit d'une expérience réussie me fait l'effet d'une bouffée d'air mais, si je suis là, c'est aussi parce qu'Hélène a eu pour élève un cousin de Salah Abdeslam, du côté de sa mère.

Faissal est un gosse sublime. Très beau, précise-t-elle sans réserve. *J'ai la conviction qu'il est un surdoué, ce qui, dans un système traditionnel, présente le même handicap que d'être un sous-doué. Il apprend extrêmement vite mais ne sait pas se concentrer. On ne lui a pas appris à se tenir à quelque chose. À dix-sept ans, il est dans la séduction en permanence. Comme moyen de survie, il a décidé de nier ses origines, il fait toujours semblant d'être quelqu'un d'autre. Il vit à travers des personnages, il est capable de raconter la vie de Christian Dior, de sa naissance à sa mort. Il vit dans le fantasme d'une vie luxueuse. C'est certainement un homosexuel latent. Il est très maniéré, presque d'une façon caricaturale.*

Il ne s'est pas exprimé sur son homosexualité dans son milieu. Il vient d'une famille toxique, avec du côté paternel des radicalisés actifs et du côté maternel des trafiquants de drogue. Sa mère analphabète, voilée, ne parle pas français, et ne sait pas comment gérer ce garçon. Elle le frappe, et lui frappe sa mère en retour. Dans notre école, il a été attiré par le fait que nous ne soyons pas du même milieu que lui, il a identifié des signes extérieurs de richesse, ou prétendus tels. Il a pris pied dans un rêve.

L'été, Hélène et son équipe emmènent les élèves à la campagne, sur un domaine dont on peut visiter le château et la plus grande ferme d'animaux de Belgique. Les jeunes ont pour habitude de camper dans le parc, Faissal s'y refusait. Le château était devenu chez lui. Il trouvait normal de boire du champagne tous les jours. Il n'a pas prêté attention à la nature mais au faste. Sur place, il était impossible à vivre.

Emmuré dans son personnage, il n'ose pas exprimer son orientation sexuelle, il ment sans cesse. C'est un tricheur, d'abord vis-à-vis de lui-même. Il est une proie idéale pour la prostitution homosexuelle. Il semblerait d'ailleurs qu'il soit déjà un peu là-dedans. En plus d'être alcoolique. C'est quelqu'un qui pourrait tomber.

Hélène ne serait pas surprise qu'il fasse le gigolo. Elle le croit prêt à tout pour obtenir ce qui lui fait envie et afficher une certaine opulence. Quand il est sorti de l'école, Hélène lui a fait faire une formation : deux jours de cours de commerce par semaine et trois jours de stage dans une entreprise. Le sachant accro aux produits de beauté, elle l'a placé dans le salon de coiffure le plus chic de Bruxelles. Ça s'est très mal passé. Selon elle, il se prenait pour le patron. Après six mois, le responsable l'a mis dehors. Hélène sait qu'il parle régulièrement de l'école et l'appelle sa maman, mais il n'a plus jamais osé venir lui dire bonjour.

Faissal est le petit-fils de Djamila M., la logeuse d'Abdeslam durant sa cavale. Un charmeur qui a de la conversation. Un jour, lors d'un vernissage, il s'est mis à parler de Pollock avec beaucoup d'érudition. Il s'exprimait par ailleurs très bien en anglais. Il disait l'avoir appris en regardant des films. Prisonnier d'un personnage et de ses jeux de séduction, il serait pourvu d'un immense potentiel dont il ne ferait rien. Je sens la profonde déception d'Hélène, pas uniquement parce qu'elle lui a consacré beaucoup d'énergie. Elle a été émue par cet homme, subjuguée même. Son tort, reconnaît-elle, fut d'avoir entretenu un fantasme chez lui. Quand elle a compris qu'il lui mentait, elle l'a bousculé. Il n'est plus jamais revenu à l'école.

Il n'a aucun contact avec son père depuis très longtemps, ni avec la famille de son père.

Je sens Hélène encore touchée, elle détourne la conversation.

Quand le père disparaît ou est déficient, la mère prend le rôle du père. Mais elle n'est parfois pas là non plus, elle travaille. Le repère de la loi s'est évaporé et la mère devient une traître parce qu'elle ne remplit pas son rôle traditionnel. À partir de quinze ou seize ans, beaucoup de jeunes ne rentrent plus chez eux, aucune envie d'être seul entre quatre murs. Ils restent dans la rue. À Molenbeek, on essaie de compenser par des activités dans des centres culturels, mais ça reste de l'entre-soi. Ils devraient faire ça avec des gens d'autres milieux, d'autres cultures. Il faut beaucoup plus mélanger. Tout ce qu'on fait à Molenbeek est bien, mais il faudrait sortir les jeunes de Molenbeek.

Le déplacement n'est pas uniquement géographique.

L'important est de se confronter à d'autres cultures et d'apprendre à les apprécier et à en être apprécié.

Je reviens à Faissal.

En général, il ne parlait pas de sa famille, mais un jour il l'a fait. Dans le journal, il y avait un article sur sa grand-mère condamnée à quinze ans de prison. Sa peine a été réduite depuis. Il nous en a fait la remarque. On ne l'associait pas du tout à cette histoire parce qu'il ne semblait pas s'identifier lui-même. Je pense que s'il avait vu une Kalachnikov, il se serait enfui. Par contre, si vous aviez mis une Porsche devant chez lui avec un salopard dedans voulant lui sauter dessus, il aurait accouru.

Salah Abdeslam avait pour partie son profil, un charmeur fantasmant sa vie, attiré par les voitures et l'argent obtenu facilement.

L'effort pour Faissal, c'est un truc de chrétien : pourquoi voulez-vous faire des efforts ? Pourquoi tout le temps bosser ? Arrêtez ! Il y a d'autres moyens, disait-il.

Pour lui, nous étions contradictoires parce que nous lui demandions d'accepter sa différence en faisant quelque chose de spécifique, dont il serait fier, et en même temps de respecter nos règles. Être différent au sein d'un cadre, sans vouloir le changer. « Mais pourquoi me demandez-vous de respecter tout ça ? Je ne suis pas concerné ! Je ne suis pas comme vous, et d'ailleurs vous m'avez dit que je pouvais ne pas être comme les autres. »

Les mains d'Hélène accompagnent ses paroles. Ses bracelets en argent tintent contre le bureau en verre.

Ici, on ne tient pas le discours de l'assistance, on ne considère pas nos élèves comme des victimes. On leur demande de se prendre en charge. Ils jouent très bien avec le statut de victimes. Ils appellent ceux qui en sont les agents « les gentils ». Leur ton change quand ils leur parlent. Qui sont les gentils ? Notamment les psys qui leur disent : « Ce n'est pas de ta faute. Tu as tabassé quelqu'un, mais c'est parce que tu as cette violence en toi. » Je ne supporte pas ce discours aussi toxique que le cannabis. Le radicalisme joue là-dessus. On a créé une culture de victimes. Il faut arrêter si on veut une intégration réussie, et les placer devant leur fierté et leurs responsabilités.

Hélène évoque Elia, un élève très intelligent, à ses yeux. Au moment du bilan de l'année, elle lui a demandé ce qu'il voulait faire comme études. Elle a cherché avec lui la meilleure option possible. Sa mère ne lui a pas conseillé de choisir un cursus l'ouvrant à un métier et un avenir, mais de ne pas oublier de s'inscrire dans une école, sinon il ne toucherait plus son CPAS[1].

— Ton déjeuner vient d'arriver, prévient une jeune femme dans l'entrebâillement de la porte.

— Merci. Peux-tu lui demander de patienter une minute ?

Hélène tient à aller au bout de ce qui lui tient à cœur.

Il est aussi regrettable que, dans le système scolaire traditionnel, on ne parle jamais de l'apport millénaire du monde arabe à l'Occident. Il n'y aurait pas eu de Renaissance en Europe sans culture arabe. Les jeunes d'origine maghrébine que nous avons eus à l'école ne le savaient pas en arrivant. Ils ne connaissent pas non plus les échanges réciproques et les éléments communs aux trois monothéismes.

Selon elle, dans les cours de philosophie, de religion ou d'histoire, un chapitre devrait être consacré aux routes de la soie. *Les Croisades vues par les Arabes* d'Amin Maalouf devrait aussi être un livre obligatoire, tant il éclaire notre présent.

Il faudrait faire grandir ces enfants dans la fierté de leur culture. Un enfant fier se tient bien, quelqu'un qui a le sentiment d'être important a la responsabilité de son importance.

Le discours d'Hélène est séduisant. Sa mise en acte au sein de l'école lui vaut la reconnaissance des élèves, des familles et même du roi. Les ingrédients n'ont malheureusement pas pris pour un des membres de la famille Abdeslam. L'intelligence d'une pédagogie ne sort pas toujours un être de sa prison intérieure. L'éthique d'une femme aimée ne suffit pas non plus à

1. Centre public d'action sociale.

désarmer un meurtrier. Hélène et Nour sont d'une classe sociale supérieure à celle de Faissal et de Salah. Entre la directrice de l'école et son élève, cet écart est un monde. Certaines batailles s'annoncent perdues d'avance, des richesses et des femmes à jamais hors d'atteinte.

35

DABAR

Éduquer en hébreu signifie inaugurer. C'est le même terme que Hanoukka. Aujourd'hui on parle d'éducation plus que de projet, mais quel est le type d'homme que l'on souhaite pour demain ? L'enseignement exprime un certain modèle humain. Mettre l'accent sur les techniques et les mathématiques, c'est créer des fonctionnaires d'Internet et du développement du marché. Mettre en avant une dimension éthique présenterait un plus grand intérêt.

Le rabbin de mon quartier a accepté de me recevoir dans les locaux de la synagogue alors que je rentre tout juste de Molenbeek. Une cinquantaine d'années, des cheveux et une barbe poivre et sel.

Si Salah Abdeslam a eu un référent, un meneur, un livre et un prophète, il a aussi souffert d'un manque d'éducation. Corps dépourvu de colonne vertébrale.

La société de consommation crée des consommateurs.

Dabar en hébreu veut dire parole mais aussi acte. La parole recèlerait une puissance d'agir.

Aujourd'hui, les référents sont anonymes. Un écran n'est pas un visage, mais une source d'informations. Dans les traditions anciennes, à Jérusalem comme à Athènes, c'était le maître qu'on côtoyait. Rendre visite à Aristote, ce n'était pas suivre un cours de telle heure à telle heure mais voir comment il vit, lit-on dans le Talmud. Cette dimension a disparu.

Apprendre, transmettre à l'homme, c'est exprimer de l'affection. Un attachement qui va au-delà du rapport maître-élève. Accepter d'être un père, une mère, un compagnon, un ami, un confident. Aussi, de la verticalité. La parole d'un professeur ne vaut pas celle d'un élève. L'inverse des réseaux sociaux où n'importe qui peut dire n'importe quoi à celui qui a les compétences. La notion de hiérarchie est importante. Elle implique l'effort, le mérite et le dépassement.

L'envers du leitmotiv de Salah Abdeslam ou de Faissal, « je veux ici et maintenant ».

Si je réfléchis en termes de sens, même si c'est du non-sens, l'État islamique est peut-être le seul sens qu'Abdeslam ait rencontré dans sa vie. En arriver là c'est ne pas avoir reçu une espérance autre que le nihilisme. Au cœur de ce néant, je vois le besoin d'idole, l'appel à l'autre, la recherche de père et de repères, et d'une place sociale. Dans cette quête effrénée de filiation, la limite a été portée à son comble.

Et l'islam, perverti. *Le premier verset du Coran, « Iqra' », signifie « lis » ou « apprends », selon les traductions, « au nom de ton souverain qui a créé »*, m'avait dit Gamal qui se destine à devenir imam. *La recherche de la connaissance est un commandement divin.*

Il est aussi écrit, sous forme de question rhétorique : « Est-ce que ceux qui savent sont du même niveau que ceux qui ne savent pas ? »

La réponse est non mais les djihadistes en ont conscience. Nous aurions tort de les sous-estimer. Les pionniers partis en Syrie ont étudié l'idéologie salafo-djihadiste. Ceux qui sont actuellement détenus en France ne manquent pas non plus de se former à l'islam politique dans sa version la plus rigoriste afin d'en inventer l'avenir et de continuer la lutte.

36

TAFI THAW

Je quitte la synagogue et décide de marcher jusqu'à la place Gambetta. Sur le trottoir, une femme pressée en tailleur bleu marine tire sa fillette par la main : ses couettes blondes dansent dans l'air. Quelques mètres plus loin, un vieil homme courbé sur son caddy semble tirer toute la misère du monde. Il marmonne dans sa barbe. Un jeune homme aux lunettes fumées slalome entre eux sur sa trottinette. La vitesse de l'engin menace de les renverser. Indifférente, la mère frappe un code au bas d'un immeuble haussmannien et s'engouffre avec sa fille. Le chariot continue d'avancer, cahote presque imperceptiblement sur le bitume derrière la silhouette pliée en deux. Son bruit régulier semble sans fin. Rue des Rondeaux, je coupe par le cimetière du Père-Lachaise, frôle Colette, Sarah Bernhardt et Oscar Wilde.

Je retrouve Monia, le visage au soleil en terrasse de café. Son parfum à la tubéreuse embaume l'air. Elle me tend mes flacons, je les emporterai avec moi à Bruxelles où je repars ce soir.

J'ai fait « Tafi thaw », me glisse-t-elle. Je lui souris. En tunisien, l'expression veut dire « éteindre la lumière », m'a-t-elle expliqué il y a longtemps. Dans la langue du cœur de Monia, se détourner d'un homme et faire silence est le sens qu'elle lui donne.

« Éteindre la lumière » a certes une part de froideur mais jamais sans volupté avec elle.

Éteindre la Ville Lumière par la mort semblait le projet cette fameuse nuit.

Éteindre ses pleins feux par le sang et la nuit noire.

Couper brutalement le courant, faire disjoncter le monde et, dans le noir, massacrer des corps et la liberté au passage. La lâcheté a toujours besoin de la nuit.

Méphistophélès plane au-dessus de Paris hérissée de tours et de clochers, pareil au dessin de Delacroix.

C'est au Comptoir Voltaire que Brahim s'est fait exploser. En un lieu dont le nom est celui d'un philosophe des Lumières, penseur du fanatisme, qui écrivait : « Que répondre à un homme qui vous dit qu'il aime mieux obéir à Dieu qu'aux hommes, et qui en conséquence est sûr de mériter le ciel en vous égorgeant ? »

Dans les ténèbres, les phrases des enragés sont identiques. Leurs ombres se tiennent fermement la main.

Commettre un meurtre de masse semble la revanche des fondamentalistes d'aujourd'hui sur ceux d'hier. Le temps écoulé n'y change rien. La devise des Lumières était la sortie de l'homme hors de l'état de tutelle politique et religieuse. Les hommes de Daech en brûleront les livres et en massacreront les corps. Soutenir une prophétie par le meurtre, puiser leur fureur infernale dans la religion qui la condamne, ils y tiennent plus que tout.

Le même feu surgit et dévore tout sur son passage.

Au Maroc, dans son village de Bouyafar, Brahim n'avait-il jamais profité de la tombée de la nuit pour mettre le feu aux broussailles dans les collines ?

Irrésistible la nuit, fascinantes les flammes à danser sous ses yeux.

Voulait-il défier les comètes ? Faire gémir les bêtes ? Faire hurler la terre ? Provoquer le jour ?

Ne lui disait-on pas qu'il ne savait pas parler, seulement frapper ? Tous m'ont appris à me taire. Je vais leur apprendre à brûler, a-t-il pensé.

Mais la terre là-bas était trop sèche, la végétation trop misérable pour l'éclat d'un brasier. Parfois, le vent l'aidait à faire sauter le feu comme un cabri d'herbes en herbes. Les maisons en bas de la colline s'éclairaient, les hommes brandissaient leurs torches en beuglant sur leur seuil. Brahim, l'incendiaire, s'enfuyait à toutes jambes.

Une nuit plus anthracite qu'une autre, un ventre bedonnant arrêta brusquement sa course.

« Là où il y a des flammes, c'est que les mots se sont brisés ! »

hurla le vieux sage qui le traînait jusque chez lui. Il commença par le gifler, puis l'assit de force sur une chaise en osier. « Bois ça. » Un alcool bleu qui lui enflamma la gorge.

« Sais-tu que le feu brûle le silence et effraie les absents ? D'où te vient cette fascination ? »

Brahim, interdit, regardait le vieillard aux yeux allumés comme son feu. Au village, on connaissait ce vieux sage qui parlait aux morts, traversait les frontières du temps, voyait depuis chez lui hier, aujourd'hui et demain. Un savoir transmis par ses ancêtres, disait la rumeur.

« Écoute-moi bien. Ça ne va pas étouffer d'un coup ton amertume, mais mes paroles sont mieux que le feu. »

La pièce était mal éclairée, Brahim distinguait à peine la silhouette du vieux qui s'enfonçait dans l'ombre de son fauteuil. Il commença son récit d'une voix venue de très loin. « Quand le feu vient, c'est parce que le silence a planté ses crocs dans la chair… »

Hélas il n'y a pas eu de vieillard aux côtés de Brahim pour lui raconter des histoires et retisser le fil entre les actes et les mots. Lui et son petit frère sont restés seuls au pied du feu. Salah lui apportait des branches. Il avait peur. Et si tout s'embrasait ? Brahim répondait que l'envers du jour était leur protection.

Se procurer des allumettes était à la portée de tous les gamins du village. Provoquer un incendie, plus simple que de l'éteindre. Mourir plus simple que de vivre. Brahim avait choisi son camp. Salah faisait les intermédiaires entre le village et son frère, courait entre l'un et l'autre. Il répondait aux clameurs des hommes en bas de la colline, cherchait à gagner du temps avant d'appeler à l'aide.

Au matin, son visage avait pris la blancheur mate de la lune.

— Etty, tu es là ? Tu m'écoutes ?

— Pardon. Je divague. « *Tafi thaw* », disais-tu.

37

EN RAGE

« Guerre, c'est d'abord l'espoir que ça ira mieux pour soi ; sur ce, l'attente que ça ira plus mal pour l'autre ; puis, la satisfaction que ça ne va pas mieux non plus pour l'autre ; et là-dessus, la surprise que ça va plus mal pour tous deux. »

Karl Kraus, *La Nuit venue.*

Le regard de Soan est particulièrement sombre aujourd'hui. Quelques mois se sont écoulés depuis notre première entrevue. Nous nous retrouvons dans le même café, métro Louise à Bruxelles, autour d'une table qui bringuebale, couleur acajou. Sa barbe est la même, noire et fournie. Son crâne chauve est couvert d'un bonnet aujourd'hui. Seuls ses yeux sont devenus opaques.

Il ressasse.

Ce qui manque ici, c'est la mixité sociale, de vrais espaces de rencontres, pas uniquement entre jeunes, mais entre des personnes de confessions, d'origines et de générations différentes. Il n'y a plus d'intérêt social, on est dans le virtuel. Être ensemble, sans l'être. On a des nouvelles les uns des autres par Facebook. J'ai l'impression d'être dans un groupe alors que c'est totalement faux. Privés du réel, on va droit dans le mur.

Au départ, ces gamins-là revendiquaient leurs droits. Même si Salah avait fait des études d'électromécanicien et qu'il travaillait, il n'était pas épanoui parce que ce n'était pas ce qu'il voulait faire.

Soan se considère chanceux, même s'il l'évoque la mâchoire serrée. Il a pu faire ce qu'il aimait grâce à son père qui s'est battu contre la conseillère d'orientation. Soan avait treize ans. « Non, mon fils ne veut pas faire mécanique ou électricité. Il fait ce que lui veut. S'il veut devenir chauffagiste, il le devient. Avocat, même chose. » *Ça commence par là, et ça fait trente-cinq ans que ça dure. Des jeunes issus de l'immigration, Marocains, Congolais ou Kurdes, on en a fait des Belges de seconde zone.*

Ses gestes sont nets. Son débit, rapide. Il enrage.

Je ne suis pas de ceux qui vont défendre les théories du complot, je suis quelqu'un de très réaliste, mais c'est comme en criminologie, la première question à poser quand on démarre une affaire : à qui profite le crime ? À une économie générale ? À une ambiance politique ? Aujourd'hui, on mise tout sur le sécuritaire, partout en Europe et dans le monde. Où sont les vrais problèmes ? Le sécuritaire rapporte de l'image. C'est beaucoup plus facile que de créer des emplois ou de débloquer des crédits pour l'école.

J'appelle cette génération la génération porno. Quand je dis porno, c'est pour symboliser Internet à l'extrême. Cette génération née à partir de 95 est foutue, elle est « internetisée », virtualisée. Le virtuel est devenu leur réalité.

On va tous crever. Quels sont les problèmes des jeunes à Molenbeek ? Les discriminations à l'embauche, les discriminations scolaires... Les Belges ont des problèmes entre eux, depuis toujours. Comment voulez-vous vivre en paix dans un pays où ils sont déjà en guerre ? Ils font semblant de voir les autres pour se donner une bonne image. Mais quand on rentre dans le vif du sujet, il n'y a plus personne. Je rêve de politiques issus de l'immigration.

Soan déclare avoir été douze ans attaché parlementaire. Il aurait aussi travaillé un an au cabinet du bourgmestre à Molenbeek, quatre ans au Parlement européen et à la vice-présidence du parlement régional. « Tu t'appelles Soan, tu dois travailler deux fois plus que les autres », lui aurait-on dit. En retour, il aurait rendu son badge.

En travaillant au collège du bourgmestre de Bruxelles, j'ai vu comment ça se passe pour obtenir un logement. Si vous êtes une femme, c'est le droit de cuissage et si vous êtes un mec, c'est une enveloppe... et si vous êtes moche, c'est une enveloppe.

À l'entendre, pour que les associations locales soient utiles à quelque chose, il faudrait qu'elles deviennent apolitiques. Aujourd'hui, à ses yeux, elles sont des paniers à voix.

Les déserteurs des associations sont ceux qui savent qu'on les laisse tomber. « Tous des vendus », voilà ce qu'ils pensent. Alors ils s'isolent. Ils veulent soit avoir, soit mourir. Ils sont les plus dangereux.

Il y a quelques années Soan avait alerté les autorités sur l'isolement d'une partie d'entre eux. Et sur le risque d'individus se prenant pour des soldats de Dieu.

Un Marocain avec qui j'ai grandi avait une vie très difficile, il travaillait dans le bâtiment, faute de mieux. Il s'est jeté sous la rame d'un métro. Le suicide, ce n'est pas possible.

Je sens en Soan les restes d'une espérance qu'il gifle régulièrement par le récit d'un épisode négatif.

D'une manière générale, à force de persévérance, les Marocains s'en sortent toujours, même les miséreux au bled. On ne meurt ni de faim ni de soif. Le système D est notre spécialité. Quand ce sont des criminels, ils provoquent des catastrophes, et quand ce sont des génies, ils sont numéro deux de la NASA ou des cracks en sciences. Comment un ministre ose-t-il dire que les enfants issus de l'immigration marocaine ou congolaise n'ont aucune plus-value ?

En 2014, le secrétaire d'État belge à l'asile et à la migration a déclaré : « Je peux me figurer la valeur ajoutée des diasporas juive, chinoise et indienne mais moins celle des diasporas marocaine, congolaise ou algérienne. »

Dans les années quatre-vingt-dix, un journaliste français avait interrogé Hassan II : « Quand il y a des incompréhensions entre des Français et des Marocains, qui doit faire le plus long chemin pour comprendre l'autre ? » Le roi lui avait répondu : « Je crois que c'est à vous parce qu'on vous connaît mieux que vous ne nous connaissez. Vous n'êtes pas allés sur les bancs d'une école marocaine tandis que nous sommes allés dans des écoles françaises et avons eu des professeurs français. On connaît votre grammaire, votre langue, votre société, votre histoire. Il faut renverser la vapeur, faire un petit pas. » Ne pas l'avoir fait jusque-là était pour lui « une paresse naturelle. La loi du moindre effort ».

Soan s'échauffe, ne me quitte pas des yeux, avant de baisser d'un ton. Vivre entre deux cultures ne lui pose pas de difficultés particulières. Il sait qui il est, déclare-t-il, et connaît son histoire. Son père a étudié en arrivant en Belgique, et a continué en travaillant. Enfant, il a été entouré de personnes différentes : issues de l'immigration, d'autres, Flamands, francophones, des diplomates, des théologiens… C'était une chance, dit-il, d'avoir autour de soi des intellectuels et des *gens posés* qui ont éveillé ses intérêts.

Aujourd'hui, on l'empêche à travers la scolarité, la pression économique qui pèse sur les parents.

Il parle bas mais avec fermeté. Ça monte de nouveau en lui.

Les deux travaillent mais n'arrivent pas à joindre les deux bouts à la fin du mois. Ils n'ont jamais le temps, ils rentrent épuisés. C'est socialement qu'il faut revoir les choses, mais les politiques sont dans le déni. C'est tellement nié qu'à la fin certains ont voulu recommencer comme avec les Juifs. Tuer des innocents. Je vous jure que c'est la même chose.

J'ai peur d'entendre le discours victimaire assimilant les musulmans discriminés aux Juifs assassinés durant la Seconde Guerre mondiale. La formule « recommencer comme avec les Juifs » interpelle. « Vous êtes ce que je déteste le plus, vous êtes juifs et français », a déclaré, lui sans ambiguïté, le terroriste de l'HyperCacher à ses victimes.

Pourquoi continuer à me battre ? demande Soan. *Pour qui ? J'ai deux enfants. La petite est de religion musulmane mais fréquente une école catholique.*

Il ne l'a pas mise à Serge-Creuz où lui et Salah ont étudié.

C'est de la merde. À mon époque, c'était bien. Il y avait une structure, mais plus maintenant.

On ne privilégie pas l'enseignement ici. Formater des jeunes de force, ça ne marche pas non plus. Il y a des professeurs excellents à Serge-Creuz qui ont envie mais à qui on ne donne pas les moyens.

Les problèmes de logement ou des familles monoparentales n'arrangent rien. Je connais une maman de quatre enfants, atteinte d'un cancer, qui a perdu son mari. Ils vivent dans un logement social et galèrent comme ce n'est pas permis. Les enfants vont voler, ils dealent parce que c'est ce qu'on encourage dans le quartier.

Si on voulait vraiment en finir avec ces problèmes, on l'aurait fait. J'ai toujours été quelqu'un d'optimiste mais là je n'ai jamais été aussi pessimiste.

Il est prêt à en découdre.

Pourtant, vous avez passé des années à accompagner des trajectoires individuelles de jeunes.

Et alors, et après ? Vous croyez qu'ils s'épanouissent ? Pendant un moment, oui, mais finalement ils se rendent compte que ça reste très compliqué. Combien de jeunes me disent qu'ils veulent partir ? Pas plus tard qu'hier, je traversais un parc près de chez moi, un groupe d'adolescents m'a salué et j'ai entendu : « J'en ai marre de ce pays de merde ! » Ça fait quatre ans que le garçon en question est sorti de l'école, il est sans revenu et il vit dans la rue. Même le revenu d'intégration sociale auquel il a droit, on ne le lui donne pas.

On dirait qu'on veut énerver ces jeunes ou leur dire : si vous n'avez ni la connaissance ni les moyens, vous êtes foutus. La connaissance, ça veut dire connaître un minimum ses droits, et les moyens, avoir un peu d'argent pour prendre un avocat.

La répression, les contrôles permanents existaient avant les attentats.

Oui mais ça s'est amplifié. Et maintenant, ils n'ont plus besoin de les justifier.

Soan semble rongé par la colère et par le spleen. Les lâchetés politiques, l'abandon social, l'état désastreux de l'école le minent jusqu'à la moelle. Je le lis dans ses yeux obscurcis. Il ne croit plus à la fécondité des mises à l'épreuve comme on lui en a vanté les mérites, enfant. Il ne pense plus que, pour croître, un être ait besoin de résistances extérieures, d'obstination et de dureté. Pour lui, elles ne font plus partie des conditions propices à la croissance d'un individu. Les épreuves, qu'il considérait fortifiantes hier, il les qualifie de poison aujourd'hui.

38

AUX MURS

Une femme me menace, parle de plus en plus fort à mesure qu'elle s'approche.

Jusqu'à quand s'aveugler ? Je veux m'adresser à vous qui rêvez de nous massacrer. Vous, qu'on appelle terroristes. Moi, la mécréante. Je n'ai pas de prénom ? Pas d'histoire ? J'aimerais qu'on se parle, que ce livre nous relie, que des mains se tendent. Je ne peux pas croire qu'on soit séparé à ce point. Qu'on ne puisse plus se parler. Déjà s'écouter. Asseyons-nous.

Emportée, elle me prend par le col. Je me réveille en nage dans un appartement vide. Où sont Paul et les filles ?

Je suis à Bruxelles, chez Catherine.

Vite se doucher, avaler un café et retourner à Molenbeek.

Les origines émigrées ne sont pas synonymes d'échec, les listes que je parcours en témoignent.

Karhamba - Bafunyembaka Déocard, Ghamba-U'G Lagham, Mbarushimana Bonaventure, Nkiemene Banga-Dima Guy, Dimonekene-Vanneste Mulongo, El Abouti Abdelhamid, Sadik Baghdad, Nikitta Zamani…

L'annuaire des avocats exerçant à Molenbeek.

Je consulte un plan de la ville pour lire l'histoire racontée par les rues à Salah Abdeslam depuis son enfance.

Au quotidien, il a traversé les rues de Birmingham, Manchester, noms donnés en mémoire du passé industriel de la région avec ses usines, ses fabriques et son réseau de solidarité. Comment les noms de ces rues résonnaient-ils en lui ? Le football, les usines d'hier, les solidarités disparues ? Ou juste rien ?

Rue Évariste-Pierron, en mémoire d'un ouvrier mécanicien, syndicaliste de renom.

Rue de l'Indépendance. À laquelle pensait-il ? Celle du Rif écrasé dans le sang ? Celle de l'Algérie qui a précipité le départ de ses parents marocains manu militari ?

Rue Saint-Joseph. Rue Sainte-Marie. Salah Abdeslam sait-il que ces deux personnages bibliques figurent aussi dans le Coran ?

Rue Fernand-Brunfaut, en hommage à un architecte belge, homme de gauche. Se sentait-il concerné ?

Métro Comte-de-Flandre, marqueur d'un ancien fief du royaume de France jusqu'au XVIe siècle, objet de nombreuses conquêtes.

Rue du Cheval-Noir, s'agit-il du cavalier noir de l'Apocalypse dans la Bible, dont la mission est d'exterminer par la faim ?

Molenbeek signifie « le ruisseau du moulin » en néerlandais. Un lit semble-t-il asséché : la commune compte 40 % de chômeurs et certains s'y plaignent, à cause de leur nom ou de leur adresse, de trouver plus difficilement du travail qu'ailleurs. Les récits se superposent. L'histoire syndicale, industrielle, artistique et culturelle belge placarde les murs des rues. Aucune ne concerne celle des parents d'Abdeslam venus d'Algérie et du Maroc à l'appel de la Belgique en manque de main-d'œuvre. Des rues sans nom pour leurs fils.

« Le nom est une continuité avec le passé et les gens qui n'ont pas de passé sont des gens sans nom », écrivait Kundera.

Un grain de sable. Un vide empli par d'autres.

39

IDENTITÉ BROUILLÉE

> « Je suis né à Alexandrie en Égypte ; mais je ne suis pas égyptien. Ma famille est turque ; mais je ne suis pas turc. J'ai été envoyé dans une école britannique en Égypte ; mais je ne suis pas britannique. Ma famille a obtenu la nationalité italienne et j'ai appris l'italien ; mais ma langue maternelle est le français. [...] La France et Paris étaient les lieux élus de mon cœur, mon havre imaginaire et devaient le demeurer pour le restant de ma vie. »
>
> André Aciman, *Adieu Alexandrie.*

C'est à peu près pareil pour Salah Abdeslam, en dehors de la chute. Le mélange ethnique ne l'a pas ouvert sur un ailleurs. Dans le bain de l'idéologie, le lieu élu entre tous a pris la forme d'un précipice.

L'histoire de la famille Abdeslam est délirante en termes de nationalité, m'a dit Nathalie, une journaliste qui a accès au dossier d'instruction des attentats de Paris. Je la sentais sur la brèche à cause d'une enquête à boucler sur l'ultra droite mais elle a pris le temps de me recevoir à la cantine de son journal. *L'identité d'Abdeslam est un brouilleur de pistes. N'y comprenant rien, j'ai fini par interroger la préfecture de police de Paris.*

Les Abdeslam vivent en Belgique avec un titre de séjour mais n'ont pas la nationalité belge. Le père, Abderrahmane, est né en 1949 à Oran, en Algérie française, comme Yamina, la mère. Une fois mariés, ils ont vécu au Maroc mais ont gardé la nationalité française. Nationalité qu'ils ont transmise à leurs cinq enfants quand ils ont émigré en Belgique. Comme ses trois frères et sa sœur, Salah Abdeslam est né à Bruxelles mais n'a qu'une carte de résident permanent. Il n'a jamais vécu en France. A-t-il la sensation d'être de nulle part? Pourtant, en Belgique, être Français représente un droit supérieur. Les Belges nourrissent un complexe d'infériorité vis-à-vis des Français qui les regardent de haut.

Catherine, l'amie belge chez qui je loge, me parle du racisme « de bon aloi » des Français à l'égard des Belges. *En un mot, c'est forcément moins bien si c'est belge. Pas de grandes écoles en Belgique, uniquement des universités. Les autres filières sont une relégation, l'armée des déçus. Dire je suis belge, c'est déclencher l'hilarité, se soumettre à des regards condescendants. Comme l'albatros de Baudelaire, les Français sont pétris et prisonniers de leur grandeur. Une société hiérarchique, peu poreuse. Le Gantois est content et simple, le Versaillais toise. La France peut être déstabilisante et arrogante. Bruxelles est une enclave bilingue en Flandre où on dénombre 90 % de francophones. Un complexe social perdure chez les Flamands à l'égard des Français.*

Il est facile d'imaginer le complexe d'infériorité au carré ressenti par Salah Abdeslam à Molenbeek vis-à-vis de la France dont il est, sans être. Et de sa petite amie bilingue, quand l'indigence de son néerlandais le freine socialement.

En arrière-plan, d'autres facteurs et d'autres silences encore, notamment celui des politiques teinté d'électoralisme à Molenbeek ou celui lié à l'histoire de ses ancêtres du Rif marocain. A-t-elle été écrite, transmise? Et celle de ses parents à qui on a arraché le pain de la bouche en Algérie?

Tant de fils emmêlés.

Peut-être le nœud le plus serré: manquer ce qui aurait dû être à sa portée, rendre Nour heureuse et s'en montrer digne.

Il fut sans doute facile pour les commanditaires des attentats du 13 novembre d'ôter toute mémoire à Salah Abdeslam, de finir de détruire l'histoire morcelée de ses parents et lui inventer une culture, une religion et un récit dans lequel sa mort serait une grandeur. Dieu serait de son côté, au bout de son doigt posé sur le détonateur.

« Je sais que vous êtes triste », disait le jeune homme à Tamina, tout juste veuve, dans *Le Livre du rire et l'oubli* de Kundera qui ajoutait: « Tamina ne fut pas autrement séduite par cette remarque. Elle savait qu'il est bien des façons de conquérir une femme et que l'un des plus sûrs chemins vers sa chair passe par sa tristesse. »

Il en a sans doute été de même pour Salah Abdeslam. Le terreau a été sa frustration, sa mégalomanie, les trous en lui, les vides que d'autres se sont chargés d'emplir, promettant des nuits de fête et d'insurrection joyeuse.

Promesse de départ, d'arrachement et de voyage. Loin de Molenbeek, il était libre d'inventer une vie toute neuve.

Salah Abdeslam voulait partir « quelque part où les choses sont légères comme une brise. Où les choses ont perdu leur poids. Où il n'y a pas de remords. [...] Et comme dans un conte, comme dans un rêve (mais oui, c'est un conte ! mais oui, c'est un rêve !), Tamina abandonne le comptoir derrière lequel elle a passé plusieurs années de sa vie et sort du café avec le jeune homme. Une voiture de sport rouge est stationnée contre le trottoir. Le jeune homme se met au volant et invite Tamina à monter à côté de lui. »

40

ROME

Mon premier voyage à l'étranger était à Rome, j'avais treize ans.

À la Chapelle Sixtine, la tête renversée, le cœur ébloui par les fresques sur les murs et la voûte, j'ai éclaté en sanglots. Qui était cet homme drapé de jaune et de vert face auquel une armée se noyait ? Et ce personnage athlétique, à demi nu, sur qui on déversait de l'eau ?

Beauté fracassante et étrangeté radicale. J'avais un chagrin fou.

Au nom des religions différentes de mes parents, je ne connaissais rien d'elles. Personne ne m'avait mise au catéchisme par respect pour ma mère. Personne ne m'avait inscrite au Talmud Torah par respect pour mon père. Et les cours d'instruction civique n'avaient pas comblé l'absolu en moi.

Je me sentais coupée de quelque chose de terriblement beau.

Pour assumer nos multiples appartenances, s'affronteraient-elles, il faut les approcher, ne pas s'en sentir exclus.

C'est jeune adulte, par l'étude, que j'ai appris à vivre à la lisière de deux religions et de la République, de deux traditions culturelles et de deux pays : la France et l'Algérie perdue de ma mère.

J'ai cherché à rejoindre ceux qui vivaient à l'embouchure des religions et des cultures chrétiennes, juives et arabes. J'ai régulièrement séjourné seule dans une communauté de sœurs bénédictines installées dans un village arabe en Israël. Comme pour combler des fractures, trouver des sources secrètes.

J'ai aussi pris soin d'éviter ceux qui cherchaient à me ramener à eux et à me réduire à une origine. J'ai fui les catholiques nationalistes qui ignoraient les racines juives de leur foi et qui priaient pour la conversion des Juifs. Je me suis détournée des Algériens oublieux de la présence des Juifs à leurs côtés pendant deux millénaires. Je suis restée à distance des Juifs obsédés de pureté.

Amin Maalouf écrit que l'identité d'une personne est « un dessin sur une peau tendue ; qu'une seule appartenance soit touchée, et c'est toute la personne qui vibre ».

Sans doute Abdeslam s'est-il senti attaqué dans son appartenance à la communauté musulmane et a-t-il voulu prendre sa revanche. Cette affiliation religieuse, cette identité blessée a soudain envahi tout son paysage. Mais qu'a-t-il fait de son identité amazighe ? De son identité algérienne héritée de son père ? De son identité rifaine ? De celles belge et française ?

S'acharnant sur la France, voulait-il faire oublier cette part de lui-même transmise par son père ?

Jusqu'où peut-on enfouir les morceaux de soi ?

Une seule identité, une seule tribu à défendre, serait-elle planétaire, voilà sans doute qui est plus maîtrisable pour l'homme. L'autre, l'ennemi à exclure puis à abattre devient clair. Et le fantasme, net.

Le désespoir que j'ai ressenti à la Chapelle Sixtine, mon vide intérieur face à tant de beauté m'a poussée en avant. Je ne voulais pas en être étrangère, mais connaître mes appartenances multiples, remonter leurs confluents, en cultiver les forces de vie. Explorer ses diverses influences, parfois contradictoires, c'est faire l'expérience de l'autre, trouver ses propres contours et déjouer les plans.

Que sait vraiment Salah Abdeslam de ses origines ? Ses parents lui ont-ils raconté l'histoire de leurs familles respectives ? Est-il allé chercher par lui-même ? A-t-il interrogé ses grands-parents, ses oncles et ses tantes ?

Sans doute aujourd'hui ne se sent-il pas criminel. Il pense avoir cherché à défendre l'honneur des siens. Mais les Syriens ne lui avaient rien demandé. C'est la liberté qu'ils cherchaient et non de nouveaux agents de la dictature.

En écrivant « honneur », me revient le mot d'ordre des SS, repris d'un discours prononcé par Hitler en 1931 : « Mon honneur est ma loyauté. »

Par un tour de passe-passe, la pensée unique veut nous faire oublier que la première des loyautés est celle due à ce qu'il y a d'humain en nous.

Vivre sereinement mon identité composée ne s'est pas fait en un jour. La transmettre à mes filles n'est pas non plus sans heurt. Les institutions aiment les étiquettes et les identités figées. Cultiver la diversité d'un enfant est un projet éducatif en soi, peut-être plus aujourd'hui qu'hier. Il faut se montrer inventif, les chemins de traverse s'empruntent sans mode d'emploi.

En moi, à la Chapelle Sixtine, la beauté et la spiritualité se sont reconnues comme deux aimés au milieu d'une foule, même si se rejoindre peut prendre une vie.

Abdeslam n'a pas cherché à approfondir ses multiples identités mais à donner un drapeau à sa révolte, à rejoindre une cohorte d'hommes. Vouloir se faire admettre par une communauté, quelle qu'elle soit, est sans doute l'un des pièges les plus dangereux tendus à l'homme. Comment croire que l'éthique serait gardée par des cerbères ?

Fouiller les souterrains d'une origine, plonger dans les textes sacrés est vain si cela ne nous permet pas de devenir plus humain.

41

RÉDEMPTEUR

> « Le délire du sauveur est un fantasme que nous connaissons bien : il constitue si souvent le cœur de la paranoïa religieuse. »
>
> Sigmund Freud, *Le Président Schreber.*

Hicham, le frère de Nour, est mort dans un accident un jour de juin 2006, comme elle me le confie entre deux silences. Il était son roi. Le souvenir de son sourire la déchire encore. Il a laissé un vide immense que Salah est venu combler quand elle avait quinze ans. Lui, dix-huit.

Sous son toit, les pleurs n'ont pas cessé pendant cinq ans. Ses parents, absents à eux-mêmes, vivaient dans le monde des morts. Ce fut leur première tragédie. Le prénom de l'enfant disparu était devenu imprononçable. Chacun souffrait à bas bruit. Se protéger les uns les autres revenait à se taire, à retenir la digue du chagrin. D'Hicham, on n'en parlait plus à la maison, comme s'il n'avait jamais existé. Ce qu'il portait le jour de l'accident était enfermé dans une boîte gardée par sa mère.

C'est alors que régnait un grand silence autour de Nour que Salah est entré dans sa vie. Grâce à lui, elle s'est sentie renaître.

Narcisse a une sœur jumelle à laquelle il est très attaché. La jeune fille meurt. Chaque jour il se rend près d'une source pour y retrouver son image. La contemplation des traits de sa sœur dans les reflets de l'eau est sa consolation.

La présence de Salah a consolé Nour de la disparition de son frère aimé. Il a pris sa place. Nour s'est désespérément attachée à lui. Au reflet d'elle-même qu'il lui renvoyait, à ce sourire qu'elle portait, identique à celui de son frère, que Salah aimait tant.

Le début de leur amour a préfiguré son avenir. Nour a paré son aimé de toutes les qualités, même imaginaires.

L'un et l'autre étaient soucieux de leur apparence. Une part d'eux-mêmes en était captive. Très soigneux de leur personne, ils ne se fatiguaient pas du spectacle d'eux-mêmes. Par leur beauté, leur sourire merveilleux, ils cherchaient à se faire valoir auprès des autres.

Avaient-ils autre chose en commun ?

« Le temps ne lui pesait jamais car il avait de nombreuses façons de le passer, entre autres se regarder dans une glace », écrivait Truman Capote à propos du tueur Perry Smith.

Stérilité du miroir qui les a peut-être hypnotisés et perdus l'un en l'autre. Gorgés d'amour-propre, Nour et Salah semblaient pourtant douter profondément d'eux-mêmes.

Les distances que Salah pouvait prendre avec Nour, le mystère qui entourait ses absences, l'irrégularité de leurs rencontres, le doute sur elle-même qu'il distillait en elle renforçaient encore son attachement pour lui. Au fil des années, sans avouer la poursuite de son union à ses parents, Nour se sentait vivre sur le bord d'un précipice. Elle se raccrochait d'autant plus fort à lui.

De l'extérieur, quelqu'un aurait pu dire : assez de donner de la confiture aux cochons ! Mais bien sûr, personne ne parlait ainsi. Et puis, une femme qui aime tient fort les raisons qu'elle se donne.

Nour n'a pas réussi à convertir son homme à l'avenir. Quelle femme ne s'est pas essayée sur cette pente ? La mort a eu le dessus alors qu'elle rêvait de porter la vie. Sous ses baisers, elle pensait à l'enfant. « L'enfant est un avoir inné », écrit Marina Tsvetaïeva, « il est en nous avant l'amour, avant l'amant. C'est son désir d'être qui nous fait ouvrir les bras. »

Nour en a payé le prix.

Salah lui a volé son innocence amoureuse, ses rêves de grossesse, ses insomnies d'accouchée, ses souvenirs d'adolescente. Elle pense qu'il lui a tout pris, comme à la première venue.

La relation hypnotique qu'ils entretenaient aux images et aux miroirs dit quelque chose de Salah. La fusion semblait son alphabet. Sans doute n'a-t-il fait qu'un avec les vidéos sanguinaires d'Abaaoud. L'œil saturé, il s'est senti pieds et poings liés ; une docile soumission, un désir puissant de consentir s'est emparé de lui, le rendant étrangement bien. Comme au jour où il a pu se couler dans l'image du frère défunt de Nour.

42

UN AMOUR SANS AVENIR

> « L'humanité meurt secrètement de ce dont elle s'interdit de vivre : du sexe. »
>
> Karl Kraus, *La Nuit venue.*

Je sors de la bouche de métro Comte-de-Flandres, traverse le canal et passe la porte du café Walvis où j'aperçois le dos rond de Liès, l'ami d'enfance de Salah.

Il m'apprend qu'en voyage en Espagne Salah possédait chaque nuit une nouvelle femme. Il séduisait plusieurs filles en même temps. Elles étaient différentes de Nour, moins sérieuses, un peu vulgaires. *Certaines cherchaient à se défouler.*

Pas simple de parler de la vie intime d'un ami. Je souhaite l'approcher en dehors de la parole de Nour. Éclairer où se nichent les obsessions, les frustrations et les graines du désir et de la haine. La violence et la sexualité ne macèrent-elles pas dans le même lit ?

Comme tous les jeunes de son âge, il avait une petite amie. Salah avait du respect pour Nour, une fille respectable, « de la Maison ».

J'imagine une histoire d'amour de neuf ans sans relation sexuelle aboutie pour se préserver avant le mariage. N'est-ce pas terriblement frustrant ? *Surtout pour lui. Une fille qui n'a jamais fait l'amour peut être frustrée aussi mais différemment d'un homme qui en a connu d'autres. Pour aller plus loin avec sa petite amie, la relation doit être officielle.*

Elle l'était à demi. Elle se vivait dans l'ombre. L'ingrédient sombre de l'interdit peut avoir ses délices, à condition de se sentir libre et de se montrer digne de confiance. Les coulisses de la vie de Salah n'en inspiraient pas. A-t-il reproché à Nour de ne pas céder à son charme ? Lui a-t-il fait porter la responsabilité qu'il refusait d'endosser ?

Selon Liès, sa participation aux attentats de Paris pourrait être une histoire de frustration sexuelle. Pendant neuf ans, Nour vit chez ses parents, Salah chez les siens ; privés d'un espace d'intimité. L'insatisfaction est plutôt du côté du cœur. S'étourdir des corps d'autres femmes ne le rend pas plus digne aux yeux des parents de Nour dont tout en elle lui reste défendu.

Pour s'aimer, les jeunes de Molenbeek sortent en dehors de Bruxelles, se retrouvent dans des voitures, font ce qu'ils peuvent avec les moyens du bord. Les limites imposées au désir le redoublent souvent. Les salles de cinéma, les restaurants, les cafés, les voitures étaient les espaces amoureux de Salah et de Nour. En dehors de cette relation, Salah s'amusait. Nour vivait déchirée, en proie à un sentiment d'indignité. N'était-elle pas suffisamment aimable pour vivre l'amour dans des conditions respectables ?

Faisait-il la distinction entre celles avec qui il *s'amusait* et Nour ? *Elle était sa princesse.*

Faut-il comprendre sa propriété ? *Une fille respectable d'une famille respectable, pas une fille à discuter avec n'importe qui dans la rue.*

Nour ne connaissait pas Abaaoud. Je ne comprends pas. Elle voyait seulement son empreinte sur Salah. Les soirées et l'alcool n'intéressaient pas Salah à dix-huit ans mais, avec Abdelhamid, ça a changé. « Il s'est laissé emporter. »

Moi elle me connaît, elle me voit dans la rue mais elle ne m'a jamais rencontré, on n'a jamais discuté ensemble.

Ils entretenaient une liaison depuis neuf ans et elle ne connaissait pas ses plus proches amis ? *On ne se mélange pas. Quand on est jeune, la petite amie qui n'est pas encore officiellement l'épouse, il est très rare, quasi impossible, de la mêler à nous.*

Pourquoi ? *La mentalité est comme ça.* On ne peut pas aller prendre un verre tous les quatre ? *Avec deux autres filles, oui, mais pas avec notre petite amie.* Pourquoi ? On doit la protéger du regard de l'autre ? *Non, parce que, une fois mariés, ça ne dérange pas. Si les deux couples sont mariés, ils peuvent même voyager ensemble.*

À la différence près que les parents de Nour ignorent la poursuite de leur relation. La jeune femme, sans mariage civil ni consentement de ses parents, impose la discrétion à leur duo.

Durant ces neuf années, et alors que vous viviez dans le même quartier et étiez des amis d'enfance, vous n'aviez jamais vu le couple qu'ils formaient marcher côte à côte dans la rue ? *Non, jamais.*

Les « non officielles », les filles de passage, on se les présente entre amis mais pas les autres ? *C'est ça. On fait un truc qui n'est pas bien, il faut que vous rentriez dans cette mentalité.* J'essaie. *Je vous fréquente, vous êtes une fille « de la Maison », je ne peux pas vous voir avant de demander votre main, je fais quelque chose qui n'est pas bien. Le fait de vous voir n'est pas bien.*

Pendant près de dix ans, Nour et Salah se sont dit : ce n'est pas bien. Liès, en homme marié, sait de quoi il parle. Avant son mariage, il voyait sa future femme, et ce n'était pas bien. Ni lui ni elle ne se sentaient à l'aise parce qu'ils mentaient à leurs parents respectifs. À l'entendre, le mensonge, bien que défendu, reste obligatoire. La jeune femme ne peut pas dire à son père et à sa mère : je fréquente un garçon. Lui non plus, le père de Liès est de la vieille école. Il lui aurait répondu : « Tu es fou, qu'est-ce que tu fais ? Qui est cette fille ? As-tu rencontré son père avant de sortir avec elle ? Respecte-la, elle a un père, une mère, des frères. Ce n'est pas un objet. Tu officialises la relation et si ça ne va pas tant pis, mais au moins c'est officiel. »

On aura sauvé la face.

C'est cette mentalité. Déjà fréquenter quelqu'un alors que je n'en ai pas le droit, alors la soumettre au regard de mes potes…

C'est illégitime ? *Oui, pour la mentalité d'ici, car on ne fait rien de mal en réalité. Mais, dans le regard des autres, ça ne se fait pas. Je connais Salah depuis qu'il a huit-neuf ans, sa fiancée pareil, et toute sa famille. Pourtant, quand Nour me voyait dans la rue, elle baissait les yeux et avançait droit devant elle.*

Elle aurait très bien pu me regarder, me faire un sourire, me dire bonjour, Salah ne lui aurait rien dit, ses parents non plus. Une fois, je l'ai déposée avec sa cousine en voiture, à la demande de Salah. Une fois, j'ai rendu un service, c'est tout.

Nour avait intégré les codes du quartier. *Elle savait que c'était moi qui devais les conduire. Elle est montée. Sur la route, elle ne m'a pas décroché un mot. Sa cousine à qui je faisais la cour plaisantait à l'avant mais elle, rien. Pourquoi ? C'est le copain de Salah, je ne peux pas lui parler, je dois lui témoigner du respect. Même si c'est dur à croire, le silence en est un.*

Nour emploie les mêmes termes pour justifier le fait que Salah ne lui adresse pas la parole dans la rue. « Il m'ignorait. Il le faisait pour me protéger, disait-il. »

L'omerta a de belles vitrines.

Quand on attend d'une femme qu'elle incarne l'honneur familial, se montre modeste, s'efface, étouffe ses désirs, accepte de ne pas être regardée par son fiancé dans la rue, réponde à l'obligation de virginité, quand le respect qu'elle inspire ne tient qu'à la pudeur de son comportement, qui se protège au juste ? Méfiance quand un homme brandit l'argument de la protection d'une femme, l'autre nom de son passage sous silence, et de l'effroi suscité par sa liberté.

Salah Abdeslam tait l'existence de Nour à son avocat, comme me le confie une personne proche du dossier judiciaire. *À ma connaissance, Salah et Sven Mary n'ont jamais eu de discussion romantique. Je suis surpris… Une femme élégante, intelligente… Il y a toujours de belles histoires, mais enfin… Dans la discussion, on a vite fait le tour avec Salah.*

Me parler est une épreuve pour Nour, un soulagement aussi, je crois. Les règles culturelles exigeraient qu'elle en demande l'autorisation à son père ou à son frère. Elle vient clandestinement à nos rendez-vous. A-t-elle accepté nos entrevues parce que je suis une femme ? *Oui, elle avait aussi envie de vider son sac*, me dit Liès. Et que je la rachète.

Je lui offre peut-être l'occasion de parler sans se sentir menacée. Et de s'apercevoir, même de loin, dans son histoire.

Les opérations séduction de Salah auxquelles Liès a assisté, Nour en a eu connaissance par les journaux. *La plupart des filles d'ici, celles « de la Maison », se doutent que, si la relation dure depuis longtemps – un à trois ans –, le garçon va voir ailleurs. Salah n'est pas le premier et ne sera pas le dernier.*

Nour n'aurait pas même droit à la colère. Le comportement de son fiancé était d'usage.

Il voulait sincèrement se marier ? *Oui.*

Le bilan est lourd pour elle aujourd'hui parce qu'elle l'a aimé, l'a vu en cachette de ses parents, a enfreint leur loi. *Pendant des années, il y a eu la guerre entre leurs parents respectifs, beaucoup de choses se sont passées.*

Entre les mères ? *Oui, c'est toujours entre les mères*, me glisse-t-il dans un sourire.

43

SA PART LIBRE

> « Enfonce-toi dans l'inconnu qui creuse. Oblige-toi à tournoyer. »
>
> René Char, *Feuillets d'Hypnos.*

Ma manière de « me mettre dans la mentalité de Molenbeek » et peut-être de mieux comprendre Nour, c'est de marquer une pause dans le flot de mes rencontres. Installée sur la banquette du café Walvis face à la baie vitrée, je trouve un goût crémeux presque vanillé aux olives vertes qui me sont servies avec mon jus d'orange pressé. Il adoucit l'instant.

La bonne réputation de Nour dans le quartier tient à la décence de ses tenues vestimentaires, à la modestie de son comportement, à la retenue de sa parole. Elle est respectée parce qu'elle baisse les yeux face aux hommes croisés dans la rue, répond aux insultes quand elle en est l'objet et continue de vivre chez ses parents. Elle est estimable aux yeux de sa société car elle ne se mêle pas à la culture des rues. Elle accepte la distance entre les sexes et se résout aux tendances machistes des garçons.

À mes yeux, sa valeur tient à tout autre chose. C'est à la part d'elle-même insoumise à la communauté que je m'adresse lors de nos entretiens. La part dure et fondante. Irrésolue, aussi. De son amour, elle ne peut parler que les lèvres serrées, l'amertume est trop grande. J'entrevois sa force derrière son apparente vulnérabilité. Là siège sa beauté. Elle n'a jamais baissé la garde depuis sa rencontre avec Salah.

Son fiancé prenait régulièrement des décisions à sa place, influençait ses choix. À dix-huit ans, la jeune femme est complexée par sa petite taille. Elle refuse d'être à plat dans des baskets et ne porte que des talons hauts. Salah qui ne supporte pas que des hommes la regardent dans la rue lui dit : « C'est fini les talons, tu attires trop l'attention, j'en ai marre de me battre pour toi. »

Un jour, un homme l'a suivie. « Mon fiancé n'est pas loin, je te conseille de me laisser tranquille. » « Sale pute, tu crois que t'es belle ! » Salah a surgi, mis un coup de poing au type avant de s'enfuir. Une ambulance est venue le ramasser.

Nour prononce cette phrase avec un léger sourire. Je la regarde sans interrompre son silence. En se battant pour elle, il la flattait. En étant le plus fort des deux, il l'attirait à lui.

Nour a su résister à la pression de Salah jusqu'à un certain point. « Je suis complexée, je ne peux pas faire sans talons. » « C'est eux ou moi. » « OK, au revoir. » Après deux semaines de silence, Nour cède, et lui téléphone. Il attendait son appel. « Bah alors, t'as changé d'avis ? » lui demande-t-il triomphant.

Nour m'a confié cette histoire dans le salon de Catherine. Un écrin fait de livres et d'une odeur de thé à la bergamote pour recueillir une scène de bitume et de sang. En la raccompagnant à l'ascenseur, j'ai remarqué la coupe impeccable de son manteau bleu marine et ses baskets élégantes aux pieds. *Heureusement je n'en suis plus là,* m'a-t-elle dit. Son fiancé possessif ne lui dictait plus sa conduite.

Mais sa trahison continuait de la hanter. Elle aurait préféré que Salah soit mort. Mort la nuit du 13 novembre, mort lors de son arrestation. Mort pour que sa vie reprenne enfin. Une méfiance extrême s'est installée en elle. Nour n'accorde sa confiance à personne. Elle s'en remet à sa famille, seule gardienne à ses yeux du bien dont elle s'est trop longtemps détournée. Le féminin, il n'en est pas encore tout à fait l'heure. Le regard d'un homme aimé sur elle, non plus.

44

SON VERBE

Il y a des lieux qui excluent « bien plus que la misère ».

Si j'ai vécu en banlieue parisienne jusqu'à mes dix-huit ans, Brie-Comte-Robert, Combs-la-Ville ou Boissy-Saint-Léger ne sont ni Trappes ni Molenbeek. Je n'ai pas connu la séparation sociale et culturelle. J'étais une fille, cela fait aussi une différence. Grâce à mes bons résultats scolaires, j'ai quitté la banlieue pour Paris.

À Molenbeek, les amis du quartier de Salah, comme ses frères, ont tenu lieu de tout dans sa vie. Et, avec eux, la « grammaire de l'honneur » dont parle Bourdieu.

L'honneur a ses sources dans la culture maghrébine et dans la mentalité populaire. Dans les rues de Molenbeek, Salah était très soucieux de l'image de lui-même. Sa valeur semblait se mesurer au regard et au jugement direct portés par les autres. Il tenait d'ailleurs à régler ses comptes en face à face et, au besoin, par l'usage de la violence.

Il cherchait à gagner en prestige et en réputation. Brahim, son domaine, c'était la force physique et la brutalité. Il était courageux pour se bagarrer en plein jour. Jeune homme, face aux éruptions de colère de son frère Brahim, c'est Salah qui endossait le rôle de grand frère et venait à son secours. Comme en classe, il faisait tampon entre ses parents et ce frère furieux. En jouant ce rôle, il a aussi été un facilitateur. Il le restera pour Brahim dans les préparatifs des attentats.

Avec son frère Mohamed, il partage le goût de la mise en scène de soi. Ils jouent avec les mêmes attributs : silhouette mince, visage émacié, allure soignée. Physiquement, ils se ressemblent. Condamné pour un braquage en 2018, Mohamed a répondu à la justice en ces termes : *C'était une pièce montée, un théâtre où chacun avait son rôle.*

Au collège, Salah était doué pour les jeux de rôle et les matchs d'improvisation. Jouer à être un autre et oublier ses marques. Il a pu être d'accord avec les attentats tant qu'ils étaient irréels.

Pour Salah, la mise en spectacle de lui-même semblait passer par la parole. L'éloquence était son critère de réputation. Et tout ce qui va avec, beau parleur, tchatcheur, immodeste, séducteur, fort en gueule, exubérant. Salah était imbattable dans les joutes de vannes. Son prestige dans le quartier tenait à sa capacité à faire rire, à insulter et à raconter des histoires.

La parole, c'était le prix qu'il avait dans le quartier. Peu étonnant qu'il la retienne aujourd'hui face à la justice.

Ses prises de parole publiques ont eu des spectateurs dans le quartier, son silence en a d'autres dans les médias. Au fond, il continue à jouer la même partition.

Et si sa parole ne pouvait revenir, son récit se reconstituer qu'avec son groupe de pairs ? Le meurtre n'a-t-il pas pris fin quand le rideau du groupe est tombé ?

La frime, non plus, ne l'a pas quitté. Dans le quartier, il avait la réputation d'être un « sapeur », un « minet ». Il a toujours accordé beaucoup d'importance aux apparences physiques et vestimentaires, sa manière de vouloir se distinguer socialement.

Au quotidien, Salah observait les autres dans le détail. Et inversement. Les nouvelles tenues étaient systématiquement commentées. « Eh t'as fait des frais ! » « C'est tombé du camion ? » La délinquance lui permettait de consommer et de se mettre en scène.

À l'occasion, il chambrait les autres pour leurs fautes de goût. Plus jeune, au stade de foot ou dans les rues, ses vannes trouvaient leur public. Au café Les Béguines, il a pu renouer avec lui.

En prison, son souci de se conformer au groupe lui est resté. Il semble s'habiller en fonction du rôle à tenir. Un jour, le kamis pour faire plaisir aux salafistes. Un autre, le polo rouge, le jean et les cheveux gominés en arrière quand il reçoit son avocat Frank Berton.

La culture de la frime, c'est aussi la gestuelle emphatique du corps, les mimiques, les bruits de bouche, les manières de fixer, de toiser. Le juge d'instruction a dû être aux premières loges et nous, demain, lors du procès, de ce spectacle qui n'a jamais cessé.

Aujourd'hui, défier l'ordre ce n'est pas vendre une barrette de shit mais se taire et s'islamiser. Peut-être une sorte de performance qui cherche l'admiration et la reconnaissance.

Et la vie intérieure ?

Des écoutes par des agents du renseignement belge entre le 22 mars et le 17 avril 2016, à la prison de Bruges, confirment la fuite de Salah Abdeslam vers Châtillon après avoir déposé les trois kamikazes au Stade de France et abandonné sa Clio dans le dix-huitième arrondissement.

« T'avais déjà jeté la truc (*NDLR : la ceinture explosive*) ? lui demande Mohamed Bakkali, son voisin de cellule.

— Oui évidemment, t'es ouf ou quoi ? (*Rires*), répond Salah Abdeslam. En fait, j'ai demandé un renseignement à un type. Il m'a regardé de la tête aux pieds : il regardait ma veste. Il voyait qu'il y avait quelque chose de bizarre. On dirait que je faisais 90 kilos, mon frère. Avec la sacoche et tout, on dirait que j'avais de grosses fesses. C'était trop voyant, je savais que je devais m'en débarrasser. »

Il poursuit son récit d'un ton qui se veut léger :

« Je me suis caché dans un bâtiment des HLM, près du McDo, là, tu vois ?

— Et t'as rien mangé ? l'interroge Mohamed Bakkali.

— Je suis parti au McDonald's.

— T'as acheté un petit truc ?

— Au drive, tu vois, au drive ? J'ai pris un menu Fish.

— (*Rires.*) T'es un tueur hein ! »

Il évoque ensuite le groupe de jeunes rencontrés dans l'immeuble qui donneront plus tard l'alerte à la police judiciaire.

« Vraiment des petits gamins. Ils étaient en train de fumer des joints. J'ai parlé avec eux parce qu'en fait ils avaient un appareil et, tu vois, il y avait les actualités. Ça me permettait d'être à jour. Eux ils parlaient de ce qui se passait, moi je leur parlais des filles, de l'école, des métiers. »

Le 14 novembre, en route vers Bruxelles, au « troisième barrage », lui et ses deux amis venus le chercher en voiture auraient été interviewés par une équipe de télévision belge. La journaliste « me dit : *Vous trouvez normal qu'il y ait des barrages comme ça ? J'ai dit : Oui c'est normal, vu les circonstances, il faut bien renforcer les barrages hein !* J'étais à l'arrière. »

Au fond, Abdeslam ne semble pas avoir quitté l'adolescence, ni son idéologie d'ostentation personnelle, d'orgueil et d'honneur, ni son comportement de parvenu. L'esbroufe et l'étalage seraient restés sa loi.

S'il y a participé au soir du 13 novembre, c'est peut-être au nom de sa conception pervertie de l'honneur individuel et collectif. N'est-il pas resté l'adolescent qui contre-offense, seule manière de réparer ce qu'il appellerait son honneur perdu, d'affirmer son droit au respect ?

Salah a œuvré *au nom de*, quand son propre nom ne s'éclairait plus entièrement. Un nom opaque, une généalogie à laquelle il n'adhérait plus. Un nom fait de hontes et d'humiliations. Un nom à venger. À recouvrir, à racheter.

Salah a dû se sentir pris de solidarité islamique. La terre de sa communauté, la *oumma*, était menacée en Syrie, sa famille allait perdre son toit et son frère, son gagne-pain. Autant de défis à relever. Leur honneur était en jeu.

Il oubliait au passage que la *oumma* envisagée comme une et indivisible est un mythe, une « fiction », un des « stéréotypes de la pensée musulmane et le fondement de l'action d'un grand nombre de mouvements politico-religieux jusqu'à l'époque contemporaine », la plupart du temps « en décalage avec la réalité historique ». La diversité de la communauté musulmane n'est pas artificielle. « Elle répond à des attentes spirituelles différentes, à des aspirations politiques divergentes, à des intérêts socio-économiques contradictoires et à des situations sociologiques et culturelles hétérogènes[1]. »

La seule réparation possible, dans le délire d'Abdeslam, devait être la violence physique, les représailles collectives, piétiner l'offenseur, lui faire manger le sol, ressentir la douleur physiquement, faire couler le sang, laisser une trace sur son corps. La

1. Nabil Mouline, *Le Califat, histoire politique de l'islam*, Flammarion, 2016.

vengeance c'est l'honneur réparé au grand jour, le respect recouvré.

Rien de tout cela ne fut rationnel mais avait vécu puissamment sous la peau d'Abdeslam depuis l'enfance.

À mesure que l'horizon se ferme, l'honneur et la riposte aux offenses ont dû devenir une obsession jusqu'à réduire sa relation au monde à un pur rapport de force.

« Point d'honneur du diable », disent les Kabyles.

45

ENGRENAGE

> « On pouvait renoncer à une bonne part de ce qu'exige l'individualité, au profit du confort garanti par la communauté raciale. »
>
> Harald Welzer, *Les Exécuteurs.*

Boire une dizaine de cafés ensemble, peu importe, ni Soan ni moi ne comptons nos heures, pourvu qu'il y ait de l'intelligible, que les paroles échangées éclairent un peu le gouffre du crime. J'avoue aussi, ce trentenaire nerveux m'intéresse, je sens que quelque chose vacille en lui, il ne semble pas savoir où diriger sa colère. Les pertes s'accumulent dans sa vie. Peut-être, en l'écoutant évoquer celles d'Abdeslam, m'aidera-t-il à éclairer la trajectoire intérieure du convoyeur de la mort. Leur manière de voir les choses pourrait être proche, jusqu'à un certain point.

Salah Abdeslam a obtenu son bac, travaille à la STIB et participe à un braquage avec Abaaoud.

C'est là que ça dégénère. Il faut s'y arrêter. Qu'est-ce qui s'est passé pour qu'il bascule ? Si l'on reprend son cheminement, il a fait quasi tout ce qu'on lui a demandé. Il a été à l'école, a eu son diplôme, a travaillé, alors que s'est-il passé ? Une déception sociale ? Il y a eu quelque chose de précis. Avait-il la force de le supporter et de se dire : « Le monde est assez grand, on peut faire des choses ailleurs, autrement, il faut rester patient » ? Et, comme tout bon musulman : « Si je n'y arrive pas ici, c'est mon destin, abnégation totale, l'essentiel est de ne pas faire de mal à autrui. » Pourquoi ont-ils tous basculé et pris cette décision ?

Après un mois de prison, Salah Abdeslam perd son emploi. Il va voir l'échevin Ahmed El Khannouss à plusieurs reprises et lui fait comprendre en substance qu'il a besoin d'une place à la commune. L'élu lui répond non, ça ne se passe plus comme ça.

Moureaux a fait ça pendant vingt ans. Mon petit frère a sollicité Ahmed El Khannouss pour un emploi, il n'a jamais rien obtenu. Pourtant, il n'a pas de casier judiciaire, a un diplôme d'éducateur et un autre de soudeur. Chez nous, on n'arrête pas d'étudier et de faire des formations. À trente ans, mon frère fait de l'intérim pour la Poste.

Ahmed a dû lui dire : je ne peux pas, la politique a changé, et en plus tu as un casier judiciaire. Salah l'a mal pris.

Il en a été vexé, a vécu l'épisode comme un abus d'autorité. Sa ration de vexations lui semblait à ras bord. Avait-il fait du mal à quelqu'un lors de ce braquage ? N'avait-il pas honoré sa dette par son séjour en prison ? Jusqu'à quand allait-on lui faire payer la note ? se disait-il.

Lui et son frère ont ouvert le café Les Béguines où il n'y avait pas grand monde. Il est devenu un lieu de trafic de stupéfiants. Les frères consomment. Brahim, jusqu'à l'abrutissement.

Tout le monde sait qu'ici la drogue se vend partout. De temps en temps, je fume un pétard, et j'en trouve à tous les coins de rue. Il faut légaliser comme en Hollande ou dans certains États américains. Ici, en Belgique, c'est le double jeu, tu peux avoir des plantes chez toi. C'est quoi ce délire ? Les frères Abdeslam ont ouvert un café, ils étaient là depuis des années. Ça, je ne peux pas le leur reprocher.

C'est aussi sans doute les excuses que les frères Abdeslam se sont données.

Nouvel épisode de l'engrenage : la commune décide de fermer Les Béguines. Puis elle évince la famille de son logement social. Les Abdeslam ont des revenus trop importants pour justifier les plus de cent mètres carrés qui leur sont attribués.

Un nouveau responsable au logement a pris ses fonctions en décembre 2012, m'avait dit Kamel. *Il a nettoyé, déterré tous les cadavres. Un mandat efficace. Il a mis fin aux passe-droits. Les petits emplois communaux et les logements sociaux étaient des leviers électoralistes à Molenbeek. Une pratique courante sous les socialistes restés vingt ans au pouvoir. Les Faklan-Abdeslam étaient une vieille famille de la commune, installée depuis les années soixante. Importante en terme électoral. En donnant un logement aux parents et un travail au fils, pour le bourgmestre, c'était bingo. Le nouvel échevin au logement a écrit à la famille : la réévaluation du loyer était la condition pour qu'ils restent vivre dans l'appartement. Brahim a débarqué à la mairie pour le frapper. Il a défoncé sa porte avant d'être calmé par Ahmed El Khannouss. Le poing était sa manière de résoudre les problèmes.*

Même si ce garçon est en tort sur ce dossier, on lui dit : voilà, c'est comme ça, c'est la loi, me dit Soan. *Le revenu a changé, vous devez déménager, vous aurez une autre attribution pour un appartement plus petit. Ce sont les règles. Quand on a signé, il faut les appliquer. Maintenant, c'est la manière dont on lui a dit la chose, en dénigrant l'impact. C'est vrai que quand on se sent tout le temps stigmatisé et que les portes se ferment de partout… La dernière – celle de la commune – qu'on croyait pour nous, se ferme aussi.*

« Pour nous » ? C'est probablement ce que Salah éprouvait aussi et qui a nourri son ressentiment. La perversion d'une politique clientéliste est d'instaurer un système de don et de contre-don. Les sollicitations deviennent l'habillage de ce qui est ressenti comme un dû.

Je n'ai pas vécu avec eux pour savoir ce qui s'est passé, mais j'imagine. On essaie de les ensevelir, ces gamins.

Mais qui *in fine* a été enseveli ? Combien de corps d'innocents ont été entassés au Bataclan et dans les rues de Paris le soir du 13 novembre ? Les mots outrés ne sont pas uniquement des traits de jeunesse. L'indécence d'une langue est l'expression d'une pensée qui falsifie le réel. Salah Abdeslam a dû la faire sienne.

Regardez ce que j'ai reçu hier du Service public fédéral des finances. On me réclame cette somme pour des allocations chômage indûment perçues. Soi-disant, j'étais indépendant. Ils ne vont pas m'avoir. Il y a une cabale pour essayer de me détruire, pour faire en sorte que je pète un plomb… J'ai pris un avocat, on verra la suite.

« Cabale » ?

Soan aurait été licencié après la diffusion du documentaire dans lequel il apparaissait. On lui aurait dit qu'il dérangeait, tant qu'il serait là il n'y aurait plus de subsides attribués à l'association.

Si tu travailles avec des jeunes, on veut juste que tu fasses ce qu'on te demande, c'est-à-dire les occuper. Or, les jeunes d'aujourd'hui, surtout cette génération Internet, il faut les intéresser. Ils ont plein de projets qu'on ne te demande pas d'accompagner. On veut que tu réalises un projet vidéo sur les droits de l'homme. Mais qu'est-ce qu'ils en ont à faire ? Connectez-vous à ce qui les intéresse.

Ses paroles véhémentes, Soan les tient aussi en public.

Un jour, je suis rentré dans un café, j'ai insulté les papas. Je les ai traités de salopards. Je leur ai dit de s'occuper de leurs gosses plutôt que de traîner là. L'un d'entre eux m'a répondu: « Qu'est-ce que tu veux que je fasse? Je ne sais ni lire ni écrire. » « Va t'inscrire au cours du soir. Ton fils va te voir aller à l'école, apprendre à lire et à écrire, ça va le faire bouger. Même ça, vous n'en êtes pas capables. Ça fait peur. »

Certains parents du quartier ne soutiennent pas la scolarité de leur enfant. Leur message semble être: fais ce qu'il y a à faire. Ont-ils peur que l'école le dépossède de sa culture? Que sa réussite scolaire, son émancipation, l'éloignent d'eux?

Soan n'a pas vu sa mère depuis sept mois. Il ne met plus les pieds dans le quartier, les conséquences de son franc-parler ont pesé sur elle, selon lui. Dans la rue, il se ferait insulter par des gamins. Des politiques leur auraient dit qu'il était une balance.

La semaine dernière, j'ai été rendre visite à l'oncle de Nour. Tout le monde m'a pris dans les bras. Plusieurs mois que je n'avais pas été à Molenbeek. Je ne supporte plus de rester là-bas. J'ai l'impression que Daech a réussi son coup. Il a choisi Molenbeek, la communauté la plus importante de Marocains, par ailleurs stigmatisée. Certains se sont sentis obligés de la défendre.

« Obligés »? « Défendre »? En assassinant plus de cent personnes innocentes? « Là où il y a une grave erreur de vocabulaire, il est difficile qu'il n'y ait pas une grave erreur de pensée », écrit Simone Weil dans *La Personne et le sacré*.

Ici, je n'ai plus d'avenir. J'irai peut-être m'installer au Maroc ou en Espagne. Ça ne me fait pas peur de vivre dans une pièce et de cultiver les champs. J'ai une expérience, des diplômes. J'aimerais travailler avec la petite enfance, la ligne de départ. Humaniser ce qu'on est en train de déshumaniser à travers le virtuel. On ne veut pas de moi, ici. Qu'on me donne les moyens d'accompagner les projets des jeunes. Non seulement on ne me les donne pas, mais on me tire dessus.

Encore cette langue à double fond.

Soan a travaillé pour une société de sécurité. Il souhaitait progresser et devenir apporteur d'affaires. Selon lui, le responsable n'a pas voulu proposer l'emploi à un Arabe. J'ai les lettres, dit-il.

Pourtant je ne suis pas tombé, je ne suis pas prêt à me faire exploser, je n'ai pas envie de tuer. Au contraire, je chéris la vie plus que tout, et pas seulement la mienne.

Le jour des attentats de novembre 2015, j'étais fatigué. Ceux de mars 2016, épuisé. J'ai dormi avec ma veste et mes chaussures sur mon fauteuil, je pleurais tout seul. C'est l'une des périodes les plus sombres de ma vie.

Parce que vous vous êtes senti impuissant ?

Plus que ça… On se sent impuissant, on se sent trahi.

Par qui ?

Par les nôtres. Notre réputation est salie.

46

CHŒUR

Le chœur respire le meurtre à venir, entend les cris qu'il ne voudrait pas entendre mais il ne bouge pas. Il n'empêche pas. Il assiste à l'effroyable qui s'accomplit.

S'il y a un chœur dans mes pages, il n'y a pas de héros, mais des tyrans qui ont confisqué la cité à leur profit. Celles et ceux qui ont accepté de me parler d'eux forment un chœur. Leurs paroles révèlent les oracles meurtriers, les choix personnels et politiques mauvais, la démesure des despotes, la force qui les meut vers des résolutions irrévocables.

Le chœur ne délivre pas la justice. Il exprime la vérité collective, moyenne, celle de la cité. Il raconte l'histoire et les épreuves. Il ne cesse de dire que le Destin frappe. Et il subsiste au crime.

Il peut manifester un aveuglement fou ou une clairvoyance intemporelle. « Quand l'homme confond le mal et le bien, dit le chœur dans *Antigone*, c'est que les dieux poussent son âme dans la plus désastreuse erreur, et il lui faut alors bien peu de temps pour le connaître, le désastre ! »

Le chœur antique ne juge pas les protagonistes des tragédies. C'est le poète qui boucle le sens de leurs actes. Mais le chœur secoue ceux qui s'aveuglent d'eux-mêmes. Abdeslam est l'envers d'Électre. Mais leurs chœurs se ressemblent. Ne s'adresse-t-il pas aussi à lui quand il dit : « Tu n'es pas la seule parmi les humains à qui la douleur se soit révélée [...] et, en face d'elle, tu montres quelque excès, comparée à d'autres de ton sang, de ta race. »

Les voix des hommes et des femmes de Molenbeek, de Bruxelles et de Paris que j'ai collectées ne s'adressent pas directement aux terroristes. Rares sont ceux qui ont essayé de les désarmer et d'éteindre leur fièvre. C'est à moi qu'ils parlent afin d'éclairer le meurtre et, sans doute, de conjurer l'impuissance.

47

LES GRIFFES DE L'HISTOIRE

> « Un génocide n'est pas une mauvaise broussaille qui s'élève sur deux ou trois racines ; mais sur un nœud de racines qui ont moisi sous terre sans personne pour le remarquer. »
>
> Jean Hatzfeld, *Une saison de machettes.*

Ce n'est pas quelque chose de construit mais ces jeunes se définissent comme rifains, m'avait dit Aniss au café près du canal. *Non, je ne suis pas marocain, je suis rifain, disent-ils. Derrière leurs propos, il y a la défense de la figure du guerrier et du bâtard.*

De retour à Paris, je me tourne vers un historien.

Tous les noms qui commencent par « A » ou « O » sont berbères. Abdeslam, Abaaoud, Abrini... Les amis de l'État marocain n'ont pas envie qu'on mette le nez dans leurs affaires sensibles. Pendant des années, l'État marocain a essayé de me corrompre, en m'offrant des postes au Maroc. J'aurais pu négocier des salaires mirobolants.

Si cet homme joufflu, aux cheveux ras poivre et sel, au regard bleu vif, avait répondu aux sirènes du salaire, il ne serait pas aujourd'hui dans son bureau du Marais aux murs tapissés de livres et de travaux d'étudiants. Les moyens en plus, la liberté en moins.

Dans les régimes autoritaires comme le Maroc, l'État écrit lui-même son histoire. Comme entre les élites marocaines et françaises il y a une proximité maladive, personne n'a envie de soulever ces affaires. Que j'en parle en tant que professionnel, c'est normal, mais qui d'autre ? Les journalistes sont intéressés mais n'ont pas les armes et ne peuvent pas enquêter au Maroc. Les policiers marocains leur disent : on ne peut pas assurer votre sécurité, c'est mieux que vous partiez.

Je me souviens de Julien qui n'avait pas été autorisé à enquêter dans le Rif marocain.

Jalil F., conseiller politique, m'avait parlé du « cas » des Rifains. *Ce sont les pires, ils n'ont pas su s'intégrer au Maroc. Ils sont en rébellion depuis cent cinquante ans. Le Rif, on y produit le hash, donc ils ont leur trafic, leur système de délinquance et leurs antennes en Belgique et en France. Une bonne partie des Marocains terroristes vient du Rif. Le Maroc est très fort pour dire : ce n'est pas moi. Quand on parle de Salah Abdeslam, on entend « un musulman d'origine belge », et des frères Kouachi « des musulmans d'origine algérienne ». L'histoire du Rif est très spécifique. C'est assez rare au Maghreb des régions insoumises à ce point, en dehors du sud de l'Algérie et du Souss au Maroc.*

Le problème des Rifains est celui d'une minorité face à une majorité qui peut être tenue par la France, l'Espagne ou le Maroc. Peu importe. D'où vient l'insoumission caractéristique du Rif, pourquoi dans cette région plutôt que dans d'autres parties de l'Atlas pas mieux dotées ?

Je tenais à savoir.

Nador est le chaudron berbère, une bourgade qui s'est développée aux portes de Melilla, ville espagnole depuis cinq siècles, un morceau d'Europe en territoire marocain, me dit l'historien derrière ses piles de revues. *Quand la frontière avec l'Espagne s'est fermée à l'indépendance en 1956, Nador est devenu un terminus aux portes de l'Europe. Avec l'explosion démographique, une grande ville d'un million d'habitants mais la plus rebelle, la plus hostile au pouvoir marocain. Très surveillée mais relativement incontrôlable. La ville de tous les trafics, première production de haschisch, transit des marchandises de contrebande en provenance de l'Espagne et en direction de l'Algérie comme du sud marocain.*

Les familles de Nour et de Salah ont des origines rifaines. Comme celles d'Abrini, et tant d'autres du quartier. Seul Abaaoud vient d'une autre région, Agadir, au sud du Maroc.

Salah connaissait Nador. Il passait ses étés à trente kilomètres de là, à Bouyafar où sont nés ses grands-parents et où vivent ses cousins. C'est le cas de nombreuses familles marocaines installées entre la place Bockstael à Laeken et la place Lemmens à Cureghem. Au Maroc, on appelait Salah *nes djel ghariej*, celui qui vit à l'étranger. En Belgique, enfant d'immigrés.

La géographie joue un rôle. Le Rif est la seule région de montagnes au Maroc. Elle a des airs de Kabylie ou de Corse. Culturellement elle est en rupture avec le reste du pays.

À Nador, on parle principalement berbère, ce qui devient rare dans le reste du pays. C'est une région marginale par rapport au Maroc bien qu'elle soit aux portes de la capitale, Fès, à quelques kilomètres au nord. Malgré l'enclavement montagneux, la situation méditerranéenne, l'absence de ville pendant très longtemps, le Rif a toujours été un espace de contact, de conflit avec l'Europe et avec l'Algérie pendant la période ottomane jusque dans les années vingt. Une région qui a joué de son indépendance et de sa situation périphérique. Une terre qui ne peut pas nourrir ses habitants, une terre de contrebandiers.

Si la famille Abdeslam est originaire du Rif, le père est né à Oran en Algérie. Les parents se sont rencontrés au Rif où ils se sont mariés.

Du temps de l'Algérie française, les Rifains sont allés travailler dans les vignes d'Oranie par dizaines de milliers chaque année. Les Rifains ont à la fois vécu entre eux, au sein d'une colonie espagnole qui ne les a jamais colonisés, qui les a combattus durement dans les années vingt, et été en contact avec l'Algérie coloniale. Depuis le XIXe siècle, il y a des liens humains et linguistiques très forts entre l'Oranie et le Rif. Des tribus arabophones et berbérophones se sont entremêlées.

La famille Abdeslam a été expulsée d'Algérie en 1975 comme trente-cinq mille à quarante-cinq mille Marocains à l'époque. Les Algériens ont mis dehors les Marocains qui travaillaient pour les Français.

Les Abdeslam font partie de la tribu des Glâa, c'est-à-dire des Marocains ayant vécu en Algérie. Ils sont moitié rifains, moitié de culture algérienne. Ils se distinguent du reste de la communauté marocaine à Molenbeek. Leur dialecte est proche de l'algérois.

Histoire et accent distincts remarqués par les autres.

Les liens familiaux sont très forts dans cette tribu, m'avait dit l'élu ceinture noire. *On l'a vu dans les planques de Salah à Molenbeek au moment de sa cavale. Implication directe ou indirecte dans ce réseau terroriste, consentante ou non consentante d'une partie de la famille. Certains lui ont dit : « Cache-toi chez moi je ne te dénoncerai pas. »*

Solidarité familiale négative.

Les tribus rifaines n'ont jamais accepté d'être soumises, poursuit l'historien. *L'obsession des tribus au Maghreb était de ne pas payer l'impôt. Seule la force d'un sultan pouvait les y contraindre. Les Rifains ont profité de leur spécificité géographique pour échapper à l'État.*

Cette région lui a été soumise peut-être pour la première fois depuis le XVIIe siècle lors de la guerre du Rif menée par les Espagnols en 1920 qui ont mitraillé, bombardé au gaz pendant des années les populations. Les Rifains menés par Abdelkrim ont remporté une victoire écrasante à Anoual en 1921 et proclamé leur République. Pas une république à l'occidentale, seulement un affichage politique. Pour la monarchie marocaine, ce fut une catastrophe absolue. En 1926, Pétain et les armées franco-espagnoles ont mis un terme à l'indépendance des Rifains.

La guerre du Rif a pu, inconsciemment, être un point d'héritage important pour Salah Abdeslam, une fracture originelle. Parce que, de cette guerre, *on n'en a jamais fait l'histoire. Une guerre de bouchers. Les Rifains ont eu le temps d'avoir la haine.*

Il reprend pour moi le fil de l'histoire.

Durant le XIXe siècle, les Espagnols chassés des Amériques et des Philippines par les Américains ont ruminé leur échec. Ils ont tout perdu sauf Ceuta et Melilla. L'Espagne a réussi à négocier avec les Français, non pas de faire un protectorat sur le nord du Maroc mais de récupérer un petit morceau de terre devenu l'empire d'Afrique. L'Espagne était au plus bas à la fin du XIXe siècle, une nation agricole quand la France et les puissances de l'Ouest étaient devenues industrielles. Les Espagnols endormis sur leur grandeur passée ont raté le train.

Pour lui redonner du lustre, ils se sont lancés à la conquête du Rif. Ils se sont dit, nous possédons le Rif mais finalement nous ne sommes qu'à Tétouan et à Melilla, sur la côte. Ils ont envoyé une troupe de plus de quinze mille hommes avec un armement très lourd qu'ils ont dû acheter aux Allemands. À Anoual, Abdelkrim et ses hommes ont détruit l'armée espagnole et récupéré leur armement grâce auquel ils ont pu poursuivre la guerre du Rif et tenir longtemps.

On entend frapper à la porte. Une étudiante aimerait fixer un rendez-vous pour préparer sa soutenance. Il s'excuse auprès de moi et s'exécute auprès d'elle sans se départir de sa bonne humeur. À moins qu'il ne s'agisse d'une bonne nature.

Où j'en étais ? Ah oui, l'humiliation des Espagnols qui n'ont jamais réussi à vaincre cette petite montagne et sa dizaine de milliers de com-

battants. Animés d'un désir de vengeance, les Espagnols ont acheté des armes à l'Allemagne, des avions, du gaz. Ils ont bombardé le Rif à l'ypérite pendant quatre ou cinq ans. Les Rifains étaient retranchés dans leurs grottes. Il n'y a pas beaucoup de peuples à part les Vietnamiens qui se sont fait bombarder au gaz pendant aussi longtemps. Les Espagnols ont dû tuer des dizaines ou des centaines de milliers de gens avec ces bombardements. Les Rifains ont continué et attaqué la zone française en 1925. Face à eux, une véritable armée – il y aurait eu 700 000 hommes français et espagnols pour conquérir cette montagne rifaine où il y avait au maximum 40 ou 50 000 combattants…

Décidés à écraser une mouche avec un marteau.

*Un rouleau compresseur. Avec le débarquement d'Al Hoceïma le 8 septembre 1925, les Français aux côtés des Espagnols ont mis au point le premier débarquement moderne qui a servi de modèle aux Américains pour celui de Normandie. C'est le premier du XX*e *siècle avec les péniches de débarquement, les chars, les avions et les bombardements menés par des soldats de la guerre de 14. Ils ont fait appel à Pétain pour passer à la guerre moderne. En un an et demi, les Rifains ont plié. Tout cela avec la bénédiction de Rabat : l'impératif du sultan était d'écraser la République du Rif. Il n'y a jamais eu d'histoire, ni de mémoire, pas eu de monuments pour les victimes. On n'a jamais donné la parole aux témoins ni aux survivants. Récemment, c'est sorti. Ce sont les Rifains d'Espagne qui en ont parlé et dénoncé les bombardements à l'ypérite pendant des années. L'Espagne ne veut pas le reconnaître en droit parce que c'est un crime contre l'humanité.*

L'histoire rifaine n'a jamais été écrite ni reconnue. Sans production de connaissance, ne court-on pas toujours à la catastrophe ?

Le Maroc n'est pas à l'aise non plus. Il aimerait bien reconnaître la responsabilité de l'Espagne mais en même temps, si l'on commence à creuser le sujet rifain, pour le maghzen – c'est-à-dire le Palais royal – ce n'est pas bon. Ces crimes ont eu lieu avec leur complicité. Ils ont écrasé au gaz la République du Rif. Cette dénonciation reste plus ou moins cloisonnée à quelques associations rifaines basées en Espagne. Si, demain, il y avait un coup d'État au Maroc et une république, la donne changerait dans la seconde. Aujourd'hui l'appartenance au Maroc est moins problématique aux habitants de la région du Rif que la forme de l'État. La dissidence se manifeste en affirmation républicaine qui reste à la fois un tabou au Maroc et un mythe pour les Rifains qui le revendiquent en privé. En Kabylie, c'est pareil, le mythe de la république berbère est très présent.

Abdelkrim Khattabi qui prétendait descendre du calife Omar n'en appelait pas à la république telle que nous la connaissons mais « à la légitimité islamique ». Il a substitué « la loi religieuse à la justice coutumière pour mettre fin aux vendettas claniques[1] ».

Mais il revendiquait ce mot de république dont l'archétype est aujourd'hui la France, objet de haine des djihadistes. La communauté, le culturel et la tradition devant prendre le pas, à leurs yeux, sur ce que la République porte d'émancipation.

Les Rifains ont cherché à reconquérir leur indépendance en 1956 où celle du Maroc était proclamée. Ils ont été écrabouillés. Des soulèvements très importants ont eu lieu en 1958-1959 et des réponses très violentes de la part de l'armée marocaine d'Hassan II, des bombardements au napalm, des mitraillages, des milliers de morts. Selon Hassan II, ces Rifains ne valaient rien. Bons à traiter comme des parias. Cela a entretenu leur culture dissidente et leur haine du régime marocain.

La figure d'Abdelkrim existe encore pour les jeunes Rifains. Un héros d'autant plus respecté qu'à la fin de sa vie il est devenu un Frère musulman, a rejoint le giron du salafisme et du nationalisme arabe au Caire. Il coche toutes les cases : l'islam, la berbérité, l'arabisme, l'hostilité à la France, à l'Espagne et au maghzen. Le héros absolu qui a fait preuve de courage, a résisté pendant sept ans aux armées occidentales et n'a pas été tué.

À Molenbeek, je m'étais renseignée pour savoir si Abdelkrim était une figure vivante pour les jeunes.

Ils le connaissent, m'avait dit l'échevine en charge de la jeunesse. *Les Rifains de Molenbeek sont très fiers de leur identité. Ils savent que les Rifains ont été opprimés. Mais ce qu'ils rejettent, c'est la longue résistance des Berbères des villages et des montagnes à l'arrivée de l'islam. Ils ne veulent pas en entendre parler. Ils retiennent seulement que le Rif s'est approprié l'islam de façon conservatrice. Très peu revendiquent leur culture berbère en opposition à la religion. Ce dont ils ont*

1. Bernard Rougier, *Les Territoires conquis de l'islamisme*, PUF, 2020.

conscience, c'est qu'Hassan II n'a pas aimé les Rifains, peuple d'insoumis. Je connais un gamin de Molenbeek prénommé Jugurtha [1].

Salah Abdeslam a dû aussi faire le tri dans ses racines rifaines, n'en conserver que ce qui servait son dogme prêt-à-porter.

Depuis l'indépendance de l'Algérie en 1962 et la mise au pas des Rifains dans la violence par le gouvernement marocain, la population rifaine a perdu son gagne-pain algérien, me dit l'historien. *La frontière a été fermée. Dans les années soixante, les vignes en Algérie ont été arrachées. Les Rifains se sont donc tournés vers la France, vers les mines du Nord-Pas-de-Calais, région industrielle des années cinquante-soixante, et ensuite vers la Belgique.*

Les parents d'Abdeslam émigrent à Molenbeek.

C'est par tribu qu'ils ont migré, par contacts familiaux, comme les Kurdes ou les Afghans d'aujourd'hui rejoignent l'Angleterre.

Encore aujourd'hui, il n'y a pas de contrôle de l'État marocain sur le Rif berbère, ni à Ketama, ni à Chefchaouen, ni à Nador, ni à Al Hoceïma. Le maghzen n'a jamais eu la main sur ces régions de confins.

Entre Fès et la frontière algérienne, dans la plaine, se trouve la ville de Oujda côté marocain. La route s'appelle la trouée de Taza. Le Rif, la montagne au nord, tombe dans une plaine et après le Moyen Atlas commence. Ce couloir long de plusieurs centaines de kilomètres, la trouée de Taza, la route du sultan, est empruntée par des convois. C'est le Far West. Du nord au sud, il n'y a aucun contrôle. Les contrebandiers roulent à toute allure sur des centaines de kilomètres.

Je pense au bus de la drogue à destination de l'Espagne, dans lequel le terroriste du musée juif de Bruxelles avait été arrêté à Marseille. Aussi aux virées d'Abdeslam à travers l'Europe.

La famille Abdeslam vient d'une région de montagnes, autonome, rebelle, ayant sa propre économie et son propre trafic en Méditerranée.

À un moment précis de l'Histoire, le gouvernement marocain a donné au Rif le privilège du kif, une sorte de tabac euphorisant qui se fume dans une pipe. Quand l'indépendance du Maroc a été négociée, la bourgeoisie arabe, andalouse de Fès, de Rabat et de Salé constituait le parti nationaliste avec quelques relais dans le Nord, essentiellement

---

1. Roi numide né vers 160 av. J.-C. à Cirta – actuelle Constantine, Algérie – et mort en 104 av. J.-C. à Rome, qui s'oppose durant sept ans à la puissance romaine ; un conflit connu sous le nom de « Guerre de Jugurtha ».

à Tétouan, la grande ville du Rif espagnol. Ce parti voulait reprendre les régions pacifiées par les Français et y envoyer des fonctionnaires pour les arabiser. Pour les tribus rifaines, voir débarquer ces bourgeois arabes a été le chiffon rouge. Pour faire passer la pilule, le roi Mohamed V leur a concédé quelques centaines d'hectares autour de Ketama pour la plantation du kif. Un petit privilège local. Il ne leur a pas dit de faire une production mondiale ! Simplement, une manière de faciliter les choses et, comme les Rifains fumaient leur petit kif, il leur a accordé de pouvoir le cultiver. Pour le pan de l'islam devenu intégriste au cours du XXe siècle, le salafisme, ces pratiques berbères ont été condamnées. À l'époque, ce n'était pas un produit d'exportation, seulement une culture locale, un peu hérétique mais acceptée. Un moyen de calmer la révolte.

Les parents de Salah Abdeslam viennent d'une terre de contrastes. Si leur fils avait appris à les connaître, peut-être aurait-il été capable d'en projeter sur le monde.

Aujourd'hui ce Rif berbère représente pour le roi Mohamed VI l'éternelle patate chaude. Une zone incontrôlable et une source de richesse dont tout le monde profite y compris le Palais royal. Ils ne peuvent pas vraiment lutter. Cela fait cinquante ans que le Palais essaie de rapatrier la tombe d'Abdelkrim au Maroc et que la famille s'y refuse avec le soutien tacite des Rifains. Les conseillers les plus proches du roi sont des gens du Rif afin de l'éclairer sur ce sujet. Les relations avec l'Espagne et l'Algérie sont en jeu.

Le Rif, c'est le haschisch, la contrebande, l'insurrection, la République, tous les problèmes du Maroc, en dehors du Sahara. Un sujet surveillé comme le lait sur le feu. Appuyer sur les origines rifaines de certains djihadistes, c'est s'exposer à des coups. Non pas de la part des Rifains mais du Palais royal et de ses services de sécurité.

Des spécificités rifaines ont dû couler dans les veines de Salah Abdeslam enfant, et d'été en été, lors des coupures estivales. Il se savait rifain, en était fier. Dans son groupe, ce n'était pas tant une fidélité aux parents qui leur était commune, mais un attachement à une terre première. Quelque chose de l'Histoire vivait en lui : les nuées d'un fantasme et les griffes d'une fêlure.

Quand ses parents ont migré en Belgique en 1964, la Belgique n'avait pas d'empire colonial, uniquement le Congo avec lequel la séparation s'est faite de manière brutale. À l'époque, les Congolais n'étaient pas considérés comme une main-d'œuvre industrielle. Dans le Nord-Pas-de-Calais, les Belges avaient sous la main des Rifains. Le

Maroc était déjà une monarchie, comme la Belgique. Les relations en ont été facilitées. C'était cohérent pour la Belgique d'avoir une main-d'œuvre francophone, les Rifains avaient travaillé en Algérie française pendant un siècle. Ils avaient un français d'ouvrier ou de paysans. Cette migration a été formalisée avec les accords d'Hassan II.

La convention du 17 février 1964 entre la Belgique et le Maroc prévoit le recrutement des travailleurs marocains au profit de la Fédération des entreprises charbonnières de Belgique et le droit au regroupement familial.

Le père de Salah Abdeslam a été embauché à la STIB, *il n'a eu besoin d'aucune qualification, pas même de savoir écrire*, m'avait dit l'élu ceinture noire.

Les Rifains ont pu bénéficier de la croissance en Belgique et travailler dignement jusqu'au tournant de la fin des mines et des sidérurgies en Belgique et dans le Nord-Pas-de-Calais dans les années soixante-dix-quatre-vingt qui a sonné la fin de l'emploi industriel et agricole de masse. Les Rifains ont été au chômage partout à la fois : dans le Rif, en Algérie, en Belgique, en France, à l'exception des Pays-Bas puisqu'ils travaillaient dans les services. Arrivés par centaines de milliers au chômage, de nombreux Rifains sont passés à l'économie mafieuse, de contrebande et au trafic de drogue. Peu à l'économie tertiaire : ils n'étaient pas formés, à la différence des Kabyles qui ont pu se reconvertir dans l'hôtellerie, la restauration, la comptabilité. Les Rifains non, ce sont des ouvriers, des paysans. Ils ont pu ouvrir des cafés ou faire de la contrebande.

Le père de Salah Abdeslam a travaillé toute sa vie. Une fois au chômage, Salah ouvrira le café Les Béguines avec son frère Brahim.

À Bruxelles, les Rifains ont été mis au contact du reste du monde. Bruxelles est la ville des diamantaires, le cœur de l'Europe, une ville ciblée par les Saoudiens et les Iraniens pour développer leur propagande auprès des musulmans. En Belgique, à cette époque, on ne connaissait pas l'islam, personne n'a rien vu venir. À l'inverse, pour les idéologues wahhabites et ceux du régime iranien, c'était très important d'être présents à Bruxelles qui participe du fantasme d'autres grandes villes comme Rome ou Paris. Trois villes où il fallait développer l'islam.

Fantasme de conversion et de conquête. D'autant qu'à Bruxelles il n'y a pas la police française douée pour le travail de repérage et de collaboration avec les Algériens et les Marocains. En Belgique, les idéo-

logues ont été tranquilles. Le Maroc lui-même n'avait pas les moyens de lutter contre la prédication. Une des raisons pour lesquelles les membres de la communauté étrangère marocaine ne peuvent pas voter c'est que l'État marocain ne contrôle pas sa communauté dans plusieurs pays, notamment en Belgique et aux Pays-Bas. S'il y avait des bureaux de vote, les représentants de l'État marocain récolteraient 80 % de voix contre eux.

Les Marocains de l'étranger n'ont pas le droit de vote contrairement aux Algériens, en partie à cause des Rifains de l'étranger. D'où ce sentiment de non-appartenance très fort chez les Rifains. Ni dans leur mentalité, ni en droit, ils n'appartiennent à un pays, d'aucune manière. En même temps, ils sont bien placés pour connaître la corruption de l'État marocain. Le trafic de drogue dont l'État est complice en est un bon indicateur.

Duplicité de l'État que Salah retrouvera en Belgique. Du grain à moudre pour lui. Le Maroc de ses parents a pu contribuer à transmettre et nourrir une colère contemporaine.

La famille Abdeslam ne vient pas d'une région de culture écrite, contrairement aux *Berbères du Sud marocain qui ont un respect pour l'écrit, les bibliothèques, les zawiyas.*

Dans le Moyen Atlas, les habitants sont des bergers, viennent de tribus paysannes de culture orale. Ils ont vécu sur des hauts plateaux, dans une nature nourricière alors que les Rifains ont souvent vécu la boule au ventre, sans grand-chose à manger. Autant dans le Moyen Atlas les mœurs sont assez libres en termes de sexualité, et peu religieuses, autant le Rif est beaucoup plus conservateur, sans doute en raison de sa situation frontalière avec l'Espagne et dans un contexte historique où les Espagnols ont essayé pendant des siècles d'occuper cette terre. Les Rifains se sont aussi trouvés en situation de lutte face aux Français, avant cela face aux Turcs. Le Rif a été un bastion de l'islam. La radicalité que l'on peut ressentir dans la région du Rif a un versant religieux. Les djihadistes de Molenbeek originaires du Rif ne sont pas devenus islamistes parce que les Saoudiens sont venus les voir. Il y avait un terrain de protection, une culture de l'encerclement héritée de leurs aïeux. Les Rifains, ce sont les Corses et les Kabyles venus de montagnes inhabitables qui ne nourrissent pas leur peuple, créant des cultures communautaires très fortes. Dans le cas des Rifains, la religion a été une armure. En Kabylie, des conversions ont eu lieu, ce qui n'aurait pas été possible dans la région du Rif.

Dureté en affaires, dureté physique, dureté au mal, hostilité à l'État, traditionalisme religieux, les Rifains ont toutes les caractéristiques des sociétés méditerranéennes un peu exacerbées. Une culture de l'enragement.

Un de ses collègues vient d'entrer. Après nous avoir salués, il disparaît derrière les piles de papiers amoncelées sur son bureau. Le professeur ne dévie pas de son discours.

Ce qui fait office d'État dans cette région du Rif, ce sont les gens eux-mêmes à travers leur capacité à construire, poursuit-il. *Ils ont travaillé en Algérie pendant cent ans comme ouvriers puis trafiquants. Se sont constitué un réseau international dans toute l'Europe de l'Ouest et un capital migratoire. De l'Espagne aux Pays-Bas en passant par l'Italie, la France et la Belgique, les Rifains se sont construit un archipel. Comme ils sont très communautaires, ils refont de petits groupes et circulent en voiture, en camion. Le phénomène bien connu des go fast, des camions emplis de beurre, de cacahuètes, de télévisions, de matelas, de couvertures, de couches... Ce sont des marchands, des contrebandiers.*

Pointer les origines rifaines d'Abdeslam comme un déterminisme serait absurde et injuste pour les habitants de la région.

Ce qui compte, c'est la dynamique de groupe. Salah Abdeslam seul, ce n'est rien, me dit l'historien.

Individuellement, l'identité de quartier n'est-elle pas plus forte que les origines ? Abaaoud comme les autres utilisent un langage d'argot bruxellois mélangé à du dialecte algérois.

Mais ils se revendiquent Rifains et c'est dans leur café et ruminement collectif que cette histoire de victimisation, de paranoïa, de haine politique, d'esprit de révolte, d'insoumission prend sens, selon l'historien.

Elle se mêlerait à leur culture urbaine pétrie des codes de l'honneur – être loyal envers ceux avec qui on a grandi dans la rue, Abrini et Abaaoud pour Salah, et d'une certaine vision de la masculinité.

Quelque chose de ses origines rifaines a été transmis d'une génération à l'autre : la violence, le traitement des Rifains par les autorités marocaines, gazés pour certains, ou algériennes, à travers l'expulsion manu militari en 1975.

Salah Abdeslam a dû se dire de toute façon la violence j'y passerai, je n'ai pas le choix, ajoute-t-il. *Il y a une dimension collective puissante chez les Rifains. Le Palais du Maroc le sait bien mais ne veut pas en entendre parler. C'est le grand secret. Notamment qu'ils ont acquis une force car leur argent est soit en Espagne, soit à Melilla. Certaines grandes familles mafieuses de cette région ont accumulé des fortunes. Une prospérité qui bénéficie à tout le monde.*

Corruption, passage sous silence, aubaine pour l'intégrisme, germeraient-ils à deux mille kilomètres du Maroc ?

48

DUALITÉ

La violence et le silence de l'Histoire dont Salah Abdeslam a hérité – avant de les perpétuer en toute cruauté – sont deux des miroirs de la boule à facettes de son être profondément *double*.

Terroriste islamiste et danseur le samedi soir au Carré, la boîte de Willebroek, avec sa piste de danse à étages.

Terroriste et cambrioleur raté d'un garage automobile.

Terroriste et habitant avec ses parents un immeuble bourgeois face à la mairie.

Terroriste et flambeur au casino où il est vu pour la dernière fois en septembre 2013. Il semblait ignorer que, durant sa période médinoise, le prophète Mahomet avait interdit les jeux de hasard et la consommation d'alcool.

Terroriste, fils de deux Marocains de la région du Rif et ne maîtrisant ni la langue arabe ni l'amazighe.

Terroriste et descendant de la culture berbère dont l'ouverture est violemment rejetée par le salafisme dont il se réclame au moment des attentats.

Terroriste empli de haine pour la France, ayant pourtant des ancêtres rifains d'Algérie considérés comme les suppôts des colons français.

Terroriste habillé comme un collégien anglais. Que cherchait-il ? À se tailler une légende pour donner raison à la nature qui l'avait fait si beau ?

Terroriste et chômeur à la suite de son passage en prison.

Terroriste et gérant d'un bar dans la rue des « religieuses », à partir de 2013. Un café d'angle, au rez-de-chaussée d'une de ces maisons de briques rouges à deux étages qui s'alignent dans la partie haute et calme de Molenbeek, lui donnant un air de petit Manchester.

Terroriste tenancier d'un établissement d'extérieur propret et trafiquant de shit à l'intérieur.

Terroriste et marié religieusement à une princesse de caractère, issue d'une famille respectable, sans antécédent judiciaire contrairement à ses frères et à lui. Princesse qu'il admire pour sa beauté, le respect qu'elle inspire, son éducation, son bilinguisme – elle n'est pas la Molenbeekoise ordinaire – et qu'il trompe régulièrement.

Parmi les contradictions orchestrées de sa vie, son aimée depuis neuf ans n'a jamais parlé à aucun de ses amis ni mis les pieds dans son café interdit aux femmes et à tous ceux qui n'étaient pas « islamiques », comme le raconte un voisin que Salah refusa de servir.

Terroriste et frère. L'avis d'expulsion du logement social de ses parents en raison de leur niveau de revenus déclenche la fureur de son frère Brahim qui brandit sa haine à la mairie de Molenbeek.

Terroriste vivant d'aides sociales depuis la fermeture de son bar pour trafic de stupéfiants.

Un homme qui tonne contre la France, organise la boutique des attentats de Paris et pleure sur sa propre mort.

Solidarité et amertume, confiance et peur de l'avenir, flamme de la jeunesse et appel du néant. Tout était là dans ces fils de vie emmêlés, ces ambivalences de conduite et de sentiment dont l'issue aurait pu être une métamorphose tournée vers la vie au lieu d'un massacre d'innocents.

49

LE JUGE ROCKER 1

> « L'élément personnel entrant incontestablement en ligne de compte n'était pas le fanatisme, c'était son authentique "admiration immodérée sans bornes pour Hitler" (pour reprendre les mots d'un témoin de la défense) – pour l'homme qui était passé "de caporal à chancelier du Reich". »
>
> Hannah Arendt, *Eichmann à Jérusalem.*

Sa seule condition pour me voir était de le retrouver dans le nord de la France.

J'ai roulé quelques heures pour rejoindre au pied de son tribunal cet ancien juge antiterroriste aux grandes jambes. Je m'étonne de cette force étrange qui me pousse depuis des mois.

Le juge, brun, sec, une cinquantaine d'années, marche vite jusqu'à un bar choisi par hasard.

« Vous ne l'avez jamais rencontré ?

— Non, et aucun ne ressemble vraiment à l'autre. Ils restent des individus. Je me méfie des catégories. »

Moi aussi.

— N'ont-ils pas des points communs, ces terroristes ?

— Notamment d'avoir fait partie d'une génération qu'on a pu croire, à un moment, intégrée à une vie occidentale. J'ai rarement eu dans mon bureau des personnes issues d'une famille très radicalisée, à l'exception de plus jeunes au contact de grands frères, type la bande à Merah.

— Salah Abdeslam ne semble pas faire exception à la règle. Il mène une vie à l'occidentale dans une famille qui n'est pas radicalisée. Mais il reste le second cercle, amical.

Le juge au teint pâle, aux yeux bons, réfléchit. Je sens qu'il aime ça et n'a aucune méfiance à mon égard. L'obligation de réserve due à ses anciennes fonctions ne semble pas le tourmenter. La vérité, oui. Elle l'obsède.

Selon lui, avec le recul qu'il a sur la question, systématiquement, on trouve une mauvaise rencontre qui provoque le basculement. Même s'il a conscience de l'impact d'Internet, un outil de ressource et de propagande, le critère absolu est la rencontre. Le mentor.

Je remarque sa voix éraillée.

Kamel Daoud écrivait dans une chronique de janvier 2015 qu'un djihadiste est *toujours l'imbécile d'un autre*.

— Certainement Abaaoud dans le cas de Salah Abdeslam.

— Il y a des chances. La fratrie aussi a pu jouer, précise le juge. J'ai rencontré plusieurs cas où un ou deux frères d'une même famille – mais avec peu de différence d'âge – se radicalisaient. Je pense à Nicolas Moureaux. Dans mon bureau, j'avais son frère, Flavien.

— Brahim, le frère de Salah, se fait exploser le soir du 13 novembre.

— À quand situez-vous le moment de sa radicalisation? me demande le juge.

Il m'amuse ce spécialiste de l'antiterrorisme à me demander mon avis.

— Peut-être trouve-t-il une voie à sa violence en juin 2013 quand il reprend la gérance du café Les Béguines avec son frère et qu'il se retrouve toute la journée à zoner. Il a alors vingt-trois ans.

— Rappelez-moi la composition de la famille.

Cet homme est un chirurgien. Je me lance. À la fin, je lui demande ce que ce parcours lui inspire. Il réfléchit.

— Une progressivité. Plusieurs frustrations et échecs mais une résistance y compris à la délinquance. Par rapport à ses frères, elle est plus tardive. Il étudie plus longtemps, fait plus d'efforts. Il me fait penser à certains que j'ai eus dans mon bureau, qui avaient fait preuve d'endurance et en sont venus à se dire : mes efforts n'ont pas été récompensés, j'aurais dû dès le départ rentrer là-dedans, délinquant de droit commun ou djihadiste.

Les plus résistants accumulent davantage d'échecs que les autres avant de jeter l'éponge.

— Le fait d'avoir vu la vidéo d'Abaaoud traînant des cadavres aurait pu selon vous déclencher cette bascule, cette identification morbide ?

— Pour regarder une vidéo aussi violente, être attiré par elle, il faut déjà être sur le chemin, avoir été préparé. Cette vidéo est particulière, à mi-chemin entre le déconneur de banlieue et le fou furieux. Il faut d'autres éléments car normalement, à regarder cette vidéo, soit on éclate de rire en disant c'est qui ce clown, soit on est horrifié par le traitement infligé à ces cadavres. Ce n'est pas une vidéo de quelqu'un de charismatique. J'ai rencontré des gens fascinés par des individus qui l'étaient vraiment et qui, pour cette raison, ont basculé très vite. Notamment des personnes en maison d'arrêt comme Safé Bourada. Il s'est « occupé » d'un jeune qui, quinze jours plus tard, était radicalisé.

Abaaoud ne semblait pas d'un magnétisme débordant. Il n'était ni sérieux ni raisonné, il ne tenait pas un discours très religieux.

Ce qui est incroyable, m'avait dit l'élu ceinture noire, *c'est Abaaoud. Son père est blindé mais tellement proche de ses sous que ses enfants ont été obligés d'aller piquer ailleurs.*

Abaaoud n'avait jamais attiré son attention par son intelligence. *C'était quelqu'un de banal.*

Mais il était l'ami d'enfance de Salah.

N'est-ce pas le côté fêtard, jouisseur d'Abaaoud qui a aimanté celui de Salah ? Il était attaché à lui, comme il le dit aux enquêteurs belges le 28 février 2015 lors de son interrogatoire, suite au démantèlement de la cellule de Verviers : « C'était un chouette gars, je le connais depuis plus de dix ans, à l'époque c'était un bon ami, je traînais tout le temps avec, c'est un du quartier en gros, mais avec qui j'avais plus d'affinités. » À l'époque, Salah déclare ne pas partager sa conversion au djihad.

— Salah était un amuseur public paraît-il, toujours une vanne sur le bout de la langue. Ils ont pu se retrouver sur ce terrain-là.

— Oui c'est possible, me répond le juge. Peut-être qu'il n'admirait pas Abaaoud, mais sa vie, il la trouvait *fun*. Merah avait ce côté-là aussi. Je veux m'amuser à faire la guerre, claquer de l'argent et brûler ma vie par la même occasion. Salah Abdeslam devait se dire, il doit bien se marrer là-bas.

Je décroche, je n'y arrive plus. Sans doute parce qu'il touche juste. Traîner des cadavres peut être une partie de plaisir qu'on partage avec ses amis par écran interposé ? Comme des jeunes le feraient de n'importe quelle plaisanterie potache ?

La réponse est oui. Il y a eu pour Salah Abdeslam une part de jeu et une part d'envie. Tout pitre qu'il était, du haut de son petit mètre soixante-dix, Abaaoud avait combattu dans les rangs d'al-Nosra avant d'incorporer l'EI au moment de la scission de l'été 2013. Il avait occupé un poste dans la hiérarchie de l'« Amni », les services de sécurité de l'État islamique. Son rôle : former les futurs kamikazes et préparer leur retour en Europe.

Il avait intégré la katiba al-Muhajireen (la brigade des immigrés) qui regroupait une centaine de djihadistes francophones. Il aiguillait les volontaires pour commettre des attentats, les entraînait au maniement des armes, leur donnait de l'argent, des instructions précises sur la façon de communiquer via des logiciels de cryptage et des consignes pour rentrer en Europe. Il aurait aussi rejoint la katiba al-Battar (la brigade du sabre tranchant) responsable du massacre des Yézidis.

Salah le voyait sur des vidéos dans une belle villa au bord d'une piscine en Syrie, entouré de femmes, ou en voyage en mission spéciale pour le calife dont il se disait l'un des lieutenants les plus en vue. Il avait grimpé l'échelle du pouvoir des djihadistes étrangers. Salah le sentait dans la peau d'un dominant, un de ces hommes en vue qui œuvraient à la gloire de l'islam.

La sévérité, la « réussite », l'autorité pleine de fermeté, « totalement virile », et le goût du jeu d'Abaaoud – tout cela, la perversité étant ce qu'elle est, avait séduit Salah, l'avait blessé, bouleversé, et enchanté.

50

PENSÉE UNIQUE

À Molenbeek, je multiplie les rencontres. Les entretiens durent souvent plusieurs heures. Pourtant, je sens quelque chose d'étrangement absent des discours : l'idéologie djihadiste. Elle n'existe pas en tant que telle dans la bouche de mes interlocuteurs, en tant qu'objet défini dont on aurait conscience. On dirait que les mots eux-mêmes ont été plongés dans ses eaux, et qu'ils infusent encore.

Aujourd'hui je m'installe dans le bistrot parisien au coin de ma rue. Ce lieu familier me rassure, surtout ses odeurs mêlées de café, de cave, de terre, de bière, de cuir, de bois, mais aussi de lave-vaisselle et de détergent.

Cherchant à connaître l'idéologie par moi-même, à lui associer des visages comme si elle était elle-même un personnage, je me mets à lire au sujet de l'islam politique. Je parcours les ouvrages des idéologues salafistes et djihadistes. Je me fais violence, rien n'est plus métallique qu'une idéologie. J'alterne avec des livres et des articles d'historiens, de chercheurs et d'intellectuels du monde entier sur l'histoire politique de l'islam. La connaissance et l'accès à de multiples voix traversées par plusieurs cultures sont des bienfaits pour l'esprit.

Le premier visage est sans doute celui du prophète Mahomet, né entre 570 et 580. Il est un orphelin appartenant à la tribu de Quraysh qui contrôle la petite ville de La Mecque à l'ouest de l'Arabie. Son parcours nous apprend que l'implantation et l'expansion de l'islam se font par le sabre de la domination. Il considère « sa communauté comme le nouvel Israël auquel Dieu[1] » a « promis une domination universelle ». Il se proclame « le seul dépositaire de la religion d'Abraham, le véritable monothéisme altéré par les juifs et les chrétiens », et déclare que sa communauté est « le nouveau peuple élu chargé de sauver l'univers ». Il promet « à ses fidèles de dominer le monde ». Mahomet « a réussi à monopoliser progressivement l'autorité religieuse et le pouvoir politique en se présentant comme le porte-parole et l'instrument d'Allah. Cette légitimité théocratique, doublée de la force militaire, lui a permis de soumettre [...] la plus grande partie de l'Arabie ».

« Les premiers musulmans ne faisaient aucune différence entre le politique et le religieux. »

Le Prophète n'a-t-il pas encouragé ses descendants à poursuivre son « projet expansionniste » afin de « dominer et sauver le monde » ?

Entre 632 et 661, quatre disciples de Mahomet se succèdent à la tête de la communauté des croyants.

Un autre « personnage » voit le jour : le califat. Né en Arabie au VIIe siècle, cette institution politico-religieuse adoptée pour assurer la continuité de l'édifice du Prophète façonne la culture musulmane. Le califat – une seule communauté, une seule loi, un seul chef – est associé à travers l'histoire politique de l'islam au rétablissement du paradis perdu. Dans l'imaginaire musulman, le calife n'est pas moins que le « maître du monde ». Il est le « personnage messianique promis par les anciennes écritures, chargé de chasser le mal et d'établir le bien, de sauver les âmes de la déviance et de les guider vers le droit chemin, et de rétablir la justice avant la fin du monde ».

Plus de mille trois cents ans se sont écoulés depuis. Et pourtant. Vénérer et obéir à un monarque qui se prétend l'envoyé du Ciel, faire reposer l'ensemble d'un édifice social sur des fondements religieux – l'islam consacré –, voilà toujours le but recherché par les islamistes.

1. Les références historiques relatives au prophète Mahomet et au califat sont tirées de l'ouvrage de Nabil Mouline, *Le Califat, histoire politique de l'islam*, Flammarion, 2016.

En son nom, Abdeslam a traversé l'Europe. Sa quête d'aventure a pris sens, participer au combat sacré pour aider ses « frères » et étendre la terre bénie de l'islam. Il a voulu quitter la Belgique, la mécréance, au nom d'un idéal : élever ses enfants en Terre sainte qu'il aurait contribué à conquérir et à bâtir pour les musulmans. Il n'a pas eu besoin d'être un as en étude coranique ni d'avoir lu les écrits des idéologues pour comprendre cette idée simple et la vivre intérieurement.

Les Frères musulmans (apparus en Égypte dans les années vingt), les salafistes du Front islamique, ceux du Front al-Nosra et les combattants de Daech sortent du même moule : l'islamisme. Selon Yassin al-Haj Saleh, intellectuel et opposant syrien, les islamistes partagent quatre idées : le refus de séparer la religion de la violence, l'imaginaire de l'empire islamique, la détestation de l'Occident et de son État-nation au profit de la nation islamique (*oumma*) et l'application de la loi islamique (*charia*).

C'est le désenchantement qui a enfanté l'islamisme.

Selon l'historien Nabil Mouline, l'idéologie puise ses racines dans celui provoqué par la Première Guerre mondiale. « Le démantèlement de l'Empire ottoman, l'abolition du califat, la domination occidentale et la montée en puissance de nouvelles formes de socialisation ont engendré un véritable désarroi dans certains milieux musulmans. » Pour sortir de la « crise » qui n'en finit donc pas, les promoteurs de cette idéologie prétendent, jusqu'à aujourd'hui, offrir aux croyants en détresse une réponse « crédible » et « globale ».

Selon l'historien, à la faveur d'un bricolage intellectuel qui résulte du détournement de symboles d'origine musulmane et européenne, les différents groupes islamistes proposent à leurs adhérents « un nouveau départ, une nouvelle identité et un nouveau mode de vie. En somme, une "représentation du monde" qui donne la certitude de faire partie de quelque chose de plus grand que soi : le groupe d'Élus chargé par Dieu de rétablir la vraie religion, l'unité de l'*oumma* sous l'égide d'un commandeur des croyants, avant de se lancer à la conquête du monde et de l'obtention du salut ».

J'essaie de regarder de près certains personnages. L'idéologue égyptien aux traits indiens, Sayyid Qutb. Cet homme à la moustache et aux sourcils épais rejoint les Frères musulmans au début des années 1950. « Il opère un revirement idéologique qui aura des conséquences énormes sur le champ politico-religieux arabo-musulman. Il considère en effet que le monde dans lequel il vit est tombé dans l'ignorance et la mécréance. Les vrais croyants, désormais minoritaires, doivent accomplir un exode (*al-hijra*) en se séparant spirituellement et physiquement des sociétés impies. Après avoir créé une plate-forme solide, cette avant-garde de croyants doit se lancer à la conquête du monde impie (*kâfir*) dans le cadre d'un *jihad* intégral. »

Lui qui a séjourné aux États-Unis affirme qu'il faut s'écarter de la modernité. La société en voie de modernisation est mécréante. Cette idée se développera dans le monde arabe dans les années soixante-dix. Les islamistes répandent leur vision du monde : établir durablement le règne de l'islam, le retour à un ordre originel qui aurait été dévoyé par la colonisation.

Sayyid Qutb rédige ses écrits en prison à l'époque du gouvernement socialiste de Nasser. Jugé subversif, Sayyid Qutb sera pendu en 1966. Muhammad Qutb reprend le flambeau de son frère jusqu'à sa mort en Arabie Saoudite en 2014. De frère en frère, encore. Professeur en études islamiques, il compte dans son assistance Oussama ben Laden, diffuse les idées de Sayyid et devient lui-même théoricien des Frères musulmans et source d'inspiration de l'idéologie de Daech. Se référant aux périodes mecquoise puis médinoise du prophète Mahomet, il considère qu'il faut d'abord coopérer avec les autres groupes religieux dont les juifs, avant d'exterminer ses soutiens, d'affirmer le pouvoir des musulmans et de le conquérir par la guerre.

Un autre « personnage » phare dans cette constellation noire est un opuscule publié entre 2002 et 2004 par un djihadiste probablement d'origine égyptienne, Abû Bakr Nâjî, intitulé *De l'administration de la sauvagerie : l'étape la plus critique que franchira la communauté des croyants*. C'est une synthèse des principaux idéologues djihadistes, dont la terminologie sera adoptée par l'État islamique. Selon l'auteur, la lutte armée est le seul moyen de recréer le califat et de s'émanciper de la domination occidentale.

Son plan est en trois étapes. D'abord « affaiblir l'ennemi moralement et matériellement en le harcelant de manière continue ». En cela, « les attentats et les attaques spectaculaires sont les outils privilégiés » qui permettent également d'« attirer les jeunes » et de « professionnaliser les combattants ». La seconde étape consiste après la chute d'un ou plusieurs régimes de profiter du chaos pour « reconstituer l'unité originelle de la communauté islamique » par le recours à la « violence extrême, la bonne gestion des régions soumises et la propagande ». La charia sera appliquée dans tous les domaines. La troisième étape : la proclamation du califat et la fédération des autres factions djihadistes.

Ces figures sont comme taguées sur les murs familiers d'Abdeslam. Que Molenbeek soit à deux heures en train de Paris n'y change rien car l'idéologie s'adresse à tous les musulmans. Il ne faudrait pas que ceux intégrés à l'Occident donnent des idées de liberté aux croyants du monde arabe. Le dogme a tout prévu. L'islam serait sous emprise occidentale, dévoierait les musulmans. L'État occidental serait islamophobe par nature. Et la boucle est bouclée.

La coïncidence n'est pas fortuite : Salah Abdeslam a l'âge d'al-Qaida.

L'organisation a été créée en 1988 par Oussama ben Laden, membre des Frères musulmans dans sa jeunesse, et Ayman al-Zawahiri. Lors de son séjour au Soudan entre 1992 et 1996, ben Laden décide de sa stratégie : frapper en priorité les États-Unis et l'Occident. « Les États-Unis sont la mère du mal », déclare-t-il.

Désigner l'ennemi et les valeurs qu'il incarne est la première étape. Affirmer que la communauté est la cible incessante d'agressions intérieures et extérieures est la seconde. La raison d'être d'al-Qaida repose sur ces principes. Se faire passer pour un sauveur est indispensable avant de tuer en masse. C'est la victoire de la perversion.

La suite du récit coule de source : les musulmans du monde entier ont l'obligation, selon l'idéologie, « de porter secours à leurs coreligionnaires en détresse. Cette solidarité organique s'exprime à travers la pratique d'un jihad global à la fois contre les grandes puissances et les régimes arabo-musulmans qui les soutiennent. L'objectif final est de chasser ces puissances des territoires musulmans, de renverser les régimes jugés apostats et de rétablir l'unité originelle de l'*umma* sous l'égide du califat. Se considérant comme l'avant-garde de la communauté des croyants, les membres d'al-Qaida pensent faire de l'Afghanistan la plate-forme d'une nouvelle épopée. Ils prêtent d'ailleurs serment d'allégeance au chef des talibans, le mollah Omar, en tant que commandeur des croyants en 1998 et déclarent le jihad aux puissances occidentales la même année[1] ».

Salah Abdeslam a grandi dans l'hostilité à l'Occident (et donc à sa propre naissance et à sa vie), et dans une volonté de pouvoir selon les principes de l'islam.

« Depuis la révolution islamique de 1979 en Iran, toute une partie du monde musulman perçoit l'islam comme une manière de résister à la prétention de l'Occident de continuer à dominer le monde[2]. »

Selon le salafo-wahhabisme, les musulmans qui adhèrent aux valeurs démocratiques de l'Europe doivent être excommuniés. Le djihadisme international est là pour défendre la communauté musulmane face à l'ennemi occidental.

À Molenbeek, sur les façades des cafés, des commerces halal, de certaines pharmacies, les écriteaux sont en arabe ou en turc. D'autres magasins portent des noms arabisés. Salles de prière, mosquées, port dans la rue de vêtements islamistes, cabinets de « médecine prophétique », boutiques de mariage, « librairies » islamistes, restaurants halal, agence de voyages spécialisée dans l'organisation de pèlerinages à La Mecque : la culture islamiste marque l'espace public.

La commune est une enclave où s'est propagée la doctrine djihadiste venue des « confins himalayens de l'Afghanistan dans les années quatre-vingt ». Depuis les années 2000, elle s'est enracinée en Belgique, jusqu'à devenir le relais européen par excellence d'une idéologie planétaire.

Salah Abdeslam a vécu au cœur du réacteur du djihadisme européen, là où des opérations en Europe et au Maghreb ont été fomentées, vingt avant les attentats du 13 novembre 2015. L'activisme djihadiste a naturellement pris sur le terreau wahhabite ultra-conservateur insufflé « par le haut » suite aux accords

---

1. Nabil Mouline, *Le Califat, histoire politique de l'islam*, Flammarion, 2016.
2. Rachid Benzine, *L'Hebdo*, avril 2015.

de 1969 entre la Belgique et l'Arabie Saoudite, et salafo-fr̩riste depuis les ann̩es quatre-vingt, faisant de la Belgique « le premier port d'attache du salafisme en Europe[1] ».

Ce microcosme o̹ l'on trouve plus facilement un livre wahhabite que *Martine ̠la plage* est l'espace familier de Salah Abdeslam.

Son attachement ̠Molenbeek est li̩ au mythe qu'il lui associe. Sa commune est une base arri̬re historique, un havre de foi au cÅ“ur de la m̩cr̩ance.

À la naissance de Salah Abdeslam, la guerre id̩ologique islamiste ̩tait d̩j̠remport̩e ̠Molenbeek.

1. Bernard Rougier, *Les Territoires conquis de l'islamisme*, PUF, 2020.

51

AGIR SELON SES CROYANCES

> « Je vois l'homme perdu de perversions politiques, confondant action et expiation, nommant conquête son anéantissement. »
>
> René Char, *Les Feuillets d'Hypnos.*

Sans doute Salah Abdeslam n'était-il pas le plus convaincu, le plus idéologue ni le plus politisé, mais les murs de Molenbeek qui l'ont vu grandir, passer de la barboteuse au blouson en cuir étaient imprégnés d'idées et de valeurs, de convictions et d'habitudes venues d'une double tradition, salafo-fériste et wahhabite, selon laquelle éradiquer son ennemi est un acte religieux, autrement dit, dans l'histoire de l'islam, un acte politique. C'est à travers ce prisme que les attentats terroristes sont justifiés. Les victimes déshumanisées sont les symboles d'une lutte.

La machine du prosélytisme, de la propagande islamiste, de la haine de l'Occident vrombit à plein. Un fond sonore devenu la note d'Abdeslam.

Depuis le 11 septembre 2001, ce projet funeste semble à portée, l'heure se rapproche. Dans cette campagne politique permanente, le djihadisme a eu presque quelque chose de naturel pour Salah Abdeslam. S'engager dans la communauté militante lui a même donné du poids. Dans sa culture, il était devenu quelqu'un de respectable.

L'affaire des caricatures de Mahomet ? Abdeslam l'a vécue de près. Tout ce qui touche aux musulmans est observé à la loupe ici. Il s'est senti solidaire de ceux qui se disaient heurtés. Depuis l'enfance, il a sans cesse été mobilisé contre les sociétés mécréantes. Le terrorisme a été le pas suivant d'une rupture assumée avec la société.

Baigner dans un système de croyances n'est pas sans conséquence. Le credo est clair. L'islam se pervertit au contact de l'Occident. Il faut rejoindre le territoire du califat où la loi d'Allah s'applique à la lettre. Lutter pour conserver la terre des élus de l'islam. Quitter la mécréance de l'Occident pour l'ordre coranique et la pureté du dogme. Ressusciter le modèle politique et religieux des trois premiers siècles de l'islam, le prétendu âge d'or du VIIe au IXe siècle après J.-C. La vie du prophète Mahomet, les quatre califes qui lui ont succédé et les conquêtes par le sang parachèvent cet idéal.

« N'oublie jamais que le pays natal est à toi. Préserve sa pureté. La jeunesse marche avec la volonté de vaincre vers le but suprême. À l'assaut du monde, nous marchons d'un pas sûr. Aucun sentier n'est trop raide pour la jeunesse qui marche vers la victoire », chantait-on en Allemagne il y a près de quatre-vingt-dix ans.

Salah Abdeslam ne s'est-il jamais senti asphyxié derrière ces hauts murs ?

Il y a des hommes avec qui on ne peut se découvrir aucune parenté sérieuse en dehors de notre humanité. C'est mon cas avec Abdeslam.

J'ai l'impression de parler, de vivre et de penser de si loin. Alors je ne sais pas répondre à cette question. Je sais seulement qu'il préfère ignorer la dimension spirituelle ancrée dans l'enseignement de Mahomet et les soulèvements démocratiques en cours dans le monde arabe.

Selon les critères de l'idéologie salafo-jihadiste, il existe une « espérance » : il appartient aux musulmans de retrouver le paradis perdu de l'islam et de rectifier la déviance. Le projet politique invoque un passé prétendument parfait pour le rejouer, lui offrir une part d'avenir, serait-ce en détruisant ce qui lui fait obstacle.

L'environnement de Salah Abdeslam lui a transmis les valeurs à même de légitimer un passage à la violence.

Il se met naturellement dans l'étau de Daech, quoique plus tard que son ami d'enfance, Abaaoud. Salah a toujours agi en décalage. Il résiste puis finit par rejoindre la déviance, qui est pour lui la norme. Il joue le jeu que ses frères de cœur attendent de lui. Il prête main-forte à son ami de quartier qui a rejoint Daech.

À Molenbeek, lui et son groupe sont connectés en permanence avec la Syrie, en lien avec des cybervolontaires chargés de les faire venir en terre sacrée puis de les mobiliser pour commettre des attentats.

Tous sont convaincus de la nécessité du djihad, du projet d'expansion territoriale de l'islam. Une fois les apostats et les mécréants mis au pas, l'islam intégral triomphera.

Le djihad, c'est à la fois un ordre neuf et profondément familier pour Salah Abdeslam. Parler de bascule ou de radicalisation rapide me semble une erreur de jugement. Le djihad est une culture, un univers de croyances qui s'accomplit.

Au lendemain des attentats de Paris, Mohamed Abdeslam dira à la presse sur le seuil de son immeuble : « Brahim a grandi ici, a étudié ici, c'est un garçon tout à fait normal. »

Non. Ordinaire dans un monde normé par l'islam politique.

« Nous avons appris les attentats par la télévision comme beaucoup d'entre vous. À aucun moment nous ne pensions que l'un de mes frères était lié à cet attentat. »

Que les proches de Salah Abdeslam n'aient rien vu venir, voilà qui est peu étonnant. Ils étaient plongés dans le même bain. Un processus lent, organique s'est opéré qui suivait le cours de l'histoire d'un idéal funeste.

Les méthodes de propagation et de prosélytisme à Molenbeek ont été similaires à celles ayant eu cours à Peshawar au Pakistan dans les années quatre-vingt. Les combattants d'Afghanistan, les idéologues wahhabites, via les mosquées financées par l'Arabie Saoudite, et des associations prosélytes ont constitué une société fermée. Une poignée de sympathisants s'est élargie à des centaines d'adeptes. La contre-société militante de Molenbeek est devenue un pôle majeur de l'activisme salafiste européen. Les vagues successives de volontaires ont renforcé les liens entre le front syrien et l'enclave molenbeekoise.

Comment Salah Abdeslam est-il passé du salafisme au djihadisme ? En grandissant à Molenbeek.

Dans sa commune, l'islamisme avait des airs de lutte idéologique, de période « mecquoise ». L'espace du « désaveu » de la société « ennemie » contraire à l'islam était déjà scellé. Nombreux sont ceux qui étaient préparés à l'affrontement généralisé théorisé depuis les années soixante.

Salah avait conscience de l'importance du djihad. Dans son microcosme, ne disait-on pas que chacun devait pouvoir participer à son échelle ?

Ceux partis en Syrie et les adeptes de la cause au café Les Béguines se sont perçus comme l'avant-garde djihadiste capable d'élargir les rangs.

L'interprétation salafiste de l'islam et ses applications au quotidien ont marqué son environnement. Affirmée dans la rue, près des mosquées, dans la librairie qu'il fréquente, auprès de ses amis, de ses frères en Syrie, des grands frères exilés islamistes, sur Internet, dans les cafés ; elle est devenue légitime. Venant d'un quartier militant, il n'a pas eu besoin d'être religieux pour passer à l'acte. Molenbeek était connecté à tous les foyers de l'idéologie islamiste, à l'intérieur et à l'extérieur de la Belgique.

Les vétérans du djihad ont rayonné à Molenbeek. En Europe, dans le milieu islamiste, la commune représentait un modèle à imiter.

Salah Abdeslam a appris l'islam en se mêlant aux frères du quartier, en suivant les cours de religion à l'école publique belge et en fréquentant une « librairie ».

Au quartier, tout le monde parle de la même chose depuis des années : les vidéos qui tournent sur Internet, la *hijra* (l'exode), la politique de la France, l'islamophobie (le mot est préféré à celui de racisme), la discrimination, le complot sioniste, les frères en Syrie. Au café, à partir de 2013, les tensions montent entre les pro-al-Qaida et les pro-Daech.

Les opinions convergent : celles des cheiks, des « libraires », des auteurs islamistes, des prédicateurs sur la Toile, des frères au Levant, des journalistes sur Al Jazeera. La pluralité des sources n'implique pas celle des messages. Ces meneurs d'opinion décodent l'actualité internationale sous un angle unique, l'idéologie islamiste.

Les âmes sont mobilisées, les esprits canalisés, les volontés fouettées. La guerre psychologique a été remportée à Molenbeek depuis longtemps. La machine de propagande a fonctionné. L'islam est un ordre divin, pur, total, qui doit régner sans partage sur l'espace social. Assurer la suprématie des valeurs et des normes de l'islam est urgent comme de libérer les croyants du matérialisme occidental.

Et l'autre dans tout ça ? C'est l'ennemi.

Selon l'idéologie, il existe deux mondes antagonistes : l'islam et l'ignorance. Ceux qui n'adhèrent pas au dogme sont taxés d'hypocrites, d'infidèles, d'égarés, d'hérétiques, de mécréants.

Ceux qui ne sont pas musulmans doivent sortir de la communauté des hommes : les juifs, chrétiens, communistes, athées, « idolâtres » (comme les démocrates), musulmans laïcs et chiites. De même tous ceux qui pensent que les lois humaines sont au-dessus des lois religieuses de l'islam.

Pour les djihadistes, il faut éliminer tout élément impur sur la terre de l'islam, et modifier les cultures collectives des États-nations.

La déclaration du califat le 29 juin 2014 est la dernière touche qui libère les paroles et les actes. Elle réactive une tradition sunnite séculaire et accomplit ce qui se joue à Molenbeek depuis des années. Elle a la force d'un acte d'indépendance de l'islam auquel il est difficile pour Salah de résister. La loyauté vis-à-vis des frères et des sœurs musulmans prime sur tout, même sur sa propre vie. Conformément à l'idéologie, le croyant doit une loyauté absolue aux membres de la communauté. Assistance et soutien.

L'imaginaire est fait de récits, d'affects et de corps. Celui d'Abdeslam était imprégné d'islamisme et d'un modèle totalitaire. Au terme d'un processus de socialisation, répondre à l'appel du djihad a été un jeu d'enfant. Il n'a pas eu à être en rupture avec sa culture, mais, au contraire, à mimer ce qu'il savait depuis toujours, accomplir ce « grand récit djihadiste » dont elle était porteuse.

52

L'ILLUSION D'UN DÉPART

En vue des attentats, Salah Abdeslam a pu quitter le toit familial et parcourir des centaines de kilomètres à travers l'Europe.

La vitesse de la voiture luxueuse qu'il avait choisie floutait les paysages. Salah voyait à peine les aires d'autoroute, filait le long des parkings, des ordures au pied des immeubles, des couples sur les bancs, des pressés sur les trottoirs. La buée sur les vitres et les prières en podcast ajoutaient au brouillage des lignes. Sa vie ne prenait-elle pas un tournant ? Il avait l'illusion d'avoir des ailes. Il n'avait pourtant rien de Pégase, ce cheval ailé, allié des héros.

Peut-être n'a-t-il jamais eu envie de rentrer.

Dans l'étourdissement de ses départs, il se sentait reconnu pour autre chose que ses échecs. Il portait des blousons en cuir, conduisait un bolide noir aux vitres teintées, régalait ses amis en boîte de nuit, commandant la bouteille la plus chère, et qu'on déroule le tapis rouge dans les casinos. La voilà la grande vie. Il a ensuite participé à l'assassinat de ceux qui la vivent cette vie, cherchant à satisfaire la faim dont il était la proie.

« Tous les crimes ne sont que des variétés de vol. » Le meurtre aussi. « Quand on tue un homme, on lui vole sa vie », écrit Truman Capote.

Daech a fait de ses échecs, de sa violence, de sa culture dévoyée une identité, comme la marque des baskets fait le beau gosse des quartiers.

Salah a voulu se prouver qu'il était capable d'éveiller l'admiration, être considéré comme un des bienfaiteurs de l'humanité, fermes comme le roc, dont les noms passent à la postérité pour avoir affronté la mort pour le bien de leur peuple. Vibrant appel comme tracé par le ciel. En réalité, le tour de passe-passe de l'appétit de vengeance.

N'en voulait-il pas au monde de ne pas se conformer à ses conditions ? Lui refuser ce qu'il désirait, lui résister ? La vie doit s'accorder à ce qu'elle me doit, pensait-il.

« N'est-il pas normal que je les haïsse aussi, eux qui m'ont en abomination ? Pourquoi ménagerais-je mes ennemis ? Je suis malheureux, et ils partageront ma misère », dit la créature à Frankenstein dans le chef-d'œuvre de Mary Shelley.

L'âpre morsure de l'envie.

La famille de Nour continuera à me repousser, a dû penser Salah. À couper le seul lien qui me rattache au beau. À déchirer en lambeaux mes espoirs de bonheur et de foyer. À priver Nour de notre enfant. Me condamnant à demeurer un paria. « Il est, certes, en votre pouvoir de me frustrer de tout, mais il me reste la vengeance », dit la créature.

L'ange déchu se mue en diable.

Emporté par la rage, Salah a peut-être voulu défier le monde, semer la destruction et la mort, tuer le plus grand nombre, rendre la lumière haïssable et, après quoi, en contempler les ruines.

Si la volonté de vengeance a sans doute fouetté ses sens, Salah Abdeslam n'est pas tout à fait la créature de Frankenstein car il n'a pas été sans peur. Il a protégé sa petite vie au moment où il contribuait à en massacrer une centaine.

Par chance pour nous, après le Stade de France, il a été impuissant.

53

GLORIEUX VAINCU

> « Le mythe ne nie pas les choses, […] il les purifie, les innocente, les fonde en nature et en éternité. […] Il abolit la complexité des actes humains, leur donne la simplicité des essences, il supprime toute dialectique, toute remontée au-delà du visible immédiat, il organise un monde sans contradiction parce que sans profondeur, un monde étalé dans l'évidence, il fonde une clarté heureuse; les choses ont l'air de signifier toutes seules. […] Au principe de plaisir de l'homme freudien, on pourrait ajouter le principe de clarté de l'humanité mythologique, c'est là l'ambiguïté du mythe: sa clarté est euphorique. »
>
> Roland Barthes, *Mythologies.*

Esther, la quarantaine, petite brune au corps nerveux, me reçoit dans son bureau en prison, un jour de grande chaleur.

J'ai une forme de radicalité. Parce que d'origine juive, j'ai toujours eu de l'empathie pour les marginaux et les minoritaires. Aller travailler en prison était ma manière de faire bouger les choses de l'intérieur. Sous son nom à consonance hébraïque, elle travaille auprès d'islamistes. *J'essaie d'en faire une force.* Elle était enceinte au moment des attentats du 11 septembre 2001. Ma démarche résonne en elle.

Son travail de psychologue auprès de détenus radicalisés a des points communs avec celui mené auprès des adolescents et les phénomènes connus d'addiction. *La radicalisation des adolescents est une manière d'interroger la société. Et qu'on s'occupe d'eux. L'idéologie de l'État islamique a pour fonction de mettre de l'ordre dans le désordre.*

Cela peut se manifester très concrètement.

« Salah n'est pas quelqu'un du genre à ranger sa chambre. Il est très propre mais un peu fainéant, avait déclaré son frère à la presse. Une semaine avant les attentats, je l'ai croisé à six heures du matin, quand je partais au travail, en train d'astiquer le salon. Il faisait le ménage à fond et m'a dit : “ Maman est fatiguée en ce moment, il faut l'aider. ” Ce n'était pas dans ses habitudes. »

Daech a su capter la pulsion des adolescents : quitter sa famille pour refaire le monde. Par ailleurs, ces profils sensitifs non décompensés se défoncent à Dieu. Ils cherchent par la religion à se laver de leurs péchés.

Dans son minuscule bureau sans fenêtre, Esther me rapporte une conversation qu'elle a eue avec l'un d'entre eux :

— On ne doit pas dormir sur le ventre, dit le Coran.

— Qui vous a dit ça ? a-t-elle demandé à son patient.

— Les sages de l'islam.

— Qui sont-ils ?

— Les sages du bâtiment 3.

Le dernier qui a parlé a raison. Comme Nemmouche à Abdeslam.

En maison d'arrêt en 2016, Salah, aux aguets, a mis l'oreille contre la porte. La voix de Mehdi Nemmouche a été une relation physique, une des rares qu'il ait connues en prison : la relation d'un corps, serait-il absent, d'une parole adressée. Non loin, il y avait aussi Mohamed Bakkali, soupçonné d'être un logisticien des attentats du 13 novembre et accusé d'avoir été le chauffeur d'Ayoub el-Khazzani et d'Abdelhamid Abaaoud, dans la dernière étape de leur périple entre la Syrie et la Belgique. En décembre 2020, il a été condamné à vingt-cinq ans de prison par la cour d'assises de Paris pour sa participation à l'attentat raté dans le train Amsterdam-Paris en août 2015.

Quelle folie de mettre un profil de leader et de manipulateur comme Nemmouche dans la cellule à côté de celle de Salah. Mais c'est monnaie courante et un des effets pervers du regroupement carcéral des djihadistes. Salah Abdeslam a été remonté à bloc par Nemmouche.

L'assassin de quatre personnes au musée juif de Bruxelles est devenu son nouveau guide spirituel. Salah s'est mis sous sa protection pour échapper aux pressions des autres détenus qui lui reprochaient d'être une poule mouillée. Et pour gagner en prestige. Nemmouche lui a ouvert de nouvelles perspectives dans la déviance. Se taire face aux enquêteurs, c'est éviter l'excommunication par ses frères et continuer de faire la guerre à la société.

Mes patients radicalisés souffrent d'un sentiment d'infériorité, me dit Esther. *Leur modèle identificatoire est le glorieux vaincu. Un idéal mélancolique. Ce sont des personnalités astructurées et intolérantes à la frustration.*

Dans sa pratique, Esther s'appuie sur la psychopathologie de l'adolescence et des toxicomanes. Ses patients détenus pour des affaires de terrorisme islamiste sont des individus *qui vivent un vide intérieur. Le vide renvoie à la mort. S'emplir de quelque chose est un mode de survie. Ils vont chercher des événements impactants pour faire naître en eux d'autres émotions que la mélancolie. Quand on est mélancolique, on se sent mourir. Ils ont besoin de se confronter émotionnellement.*

Esther a suivi pendant vingt ans des pédophiles en milieu carcéral, avant de s'occuper de terroristes islamistes. Elle me confie que certains pédophiles sont vierges. Selon elle, les terroristes et les pédophiles ont en commun d'être des mutilés de la relation.

L'État islamique est un « fantasme agi » pour reprendre les mots de la psychiatre Piera Aulagnier. Il est d'abord un bienfait dans leur vie. On observe un changement de personnalité, une exaltation et un puissant effet d'imitation.

L'auteur de l'attentat dans le lycée à Kertch, en Crimée, le 17 octobre 2018, qui a fait vingt et un morts et au moins cinquante blessés portait les mêmes vêtements que le tueur de Colombine en 1999. Comme lui, il met fin à ses jours dans la bibliothèque de l'établissement scolaire. Une fraternité qui les dépasse autant qu'elle les exalte.

Salah Abdeslam s'est-il jamais senti aussi bien que durant les préparatifs des attentats ? Avait-il un jour connu une intensité aussi grande ? Une accélération aussi effrénée de son existence ? La tension du danger était devenue sa drogue, celle qui lui faisait éprouver fort. Tout ce qui lui était relié devenait vrai. Ses rêves d'aventure s'accomplissaient à l'aube de ses trente ans. Il voulait en vivre les frissons, s'en approcher l'attirait comme un jeu. Peut-être, dans son délire, se disait-il qu'après il se rangerait.

54

LES CLÉS DU CULTE

> « Quand la politique est à la baisse, la théologie est à la hausse. Quand le profane recule, le sacré prend sa revanche. Quand l'histoire piétine, l'Éternité s'envole. »
>
> Daniel Bensaïd, *Un nouveau théologien, B.-H. Lévy.*

Je cherche à comprendre l'organisation du culte musulman à Molenbeek et ses connexions terroristes. Le juge rocker me met en lien avec Franck, enseignant en relations internationales à Bruxelles et à Montréal, et conseiller auprès du programme européen de prévention de la radicalisation. Ce docteur en sciences politiques est un quadragénaire branché, aux cheveux coupés à ras sur les côtés, et bombés sur le dessus. Nous nous rencontrons au café Walvis où je commence à avoir mes habitudes.

Franck tient d'abord à me livrer les noms des marchands de rêves qui ont mis le feu aux poudres.

Selon lui, tout est parti de Fouad Belkacem qui a créé Sharia4Belgium à Anvers en 2012. La charia devenue le droit canonique de la Belgique était la promesse portée par le mouvement reconnu comme un groupe terroriste par la justice en 2015. Il a eu prise sur de nombreux Belgo-Marocains d'origine flamande qui se sont radicalisés et sont partis en Syrie. Il a étendu sa toile sur un terreau francophone en gagnant Vilvoorde. Puis la région bruxelloise en se concentrant sur la commune où il y avait le plus de musulmans : Molenbeek.

À ses yeux, si les Alpes-Maritimes est le département français le plus radicalisé avec la Seine-Saint-Denis, c'est aussi dû à Omar

Omsen, un Français d'origine sénégalaise envoyé en prison pour acte de délinquance. La formation en nouvelles technologies dont il a pu bénéficier grâce à l'État lui a permis de réaliser des vidéos de propagande de l'État islamique. Avec l'appui de quelques recruteurs à Nice, il est parvenu à envoyer cent trente personnes en Syrie. Pour Franck, il suffit souvent d'un homme.

La question de l'islam ne joue pas à ce stade, mais celle du réseau. Ils prétendent racheter la mauvaise conduite de certains jeunes et les renvoyer à leurs contradictions à coups de manipulations mentales et idéologiques. L'islam est la cerise sur le gâteau. Les salafistes ne doivent pas être confondus avec Daech qui est de l'activisme violent.

C'est sans doute une affaire de gradation. Le salafisme et le wahhabisme ont été largement entretenus, ce qui n'a pas été sans effets auprès de ceux passés à l'acte.

Fouad Belkacem, un des pères spirituels de la filière d'Abaaoud, a été déchu de la nationalité belge et condamné à douze ans de prison en 2016.

Selon Franck, la plupart des terroristes basés en Belgique n'ont pas été formés dans la rue ou dans les mosquées de Molenbeek, mais dans les prisons de Forest et de Saint-Gilles. *Les prisons explosent. On n'a jamais voulu faire face aux problèmes, c'est un drame, la honte de la démocratie, tout se passe là au début. Ensuite, dans certaines entreprises.*

Entre ces murs, la haine de la France macère.

Pour Franck, la France est la première cible de Daech pour quatre raisons: l'implication dans la coalition, la laïcité considérée comme islamophobe, l'argument colonial et le nombre de musulmans, tel qu'il n'y en a pas ailleurs.

La Belgique serait un cas à part. Elle n'a pas d'héritage colonial, pas d'implication démesurée dans les relations internationales vis-à-vis des pays musulmans. Elle fait face à la question complexe du Congo. La tradition de la Belgique d'ouverture et d'accueil se retourne contre elle, selon lui. La politique laxiste et clientéliste menée sous le socialiste Philippe Moureaux à Molenbeek, et communautariste dans certaines entreprises, a sa part de responsabilité dans le déchaînement de la violence.

Mais l'erreur fondamentale de la Belgique, c'est d'avoir donné les clés d'un certain islam belge à l'Arabie Saoudite.

Les prémices furent une affaire de rois.

Franck me raconte que, dans les années soixante-dix, le roi Baudouin de Belgique a reçu le roi Fayçal d'Arabie Saoudite. Le premier est ennuyé avec ses Belges marocains, pratiquement tous au chômage, en quête identitaire et religieuse. Souhaitant rompre avec Rabat, il ne veut pas d'imams marocains. Au moment de la visite du roi Fayçal en Belgique, un supermarché de Bruxelles prend feu : trois cents morts. Le roi Fayçal fait un don aux familles des victimes. Pour l'en remercier, le roi Baudouin lui aurait dit : « Vous êtes le gardien des lieux saints de l'islam. L'Arabie Saoudite est un symbole pour un grand nombre de musulmans. Je souhaiterais vous confier un lieu proche du quartier européen, pour que vous y construisiez une mosquée et un centre culturel arabe. » Le roi Fayçal promet d'en faire le phare de l'islam européen.

Un phare qui n'éclairera que les eaux mornes de l'islam wahhabite.

Grâce au blanc-seing du royaume belge et à la manne pétrolière, l'Arabie Saoudite régnera en maître à Bruxelles.

Son projet d'expansion idéologique daterait de la fin de la guerre des Six Jours, en 1967. « L'Arabie Saoudite décide de profiter de la situation pour augmenter son influence. » Elle utilise l'Université islamique de Médine, la Ligue islamique mondiale et l'Organisation de la conférence islamique « pour exporter son islam sous prétexte d'homogénéisation dogmatique et juridique de la communauté en vue de sa future réunification. Pour ce faire, elle dépense sans compter. Alors que la Ligue islamique mondiale étend ses activités à des dizaines de domaines comme la construction des mosquées, l'aide humanitaire, la jeunesse, l'enseignement (religieux), les fatwas, l'apprentissage du Coran et les transactions financières, l'Université islamique de Médine forme des étrangers et des Saoudiens à porter la “bonne nouvelle” à travers le monde[1]. »

En juin 1969, un arrêté royal belge cède à l'Arabie Saoudite l'ancien pavillon oriental de l'Exposition internationale de Bruxelles de 1897 qui devient le siège du CICB, responsable de la gestion de la grande mosquée de Bruxelles inaugurée en 1978, dans le parc du Cinquantenaire, par les rois belge et saoudien.

1. Nabil Mouline, *Le Califat, histoire politique de l'islam*, Flammarion, 2016.

Pendant vingt ans, le Centre organise le culte musulman en Belgique *made in Ryad.* Le salafisme wahhabite se prêche au cœur de l'Europe en toute légalité. De cheikh en cheikh, des générations de musulmans sont biberonnées à ses idées : la mise en garde contre les sociétés occidentalisées mécréantes pourvoyeuses de lieux de perdition, la séparation entre les sexes, la mise sous tutelle masculine des femmes, le refus de se mélanger avec les Belges, la musique considérée comme illicite, l'antisémitisme, le rejet des chrétiens, le passage sous silence du pluralisme de l'islam…

La mosquée n'est pas l'unique espace de propagande.

Depuis 1974, l'islam reconnu comme culte religieux en Belgique est enseigné lors des cours de religion dispensés dans les écoles publiques belges. Le CICB reconnu « chef du culte islamique » par le ministère de l'Éducation a formé au dogme wahhabite des élèves de primaire et de secondaire pendant seize ans, jusqu'en 1990. Les Frères musulmans ont ensuite développé « un réseau d'enseignement confessionnel privé, tout en cherchant à promouvoir des enseignants en religion au sein des écoles publiques en remplacement du CICB[1] ».

En 2018, suite aux recommandations de la Commission d'enquête parlementaire sur les attentats de Bruxelles, cette association devenue le siège européen de la Ligue islamique mondiale, dont la mission est de diffuser le wahhabisme à travers le monde, a été dissoute, mettant fin à la convention qui liait l'État belge aux Saoudiens pour quatre-vingt-dix-neuf ans…

En bref, l'accord passé entre le roi Baudouin et le roi Fayçal d'Arabie Saoudite en 1974 a été une erreur majeure. On a fait entrer le loup dans la bergerie sans cesser de le caresser ni de lui offrir les conditions sereines à sa reproduction.

Me reviennent à l'esprit les propos de Jalil F., conseiller politique sur l'islam de France, s'agissant de l'organisation du culte en Belgique :

Depuis 1974, la Belgique a laissé aux Saoudiens le soin de financer et d'organiser le culte musulman. Les Belges n'avaient aucune expérience de l'islam. Ça a été vraiment catastrophique, plus l'organisation communautaire belge des immigrés et celle de la Belgique

1. Bernard Rougier, *Les Territoires conquis de l'islamisme*, PUF, 2020.

avec ses multiples strates administratives. Il y a des ghettos nationaux, ce qui n'existe pas en France, des ghettos marocains, turcs. Et en même temps, pas d'organisation communautaire comme les Anglais. Ils n'ont ni le métissage français ni l'implication des pays d'origine dans la gestion du culte. Eux, c'est uniquement l'Arabie Saoudite. Ils n'ont pas une société organisée par piliers comme les Hollandais, les Autrichiens ou les Anglais avec une institutionnalisation communautaire. Ils sont dans une position intermédiaire avec le pire de tous les maux.

La guerre des islams a commencé à cette époque, continue Franck au-dessus de son assiette de frites. Dans les années quatre-vingt, l'Arabie Saoudite s'est « glissée » comme une anguille dans l'ensemble du monde musulman, avec un budget de propagande sunnite pharaonique pour contrer la Révolution de l'ayatollah Khomeini. Ensuite, d'autres mouvements saoudiens ou anti-saoudiens se sont développés : al-Qaida, la guerre contre al-Qaida, et l'État islamique.

L'Arabie Saoudite aurait dépensé plusieurs milliards de dollars pour soutenir les moudjahidins en Afghanistan durant les années 1980. Les autorités politico-religieuses du royaume ont également investi, dès les années 1990, dans les chaînes satellitaires, les sites Internet, les réseaux sociaux et soutenu la production de millions de brochures, CD et livres religieux.

Les démocraties occidentales ont laissé faire, m'avait dit le juge rocker. *On a exactement le résultat de notre laisser-faire. L'Arabie Saoudite est le diable. On méprise soi-disant au nom de nos grands principes la manière dont ils considèrent les femmes, le modèle social qu'ils proposent. Mais on leur serre la main, on fait du commerce avec eux, on leur vend des armes. Nos salafistes ne savent pas qu'ils baignent dans ce qui a été créé par les Saoudiens. Le mouvement djihadiste international n'est jamais qu'un chien fou qui s'est éloigné du sérail du wahhabisme. Je crois qu'aucun jeune de banlieue n'est capable de comprendre que ce qui a été diffusé a été préparé par les Saoudiens qu'ils détestent.*

Même quand Franck ouvre quelque chose de lui-même, sa voix conserve une certaine assurance. Il me raconte avoir été à Tunis avec une femme qui appartient à la Brigade des mères [1] en

1. Association qui lutte contre la radicalisation des jeunes dans les banlieues.

France dont le fils parti en Syrie est mort. Il s'était radicalisé sur son lieu de travail.

Si vous allez vous asseoir une heure et regarder défiler les trams, vous vous apercevez qu'il n'y a que des Marocains qui travaillent à la STIB. On glisse indubitablement dans le communautarisme. Dans le contexte actuel, il suffit qu'il y ait un barbu pour en convaincre cinq ou six. Ça ne veut pas dire qu'ils commettront des actes terroristes. La radicalisation et le basculement vers la violence extrême sont à distinguer. Ceux qui se sont fait exploser ne portaient pas de barbe, Salah Abdeslam n'en portait pas.

Elle était misérable au jour des attentats. Trois poils hirsutes. Il l'a laissée pousser par la suite. Les signes extérieurs ne sont pas la traduction exacte de l'ancrage de la doctrine islamiste sur un individu. Les djihadistes connaissent d'ailleurs très bien les sociétés occidentales dont ils sont issus et savent jouer avec leurs obsessions pour mieux les subvertir.

Au-delà de Salah et de Brahim Abdeslam, il serait intéressant de se pencher sur l'autre frère, Mohamed, celui qui travaillait pour la commune et a fait le tour des médias. Les parents n'ont pas de chance.

« Chance » ? L'éducation serait-elle une roulette russe ?

Quelque chose a germé chez deux de leurs enfants, Brahim et Salah. Par ailleurs, Mohamed volait des bijoux sur les morts. Il a fait de la prison, a payé pour ses fautes. Il a ensuite été embauché par l'opération du Saint-Esprit à la commune de Molenbeek où il était en charge des permis de séjour. Les responsables se sont rendu compte qu'il en faisait un trafic. Après les attentats de Paris, ils lui ont demandé de se taire, mais il continuait d'intervenir dans les médias. Ils ont fini par s'en séparer. Aujourd'hui, je ne sais pas ce qu'il devient.

55

S'ÉMANCIPER EST UNE FAUTE

> « Des dizaines d'années encore après les meurtres, ils n'étaient pas capables d'établir un rapport entre eux-mêmes et leurs actes, mais ils mentionnaient, sur un mode généralement larmoyant, les conséquences de ces événements sur leur santé. »
>
> Harald Welzer, *Les Exécuteurs.*

Je marche avec Franck dans les rues de Molenbeek jusqu'à la maison communale. Nous empruntons la rue Antoine-Dansaert vers le boulevard Barthélemy à double voie. La densité de la circulation contraste avec le calme des eaux du canal dont nous franchissons le pont. De l'autre côté, chaussée de Gand, puis nous tournons à droite rue du Comte-de-Flandre. L'architecture néoclassique du bâtiment de la commune s'aperçoit de loin. Son dôme coiffé de vert qui surplombe le bâtiment public éclipse les banques, les bazars et les épiceries devant lesquels nous passons. Marie, échevine en charge de la jeunesse, me reçoit pour la seconde fois dans son grand bureau.

La Belgique est un des pays les moins bien classés d'Europe en matière d'égalités, selon les études Pisa (programme international pour le suivi des acquis des élèves). Je n'ai pas été dans de bonnes écoles mais j'avais les outils pour réussir. Je venais d'un milieu intellectuel ouvert. Jamais je ne me suis dit que je devrais mettre mes enfants dans de bonnes écoles. Ils ont été scolarisés à Molenbeek, dans la classe du frère d'Abdelhamid Abaaoud, le petit Younes, depuis parti en Syrie. Je m'en fiche de l'école dans laquelle ils sont parce que je sais qu'ils ont ce qu'il faut à l'extérieur. Ce n'est pas l'école qui leur donne les armes.

Propos pour le moins surprenants. Ne joue-t-elle pas le jeu

des inégalités ? Comment changer de cap politique sans être soi-même révolté par la situation de l'enseignement à Molenbeek ?

Tous les jeunes de Molenbeek ont vécu une expérience de discrimination ou de stigmatisation, qu'ils aient bien réussi à l'école ou non, dans la recherche d'un travail, sur les bancs de l'école ou par les contrôles au faciès de la police (surtout pour les garçons). Même s'ils sont nés à Bruxelles, ville cosmopolite, on leur renvoie l'origine de leurs ancêtres à la figure, y compris pour la deuxième ou troisième génération.

Les jeunes seraient pétris de culpabilité par rapport à la misère de leur commune. Le désir d'émancipation serait vécu comme une faute.

Les jeunes d'ici portent une espèce de bagage, d'inconscient collectif, fait de culpabilité. Ils se veulent solidaires des malheurs de leur communauté. Pour un gamin, cela peut se transformer en poids. Si mon rêve est de devenir banquier, policier ou enseignant, qui correspond aux métiers de la société majoritaire, comment y parvenir sans culpabilité ? Pour eux, ils laissent les leurs où ils sont. Ce n'est pas quelque chose qui se dit, mais qui se sent. Ceux qui ont un potentiel doivent se détacher de Molenbeek pour exister en tant qu'individus. Ils disent « mais je reste un Molenbeekois de cœur », ce qui exprime leur culpabilité.

La solidarité communautaire pèse très tôt dans leur vie. Marie en a fait l'expérience. Son fils et son meilleur ami ont vécu l'époque post-attentats de façon très différente. Elle pense que ses enfants ont confiance dans les institutions parce qu'il ne leur est jamais rien arrivé. Ils parlaient avec facilité du fait qu'ils étaient dans la classe de Younes en primaire. En 2016, ce dernier a repris contact avec certains élèves, dont le meilleur ami de son fils. Elle imagine que, pour les recruteurs, son enfant ne faisait pas partie du public cible. La mère du meilleur ami ne voulait pas prévenir la police, elle avait peur d'être considérée comme une traîtresse. Marie a transmis les informations aux autorités en préservant l'anonymat de la famille. Le lendemain des attentats de Bruxelles, le fils de Marie a dit en classe connaître Younes et qu'il avait recontacté d'anciens camarades. Le meilleur ami était très fâché. Les deux élèves ont été convoqués par la direction qui a paniqué. L'un n'avait aucun problème à s'exprimer sans se sentir menacé, l'autre était très inquiet des conséquences. Il portait, selon elle, un poids sur les épaules. *La solidarité avec la communauté est très pesante pour cette jeunesse.*

Le soir des attentats, Salah Abdeslam ne s'en est-il pas extrait in extremis, avant de se remettre dans ses fers en retournant à Molenbeek ?

Pour Marie, il y a une continuité avec les jeunes d'il y a vingt ans. Les djihadistes d'aujourd'hui seraient les gentlemen cambrioleurs d'hier, la mort et l'idéologie en plus (des ajouts de poids qui finiraient par faire branler la comparaison même).

Le djihadisme est le symptôme d'un malaise profond chez les jeunes. « Notre colère nous conduisait à braquer des banques. C'était notre manière de nous retourner contre le système et d'en profiter financièrement », dit la génération précédente. Ceux qui font le djihad pensent en profiter en se faisant exploser. Ils nourrissent de la colère vis-à-vis de la société et sont persuadés de faire le bien. Ils sont dans un projet que nous considérons barbare et injuste. Une fois pris dans la rhétorique de Daech, ils l'envisagent comme un projet positif de justice. Davantage que ceux qui braquaient des banques il y a vingt ans, sans idéologie.

L'effet d'entraînement a répandu son venin à partir de 2012. *Entre 2012 et les attentats de mars 2016 à Bruxelles, des jeunes parlaient de Daech par effet de mode, sans être des acteurs du recrutement. Chez certains, ça a pu faire son chemin.*

Quels sont les dispositifs qui ont été mis en place par la commune pour lutter contre la radicalisation ?

Dès 2012, on a pris conscience du repli identitaire. Au changement de législature, on a créé une compétence dialogue interculturel pour ouvrir le quartier, valoriser les différents pans de l'identité, découvrir d'autres cultures, et travailler les questions religieuses. À l'été 2013, il y a eu la première révélation d'un boum de départ en Syrie. Notre fonctionnaire de prévention a été engagé en avril 2014.

Je m'étonne du temps écoulé.

Mais, en reprenant la chronologie, je finis par comprendre. Le 20 mars 2014, Abaaoud, l'enfant de Molenbeek, apparaît hilare dans une vidéo, les babines retroussées, traînant des cadavres derrière son gros quatre-quatre Ford.

La commune a organisé une première formation en mai 2014, juste avant les attentats du musée juif, sous la forme d'une matinée de réflexion pour les travailleurs sociaux. Ces derniers se demandaient bien pourquoi. « Ce n'est pas à nous de nous en occuper », disaient-ils. *Les candidats au djihad bénéficiaient encore d'une image romantique.*

Vague de six cents départs de jeunes en Syrie, dont 75 % proviennent de cinq communes bruxelloises, attentat du musée juif à Bruxelles, et certains acteurs sociaux s'interrogeaient sur la nécessité de ce travail social ?

Plus encore, ils se sont sentis mis en cause. *On vient critiquer notre religion, disaient-ils.* La prise du wahhabisme sur les consciences était profonde.

L'équipe municipale prend soudain conscience que leur première cible était les travailleurs sociaux salariés de la commune dont beaucoup sont issus de la communauté musulmane. Pour Marie, ils ont certes une bonne expertise de terrain et les codes, mais ils manquent parfois de méthode et de recul par rapport aux enjeux. La première étape a donc été de les « outiller » afin qu'ils s'emparent du sujet sans se sentir mis en difficulté.

Les attentats de Charlie Hebdo *en janvier 2015 ont été un premier électrochoc. La demande a été plus importante.*

« Premier électrochoc » ? N'y a-t-il pas eu en Belgique une vague de départs en Syrie, l'attentat du musée juif et le démantèlement de la cellule djihadiste de Verviers ?

À chaque nouvel attentat, la demande a augmenté.

On a développé trois axes de travail. Une cellule de crise avec un suivi psychosocial des personnes dont on craignait le départ en Syrie. La formation des travailleurs sociaux et l'organisation de débats pour décrédibiliser le discours des recruteurs. Enfin, la prévention : stériliser le terreau des recruteurs par le développement de projets citoyens et de l'école.

Molenbeek compte quinze travailleurs sociaux pour l'ensemble du territoire. La plupart sont des grands frères, d'anciens caïds. *Si j'avais pu en engager quelques-uns en plus pour rééquilibrer les équipes par des tandems – une personne qui connaît bien le terrain et une autre, la méthodologie – cela aurait été utile.*

Face aux inégalités, au sentiment de culpabilité, à la solidarité communautaire et au malaise intérieur, d'autres n'improvisent pas leur acte de foi. Ils préparent leurs réponses depuis longtemps. Non pour assécher les maux dont les jeunes gens souffrent mais pour les fertiliser au service d'un idéal.

J'interroge l'échevine sur le parti politique « Islam » créé en

2012 par un chauffeur de tram de la STIB, Redouane Ahrouch. À peine maquillé de l'acronyme « Intégrité, Solidarité, Liberté, Authenticité, Moralité », il propose la séparation des hommes et des femmes dans les transports en commun, comme indiqué dans leur communication – « les hommes montent à l'avant et les femmes à l'arrière » –, et de « prévenir le vice ». À Molenbeek, 50 à 60 % de l'électorat est musulman

Ce parti islamiste a-t-il voix au chapitre à Molenbeek?

Je ne savais pas qu'il avait été créé à la STIB. On a un élu issu de ce parti au conseil communal de Molenbeek, comme à Anderlecht. Je ne dirais pas qu'ils ont grossi mais, de temps en temps, ils font des actions. Quelques personnes les suivent.

Ça vous fait peur?

Non, car je ne pense pas qu'ils aient une réelle capacité de nuisance. Celui qui est au conseil communal n'est pas bien méchant. De temps en temps, il part dans des délires religieux qui n'ont rien à voir avec le débat politique, dit-elle en riant.

Je ne ris pas.

Il fait des interventions vraiment pas méchantes. Il n'est vraiment pas méchant. Ce ne sont pas des gens méchants. Par contre, ils sont à côté de la plaque. Je pense que ceux qui les suivent ne comprennent pas très bien les enjeux politiques.

Les « pas méchants » ne sont-ils pas l'autre nom de la viscosité et de la mauvaise foi? Le parti en question et son idéologie intégriste existent bel et bien. Qu'ils soient portés par des agneaux n'en est qu'un fumigène.

La promotion de la culture intégriste dans l'espace public a été la première étape de l'agenda politique islamiste dans la région bruxelloise. La seconde: devenir un parti politique, un groupe de pression capable d'affirmer son pouvoir idéologique et de transformer la réalité.

Laxisme, condescendance et un air d'ingénue. Nous marquons une pause dans notre entretien. Une des collègues de Marie vient d'entrer, je sens l'échevine gênée de poursuivre la conversation. Elle prétexte un coup de fil urgent à passer. Je reprends mes esprits près d'un lustre monumental ornant le vaste couloir où, il y a peu, Brahim venait défoncer la porte d'un échevin.

56

FATALITÉ

De retour dans le bureau au parquet ciré, je reviens à Salah Abdeslam. Que représente de travailler à la STIB pour un jeune? Un repaire de Marocains et d'entre-soi, disent certains.

La STIB est le plus gros employeur de la région bruxelloise. Au ton sec de Marie, je sens qu'un jeune devrait s'en contenter et se la boucler. Pour elle, il n'y a pas dix options, comme hier quand on naissait près d'une usine Citroën.

C'est une opportunité. La STIB est parmi les plus gros employeurs, celui qui permet d'accéder à des métiers pour lesquels il n'y a pas besoin d'avoir des diplômes élevés, donc fatalement c'est normal qu'on ait beaucoup de gens des quartiers qui se retrouvent à la STIB. C'est très bien.

« Fatalement »?

Une question me brûle les lèvres: rêvez-vous que vos enfants deviennent manutentionnaires? Votre rôle n'était-il pas d'allumer les possibles, faire tomber les barrières, aider ces jeunes à donner corps à leurs audaces? Qu'ils deviennent cosmonautes, archéologues, juges, médecins, diplomates.

Je me tais. Qui suis-je pour lui faire la leçon?

Je me souviens des propos de Naël, travailleur social. *Des gens disent: « Mais il avait un travail! » Dans les séries à la télévision, ils sont médecins ou avocats, et dans les reality shows ce sont des stars ou des pseudo-stars, des sportifs ou des pseudo-sportifs.*

Avant, selon lui, la culture ouvrière était vivante, les parents affichaient une certaine fierté quand le fils devenait ouvrier, ce dernier en éprouvait lui-même. Aujourd'hui, l'estime pour la condition ouvrière se ressent encore dans les grandes villes industrielles comme à Charleroi. *À Bruxelles, la classe ouvrière n'a plus du tout une image valorisante et, quand on est Marocain, c'est encore pire.*

La STIB a été pointée du doigt comme un repaire de radicalisés, poursuit Marie. *Il y a eu quelques personnalités un peu problématiques mais, si toutes les entreprises de Bruxelles étaient aussi diversifiées que la STIB, il n'y aurait pas autant de chômage dans les quartiers.*

« Diversifiées » ?

L'autre société qui recrute beaucoup à Molenbeek dans les domaines de la sécurité, du nettoyage et de la manutention, c'est l'aéroport de Zaventem. Avec la STIB, ils ont été touchés par les attentats de Bruxelles. Ça a fait basculer l'image des terroristes dans le quartier, tous les jeunes connaissent quelqu'un qui travaille à la STIB ou à l'aéroport.

Ils ne se seraient pas identifiés aux voyageurs assassinés en partance pour New York mais au bagagiste, à l'agent de sécurité, et au conducteur de tram soufflés par les explosions.

Dans la trajectoire d'un jeune, la STIB, comme Zaventem ou Bruxelles Propreté, peut être positif. C'est ça qui est fou avec Salah Abdeslam : il avait la formation et un emploi. L'ancien bourgmestre Philippe Moureaux disait toujours : si on donne un emploi et un logement à un jeune, on a gagné. Mais non.

Nourrir des rêves en majuscule pour ces jeunes, voilà ce qui a pu faire défaut. La STIB et l'aéroport ne sont pas des cibles choisies par hasard par les terroristes, mais les lieux du paradoxe.

Le voyage à l'arrêt où ils allaient croupir.

Les métiers misérables que la société et les politiques projetaient sur eux.

Nous n'avons pas toutes les informations ni ce que savaient les frères Abdeslam – à quel point Salah était convaincu par le projet de Daech. Jusqu'à quel point a-t-il été conscient et a-t-il cru aux idéologies de ce combat ? Dans quelle mesure n'est-ce pas simplement cette espèce de banalisation parce qu'on se connaît, parce qu'on a fait des choses ensemble par le passé dans des filières plus classiques de petite criminalité, et qu'on rend des services sans trop poser de questions ?

La frontière entre le bien et le mal est floue pour eux. Ils se doutaient bien que c'était pour participer à un attentat mais ils n'ont peut-être jamais eu toutes les informations. Les cerveaux, oui. Salah a dû se dire : je ne fais rien d'autre que vendre une arme, transporter quelqu'un. Il a pu se déresponsabiliser.

Qui déresponsabilise qui, au juste ?

Parmi ceux arrêtés à Verviers, il y avait un jeune de Molenbeek. « Un grand frère toujours à apaiser les rixes. Ce n'est pas possible, c'est un guet-apens », pouvait-on entendre dans le quartier. Lors de son procès, on s'est rendu compte qu'il était plus impliqué. Mais que savait-il ? Être impliqué est une chose, savoir ce à quoi on participe en est une autre. Pour moi, par rapport à Salah Abdeslam, l'énigme reste entière.

Dans les mois qui ont précédé les attentats de Paris, Salah Abdeslam s'est rendu dans au moins huit pays, a parcouru des centaines de kilomètres dans six voitures différentes sans avoir idée de ce à quoi il participait ? Il a parcouru l'Europe pour aller chercher dix djihadistes de retour de Syrie en ignorant ce qui se préparait ? Dans un magasin de pyrotechnie à Saint-Ouen-l'Aumône il a acheté douze déclencheurs à distance, en toute ignorance ?

Marie a quitté la politique en 2019 pour s'occuper d'une ferme écolo et accueillir ceux qui ont besoin de repos.

57

AUX ORIGINES, UN REGARD

> « Il y a la crainte de disparaître sans être jamais apparu. [...] La beauté nous assure de nous-même. La beauté est la seule mère qui ne fait pas défaut à ses fils. [...] Tout ce qui n'est pas regardé n'existe pas ou existe mal. Tout ce qui n'est pas regardé est laissé dans le malheur de la non-reconnaissance. »
>
> Christian Bobin.

L'identité territoriale, c'est-à-dire celle du quartier et de la ville de résidence, est beaucoup plus importante que l'origine.

Leïla, universitaire à Bruxelles, me reçoit dans un des bureaux vides de son laboratoire de recherches au dernier étage d'un immeuble en verre. Ses cheveux sont couverts d'un foulard en soie au dégradé d'ocre assorti à sa veste cintrée à la taille. Sous l'étoffe, on aperçoit le lobe de ses oreilles serti de perles blanches. Plus haut, ses joues rebondies sont impeccablement maquillées de fond de teint et de blush, ses sourcils dessinés au crayon brun. Souriante, vive, voilée, cette trentenaire figure dans le palmarès des femmes qui comptent en Belgique, selon les médias. On se l'arrache pour la Journée internationale des droits des femmes.

Leïla consacre ses recherches à la question des processus d'identification culturelle dans un contexte post-migratoire, particulièrement chez les personnes issues de l'immigration marocaine, la première communauté étrangère en Belgique.

Rifaine, elle a grandi à Molenbeek.

Pour elle, les origines ne sont pas déterminantes. La plupart des enfants de l'immigration, aujourd'hui adolescents ou jeunes adultes, sont des produits du terroir. Ils appartiennent davantage à la culture occidentale qu'arabe ou berbère.

Une séquence le montre bien, celle où l'on voit Abaaoud dans un véhicule à traîner des cadavres. Son langage est déconcertant, de l'argot bruxellois mêlé à la langue d'origine, saupoudré de « machins Allah », le tout complètement bricolé. C'est le langage de Bruxelles ! Il emprunte à plusieurs lexiques. Pour moi, la culture de la bande d'Abdeslam est urbaine, une culture des rues traversée par les codes de l'honneur et de la masculinité.

Un être ne fonctionne pas comme les compartiments d'un train. Les morceaux dont il est fait se chevauchent et s'entrechoquent. Il est impur par nature. Salah Abdeslam est traversé par la culture urbaine, mais aussi rifaine, arabe, occidentale, islamiste…

Selon Leïla, des recherches montreraient que la quête des racines expliquerait le parcours de certains terroristes partis de Belgique vers la Syrie. Ils souffriraient du manque de reconnaissance de la contribution des émigrés à la Belgique, et de l'absence de mémoire et d'histoire transmises.

La culture maghrébine n'existe pas assez dans la société pour Leïla. Quand son petit garçon était en maternelle, Halloween coïncidait avec l'Aïd. À son époque, on ne fêtait pas Halloween dans les écoles. Elle regrette que les enseignants ne parlent pas des différentes fêtes et de leurs origines. À l'école, il y aurait un déni de ces questions, selon elle. *Le Treizième Guerrier*, avec Antonio Banderas, voilà un des rares films où les musulmans seraient du côté des gentils. Elle considère que Molenbeek a été particulièrement stigmatisée après les attentats de Paris, l'identité musulmane depuis les attentats du 11 septembre 2001, et l'identité rifaine depuis toujours.

Elle déplore l'insalubrité et le manque d'éducation dans sa commune mais n'aime pas la voir réduite à une caricature. Elle aimerait qu'on s'intéresse à ce que Molenbeek a d'entrepreneuse, sa dynamique associative et son hors circuit culturel et solidaire.

Leïla a connu Mohamed Abrini, impliqué dans les attentats de Paris et de Bruxelles. À l'aéroport de Zaventem, il abandonne la troisième bombe et s'enfuit. Il habitait à côté de chez sa grand-mère et était originaire du même village marocain. Elle connaît bien sa famille. Des villages entiers au Maroc ont été transplantés jusqu'ici. C'est une des particularités de Molenbeek.

Mohamed et Salah Abdeslam, elle les a croisés lors de fêtes.

Salah a fait ses études et a pu rentrer sur le marché de l'emploi, ce qui n'est pas rien en termes d'affiliation. Je pense à une analyse de Didier Lapeyronnie, un des grands sociologues français, qui date de 1987. Quand un individu suit un processus d'intégration et est confronté à la discrimination, c'est beaucoup plus violent à vivre, selon lui. L'injustice va provoquer un processus fort de repli.

Salah vivait mal l'injustice, elle était chez lui presque paranoïaque. Conforté par sa mère, il devait se considérer comme une victime au carré. Combien de « mon pauvre chéri » a-t-il entendus ? De « ce n'est pas de ta faute » ? Le méchant n'était jamais lui.

Le clientélisme politique qui régnait à Molenbeek et les livres disponibles en bas de chez lui ont dû entretenir sa toute-puissance.

La communauté d'origine marocaine a une relation particulière avec les politiques. J'étais intriguée par la relation entre le bourgmestre et les personnes d'origine marocaine. Mes recherches ont mis en évidence une pratique : tu votes pour moi, en échange tu auras un logement. Il y a eu un transfert des codes politiques du Maroc en Belgique, notamment vis-à-vis du bourgmestre qui faisait l'objet d'une certaine sacralité, figure représentant le pouvoir politique. Sacralité que ne ressent plus la génération actuelle.

Après le temps du sacre, celui du rejet.

Exister pour un individu implique de prendre part politiquement à la vie de la cité, d'exprimer sa voix. Haïr ou adorer un chef de file contribue à affirmer une existence politique. La nature outrancière du meneur en augmente souvent l'attrait.

Ce ne sont pas les psychopathes mégalomaniaques qui manquent comme modèles, nous en avons eu des spécimens à la tête de l'État, m'avait dit Esther dans son bureau en prison.

L'histoire politique de l'islam n'en est pas non plus dépourvue. Les califes de l'âge impérial (661-1258) ont géré les affaires publiques comme s'il s'agissait d'un bien personnel. Le népotisme, le clientélisme et le factionnalisme ont eu cours. Le mécontentement de la politique califale a souvent suscité des révoltes plus ou moins violentes. Au nom du droit de résistance à la tyrannie, plusieurs groupes politico-religieux se sont révoltés contre l'ordre établi, en s'appuyant sur des traditions attribuées au Prophète, dont la plus célèbre est : « N'obéissez pas à une créature contre son Créateur. » Le phénomène commence sous les derniers Omeyyades et s'accélère sous les Abbassides. La soif de grandeur a aussi caractérisé les monarques ottomans dès le XVIe siècle. Ils ne se considéraient pas moins que les plus grands souverains de l'univers.

Salah Abdeslam ne veut pas rejoindre le camp des détracteurs du fanatisme ni reconnaître les abus de pouvoir de ses maîtres. Il demande à être conforté dans ses certitudes, dorloté dans son désir de toute-puissance, comblé dans ses fêlures.

Leïla doit prendre le métro. Elle me propose de l'accompagner. Elle ramasse ses affaires, enfile son long manteau couleur grenat et nous voilà dans l'ascenseur puis la bouche de la station de métro. Un de ses amis, un brun en blouson de cuir, nous rejoint au bout de quelques minutes. Nous sommes en plein courant d'air. Il est curieux de ce qui m'amène, je le lui dis en deux mots. Il m'explique, sans autre préambule, que dans la tradition arabo-musulmane le garçon est le prince, le roi.

Il peut tout se permettre, alors que la fille, on va la serrer. Si elle fait des études et qu'elle est à Harvard comme Leïla, il n'y a pas de problèmes. Elle étudie, et c'est la clé de l'émancipation. Le garçon, tant qu'il n'y a pas les flics, il gambade… C'est ça l'erreur. On est vendredi, il dit à ses parents : « Je pars avec des copains, je reviens samedi. — Très bien, vas-y. » C'est une des clés pour comprendre.

Je regarde Leïla. Elle a de l'éclat. Enfant, elle a dû susciter la fierté de ses parents. Elle est aussi imprégnée d'une histoire d'émancipation féminine. Sa grand-mère a vécu jusqu'à cent six ans. Quand elle a quitté le Maroc, elle avait été mariée deux fois. Son premier mari est mort durant la guerre d'Espagne. De lui, elle a eu un enfant, le père de Leïla. Pour que son deuxième mari la laisse partir avec son fils, elle lui a trouvé une femme et s'est occupée de leur mariage. En Belgique, elle a élevé seule son fils, dans la tradition maghrébine et les valeurs féministes qui s'étaient peu à peu imposées à elle.

Pour Leïla, le Rif était associé à sa grand-mère libre et audacieuse. Dans son histoire, elle a puisé sa force. Le Rif d'hier et les discriminations d'aujourd'hui n'ont pas eu les mêmes effets sur elle et sur Salah. Ils n'ont pas macéré de la même façon sous la peau de la jeune femme, ne se sont pas infectés jusqu'à répandre leur pus ; elle en a fait des sujets d'étude. Aux origines, le premier regard fut celui d'une femme qui a pris sa liberté. Au plus intime de Salah, ses racines familiales partagées avec Leïla ont vécu différemment. Elles ont formé un autre récit et déployé une autre langue.

Elles l'ont conduit à nommer justice ce qui était une imposture, nommer charia ce qui était une trahison de Dieu. Péché, un mensonge. Guerre sainte, un délire. La raison véritable de son engagement le soir du 13 novembre n'était pas l'injustice de l'Occident à l'égard des musulmans, ni les discriminations dont il se sentait la cible, mais son histoire personnelle irrésolue.

58

S'AIMER SOUS CONTRÔLE

> « PARIS. – O love ! O life ! Not life but love in death. »
> Shakespeare, *Romeo and Juliet.*

Nour voyait Salah une ou deux fois par semaine, loin des regards. Ils préféraient sortir de Molenbeek. Salah passait la chercher à la sortie de ses cours, à Dansaert, « chez les Flamands » ou « chez les riches », disait-il, et ils roulaient jusqu'au shopping d'Anderlecht.

Pourquoi m'adresser à vous alors que j'aimerais me faire oublier ? Les médias ont rêvé de se bâfrer de mon histoire d'amour et de ma crédulité. La boutique tenue par mon frère a été l'adresse la mieux partagée par les journalistes du monde entier. J'ai tenu bon et mon frère a fait front. Je n'ai pas envie que ça recommence.

Je lis son tourment dans ses yeux, et pourtant elle est là, face à moi. Et notre lien s'approfondit au fil du temps.

Nour acceptait de voir Salah s'ils étaient dans un endroit éloigné du centre : Molenbeek. La pression des jugements y était trop forte. Tout le monde savait qu'ils étaient englués dans leur relation, aucun mariage civil à l'horizon, ses parents refusaient qu'elle le voie. Ceux du quartier se demandaient ce qu'elle faisait encore avec lui.

Passé un temps, un âge, ça doit devenir clair. Vous vous mariez ou bien ?

Ils préféraient se voir plus loin. Dans le grand vaisseau blanc du shopping d'Anderlech, sous les néons des marques, ils se sentaient des anonymes presque heureux. Ils avaient l'habitude de prendre un verre au restaurant rapide Exki qui était bon marché.

Leur couple faisait sensation là-bas. Elle et lui guettaient l'expression des visages quand ils passaient la porte. Aucun de ces inconnus n'avait le poids de leur histoire à l'esprit, seul l'aimant de leur présence.

Les manèges et les animations pour les enfants, ils s'en tenaient éloignés de peur d'y croiser une cousine ou une tante susceptibles de vendre la mèche aux parents de Nour.

Salah n'était pas le genre d'homme à faire des compliments mais Nour le voyait dans son comportement, il la trouvait belle et était fier d'être à ses côtés. En dehors du quartier, il se sentait davantage à la hauteur même si lui tenir la main aurait été imprudent.

La jeune femme aimait aller au cinéma avec lui l'après-midi. Dans la salle obscure, elle était libre de se blottir dans ses bras, de lui exprimer un peu de son amour et de sentir sa douceur. Mais c'était le temps d'un film. Après le générique de fin, les difficultés qui environnaient leur relation se rallumaient.

Elle luttait contre le sort en lui proposant de ne pas se quitter tout de suite, et de faire les boutiques ensemble. Ce qu'elle avait inventé pour justifier ses absences à ses parents lui permettait de prolonger jusque-là. Lui, il n'avait pas vraiment d'horaire avec sa mère. Il n'allait pas au rapport.

Nour laissait Salah passer la tête entre les rideaux de la cabine d'essayage, il lui donnait son avis – « Tu ne veux pas être un peu moins classique, pas très sexy ce col roulé » – et volait une caresse. Il avait du goût et prenait soin de son apparence. Jean bien coupé, pull col rond, chaussettes assorties, cheveux soignés. Il avait le sens du détail.

Les derniers temps, il traînait les pieds dans la galerie marchande et restait rivé sur son portable, même quand elle essayait des sous-vêtements chez Etam.

L'espoir était sa fécondité. Une vague qui partait d'elle et le portait vers lui.

59

FERMETURE

Arrêté :

ARTICLE PREMIER. – Est ordonnée la fermeture au public de l'établissement installé dans l'immeuble sis à 1080 Bruxelles, rue des Béguines, pour une durée déterminée de 5 mois prenant cours à la date du 5 novembre 2015 pour se terminer le 4 avril 2016 inclus. [...]

Ainsi fait et décidé à Molenbeek-Saint-Jean le 2 novembre 2015.

La Bourgmestre, Françoise Schepmans.

Saisie par la lecture de cette affiche placardée sur le café Les Béguines devant lequel je fais halte. Décision de fermeture le 2 novembre, attentat onze jours plus tard. Ils tenaient leur os.

L'arrêté communal a fixé le calendrier des attentats de Paris.

Du matin à la nuit tombée, Salah, son frère et leur petite bande usaient leurs jeans sur les vieux tabourets de cette gargote sans charme transformée de mois en mois en bastion intégriste. Désinhibés par les effluves de shit qui rendaient leurs regards vitreux, ils devaient ruminer leurs frustrations et l'injustice dont ils pensaient être les cibles.

Salah s'en croyait le champion.

Frustration politique. Au chômage depuis quatre ans, il n'avait pas obtenu d'emploi public par piston comme certains de ses proches. Ses parents étaient aussi sur le point de perdre leur logement social.

Frustration économique. Le café qu'il tenait avec son frère allait fermer.

Frustration sentimentale. Les parents de Nour s'opposaient à leur mariage civil.

De partout, elle rongeait ses terres. Il était incapable de les convertir en possibles, incapable de les traverser sans insulter l'avenir.

Dans son café où ni les femmes ni les non-musulmans n'étaient tolérés, un petit groupe d'hommes passait en boucle sur leur PC les vidéos sanglantes de propagande de l'État islamique, écoutait les appels à rejoindre le combat et les sentiers d'Allah, se rêvait en super-héros musulmans. Quand leur impuissance allait-elle enfin bander et répandre son jus ?

Salah et ses amis attendaient avec impatience la prochaine vidéo de Daech, comme le nouvel épisode d'une série dont on serait mordu.

Ils devaient chercher l'occasion de vomir l'envie et la frustration qui nourrissaient leur vie. Les haines n'étaient plus refoulées, elles débordaient.

Mise à mort au couteau, torture par des enfants, l'écran, cet habitacle qui procure une impunité et une immunité jamais égalées, les éduquait.

Les prêches ne les aimantaient pas mais la chair, le sang, la boucherie. Ils étaient enfin à l'intérieur des corps.

« Ce qui au début du processus aurait encore été considéré comme inhumain et inacceptable est regardé de plus en plus comme normal et acceptable », écrit Harald Welzer.

— Regarder la vérité en face c'est mieux que de griller des burgers, disait Brahim trônant sur son tabouret de patron.

Depuis l'écran ensanglanté des Béguines, c'est l'horreur qui plongeait au fond de Salah. Il avait dû serrer les dents pour l'apprivoiser, s'y habituer et se laisser peu à peu dominer par elle. Comment rester insensible aux malheurs de la *oumma* ?

Et la *oumma*, n'est-ce pas une affaire de mère, *oum* ? Tu ne vas pas défendre la figure sacrée de ta mère ? Tu ne vas pas la protéger de la souillure ? Salah ne portait-il pas en lui la honte des mots prononcés par sa future belle-mère qui avaient sali la sienne ?

Délirants, oisifs sur le canapé du sous-sol, Salah et ses amis compatissaient au malheur des Syriens qui ne leur avaient rien demandé, aux pleurs des enfants irakiens, se gargarisaient de la prétendue grandeur de l'État islamique seul capable selon eux de leur restituer leur dignité de damnés de la terre et leur faire supporter le deuil de leur propre vie. L'interdiction de tuer se transformait en commandement. Salah Abdeslam laverait des attaques celle qui lui avait donné la vie.

Abaaoud n'est-il pas parti au Caire, un des territoires « modèles » dans la croyance islamiste ? Et leurs amis en Syrie ne sont-ils pas des martyrs originels ?

— Abaaoud nous a devancés sur le sentier d'Allah, il nous a montré la voie du courage, à nous de suivre son exemple ! a dû vociférer Brahim, lui qui début 2015 se vantait auprès de la bande des Béguines, photos à l'appui, de s'être rendu en Syrie. Là-bas il aurait reçu des instructions d'Abaaoud. « Retourne en Belgique, c'est en Europe que l'organisation a besoin de combattants, là où elle veut frapper. »

L'avenir ne donnerait rien, ils feraient eux-mêmes quelque chose pour *les leurs*.

Des habitués du café Les Béguines rapportent les propos des frères Abdeslam aux enquêteurs :

« Vous fermez les yeux sur ce qui se passe ! C'est la guerre. Vous allez payer plus tard ! On est en train de faire du mal à nos frères et à nos sœurs, Allah ne va pas vous pardonner ! Si on ne défend pas nos prochains, on est des ignorants. On paiera les pots cassés au moment du Jugement dernier. C'est obligatoire de défendre l'État islamique, le Coran le dit. Des discours qu'on trouvait choquants mais ce n'était que des mots. »

Non. La langue guerrière engage la guerre. La langue culpabilisante met en selle.

Rester sans ciller les bras croisés face aux images en Syrie et à « l'occupation israélienne » reviendrait pour eux à être comme leurs pères. Des soumis. Piqués au vif, pauvres pantins.

Dans la tradition chrétienne, Satan aussi frappe l'esprit des pécheurs et éveille en eux la culpabilité et l'effroi.

Ce qu'ils vont légitimer, ce n'est pas la violence mais la « contre-violence », l'autre nom de la légitime défense.

Leur mantra : détruisez ce qui vous détruit.

À coups de bières défraîchies et de malbouffe, ils couvaient la gestation de leurs grands projets. Eux aussi, ils prendront les armes pour faire imploser cette société pourrie. Comme un employé exécute le sien dans son bureau, ils allaient *faire le travail*. Se dévouer à la tâche et au combat.

L'effet de groupe renforce le courage de chacun. Enfin, jusqu'à un certain point. Pour s'en donner, Salah s'est laissé pousser une courte barbe et a arrêté de boire.

Le 4 août, descente de la police belge qui constate par elle-même ce secret de polichinelle : le trafic de stupéfiants aux Béguines.

La décision administrative de fermeture du café, ultime provocation pour Brahim et Salah qui ressentent le vertige de n'avoir plus rien à perdre.

Les options de cibles leur parviennent depuis la Syrie via des logiciels de cryptage. Tous avaient été recalés dans des boîtes de nuit à Paris et éconduits par de jolies Parisiennes. Avoir la nationalité française pour Salah Abdeslam ne devait que renforcer sa haine pour la France qui bombardait des positions djihadistes en Syrie. L'écho intime de Paris pour chacun d'eux, le lot de frustrations et de désir de possession qu'elle cristallisait donnaient sens à une action collective de destruction massive qui la visait. Ils répondraient au commandement.

Les plans s'élaborent à toute allure. Leurs esprits sont entièrement mobilisés par leur funeste mission. Jour après jour, des masques de cire se forment sur leurs visages. Paris et ses cafés, ses salles de concert, ses filles libres, sa jeunesse cosmopolite deviennent leur idée fixe.

Salah et de manière plus amplifiée Brahim nourrissaient une haine pour l'autorité et ses représentants, m'avait dit l'élu ceinture noire de Molenbeek. *Un de mes collègues qui a été agressé par Brahim l'a ressenti très fortement. L'autorité était, à ses yeux, ce qui lui barrait la route. Même chose quand on a fermé son café parce qu'on y avait trouvé du shit.*

Quelle a été leur réaction ? *Vous imaginez… Vous leur enlevez le pain de la bouche. Ça a été, je pense, un élément accélérateur de leur passage à l'acte. Brahim a fait une série de démarches pour essayer de rouvrir son truc, mais impossible avec un arrêté de police et une procédure judiciaire en cours. Certains réguliers du café étaient en situation de récidive.*

La fureur de Brahim a embrasé Salah. Sans doute le point d'accroche en lui. L'image intime, archaïque, de son frère qui faisait flamber la maison quand lui-même était enfant a dû le saisir comme un flash. En 1998, Brahim âgé de quatorze ans avait mis le feu au logement familial, contraignant la famille à déménager.

Son frère dans les flammes, son frère en furie, demain son frère en feu, la narration a pu prendre sens au plus profond de lui-même. Parce qu'on croit aux images de nos rêves, l'idéologie de Daech est devenue inconditionnellement vraie pour Salah.

La guerre sainte, le fondement de sa croyance.

Le djihadisme, l'islam naturel.

Le café n'était plus ordinaire à ses yeux. C'était un laboratoire du djihadisme européen, une société secrète d'hommes, un bunker capable d'écraser les mécréants.

Je suis campée depuis longtemps devant ce café fermé, un vieil homme en chemisette m'observe, l'œil désapprobateur, derrière son rideau au-dessus du *Salon de coiffure du prince*, à la devanture fumée. Une femme avec une poussette double passe devant moi et tourne rue Pfeiffer où je remarque une autre enseigne : *La Résidence l'étoile.*

Prince, étoile, ici on semble se cramponner au merveilleux.

Le matériel n'est pourtant jamais loin : « Money international expend envoi d'argent sûr au Maroc », promet une autre affiche quelques mètres plus loin. À la sortie du métro Montgomery, le lointain devenu proche fait irruption : « Alep, soutenons les survivants. »

60

CAFÉ MOURIR

Je reconnais Kamel à sa longue silhouette et à son blouson en cuir que j'aperçois sur le seuil du café Walvis. Il a connu Salah à l'époque des Béguines dont il était client. Il a accepté de me revoir. Je le sens sur ses gardes.

Un peu de tout là-dedans. Ça buvait, ça fumait, ça regardait des films pornos. Et puis, ils ont fini par passer de plus en plus de vidéos de propagande de l'État islamique. Des exécutions, des vidéos hardcore pour témoigner de ce que Bachar faisait vivre à son peuple : avilir l'islam et tuer les musulmans. Leur pote Abaaoud était en Syrie.

Il n'y avait personne dans ce café en dehors des petits du quartier et des extérieurs qui venaient acheter leurs morceaux. C'était la misère, une ambiance glauque. Salah était souvent à servir le café avec Brahim.

Kamel travaillait tout près, dans une maison de quartier.

On avait un regard sur Les Béguines. Avec mon collègue, on y allait souvent pour chercher des cafés marocains. J'avais mes informateurs, je savais ce qui s'y passait. Il a aussi bien connu Mohamed Abrini, Abid Aberkan et Bazarouche.

La serveuse me sourit. On finit par se connaître.

Salah est un malin, un voleur, un filou, comme Abrini. Ils ne pouvaient pas se faire péter. Trop rationnels pour aller au bout du processus. Abrini a la touchette, il cartonnait dans ses vols, mais c'est un clairvoyant. Brahim était un primaire, déterminé, impulsif, à l'insulte facile. Un incontrôlable qui frappait direct. Pour moi, il avait clairement un problème de maladie mentale.

C'est l'influence des autres qui a fait basculer Salah. Une fois entré dans un monde bipolaire, en sortir c'est devenir kouffar, un larbin.

Perdre toute légitimité. Salah s'est fait embobiner. Quand on lui a dit, tiens les clés de la Mercedes, cinq mille euros, tu vas chercher des vrais hommes à Budapest, il s'est senti investi d'une mission. On lui a donné de l'importance, une reconnaissance sociale, l'occasion d'exister pour une « noble » cause, la défense des musulmans en souffrance. Cette lecture polarisante – on est écrasé, l'islam est souillé – a fonctionné sur lui.

Défendre le monde musulman des agressions extérieures plutôt qu'en affirmer la conquête territoriale, voilà la parade djihadiste telle que préconisée par l'ancien Frère musulman égyptien Abdallah Azam dans les années 1980 pour justifier les combats.

Salah a dû s'identifier aux victimes de Bachar, particulièrement aux enfants. Ceux qu'il n'aurait pas avec Nour. Ses enfants absents, ses enfants perdus, ses enfants martyrs, voilà un autre événement intime qui a pu provoquer sa décision de s'engager.

Nous sommes des victimes du système, disaient-ils dans ce café. Tout était lu sous le prisme de la conspiration. La franc-maçonnerie, les illuministes, ils faisaient un gros mélange. Même JCDecaux agissait en secret pour les détourner de leur religion. Le premier jour du ramadan, changement d'affiche neuf sur six dans la rue : une fille à poitrine. Le type sur son échelle était membre du complot ! disaient-ils.

Dans leur vision du monde, qui sont aux manettes du prétendu complot ? Les Juifs. « Nous faisons une fixation sur les Juifs depuis les origines de l'islam, et cette fixation refuse de nous quitter. Les Juifs ont toujours été peu nombreux, et pourtant ils déclenchent chez nous une telle réaction mentale que nous sommes incapables de nous les sortir de la tête. [...] Cette haine nous empoisonne[1]. »

Les mots d'Élie me reviennent en boomerang. *Ceux qui ont connu Salah à l'époque des Béguines se sont fait arrêter. Cela a suscité un sentiment de « rafle », du stress, des insomnies chez les jeunes angoissés par l'attente de leur arrestation.*

« Rafle ». Être raflé c'était être tué au Vel d'Hiv. Les mots n'ont-ils pas une portée symbolique ? Les détourner, n'est-ce pas donner crédit à un fantasme ?

Ça part en vrille, me racontaient mes petits jeunes, poursuit Kamel, *ceux qui fréquentaient le centre social. Ils sont en boucle. On en*

1. Hamed Abdel-Samad, *Memri*, Washington, 10 mai 2016.

sort souillé, écrasé. Avec mon collègue, nous gardions l'œil sur eux mais le 1er avril 2013 nous avons dû quitter le quartier.

La maison de quartier dans laquelle il travaillait a fermé pour cause d'insalubrité. Je sens la souffrance de Kamel d'avoir *abandonné* les lieux et *ses* jeunes à la vermine des Béguines.

Il avale son café d'un trait.

C'est le même sentiment de culpabilité qui étreignait Naël, travailleur social :

Dans la vingtaine de récits de vie de djihadistes belges que j'ai lus, ce qui m'a frappé c'est qu'ils ont tous fréquenté des associations ou des institutions d'aide à la jeunesse ou de protection de la jeunesse, quand ils étaient enfants ou adolescents. Le travail associatif que nous avons fait avec eux n'a pas été suffisant. Nous avons une responsabilité.

Après la fermeture de la maison de quartier de Kamel, les jeunes qui en étaient les habitués ont passé leur temps aux Béguines. *C'est comme ça qu'Hamza Attou, un de nos petits, s'est fait embobiner, et a été chercher Salah à Paris après les attentats.*

61

WALVIS

> « Le rapport à la femme est le nœud gordien, le second dans le monde d'Allah. La femme est niée, refusée, tuée, voilée, enfermée ou possédée. Cela dénote un rapport trouble à l'imaginaire, au désir de vivre, à la création et à la liberté. La femme est le reflet de la vie que l'on ne veut pas admettre. Elle est l'incarnation du désir nécessaire et est donc coupable d'un crime affreux : la vie. »
>
> Kamel Daoud, *L'Hebdo.*

Au café Walvis, je ne vois toujours aucune femme voilée attablée face à son muffin, aucune des silhouettes à poussette double croisées sur l'autre rive du canal de la Senne. Atmosphère paisible mais étrange.

C'est la culture méditerranéenne traditionnelle, me dit Naël qui vient de me rejoindre.

En moi, le schéma de la liberté de la femme vue comme une « décadence » ne rentrait pas.

L'homme s'occupe du travail, est responsable de l'extérieur, et la femme de la maison et de l'éducation. Dans la culture ouvrière, on va boire un verre avant ou après le travail. C'est la culture du café des hommes. Les émigrés ont été les premiers touchés par la crise économique et les restructurations. Quand on vide les entreprises, on commence par les étrangers et on garde les contremaîtres qui sont plutôt des Belges. Beaucoup de pères de famille ont été licenciés et, au lieu d'aller boire un verre avant ou après le travail, ils y restent la journée.

En tant que femme, ça ne se fait pas d'aller au café. Molenbeek est une commune particulière du fait de sa concentration de Berbères venus de deux ou trois régions différentes, avec des liens familiaux ou claniques forts.

Avenue de Stalingrad, dans les snacks et les cafés, il n'y a que des Marocains. Les touristes qui n'ont pas compris qu'il s'agit de cafés ethniques viennent s'asseoir.

Encore heureux, lui exprime mon regard. L'ai-je dit tout haut ?

Ça hurle en moi, sans doute parce que la mort, au nom de ces idées, continue de frapper à l'aveugle dans les cafés. J'aimerais pouvoir éclaircir ma voix. Le touriste serait l'ignorant, le dur à cuire, celui qui décidément ne comprendrait rien des coutumes ethniques séparant les hommes des femmes ? Je suis cette rétive, moi aussi, cette éperdue des cafés où viennent s'asseoir pêle-mêle les errants, les flâneurs, les amoureux, les employés de bureau, les banquiers, les ouvriers, les femmes au foyer, les croyants, les indifférents, les célibataires, les adultères, les réprouvés, les riches, les poètes, les miséreux et les séducteurs. Je les aime attablés là, mélangés, dans le désordre, sans aucune distinction. Le génie des cafés est d'agrandir le monde à l'instant même où ils nous extraient de son chaos.

— Nos excuses pour le retard, la machine a eu du mal à se mettre en route ce matin.

La serveuse aux collants rouges essaie de faire de la place sur la table encombrée par mes carnets de notes et la presse. Mais ce n'est pas ce que vous aviez commandé ?

— Un espresso ?

— Désolée c'est un double, me répond-elle.

— Laissez, c'est presque un triple qu'il me faudrait.

Une association féministe composée d'intellectuelles arabes lutte contre les ghettos sexistes, poursuit Naël, imperturbable. *Une de leurs actions est d'occuper les cafés en groupe. Les femmes s'attablent et attendent les réactions. Elles ont fait le constat que beaucoup de tenanciers leur souhaitaient la bienvenue, contrairement à ce qu'elles pensaient : être évacuées ou critiquées.*

On n'est donc pas face à un problème de discrimination, de rejet ou d'interdiction, mais d'évolution culturelle. Les tenanciers ont compris qu'avec une offre commerciale réservée aux seuls hommes, ils sont perdants.

La perte financière, voilà celle qui les trouble le plus. Et avec elle, la mauvaise presse que ces frondeuses pourraient leur faire.

Dans plusieurs snacks, le premier étage est familial. Au rez-de-chaussée, il n'y a que des hommes. En haut, des femmes ou des couples. Ce sont des codes de fonctionnement à connaître.

À connaître ou auquel on est prié de se soumettre?

Je vais souvent manger un couscous avec des collègues féminines, il n'y a aucun souci. Elles ne se sentent pas mal à l'aise.

Naël ne prend décidément pas la mesure du dessous des cartes. La bataille est spirituelle, je viens d'en parler, mais elle est aussi, et cela va ensemble, politique. Changer les comportements, séparer les hommes des femmes est un lent travail de sape, une opération de captation de la communauté musulmane, de mise en échec de l'État de droit européen, d'atteinte à la diversité qui nous fonde et à ses promesses d'émancipation. Les marqueurs islamistes dans l'espace public sont des frontières symboliques et physiques au service d'un islam totalisant venu de la péninsule arabique, dont le référent est idéologique.

Les salafistes disent que Dieu a créé des pièces séparées et qu'il faut le respecter. Si une femme travaille avec des hommes, va dans un café avec des hommes, fait du sport avec des hommes, elle transgresse la règle. Contrairement à ce que les gens pensent, les prêcheurs ont beaucoup de difficultés à la faire appliquer. La mixité fait partie de l'éducation. Elle donne du pouvoir aux femmes et en enlève aux hommes qui se sentent perdre une partie de leur statut. Ce qui leur reste, c'est leur masculinité. Ils s'y accrochent. C'est quelque chose de culturel, beaucoup plus que de religieux : l'image dégradée de l'homme qui n'apporte plus d'argent à la maison. La culture masculine, c'est la virilité. Au pays, les ouvriers ne craquent pas, mais ici oui, à cause du système économique.

Et de l'effondrement spirituel qui l'accompagne.

Mais aussi, peut-être, à force de vivre coupés les uns des autres, éloignés des lieux de convivialité et de mélange social, ethnique et sexuel, soi-disant pourvoyeurs de corruption morale. Il m'apparaît aussi qu'éprouver la force et la faiblesse de sa virilité quand on est un homme; de sa féminité, quand on est une femme, fait partie du *métier de vivre*.

Après le départ de Naël, je redescends dans la station Comte-de-Flandres, la plus proche du logement de la famille Abdeslam, celle qu'il empruntait chaque jour. Juste avant les tourniquets, j'aperçois une statue en fer : un homme suspendu dans le vide. Imaginées par le sculpteur Paul Van Hoeydonck, seize figures d'Icare en pleine chute.

62

MÉDÉE ET APOLLON

Aux yeux d'une mère, le fils est rarement Icare, plus souvent Apollon.

La mère de Salah connaissait Nour depuis sa naissance. Sa valeur, son bilinguisme, ses études supérieures, sa beauté, ses bonnes manières n'échappaient à personne. Pourtant elle ne manquait pas une occasion pour la rabaisser.

Tout pour ses enfants, rien pour les autres, tel était son mantra.

Elle a toujours voulu avoir le contrôle et décider pour les autres. Elle aime le pouvoir. Si elle en avait eu l'occasion, elle aurait choisi à ma place à de nombreuses reprises, m'avait dit Nour.

La jeune femme n'avait pas son mot à dire. La mère n'avait rien de spécifique à lui reprocher mais considérait qu'elle n'était pas assez bien pour son fils préféré, son demi-dieu, son Olympe. C'était à Nour de s'estimer chanceuse d'être avec lui. *Parce que toutes les filles le veulent,* lui répétait-elle.

Le garder avec elle, contre elle, sous son toit comme une éternelle couvée, tel était le désir intime de la mère. Pour Salah, prendre son envol, faire sa vie avec Nour aurait été se séparer d'elle.

Un *hadîth* dit que « le paradis est sous les pieds des mères ». N'est-ce pas l'enfer pour certains?

La famille traditionnelle se protège toujours de celui ou celle qui vient de l'extérieur. Lucide, Nour n'avait pas sa place.

Tout cela n'était pas sans ambivalence. Elle sentait aussi la fierté de Salah. Elle se vivait comme un trophée, ou plutôt, à ce que j'en comprends, comme le meilleur parti. *Tu as gagné au loto,* s'exclamait la mère de Salah à la favorite de son fils. Le père de Nour était propriétaire de plusieurs biens immobiliers, ce qui n'était pas le cas des Abdeslam, locataires d'un logement social. Pourquoi la jeune femme ne demanderait-elle pas à ses parents d'hypothéquer un appartement pour s'installer avec son fiancé ? Et au fond, entretenir Salah qui ne semblait pas contre ?

À l'évidence, des états d'esprit différents séparaient les deux familles.

Les derniers temps, début 2015, les portes claquaient chez les Abdeslam. La mère bataillait contre les projets de départ en Syrie de ses fils « pour sauver les Syriens ». Combien d'enfants de ses amies étaient déjà là-bas ? Elle en parlait peu avec son mari qui semblait susciter de moins en moins la crainte de ses fils, mais cristallisait leur mépris des « vendus à l'Occident ». Salah et Brahim légitimaient les exécutions de ceux qu'ils appelaient les traîtres. Comment répondre ? La mère s'affolait, mettait Nour sous pression. Les fils quittaient la maison plusieurs jours. « Ne t'inquiète pas maman, nous savons ce qui est juste. » Ils semblaient avoir trouvé la réponse à toutes leurs questions. Ils étaient en guerre sainte.

La mère de Salah répétait à Nour qu'elle était son dernier rempart pour garder Salah en Belgique et l'empêcher de rejoindre la Syrie. Elle redoutait qu'il disparaisse comme son frère Brahim. Et si, du champ de bataille syrien, lui ne revenait pas ? La mère, de sa voix tremblante, suppliait Nour de le convaincre de rester. En parfaite manipulatrice, elle l'utilisait pour retenir son fils, incapable qu'elle était de s'opposer frontalement à lui, terrifiée de lui déplaire.

La jeune femme, considérée jusque-là comme interchangeable au gré de l'humeur amoureuse de son fils, était devenue la pièce maîtresse du jeu. Elle l'était d'autant plus qu'elle lui permettrait, demain, de faire porter la responsabilité des actes meurtriers sur la famille de Nour.

La jeune femme répondit-elle aux plaintes de la reine par une surenchère amoureuse ? Nour fit ce qu'elle put.

63

TARTUFFE

> « Il avait admirablement tenu son rôle, sans plus savoir peut-être qu'il en tenait un, comme un homme qui joue avec le feu ne songe plus qu'il jouait quand il se brûle. »
>
> Louis Guilloux, *Le Sang noir.*

La vie de Salah, la double, triple, quadruple vie de Salah sont apparues à Nour dans les journaux.

Cet homme je ne le connais pas, il est un étranger.

Je vois les choses autrement aujourd'hui. Pour mes parents, Salah n'était déjà pas le gendre idéal à l'époque. Ils avaient perçu ce que je n'arrivais pas à voir.

Nour avait déjà eu l'amère occasion de découvrir ce que Salah lui cachait. C'était en 2011 alors qu'il était en prison pour braquage. Trois jours après son arrestation, elle avait écrit une lettre au directeur pour obtenir un droit de visite.

« *Monsieur le directeur,*

« *J'ai l'honneur de solliciter de votre part un droit de visite à Monsieur Abdeslam Salah actuellement détenu à la prison de Nivelles. Je suis Nour, la fiancée d'Abdeslam Salah, et je souhaiterais lui apporter un peu de réconfort. La détention est une épreuve difficile à surmonter pour lui et je pense qu'une visite permettra non seulement de lui apporter un peu de chaleur humaine, mais également de conserver le lien qui nous unit. Pour toutes ces raisons, je vous remercie de bien vouloir accéder à ma requête.* »

Suite au rejet de sa demande, elle prit conscience que l'agent la confondait avec une autre femme : *Je ne comprends pas, vous voulez une seconde autorisation ?*

Salah la trompait.

Elle semblait l'inverse de Nour. Sportive, noctambule, mais parlant plusieurs langues. *La mère, la sœur et les frères étaient au courant. Tout s'est fait dans mon dos.*

Salah aurait établi une composition de ménage avec cette jeune femme auprès de la commune. Sur le plan administratif, ils étaient donc domiciliés à la même adresse. La mère, complice de la trahison, niait tout en bloc, disant à Nour qu'elle était folle et devrait plutôt se faire soigner. Des preuves la contredisaient. Elle trouvait la parade : « Elle l'aide pour ses papiers. » Leur relation était pour le moins ambiguë. Les états dans lesquels sa rivale se mettait parlaient pour elle.

Jamais Salah ne m'a avoué cette relation. Il n'a fait qu'esquiver en parlant d'amitié. La fille en question s'est éloignée en apprenant mon existence. Elle lui aurait demandé de choisir et il n'aurait jamais formulé clairement son choix. Je crois avoir bénéficié du seul privilège de l'ancienneté.

Nour en a profondément souffert.

Pourquoi n'a-t-il pas dit la vérité ? Elle me sourit. *J'aurais préféré.*

L'excusant : *Peut-être parce qu'il ne voulait pas me blesser.*

Plus sûrement, je crois, pour s'épargner lui-même.

Brahim défendait Nour, et réprimandait Salah : « Tu n'imagines pas la chance que tu as. »

En apparence, le père ne disait rien mais il avait conscience de la valeur de sa belle-fille au regard de la médiocrité de son fils. Ce qui n'avait peut-être pas tout à fait échappé à Salah. Ce dernier savait au fond de lui-même que Nour valait davantage que lui. Par fierté, il n'en disait rien.

Nour a aussi découvert dans les médias que Salah avait des parts dans le café Les Béguines, repaire de truands scellés par l'amitié et l'islam politique. Elle pensait que c'était seulement celui de son frère Brahim.

Surprenant que cette jeune femme belle, digne, exigeante ait pu maintenir une relation avec un tel imposteur.

J'étais jeune et je manquais de confiance en moi.

Lui n'en manquait pas. Il suffit de vous voir, de vous écouter, Salah n'avait-il pas peur de vous perdre ?

Mon amour était inconditionnel et il le savait.

64

VOYAGE RETOUR

> « Des soldats qui ne savent pas pourquoi ils combattent, savent pourtant, une fois, pour quoi ils ne combattent pas. »
>
> Karl Kraus, *La Nuit venue.*

Tremblant de tout son corps, effrayé de se faire flinguer alors que Paris est par sa faute et celle de ses frères à feu et à sang, Salah achète un téléphone portable à la station Château-Rouge. Il appelle ses amis à Molenbeek.

D'abord son cousin pour qu'il vienne le chercher en urgence. Il refuse. Il contacte alors Mohamed Amri et Hamza Attou, deux habitués des Béguines. Le premier, âgé de vingt-six ans, a déjà été condamné pour vol et trafic de stupéfiants ; le second, vingt et un ans, est un des dealers du bar des Abdeslam.

Hamza qui a été extradé et inculpé en France va payer pour une amitié de quartier, m'avait dit l'élu ceinture noire. *Il était en train de boire un verre dans un café du haut de Molenbeek, quand Salah lui a téléphoné. Par amitié de quartier, il accepte. Ils vont le chercher à deux.*

À 2 h 20, Hamza Attou et Mohamed Amri prennent la route pour Paris.

Nous n'avons pas beaucoup parlé. On a écouté de la musique et fumé des joints. Nous avions emporté l'herbe de Bruxelles, c'était un petit pacson qu'il nous restait de Hollande, ont-ils déclaré aux enquêteurs.

Au même moment, Salah se trouve avec des lycéens au neuvième étage d'un immeuble. Il partage avec eux un burger, fume des joints et regarde les vidéos des attentats. Il finit par s'endormir dans un coin de la cage d'escalier.

À 5 h 40, Hamza Attou et Mohamed Amri le retrouvent allée Vauban à Châtillon.

La manière dont Salah s'est comporté dans la voiture est révélatrice, m'avait dit l'élu. *Il s'est mis à pleurer. « Les gars, j'ai fait une connerie », leur a-t-il dit.*

Salah aurait raconté avoir participé aux attentats et être le dixième membre du commando. Il aurait semblé mal à l'aise, mais aurait dit avoir tué à la Kalachnikov. L'enquête le contredira. Salah Abdeslam se sert d'un massacre pour se vernir l'ego.

Salah aurait menacé de faire sauter la voiture si les deux hommes ne le ramenaient pas à Bruxelles. Il cherche à les duper. Il a laissé son gilet d'explosifs à Montrouge.

Salah est recroquevillé dans le siège de la voiture comme un grand brûlé ou un chiot apeuré. *Il leur montre les armes et se met à pleurer, d'après la discussion que j'ai pu avoir avec ses amis*, avait poursuivi l'élu.

Avait-il vraiment des armes sur lui ?

Sur la route, ils s'arrêtent dans une station-service, Salah en ressort avec des croissants, la doudoune ouverte, sans gilet d'explosifs. La voiture est contrôlée à trois reprises par les forces de l'ordre. Aucun policier ne procède à leur arrestation.

« Ils étaient avec leurs mitraillettes. Ils avaient entouré la voiture, c'était choquant. [...] J'ai dit : ça y est, c'est la fin. J'ai compris qu'il n'y avait plus d'issue », dit Salah Abdeslam à son voisin de cellule à la prison de Bruges, dans le quartier de haute sécurité, en 2016, comme le révèlent les écoutes du renseignement belge.

Le véhicule franchit la frontière sans encombre. À 23 h 53, le président de la République n'avait-il pas annoncé l'état d'urgence et la fermeture des frontières ?

Ces jeunes ont été interrogés par la police, m'avait dit l'élu ceinture noire. *Ils se connaissaient très bien, ils jouaient au foot et fumaient des joints ensemble. Le reproche que je fais à Hamza, détenu en France, c'est de ne pas m'avoir averti. Pour moi, il ne savait rien. Il a su lors du voyage retour et là, il aurait dû...*

Son grand frère, un enseignant de vingt-sept ans, soutenait sa famille après l'interpellation d'Hamza. Elle était associée à des faits d'une gravité extrême. Un soir, le frère est resté dormir chez ses parents.

Au matin, on l'a retrouvé mort. Un infarctus pendant son sommeil. On a tous été très marqués.

Hamza a été tellement choqué par ce retour en voiture avec Abdeslam qu'il s'est enfermé dans le silence. Il ne savait pas comment réagir. À l'époque, j'avais dit à son frère : « Il aurait dû prévenir la police et ne pas garder ça pour lui, sinon il devient complice. » Il ne s'est pas rendu compte.

« Pas rendu compte » ?

L'enquête démontrera les liens étroits de Mohamed Amri avec les frères Abdeslam dans les semaines précédant l'attaque, notamment pour des locations de véhicule, laissant soupçonner au minimum une connaissance du projet. Hamza Attou a été libéré sous contrôle judiciaire le 14 mai 2018.

Une chose me frappe dans cette chronologie, Salah n'a pas cherché à rentrer en contact avec Abaaoud ni Akrouh, eux aussi en cavale. La position de lâcheur aurait-elle été trop délicate à assumer vis-à-vis de son ami d'enfance ?

Abaaoud et Akrouh ont des projets précis : le jeudi 19 novembre, commettre des attentats dans un centre commercial, un commissariat et une crèche à La Défense. Et Abdeslam ?

À en croire une enquêtrice de la police judiciaire, une femme rousse coiffée d'une frange à la japonaise, il semblerait que les membres encore vivants des commandos des attentats du 13 novembre projetaient d'en commettre de nouveaux *même en reprenant le lâcheur. Un de ses frères était mort en « martyr ».* Salah Abdeslam ne semblait pas vouloir mourir mais *il retourne au bercail. S'il peut être utile à autre chose, pourquoi pas.* « Ne vous inquiétez pas, a-t-il pu dire à ses complices, je me rattraperai la prochaine fois. Je n'ai pas fini le travail. »

L'enquête montrera que c'est Mohamed Belkaïd que Salah appellera après les attentats, qui assurera sa cavale une fois en Belgique. Cet Algérien qui a vécu en Suède et en Syrie est aussi le chef de l'organisation des attentats de Paris depuis la Belgique. Sans doute aussi le maître à penser du groupe comme semble le révéler l'enquête. Âgé de trente-cinq ans, derrière l'écran de son téléphone et sa barbe épaisse, il a piloté les attaques en communiquant avec Abaaoud (qui lui était responsable du Stade de France et des terrasses) et les tueurs du Bataclan.

Quand il sera interrogé par les policiers belges après sa capture, Abdeslam avouera que Mohamed Belkaïd n'était *pas content du tout de le voir revenir*.

On imagine, ce n'était pas vraiment au programme.

« Je lui ai expliqué que je ne pouvais pas me faire sauter. On a discuté. Il m'a consolé et dit qu'il me cacherait », a déclaré Abdeslam aux enquêteurs belges. Les attentats sont un grand succès pour l'organisation, il n'est pas question d'éliminer un des frères qui l'a rendu possible. Elle ne le gronde pas, elle ne se détourne pas de lui, elle le console. Sa mère n'aurait pas fait mieux.

65

MES PETITS

« Jusqu'au dernier instant, où à vingt pas quelqu'un dirait : "Êtes-vous prêts ?" Non, il ne serait pas prêt. Et pourtant il répondrait oui d'une voix qui s'efforcerait à ne pas trembler. Ce serait encore un mensonge, mais le dernier. »

Louis Guilloux, *Le Sang noir.*

Depuis son arrivée dans le café, Kamel n'a pas ôté son blouson. La complicité d'Hamza Attou au voyage retour de Salah le mine.

En mai 2007, j'étais parti avec Hamza dans un camp militaire belge au nord du pays. Un voyage organisé par l'École royale militaire pour recruter des femmes, des handicapés et des jeunes issus de la diversité.

Je souris avec lui de la capacité des institutions à faire des paquets. On indifférencie les laissés-pour-compte et on mène tambour battant des campagnes pour leur insertion.

Sur le terrain, les participants ont ramassé des douilles qu'ils ont gardées en souvenir. Lors de la perquisition chez Hamza, les policiers les ont retrouvées. On l'a cru logisticien des attentats de Paris. J'ai écrit à son avocat pour rétablir la vérité.

Si demain je pars à l'étranger et demande qu'on vienne me chercher, dix bagnoles arrivent de Molenbeek. Rendre service est la règle ici. Reste à savoir si Hamza l'a fait en connaissance de cause... De toute façon, c'est fini pour lui comme pour Mohamed Amri. Je me suis senti mal par rapport à ces petits qui au départ n'avaient rien à voir avec Daech. Par manque d'opportunité, ils sont restés dans ce café.

« Rien à voir » ?

Jusqu'au bout Kamel a essayé d'arracher *ses* jeunes à l'école salafiste.

La dernière fois que j'ai vu Attou, je lui ai dit : « *Viens me voir, on va essayer de trouver un truc pour toi.* » *Il m'a remercié en ajoutant ce qu'il n'avait jamais dit auparavant,* « *mon frère musulman* ». *Il m'a fallu du temps pour remettre en ordre les pièces du puzzle.*

Au départ, à écouter Kamel, ils étaient *des petits jeunes classiques, pas du tout religieux, qui sortaient non-stop, et faisaient tourner les filles.*

L'idéologie salafiste a contaminé le quartier. Elle a inventé une nouvelle langue. *La recrudescence du phénomène religieux ponctué de mots arabes. Chaque phrase scandée par* « *Inch Allah* ». *La vie tout entière placée sous le contrôle de Dieu pour qui on devait* « *opérer* ». *Cette clique abandonnée était en demande de reconnaissance. L'argent et les voitures les ont happés. L'État islamique a été leur opportunité.*

« Happés » ?

Selon lui, l'État islamique aurait fait écho en eux à la relégation scolaire, la stigmatisation à l'école et la discrimination qu'ils ont connues très tôt. *Ce sont des phénomènes sociaux qui les ont rendus radicaux.*

Salah et ses acolytes auraient avalé l'islam radical comme un antalgique d'action rapide ? Magie d'une greffe expresse d'appartenance ? Des écorchés vifs, sensibles à l'appel des sirènes, à qui l'on apprend soudain une certaine définition du bien et du mal qui donne sens à leur vie ? *Born again*, mais *born to die* ?

Je n'en suis pas sûre. Mais c'était sans doute trop violent à l'échelle individuelle de prendre la mesure d'une idéologie à l'œuvre. Le djihadisme, la décision de prendre les armes pour défendre le « corps islamique » apparaît comme l'aboutissement d'un processus lent et organique.

Salah n'était pas déterminé à mourir ce soir-là. Pas suffisamment endoctriné. Il n'avait pas tiré un trait sur son avenir. Il s'est fait distiller un truc par Abaaoud auquel il a cédé.

« Distillé » ? Abaaoud semblait comme un objet disputé, le principal dans le monde extérieur. Pour le petit groupe d'hommes du café, son pouvoir, ses responsabilités au sein de l'État islamique ont pu attirer à lui fantasme et libido.

Dans les propos de Kamel subsiste une contradiction. *Ses* petits et Abdeslam ne sont pas prêts à mourir, pourtant il les dit *acculés à cause de leur passé judiciaire, ils n'ont plus d'issue dans ce monde-là.*

S'agissant de Salah Abdeslam, n'est-ce pas plutôt qu'il voulait mourir mais n'en a pas eu le cran ?

Il souffrait de perte. Quel soulagement cette simplification du monde qui délivrait une explication sur tout ! Peu importe peut-être la mort comme perspective, l'argent non consommé et le fiasco de la séquence au Stade de France. Ce groupe d'hommes lui offrait une puissante liaison affective.

Dans l'idéologie salafiste, les problèmes s'externalisent. Ils ne viennent pas de moi mais du système, poursuit Kamel. *Un discours qui déresponsabilise le jeune et donne de la cohérence à son monde. Le eux contre nous est prégnant à Molenbeek. « Regarde la décadence des kouffars, les homosexuels peuvent se marier et avoir des enfants », disent-ils.*

Dichotomie qui a pu permettre à Salah de se forger une seule et même identité, envahissante et exclusive, renforcée par les discours de stigmatisation. Aucun d'eux n'a-t-il donc eu conscience qu'ils n'étaient pas les représentants d'une minorité mais de sa déviance ?

Pour Kamel, ces jeunes ont été *poussés par Abaaoud et aimantés par ce rêve presque romantique d'un islam idéalisé rendant la vraie justice, l'inverse de Molenbeek où un Magrébin prend trois fois plus qu'un autre.*

« Poussés » ? « Rêve romantique » ? L'idéologie djihadiste plonge ses adeptes dans les récits « héroïques » de Mahomet qui, par un tour de passe-passe, semblent ne faire qu'un avec les précédents terroristes des soldats islamiques de l'Afghanistan à la France, créant ainsi de nouveaux appels aux meurtres.

Militer pour cet islam idéalisé impliquait de ne pas rester confortablement assis les bras croisés.

« Idéalisé » ou fanatique ?

Une position d'homme rassurante et exigeante.

« Exigeante » ? Auprès d'Abaaoud qui ressemblait à son orgueil perdu, Salah n'a pas cherché à retrouver ses gestes d'enfant libre mais à se mettre dans les fers d'un tortionnaire.

Salah Abdeslam et Mohamed Abrini veulent d'autant plus répondre à l'appel au meurtre qu'ils ont à faire leurs preuves dans le quartier. Le casier judiciaire fourni de Mohamed Abrini au moment des attentats (pour vol à dix-sept ans, vingt et une reprises de récidives, et autres arrestations pour détention de drogue, recel, évasion de détenus, et divers actes délinquants[1]) n'a pas été suffisant pour faire de lui un homme.

Quand on lisait dans les journaux : Abrini ennemi public numéro 1, le quartier explosait de rire. Abrini on l'appelait brioche, il se faisait racketter ses clopes. Il changeait de trottoir. Pathétique. À une époque, il fréquentait la maison de quartier. Je lui avais trouvé du travail : de l'élagage pour cent cinquante euros par jour, en plus de son chômage. Ce n'était pas assez pour lui. Un travail pénible qui ne représentait rien socialement. Au passage, cette bande m'a cramé mon réseau.

Salah et Abrini étaient des braqueurs, des multirécidivistes, pas des caïds. Des victimes dans le quartier. Ils n'avaient pas de quoi se la raconter. Ils ne passaient pas par le parc pour ne pas se faire emmerder.

Quand Salah Abdeslam a été identifié et que le président de la République française a mis à l'eau son porte-avions, le quartier était mort de rire. Ces gamins ont réussi à faire sortir le Charles-de-Gaulle *! Même chose quand des hélicoptères ont survolé la rue des Quatre-Vents où Salah était terré. Comme si quelqu'un allait venir le défendre ! Quelle mascarade.*

« Explosait de rire », « mort de rire » ?

Comme dans un flash, les lignes de Victor Klemperer me reviennent : « Les mots peuvent être comme de minuscules doses d'arsenic : on les avale sans y prendre garde, ils semblent ne faire aucun effet, et voilà qu'après quel temps l'effet toxique se fait sentir[2]. »

Les mots que je relève dans mon carnet sont ceux qui me heurtent. MDR et LOL (*laugh out loud*) envahissent Internet. La langue ne ment pas.

Les jeunes du quartier se moquent d'un assassin minable. Une crise de rire qui verse dans l'hystérie. Apercevraient-ils quelque chose d'eux-mêmes dans ce reflet ?

Leurs expressions ne sont pas neutres. C'est un rire au nez des morts.

Selon Kamel, l'engagement auprès de l'État islamique leur a

---

1. Farhad Khosrokhavar, *Prisons de France. Violence, radicalisation, déshumanisation… Quand surveillants et détenus parlent*, Robert Laffont, 2016.

2. Victor Klemperer, *L.T.I., la langue du IIIe Reich*, Pocket, 2003.

permis d'avoir une légitimité. Et des positions fortes. On est des hommes, des vrais, au service de Dieu qui nous envoie. Il y a une mission sur terre. *Discours séduisant, gratifiant, qui donne un sens à la vie.*

Avec le massacre pour moyen et la mort pour but ?

Je sens que Kamel s'identifie à eux. Qu'un homme se tienne sur le tranchant du Destin semble étrangement à portée.

Je ne peux pas dire qu'à leur place je ne serais pas tombé là-dedans. Quel sens ? Quelle reconnaissance ? Qu'est-ce que je vais faire ? Travailler à la STIB ? C'est de la merde. Les petits d'ici ont un rapport difficile, défensif même, à l'autorité. Quand le patron leur dit : « Fais la vidange plus vite », ils le prennent mal. « Je ne suis pas une merde. »

Pourtant, vexer n'est pas humilier, faire preuve d'autorité n'est pas offenser. Tuer n'est pas faire justice. Certains raccourcis mènent au gouffre.

66

MONEY, MONEY, MONEY

« Quand des hommes tiennent une situation pour réelle, alors elle l'est dans ses conséquences. »

William Isaac Thomas et Dorothy Swaine Thomas, *The Child in America.*

À combien de cafés en sommes-nous avec Kamel ? Échanger sur des sujets sensibles nécessite beaucoup de caféine.

Ils veulent de l'argent facile. À cette époque, je faisais un master. La bande des Béguines m'appelait « l'étudiant ». Je n'avais aucune légitimité à leurs yeux. Les baskets les plus pourries, la voiture la plus pourrie.

Difficile pour moi de leur dire, il faut étudier. « Pour être comme toi ? » Alors qu'on voyait passer des BMW. Un véritable parc automobile dans le quartier. Les petits ont des voitures inimaginables.

Biberonnés aux valeurs de l'argent, les frères Abdeslam en avaient baptisé le nom de leur société : Stijn coin – les sous d'Augustin. Leur bande des Béguines entretenait aussi un rapport particulier au temps.

Ils ne voulaient pas construire quelque chose petit à petit. C'était tout, tout de suite. Des pures victimes du système capitaliste, sans idéal sociétal de répartition des richesses. Pour eux, les riches d'un côté, les pauvres de l'autre : une vérité immuable légitimée par le Coran. Favorables au modèle de consommation, ils voulaient la villa, la BMW, la blonde et le petit chien qui va avec. Ils n'étaient pas des révolutionnaires mais des « conformistes déviants[1] ». *La voie clas-*

1. La délinquance juvénile dans les classes pauvres a été interprétée par un courant de la sociologie américaine (l'École de Chicago) comme une réaction de « conformisme déviant ».

sique ne donne rien ? Prenons les routes de traverse mais l'objectif est le même.

À la différence près qu'il s'agit de posséder pour brûler.

On ne peut pas capitaliser l'argent sale. Ils dépensaient trois à quatre mille euros par soirée. Avec l'argent sale, on fait des choses sales : des bouteilles, des putes. Posséder n'est pas pour le bonheur mais la jouissance.

Celui qui a filmé Salah en train de danser a obtenu 25 000 euros de la part de CNN. Ce modèle est très présent.

À Molenbeek, personne ne m'a demandé de l'argent contre une parole.

Soudain les phrases d'Élie, pion dans le collège et le lycée de Salah, me reviennent : *Salah s'est embarqué pour des raisons financières plus que religieuses. Aller chercher quelqu'un en Hongrie ou en Grèce rapportait de l'argent. Salah aimait la vie. Il voulait sortir en boîte de nuit et claquer dix mille euros en bouteilles en Hollande et dans le nord de la France. Au Louise Galerie, c'était cinq cents à mille euros de bouteilles. L'argent du terrorisme l'a aveuglé.*

« Aveuglé » ?

Il faut arrêter de dire « argent facile », je ne suis pas d'accord, m'avait dit Soan. *Quand les jeunes de ces quartiers-là vont vers ce type de thunes, c'est parce qu'ils n'ont pas le choix. Ils te disent : si tu me trouves un moyen de gagner ma vie, je le prends, mais pas pour mille balles.*

« Pas le choix » ?

Ôter toute responsabilité aux individus semble faire partie du discours ambiant. Un terrain favorable au déchaînement de la violence.

De la même façon, les mots employés pour parler d'un criminel disent quelque chose du climat qui lui fut propice, des circonstances atténuantes dont on l'a régulièrement gratifié. Dans une scène de crime, les discours de lâcheté et de compromission ont leur part.

Le recrutement d'un djihadiste était payé deux mille euros ; cinq mille euros avec passeport. Outre la prime de départ, les recruteurs s'engageaient à soutenir financièrement sa famille. Salah a-t-il souscrit au même contrat ? Paiement cash d'une prime pour le convoyage et l'organisation, avec l'assurance que ses parents seraient régulièrement rétribués par Daech ?

Acceptant l'argent du terrorisme, Abdeslam s'est monétisé. Il a consenti à faire de son corps et de sa vie une marchandise.

Depuis la fin des années quatre-vingt début quatre-vingt-dix, la caricature des émeutes dans les banlieues a fait beaucoup de mal, m'avait dit Élie. *Je connais des jeunes qui, pour trouver du travail, ont dû acheter une adresse halal, propre : qui ne soit pas molenbeekoise. Un marché s'est développé.*

Ici, on achète une adresse pour ne plus avoir l'image de Molenbeek collée à soi. Et on se fait payer pour être identifié à la terreur. Les réputations ont un prix.

Quand Franz Stangl est arrivé au camp d'extermination de Treblinka, il a « eu de l'argent jusqu'aux genoux ». Il ne savait de quel côté se tourner, *où aller.* « Je pataugeais dans les billets de banque », déclara-t-il. Les pierres précieuses, les bijoux, les vêtements étaient ceux des morts. La cupidité a sa part dans les machines de haine. Abdeslam a accepté, lui aussi, de faire du meurtre une transaction.

D'après Kamel, l'argent a joué un grand rôle. *Gagner de l'argent du terrorisme et tout claquer, c'était leur monde.* Jusqu'au bout, ils auraient goûté à ses plaisirs.

Le rapport maladif d'Abdeslam avec l'argent est l'arbre qui cache la forêt. Il n'a pas pu participer aux attentats de Paris exclusivement pour des raisons pécuniaires. Comment l'argent peut-il être le seul moteur quand on ne va pas pouvoir en profiter ? *Il y a deux solutions : ou bien le fric n'est pas un moteur ou bien il sert à être donné à la famille,* m'avait dit l'homme proche du dossier judiciaire. *Bon nombre de ces jeunes qui vivent encore à la maison en donnent une partie à papa-maman.*

Il faut voir leur évolution. Au départ, avec leurs Nike Air Max à deux cents euros, leurs survêtements hors de prix et soudainement, en habits traditionnels.

Comme Salah en prison. Enfin, par intermittence, en fonction de son interlocuteur.

Pantalons trois quarts, djellaba et pantoufles. Le changement est assez spectaculaire à observer. La barbe qui pousse n'est pas celle du hipster. Le Prophète l'a décrétée. Dans sa planque rue du Dries en 2016, Salah vivait très chichement, se nourrissait de pizzas, dormait par terre sur un matelas. Le moteur de l'argent a ses limites.

Évidemment il a adhéré à la cause. L'argent a une fin, la mort n'en a aucune.

Selon Kamel, c'était fini, *leur business était mort*. Il n'avait plus d'issue. Et une occasion se présente. Va chercher des hommes. *Du cash directement*. Pour Salah, pas de hasard, c'est la main de Dieu.

Pourtant c'est celle de Salah qui s'empare de son iPhone pour contacter Abaaoud en 2014 à une époque où l'État islamique enregistre des victoires.

Salah voulait-il rester vivant et garder l'argent de ses « missions » pour construire sa vie, acheter un appartement, s'installer avec Nour ? Non. Un terroriste sait qu'il n'échappera pas à la police.

Si l'argent a eu son pouvoir d'attraction, il fut un moyen non un but. Le soir du 13 novembre, Salah Abdeslam avait pour projet de mourir pour une idéologie avant d'y renoncer.

67

LA FORCE TRANQUILLE

« Si le Verbe est divin, le Nombre est diabolique. »
Mathieu Terence, *Le Devenir du Nombre.*

Ma grand-mère Lévy était analphabète, ma mère émigrée d'Algérie n'a pas eu son bac. J'ai grandi en banlieue parisienne infusée aux valeurs de l'école de la République. L'émulation ne manquait pas, il n'y avait pas d'entre-soi social et culturel. À l'école, tout semblait possible, je me sentais reconnue.

En 1999, j'ai passé mon bac option théâtre dans un lycée en Seine-et-Marne qui n'affichait pas de bons résultats. J'ai intégré une classe d'hypokhâgne à Paris. Après ma khâgne, j'ai suivi des études de commerce et de littérature. J'avais l'impression de pouvoir maîtriser mon destin.

Trouver du travail n'a pas été difficile. J'ai cru naïvement qu'il en était de même pour des jeunes issus comme moi de banlieue ou d'origine émigrée. J'avais tort. L'exil de ma mère ne se voyait pas sur mon visage. Je ne souffrais pas de racisme.

Je ne vivais pas non plus dans un quartier où les idées de progrès et d'émancipation individuelle, fruits de « l'ennemi » occidental, étaient combattues. Je ne grandissais pas là où des représentants politiques ne cherchaient pas à réunir les moyens pour élever les individus de leur condition initiale mais à se maintenir au pouvoir. Des territoires où l'État avait à ce point laissé la culture intégriste devenir majoritaire que l'expérience d'autres manières de vivre, de penser et de se définir était devenue presque impossible ; bref, où le mal était entièrement devenu le bien.

Je devais mon parcours à un environnement familial, à des valeurs transmises, et à une certaine époque.

Huit ans me séparent de Salah Abdeslam, et quelques mondes.

Je suis née un mois avant l'élection de François Mitterrand. L'apparition de mon visage avait rendu ma mère plus heureuse, semble-t-il, que celui pixélisé sur l'écran de sa télévision.

Ma famille n'était pas militante. Mes parents ne m'ont jamais emmenée à une manifestation. Pourtant, à la fin de la guerre du Vietnam, quand plus de deux millions de Vietnamiens ont pris la mer pour fuir le régime communiste, mes parents ont souhaité adopter un orphelin rescapé de la guerre. Notre pédiatre basé à Combs-la-Ville travaillait à la direction de Médecins sans frontières. Il me vaccinait, soignait mes otites, notait ma croissance sur mon carnet de santé bleu et blanc, entre deux missions en zones de guerre : Cambodge, Liban, Afghanistan, Kurdistan, Salvador, Guinée. J'ignore pourquoi l'adoption n'a pas eu lieu avant ma naissance.

Les événements du monde me parvenaient à travers mes enseignants au collège et au lycée. Je me souviens de la collecte de riz pendant la guerre civile somalienne et ses plus de deux cent mille victimes. Les images de chaos et de sang des guerres de Yougoslavie, du génocide des Tutsis au Rwanda, de la guerre du Golfe emplissaient notre salon les soirs de télévision. J'ai un souvenir flou de ce qui se disait autour de la table de chabbat concernant les massacres de civils en Algérie perpétrés par des islamistes. J'entendais seulement des noms à consonance arabe. « A-t-elle rejoint sa mère à Constantine ? » Personne ne savait répondre. À la synagogue, ils en sauraient plus. « Un bain de sang devant sa porte, raconte-t-on. » Les adultes préféraient se taire devant les enfants. Au quotidien, l'attention de mes parents semblait davantage requise par le débat des 35 heures en France et les grèves qui paralysaient leurs déplacements.

Au collège, les cassettes de nos walkmans passaient en boucle « Les démons de minuit » du groupe Images, « Twist in My Sobriety » de Tanita Tikaram, « Voyage, voyage » de Desireless ou encore « Johnny Johnny » de Jeanne Mas. Les garçons faisaient vibrer les filles en les initiant au génie de Michael Jackson et en les serrant fort contre eux sur « November Rain » des Guns N'Roses.

Autour de mon cou, je portais une chaîne en or avec deux pendentifs : une étoile de David offerte par mon grand-père et un œil bleu contre le mauvais sort offert par ma grand-mère. Appelé « l'œil de Fatima », la fille du Prophète, il éloignait le mauvais œil, disait-on.

« Faire du ciel le plus bel endroit de la Terre » était le slogan d'Air France l'année de mon bac. Pendant mes études, j'ai étudié à Toronto et fait un stage à New York. La circulation humaine s'intensifiait avec l'ouverture des marchés. Le monde, pour moi, était *en expansion*. À Molenbeek, dans une des grandes régions européennes, l'espace se compressait, l'angoisse de claustration grandissait.

Salah Abdeslam n'avait pas deux mois au jour de la chute du Mur de Berlin. Le bloc communiste s'effondrait, la démocratie l'emportait. Il n'en a pas su grand-chose. J'étais moi-même trop jeune pour me souvenir des images à la télévision. Ma première émotion liée à un acte politique a eu lieu le 11 septembre 2001. J'étais dans la chambre que je louais sous les combles d'un immeuble parisien quand un ami m'a téléphoné : « Allume la télé, c'est la fin du monde. » Je n'avais pas d'écran, je suis descendue au magasin Darty en bas de chez moi pour regarder les tours en feu.

Dans nos vies d'adolescents, les marques et la surconsommation n'étaient pas l'alpha et l'oméga comme pour la génération de Salah Abdeslam né en 1989. Pas de portable au fond de nos sacs, seulement Pac-Man à qui faire manger des pac-gommes sur le gros ordinateur de la maison. Salah était mordu d'*Assassin's Creed* – le credo de l'assassin. Dans ce jeu conçu en France, l'apocalypse et le paradis se gagnent par des mises à l'épreuve. Avec mon Pac-Man et mon jeu vidéo de tennis sur PC, il m'aurait sans doute prise pour un dinosaure.

Le déclin de l'idéologie communiste et la conversion au libéralisme s'accélèrent à son époque, tout entière versée dans le libre-échange, la révolution numérique et la téléphonie mobile.

Je suis née au moment où, pour la première fois en France, un slogan publicitaire avait contribué à la victoire d'un président de la République. Salah Abdeslam naît quelques années plus tard quand la publicité sature l'espace et quand la communication, étendue à tous les domaines de la vie, est renforcée par le marketing. Les êtres humains sont réduits à des consommateurs. Ils n'appartiennent plus au monde mais au marché. Influencer leurs besoins et augmenter la valeur de leurs achats sont devenus le point névralgique. Cultiver leur singularité serait prendre un risque fou. Ils sont des cibles et appartiennent à des segments de marché, des groupes qui se doivent de rester homogènes. Les dispenser peu à peu de leurs choix est essentiel à la performance économique.

Quelques années plus tôt, à mon adolescence, nous n'en étions pas là. L'évasion semblait possible. Et des valeurs intemporelles faisaient encore le guet.

Le mariage arrangé du monde des affaires avec des célébrités cathodiques a dicté les goûts d'une génération. Salah ne conçoit pas le bonheur hors de la vie matérielle. Dès l'enfance, avoir moins que les autres ou décider d'agir en propre disqualifiait. Le règne du Nombre, de la vie artificielle qui l'accompagne, et l'écoute des masses sont devenus peu à peu ses seuls critères d'appréciation. La digue de l'éducation avait déjà cédé. L'amour luttait en vain pour faire entendre son chant.

La publicité envahissait l'espace public et le salon à mon époque. Elle s'est glissée entre les draps à la sienne. La communication de Daech ne l'a pas ignoré et Salah n'y a pas été insensible.

Adolescent, il a répondu aux appels du marketing et à ceux du quartier. Au jour des attentats, il a vingt-six ans et fait toujours partie de ceux qui suivent et se conforment.

68

GIGOLO

> « Il se retrouvait seul, délivré [...]. Mais il ne savait que faire de lui-même, assez semblable à un rêveur interrompu chez qui le rêve, en disparaissant, n'a encore été remplacé par rien, et qui contemple, comme on chavire, le vide laissé en lui, qui sera peut-être éternel. »
>
> Louis Guilloux, *Le Sang noir.*

« *C'est lui le musulman ? Mais enfin, c'est un gigolo !* » Ewan me confie ce que les jeunes ayant connu Salah en disent. Leur première réaction a été l'étonnement, et le rire.

L'anthropologue, professeur et président d'une association dédiée aux jeunes installée entre la chaussée de Gand et la place Communale à Molenbeek, me reçoit pour la troisième fois dans son bureau donnant sur une impasse. Je m'assois sur la banquette marron élimée, lui tourne sur sa chaise à roulettes. Un espace spartiate qui sent le tabac froid, avec des piles de livres dans les coins.

Les habitués de l'association parlaient d'un gigolo, ce qu'ils ne disaient pas d'Abrini. Lui, c'était plutôt: mais comment est-ce possible ? C'était un gars sympa, très disponible. Les jeunes d'ici pensent qu'il n'a pas volontairement voulu se faire exploser à l'aéroport de Bruxelles.

« Volontairement voulu. » Quelle violence fait-on à la langue sous le coup du déni.

Qui sait jusqu'où il s'est senti impliqué ? Est-ce quand il a compris où il était qu'il n'a pas fait le kamikaze ?

C'est-à-dire en sortant du taxi devant la porte de l'aéroport de Zaventem, accompagné de ses complices, chacun avec une bombe dans la valise ? Sa remarque prêterait à sourire si la fin n'avait pas été tragique.

À un certain moment, il ne venait plus à l'association, il suivait des cours d'arabe dans une mosquée un peu extrémiste.

« Un peu. »

Pour Ewan, Molenbeek est très différent d'un endroit à l'autre, c'est une mosaïque. Le monde dans son entièreté avec ses défis.

Dans les années quatre-vingt, les jeunes ne parlaient pas tellement de l'islam. C'était la période des Frères musulmans qui « s'occupaient » des mosquées. Ils étaient bien organisés, mais il n'y en avait pas dans la rue ni dans les cafés. Ils n'étaient pas missionnaires. Ils n'allaient pas dans les cafés où il y a de la drogue, dire aux jeunes : « Allah vous voit, vous êtes des pécheurs… » Aussi, peu de jeunes étaient pris par les Frères.

L'islam politique a son agenda. Le djihadisme européen qui apparaît au moment de la guerre en Afghanistan contre les Soviétiques dans les années quatre-vingt s'inscrit dans la généalogie de l'islamisme, au même titre que les Frères musulmans, l'organisation du Tabligh et le salafisme. Si leurs méthodes peuvent être différentes, ces mouvements ont le « souci commun de soumettre l'espace social à un régime spécifique de règles religieuses [1] », appelées *charia* (littéralement, la voie vers le salut), déduite du Coran.

« La liberté sans frein des Frères musulmans dans la capitale de l'Europe a favorisé la rencontre féconde avec les mouvements salafistes bien plus précocement qu'ailleurs, transformant progressivement Molenbeek en contre-société microscopique [2]. »

Des Frères musulmans à l'appel au djihad syrien, il n'y a eu qu'un pas pour certains jeunes de Molenbeek dans leur combat pour l'identité musulmane.

Pour Ewan, le terreau islamiste commence à prendre à partir de 2005. La drogue circule dans le quartier bien avant cela.

La drogue à Molenbeek est une réalité. Ce n'est pas tellement la

1. Hugo Micheron, *Le Jihadisme français, quartiers, Syrie, prisons*, Gallimard, 2019.

2. *Id.*

consommation qui soit préoccupante. Sans risque, vous gagnez beaucoup d'argent en très peu de temps. Je peux m'installer ici et vendre de la drogue, je ne cours aucun danger et je gagne assez bien ma vie. Ça, c'est la réalité des années quatre-vingt. Les jeunes aimaient-ils la drogue ? Non, mais ils disaient : « Comme j'ai prévu de me marier, ça va m'aider financièrement », ou bien : « Un jour je m'achèterai un magasin et j'arrêterai. » C'est ma description des années quatre-vingt.

Aujourd'hui, d'après Ewan, les petits dealers ne consomment pas nécessairement. Les plus intelligents ne le font pas. À Anvers, on trouve de la cocaïne et de la poudre venues d'Amérique latine et des Pays-Bas. Ici, on est sur la ligne Ketama du Rif marocain, c'est plutôt le shit.

Depuis son arrivée à l'association en 1981, Ewan a toujours connu la drogue. À cette époque, c'était un trafic « non civilisé ». Le jour de sa prise de fonction, des drogués armés de couteaux avaient pénétré dans les locaux de l'association. Ils réclamaient de l'argent. Un bon apprentissage pour débuter, Ewan a appris à se comporter avec eux. Il ne fallait pas les toucher : jamais quelqu'un sous influence. *Il faut aussi avoir de l'humour.*

L'homme aux manières un peu hors d'âge face à moi ne semble pas en être dépourvu.

Dans les années quatre-vingt, il y avait beaucoup plus de drogue à Molenbeek que maintenant. Le bus de la drogue allait jusqu'au Maroc en passant par Marseille.

Vous savez que Nemmouche, le terroriste du musée juif de Bruxelles, a été interpellé à Marseille ? Ce con – je n'ai pas d'autres mots – a pris ce bus qui n'a pas été contrôlé pour djihadisme, mais pour drogue. Il avait des armes sur lui, on l'a trouvé par hasard. Il faut vraiment être un idiot pour faire ça.

Les circuits de la drogue sont aussi ceux du terrorisme. Dans les étangs glacés des Enfers, les commerçants de malheur et les fous de terreur croupissent ensemble, et se confondent, parfois.

Au-delà de la France, de la Belgique et du Maroc, il existe aussi un trafic par l'Espagne. Un autre, d'origine pakistanaise, est le Royaume-Uni.

Quand je suis arrivé, la drogue était là. Elle l'est toujours. La grande différence, c'est que maintenant on peut faire des accords. Par exemple, s'il y a des dealers dans la rue en journée, on peut discuter avec eux : « C'est une maison de jeunes, venez après neuf heures du soir. » « *OK monsieur, c'est d'accord.* » *Le trafic s'est civilisé. Ils sont aimables. On met des sacs-poubelles avec un petit papier disant:* « *Veuillez mettre vos choses là-dedans.* » *Ils respectent.*

Ewan me raconte avoir souhaité organiser une exposition de photos et inviter les jeunes des années soixante-dix pour l'anniversaire de l'association. Il a dû y renoncer: sur les photographies, de trop nombreuses personnes avaient succombé à la drogue. Aujourd'hui, les jeunes qu'il côtoie à Molenbeek ne consomment pas des drogues dures mais du shit. Ils n'en risquent pas moins leur vie. Les règlements de comptes sont légion.

Le vrai problème ici, c'est la drogue. Le deuxième grand problème, c'est l'enseignement. Ce sont les deux grands défis de Molenbeek.

Selon Ewan, depuis les années quatre-vingt, deux types d'individus sont apparus. D'abord les « salafistes pacifiques » qui se sont réunis entre eux, ont créé des fondations en dehors des mosquées, et des écoles. Un de ses collaborateurs est « entré là-dedans ». Un jour, il a décidé de ne plus donner la main, de ne pas terminer ses études secondaires, et a étudié l'arabe au lieu du néerlandais qui lui aurait été plus utile, selon Ewan. Aujourd'hui, il peut en parler avec légèreté. À l'époque, la question de son licenciement s'est posée. Il n'a jamais pensé à aller en Syrie. Ewan l'a gardé à l'association en lui disant: « Vous n'aimez pas la musique, mais nous, nous aimons la musique. Vous ne donnez pas la main, alors on va attendre qu'un jour vous donniez la main de nouveau. » Et ça s'est calmé.

Il faut les encadrer, ne pas avoir peur d'eux, surtout qu'ils peuvent raconter n'importe quoi.

Le second profil est celui des djihadistes qui date des années post deux mille. Au début, plutôt localisé au Centre islamique et culturel de Belgique [CICB]. *C'est loin d'ici.*

Appeler « loin » ce qui est à quatre kilomètres et demi renseigne sur le cloisonnement géographique des jeunes. Leur vie se borne à un quartier dont ils ne sortent pas.

C'était du temps de la guerre en Afghanistan qu'il comparait à l'ère de Franco en Espagne. Certains liés à cette pseudo-mosquée fréquentaient les cafés du quartier où il y avait de la drogue. Je pense à Khaled Zerkani qui a été le plus grand recruteur à Molenbeek. Il a envoyé plus de quarante jeunes en Syrie. Ou quelqu'un comme Rachid Benomari. Ils étaient actifs aux environs de l'association, mais ne pas-

saient pas la porte. J'aurais préféré qu'ils viennent à découvert. Ils allaient surtout dans certains cafés, c'est là qu'ils ont découvert les gigolos et les autres types.

Comme Salah Abdeslam et Mohamed Abrini, selon lui.

Ewan revient souvent sur ce qu'il nomme « le malentendu sur Molenbeek »: amalgamer l'ensemble de ses jeunes à des extrémistes. Ceux qui étaient disposés à partir en Syrie l'ont fait. La plupart des autres pensent que cette image est désastreuse pour eux. *Mais avant qu'un musulman juge un autre musulman... Ça ne se fait pas.*

C'est Allah qui doit juger.

Avant les attentats, ils ne se seraient jamais prononcés sur leurs copains. Maintenant, davantage. Les événements ont eu un effet émancipateur.

Il a fallu cent soixante-deux morts entre Paris et Bruxelles pour se désolidariser d'un groupe d'individus adepte d'une idéologie totalitaire.

Dans l'imaginaire des jeunes, et émotionnellement, Molenbeek n'est pas négatif. Mais cognitivement, si. Ça ne concerne pas vraiment votre sujet, mais pour moi ce sont les jeunes typiques de Molenbeek. C'est la majorité. Peut-être qu'on a un échantillon positif, c'est possible ! Quand vous faites un travail, les gens s'auto-sélectionnent. À l'association, on a une population plutôt ouverte, qui n'aime pas la monoculture. Pour eux, toutes les fêtes comptent : Noël, la fête du sucre... Cinq mille personnes fréquentent notre association, et c'est ce type de personnes. Est-ce qu'il y a un autre Molenbeek ?

On dirait.

Je sens combien le réveil est douloureux pour cet homme qui a consacré sa vie professionnelle aux jeunes du quartier.

Un groupe a été pris dans les cafés et les bars, des jeunes impliqués dans le trafic de drogue, des petits dealers qui gagnent facilement de l'argent sans devenir de grands dealers, et il y a eu des gigolos. J'ai l'impression que Salah Abdeslam se situe là. Abrini, je l'ai connu, il a fréquenté l'association, sa participation m'étonne. Un aspect bien connu chez ces jeunes a peut-être joué : la loyauté amicale.

Ils étaient tous voisins. Selon lui, cela expliquerait qu'Abrini ait suivi, mais il ajoute : *Peut-être en hésitant. Et au moment où il devait vraiment le faire, il a reculé. C'est la réaction typique de ces jeunes, il ne faut pas arriver avec de grandes théories. Ils raisonnent très concrètement. Si quelqu'un vous dit qu'il y a tant d'euros dans une poubelle, pourquoi ne pas les prendre ? Ils n'ont pas lu Derrida, mais ils ont une intelligence très concrète.*

Qu'ils puissent être pris dans cette loyauté amicale et fraternelle, je l'entends. Mais, à un certain moment, ils adhèrent à un projet précis qui consiste à massacrer des êtres humains. Abrini ne s'en serait rendu compte qu'à l'instant ultime ? Non.

Oui, peut-être. Ça ne m'étonnerait pas, mais là je suis sur un terrain de projection. Certains jeunes de l'association s'identifient facilement à Abrini. Lors d'un atelier, j'ai demandé s'ils accepteraient que ces gens viennent ici. Ils ont répondu : « Pourquoi pas ? S'ils reconnaissent avoir fait une erreur. » Qu'est-ce que ça veut dire ? Qu'ils s'identifient à eux. Ils pensent que ça aurait pu leur arriver.

« Une erreur », commettre un massacre ? N'avaient-ils pas encore plus faible comme mot ? Je n'en reviens pas de cette manière répandue d'éteindre les mots, d'atténuer l'infamie.

Je me souviens d'une réflexion d'une fille qui parlait avec un de nos éducateurs : « Quand je serai mère, comment dois-je faire si je vois mon fils ou ma fille devant l'ordinateur ? Je ne peux quand même pas toujours être à côté. » C'est ce que j'appelle s'identifier. Ce n'est pas s'identifier avec ce qu'ils ont fait mais c'est reconnaître que ça aurait pu être leur destin. On est dans l'hypothétique, mais ça ne m'étonnerait pas parce que j'ai été étonné de leur ouverture. L'éducateur à leur côté raisonne différemment, comme une personne responsable. Il pense en termes de vie.

Comment peut-on dissocier le destin d'un être humain de ses actes et de sa volonté ? C'est le nœud ici de la langue. Le destin semble vouloir dire : être mû par un Autre, grand ou petit. C'est l'irrépressible, l'irresponsabilité au carré. Le sujet vidé de lui-même, bref l'inhumain.

Ewan me raconte avoir vu un jour une pierre qui venait de l'autre côté d'un mur tomber à quelques mètres d'un passant. Un jeune s'est mis à rire. En quoi consistait le jeu ? D'un côté du mur, quelqu'un envoyait des pierres, de l'autre, un autre sifflait pour prévenir de l'arrivée d'une personne sur le trottoir. « Comme c'était joyeux ! » Quand Ewan leur a dit : « Imaginez que la personne court et que la pierre lui arrive dessus ! — Ah oui, on n'y a pas pensé. »

Salah Abdeslam a peut-être perdu le contrôle. Il y a l'âge, qui fait aussi qu'ils n'ont pas pris la mesure de leur geste… C'est possible.

« Perdu le contrôle » à vingt-six ans ? Non.

Abdeslam et Abrini sont les deux plus intéressants dans cette histoire. Les deux qui m'intriguent. Comme je vous l'ai dit, les jeunes sont très concrets. Ils rigolent, ce qu'ils ne font pas pour Abrini. Pour eux, Salah Abdeslam est un gigolo. Je n'entends pas ça sur Abrini ni sur les autres, seulement sur lui. Je pense que, maintenant, c'est un peu son problème en prison.

Il essaie de se donner une stature, de correspondre au portrait de l'assassin islamiste, de faire la preuve par son comportement qu'il n'existe aucun hiatus entre les assassinats et lui-même.

Maintenant qu'il en est là, que faire ? Dire qu'il n'est pas musulman ? Il doit être islamiste mais il n'y croit pas à mon avis. Ce n'est pas son rapport à l'islam qui a provoqué sa participation aux attentats. Il se crée cette image. L'amitié peut expliquer certaines choses, Abaaoud aussi, mais pas tout.

C'est du côté de la fiancée que vous pouvez apprendre le plus. A-t-il été refusé ? Il s'est peut-être dit qu'il ne parviendrait pas à réaliser ce qu'on attendait de lui et il se serait découragé. Créer une famille est très important pour les Marocains.

Selon Ewan, vers vingt-trois ans, un jeune homme est mal vu dans le quartier s'il n'a pas construit sa famille et décroché un travail stable.

Un Marocain peut s'amuser jusqu'à dix-huit, dix-neuf ans, mais après il faut commencer à réfléchir. À vingt-trois ans, ça doit devenir concret. On ne doit pas nécessairement se marier mais il doit être clair qu'il est prêt, qu'il est un bon candidat. Il doit passer pour quelqu'un derrière qui on court.

L'attente devait être pesante pour sa fiancée et lui. Il devait y avoir tout un jeu d'attraction et de refus. Je ne dis pas qu'il devait se marier à vingt-trois ans, mais je pense qu'à cet âge il a dû commencer à sentir la pression. Ça avance, ou ça n'avance pas ? Est-ce qu'un jour tu seras capable, ou pas ? S'il ne trouve pas de solution, il a un problème.

Lors de son dernier dîner avec Nour qui lui reprochait ses départs, il lui a dit en pleurant : « On se mariera au paradis. »

Ça veut dire qu'il tenait à elle. Je ne suis pas certaine que l'on aime quelqu'un en dehors de soi-même quand on annonce sa mort, sans un mot pour ceux que l'on va faire périr ou blesser jusqu'à la fin de leurs jours. Je crois plutôt qu'on se met en scène. Je crois aussi qu'on ne croit en rien. Et que ce rien se nomme néant.

Au restaurant, m'avait dit Nour, *ses yeux disaient j'aimerais que tout recommence. Et puis, il les a baissés, a fait tomber sa tête dans les mains. Perdu dans ses pensées, il a renoncé à parler.*

Ce sont peut-être ces jeunes qui ont les plus grands problèmes, me dit Ewan. Ils arrivent à la moitié du parcours, entre la vraie réussite et la non-réussite. La non-réussite est quelquefois plus facile à gérer. *Entre les deux, c'est un problème.* C'était aussi le point de vue de Leïla, l'universitaire. *Il faut des gens autour à ce moment-là.*

J'espère que vous parviendrez à éclaircir les choses, ça m'intéresse aussi, conclut l'anthropologue. *La petite amie est centrale pour comprendre cette affaire. Elle doit aussi faire attention, elle ne voudra pas trahir.*

Je lève les yeux vers Nour. Elle ne bouge pas. Elle retient ses mots autant qu'elle le peut. « J'ai appris de mes parents. La sagesse et l'intuition sont affaire d'âge. »

69

LE JOUR OÙ LE SYSTÈME S'EST ARRÊTÉ

> « L'État de droit est le cadre fondamental de toute démocratie, ce qui exclut par principe les privilèges, la pratique des passe-droits, de la corruption, du favoritisme, du népotisme. »
>
> Emmanuel Levinas, *Difficile Liberté*.

Les couscous parties étaient encouragées, m'affirme l'élu ceinture noire de Molenbeek, qui a travaillé avec le bourgmestre Philippe Moureaux. Plus tard, il a rejoint l'équipe municipale de son adversaire politique.

Homme massif, peu de cheveux sur la tête mais très noirs avec une raie soigneusement marquée. Habillé d'un costume anthracite et d'une chemise grise, il semble essoufflé derrière son bureau. Il l'était moins à son dojo où il pratique le karaté.

Pour lui, l'ère Moureaux correspond à *un système stalinien* redoutant toute forme d'émancipation et maintenant les masses *dans un état de léthargie*. Les problèmes de fond : chômage, oisiveté, surpopulation de déracinés, criminalité, décrochage scolaire, existence dramatiquement recluse des jeunes de la deuxième génération, explosion de colère d'une partie d'entre eux… Nul ne semble chercher à y remédier. Il marque une pause. Sa moue à la Calimero s'efface brusquement, un sourire se dessine sur son visage :

— *Vous aimez les tortillas ?*

Nous traversons les couloirs de la mairie, j'aperçois nos deux silhouettes dans les miroirs ornant les murs. La sienne est grande et voûtée.

L'orage vient de passer. Il pleut. Trempés, nous passons la porte d'un café-restaurant. Nous nous avançons tout habillés de froid vers le tenancier. Odeur de friture et d'ail. Poignée de mains chaleureuse de l'élu, compliments sur la vitrine. Nous sommes les seuls clients.

Mohamed, le frère de Salah, a obtenu un travail à la mairie à une époque où il y avait la possibilité de frapper à la porte du bourgmestre ou de ses adjoints, d'autant plus si l'on montrait un intérêt pour le parti auquel l'élu appartenait. Ça facilitait les choses. Mohamed a été embauché sans qualification particulière.

La commune n'avait apparemment pas eu connaissance du délit de détroussage de cadavres qui entachait son casier judiciaire. *Il avait été arrêté, inculpé, mais pas encore condamné au moment de son embauche. Il est devenu membre du bureau du bourgmestre, dévolu aux petites tâches administratives. Il participait à la permanence du bailleur. Il avait un contrat niveau D, c'est-à-dire le bas de l'échelle salariale. On ne le voyait jamais aux Béguines. Il avait une vie de famille, enfants et maîtresse.*

Myriam, la petite sœur de Salah, a également travaillé à la commune pendant deux ans en contrat d'insertion. *C'était après Mohamed, vers la fin de la mandature, en 2013.* Elle faisait apparemment bien son travail.

La commune a donc presque « eu » toute la famille.

Quand j'ai été élu, certaines personnes de mon entourage pensaient que j'allais délivrer des passe-droits.

Le clientélisme – l'autre nom de la condescendance et du paternalisme – était devenu la norme. Comme la politique laxiste envers les fondamentalistes musulmans.

Les codes du Maroc ont été transférés à Molenbeek, me dit l'élu. Le bourgmestre permettait des largesses communautaires. *Dans les cafés et les salles de mariage, au nom de la liberté d'expression, on a tout laissé faire.* La population musulmane connaissait son poids et sa force électorale dans un pays où le vote est obligatoire. *Le jour où le système s'est brutalement arrêté, le monde s'est renversé pour certains.*

Comme pour Salah et Brahim.

L'élu ceinture noire dirige la mission locale qui s'occupe de l'accueil des demandeurs d'emploi. En 2013, Salah est venu le voir à la permanence. Il l'a orienté vers une structure pour l'accompagner dans la rédaction de son CV. Lors de leur rencontre, Salah voulait « se caser », trouver un emploi stable pour pouvoir se marier. Il cherchait aussi à rejoindre son frère, fonctionnaire à la commune. C'était hors de question pour l'interlocuteur de Salah, « on ne rentre pas dans l'administration parce qu'on a été frapper à la porte d'un élu ». On recrute quand c'est possible, me dit-il avec fermeté. Suite à leur entrevue, Salah s'est rendu une fois à la mission locale où l'on propose un programme aux demandeurs d'emploi.

Salah a pensé qu'il allait bénéficier d'un passe-droit. Il est resté très correct, respectueux avec moi mais j'ai senti une grosse frustration chez lui dans la mesure où il n'a pas eu ce qu'il voulait, immédiatement. Il a vu que c'était un parcours du combattant. Il voulait que ce soit un distributeur automatique. Je lui ai expliqué les procédures et je pense qu'il a très très mal réagi.

Salah Abdeslam ne tolérait plus la frustration. Jusque-là, il l'avait compensée par la vantardise, des activités antisociales, des rêves de puissance.

Qu'on aille à l'encontre de ses désirs lui était devenu insupportable. Il se montrait tout bonnement incapable de relativiser. La société ne faisait pas que lui résister, elle lui barrait la route, obstruait sa vie. Sa frustration venait de prendre le visage de la haine. Il se vengerait.

— Zara !

— Bon appétit, répond le restaurateur.

— C'est fait maison, mon frère ? C'est de la qualité… Mais il me faudrait du beurre, du vrai beurre.

Il est chez lui. Le gérant s'exécute.

Selon l'élu, Salah s'est pris à son propre piège.

Je crois qu'on est en train de lui tailler un costume trop grand pour lui. On a affaire à un pauvre type, excusez-moi de l'expression. Il a mis un doigt dans l'engrenage. Il s'est retrouvé dans une machine qui s'est mise en route et qui l'a happé. Il a été dépassé et s'est rendu compte qu'il ne pouvait pas assumer le rôle qu'on voulait lui faire jouer. Mais impossible de faire marche arrière.

« Engrenage » – « happé » – « dépassé » – « impossible »?

Salah, savait-il lui-même à quoi il allait participer? Une tuerie de masse? On lui demande de se faire sauter à son insu. Il fait le lien avec l'argent, il ne pourra pas en profiter. Ce n'est pas une grosse somme: cinq mille euros. Voulait-il les laisser à sa famille? Il n'était pas pris dans le discours « il n'y a pas d'avenir ici », parce qu'il s'était toujours débrouillé jusque-là.

« À son insu »?

Je suis frappée par cette langue qui n'en finit pas de déresponsabiliser les criminels, d'en faire des marionnettes ou des objets du sort. À l'entendre, la conscience humaine n'existe pas. Quand les mots employés dénient ce qui nous fonde, le sol se dérobe. On franchit un pas de plus dans l'inhumanité.

Pour l'élu, Salah avait *un pied dedans, un pied dehors*. Aux Béguines, il organisait des projections de décapitation de *kouffars*, les impies, les hérétiques selon l'idéologie de Daech. *Au fur et à mesure, les plus jeunes venaient à eux, un petit cercle d'initiés constitué autour de lui et de son frère. Il n'y avait rien d'illégal*, me précise l'élu cherchant à se dédouaner, *on trouve toutes ces vidéos sur Internet.*

Les parents d'Abdeslam ont dû être au fait du discours de leurs enfants. Ce qui est projeté à l'extérieur est d'abord testé à l'intérieur de la famille. Il y a des signes annonciateurs, par exemple de vouloir supprimer la télévision à la maison. Clairement ce type d'interdits avait cours chez la famille qui l'a hébergé à Molenbeek durant sa cavale rue des Quatre-Vents.

Celle dont il parle sans la nommer c'est Djamila M., la mère d'Abid Aberkan, qui n'est autre que la tante de Salah.

Les parents d'Abdeslam n'ont pas été entièrement clean pendant la cavale de leur fils, m'avait dit une personne proche du dossier judiciaire. *Les mères d'Abid et de Salah, manifestement très proches, ont dû se parler.*

Les enfants Abdeslam ont fréquenté les maisons de quartier du temps où l'élu ceinture noire travaillait comme éducateur. *J'ai fait des activités avec Brahim quand il était gamin, mais ça n'a pas pris. Il avait beaucoup de mal avec la discipline.*

Il n'y avait aucun panache dans cette fratrie. Et Brahim avait des capacités intellectuelles plus faibles que ses autres frères, dit de lui son avocat, Maître Olivier Martins.

C'était quelqu'un de primaire, poursuit l'élu. *J'habitais à moins de cinquante mètres du café des Béguines et Brahim, en face de chez moi. Je suis intervenu un soir, vers une heure du matin. Ma femme m'a réveillé parce qu'il y avait des cris dans la rue, Brahim était en train de s'en prendre à son ex-femme. J'ai dû intervenir, je lui ai demandé de se calmer, on a failli en venir aux mains. Il était très agressif. Je lui ai dit qu'il n'avait pas à lever la main sur elle. Il m'a répondu : « Mais c'est ma femme. »*

Sur les photos de son mariage, Brahim, à l'air juvénile, semble heureux dans ses atours de marié : costume et cravate noirs sur chemise blanche. La mariée au chignon blond porte une robe bustier dévoilant ses bras, son dos et ses épaules nus. Elle le tient par la taille. Mohamed, tout près d'elle, a une lavallière autour du cou en satin gris. Plus décontracté, Salah revêt un costume sans cravate.

Après les élections de 2012, lorsqu'on a constaté que des personnes habitaient dans des logements sociaux malgré des revenus importants, Brahim est venu à la mairie agresser un de mes collègues. Il était capable d'une grande violence, c'était quelqu'un qui réfléchissait très peu. À plusieurs reprises, je l'ai vu gueuler dans la rue sur des gens pour des futilités. Il était aussi très loin de la pratique religieuse.

Celui qu'il a failli passer à tabac dans les locaux de la mairie ne souhaite pas témoigner. *L'épisode a été trop douloureux pour lui.*

Les avis convergent concernant Brahim. *Une cible facile. Beaucoup plus que Salah, pas du tout fragile comme son frère.*

Du moins, en apparence.

Pour l'élu, Salah reste un mystère car il aimait faire la fête, se montrait joyeux, respectueux et sain d'esprit. Il donnait l'impression de vouloir profiter de la vie. À ses yeux, il n'était pas un suiveur. Il savait s'arrêter. Plutôt un électron libre qui aimait l'argent.

« Pas un suiveur. » Peut-être alors un acteur ?

— Karim, c'est quoi les autres sauces que tu as ?

— Samouraï, Martino, harissa…

— Vas-y, Martino, c'est bon.

Le restaurateur lui apporte plusieurs sachets en plastique.

Pour Salah, j'ai un grand point d'interrogation quant à ses motivations. Quelques jours avant les attentats, Brahim et Salah se disputaient sur la voie publique pour des sommes d'argent qu'on leur aurait promises. « Si je n'ai pas l'argent, je ne fais rien », aurait dit Salah. Des jeunes du quartier ont rapporté cette scène. Le facteur fric est important.

L'attrait pour l'argent facile. Salah a dû être en partie attrapé par là. Mais il y a aussi quelque chose de plus fier derrière ses propos. Je ne suis pas votre grouillot, on ne me marche pas sur les pieds, voilà peut-être ce qu'il voulait dire à son frère.

« Je ne tue que quand on me paie pour tuer », répétait le tueur à gages Julio Santana à son biographe, Klester Cavalcanti.

Dans le code d'honneur du pistolero, il est inscrit : « Ne pas travailler à crédit. »

C'est comme si Salah avait demandé un droit au respect pour son « travail » dont il revendiquait l'importance dans le dispositif sanguinaire du 13 novembre.

Vous ne ferez pas de moi un figurant.

70

STUPÉFIANT

Comment des personnes avec un parcours de vie comme on en voit des milliers peuvent un jour basculer dans la violence et se faire exploser dans un café au milieu d'innocents? poursuit l'élu ceinture noire sur le perron de la mairie, la chemise déboutonnée (les sauces épicées à une certaine dose donnent chaud). *Salah aimait les plaisirs de ce bas monde, qu'est-ce qui peut lui faire accepter de mettre fin à sa vie, même pour de l'argent? C'est difficile à comprendre et à accepter.*

Edmund Burke écrivait: « Tout ce qui est propre à susciter d'une manière quelconque les idées de douleur et de danger, c'est-à-dire tout ce qui est d'une certaine manière terrible, tout ce qui traite d'objets terribles ou agit de façon analogue à la terreur, est source du sublime, c'est-à-dire capable de produire la plus forte émotion que l'esprit soit capable de ressentir. »

Il y a le conditionnement bien sûr, continue l'élu, *mais je serais intéressé de savoir si on n'a pas retrouvé du Captagon dans ses analyses sanguines. Un médicament utilisé par Daech à très grande échelle. Des cargaisons ont été retrouvées chez certains combattants. Sur les images d'exécutions, on voit que l'état des tueurs n'est pas normal. Ils sont amorphes, drogués, ce n'est pas possible autrement.*

Pas possible pour qui?

En me parlant sur le trottoir, l'élu garde toujours un œil sur les alentours. Il est sur le pont. L'homme accueille les badauds d'un hochement de tête ou d'une poignée de main chaleureuse.

J'aimerais voir les analyses sanguines, poursuit-il. *J'ai demandé à avoir accès aux dossiers judiciaires de ceux qui se sont fait exploser à Bruxelles. Ça expliquerait les passages à l'acte, malgré les réticences. Ce médicament fait tomber les barrières morales. On vous donne l'ordre de tuer, vous tuez, d'égorger, vous égorgez. Hommes, femmes, enfants, il n'y a plus de limites. Ça pourrait être une explication rationnelle, mais on n'a pas les résultats d'analyses pour l'instant.*

En Syrie, on sait qu'ils l'utilisent pour les explosions dans les voitures suicides ou les mosquées.

Si l'on peut faire parler Salah à ce sujet… Lui a-t-on proposé ce médicament ? Ce sont des suppositions, mais ce serait intéressant de savoir. S'il ne passe pas à l'acte, c'est qu'il n'a pas pris le médicament. Qu'ont donné les analyses toxicologiques ordonnées par les autorités judiciaires ?

Rien. Pour tous.

La terreur : ne serait-ce pas un espace devenu aveugle à force de compromissions ? Les figurants de la scène du crime en seraient les complices.

Ne pas vouloir regarder vraiment, refuser de croire entièrement à l'adhésion à l'horreur ne tient pas à l'ampleur des faits mais à celle du déni.

La moitié de l'humanité serait massacrée qu'il y en aurait toujours pour vouloir passer l'éponge ou déresponsabiliser les auteurs.

Si le politique avait encouragé le pluralisme, la mixité sociale et ethnique dans les écoles et le tissu urbain, soutenu l'émancipation individuelle par des expériences de voyage pour les plus jeunes, c'est un humanisme conquérant qui aurait prévalu. Si l'État avait posé les mots sur l'œuvre de l'idéologie en cours, s'il l'avait reconnue comme contraire aux valeurs de la démocratie, s'il avait mis un terme à la manne financière de l'Arabie Saoudite, il n'y aurait pas eu un de ces Abdeslam.

Si mon père avait eu le courage de reconnaître les charges de violence déposées chaque jour en ses filles, s'il n'en avait pas nié la gravité, quelque chose aurait pu être sauvé. Le corps de l'enfant entrepose les émotions de sa mère. Il n'a pas le choix. Si personne ne fait barrage, c'est un pli à vie. L'enfant devenu adulte cherchera à adoucir la violence en en acceptant la charge pour lui-même. À force d'abnégation, il deviendra le terreau favorable sur lequel elle pourra continuer à prospérer. Faire face à la violence sera comme parler tout bas à la mère, l'autoriser à nous engloutir.

Il faut toujours la complicité des mots ou du non-dit pour qu'il y ait scène de crime.

71

PROJET PRÊT-À-PORTER

> « Le malade qui a dans un premier temps été affecté par le délire consistant à se croire l'objet de la persécution des forces les plus puissantes éprouve le besoin de s'expliquer cette persécution et en vient ainsi à supposer qu'il est lui-même une personnalité grandiose, digne d'être persécutée de la sorte. »
>
> Sigmund Freud, *Le Président Schreber.*

Salah Abdeslam avait la folie des grandeurs. Je suis le roi du monde et je vous emmerde tous, telle semblait sa règle. La frustration rongeait sa vie. Vacuité. Désœuvrement. N'était-il pas en train de devenir un galérien aux côtés d'amis délinquants quand tant d'autres à Molenbeek s'étaient envolés pour combattre en Syrie ?

Stuck in the middle. Dans tous les domaines de sa vie, il était parvenu à la moitié du parcours. Le bac mais pas d'emploi. Fiancé mais marié à demi.

Ne pas renoncer à sa voiture dans Paris, c'est accepter de se garer loin. Je goûte mon plaisir, je marche de plus en plus longtemps avec mon casque sur les oreilles. Le vent est glacial aujourd'hui. À écouter « Uprising » de Muse, je brûle de l'intérieur. Au Café Français, place de la Bastille, Esther m'accueille avec le sourire. Sortir de taule pour quelques heures lui fait du bien. Là-bas, cette petite brune qui me regarde toujours droit dans les yeux se consacre à ses patients détenus pour terrorisme islamiste.

Elle m'explique qu'entre pureté et mécréance, vie et mort, Salah devait chercher un rivage. Grâce à l'État islamique, son eurêka, il a cru trouver les coupables à son semi-échec. L'État français et les mécréants qui seraient des atteintes à Dieu. Haïr l'autre qui l'aurait spolié. Les collaborateurs français se vivaient aussi comme victimes des Juifs. Et les Hutus des Tutsis qu'ils appelaient des cancrelats.

Ajouter à cela : l'effet de mode. En 2014, Salah Abdeslam a raté le train de la Syrie où son meilleur ami Abaaoud s'est engagé, il ne passera pas à côté de l'occasion des attentats.

L'ennui, « ce cyclone au ralenti » écrivait Cioran, autre ingrédient indispensable à la haine.

Enfin, le déni de réalité. Refuser cette société, lui préférer la promesse qu'on lui avait faite.

Ce n'est pas facile de vivre, plus simple de céder à la pulsion de mort, me dit Esther avec la force du naturel. *Quelle valeur l'État accorde-t-il à la vie aujourd'hui ? N'est-elle pas un produit de consommation ? Combien de vies sont perdues chaque jour dans la Méditerranée ? Combien de femmes, tous les jours, sous les coups d'un homme ? Le destin historique de l'islam se télescope avec une jeunesse blessée.*

Salah Abdeslam avait dû ressentir du désir pour cet ailleurs promis par Daech qui l'éloignerait pour de bon du marasme d'ici-bas et des perspectives murées.

N'est-ce pas la beauté qui nous rend humain ?

Rien ne sera plus comme avant. Comme cela apaise. Depuis que Salah adhère à l'idéologie de Daech, il est plus détendu. Les rares moments où il est à Molenbeek, il redouble d'attentions pour Nour et pour sa mère. En un sens, il s'est converti mais sans devenir un perroquet savant. Il faudra attendre la prison.

Il a pu ordonner le passé et vouer son existence à quelque chose, la mort. De temps en temps, il y résiste encore. Des bouffées de vie le submergent, surtout en entendant Nour parler de leur mariage civil. D'autres fois, il se sent grisé de ne plus s'appartenir. Se donnant à une cause, il se tient en respect.

« Ces hommes, devenus des assassins, retenaient seulement l'idée qu'ils étaient engagés dans quelque chose d'historique, de grandiose, d'unique ("une grande tâche qui arrive une fois en deux mille ans"), qui serait donc difficile à soutenir », écrit Hannah Arendt dans *Eichmann à Jérusalem*.

L'idéal blessé de Salah Abdeslam s'est construit un destin

terroriste. Résolu à agir en Europe, il s'est sans doute vécu en nouveau héros. Dans son café, tout le monde était aux petits soins, l'écoutait les yeux brillants, dévoué à ce qui allait arriver. Accélération des vies et des jours. L'existence s'ouvrait enfin à la jouissance. La morale divine est la cerise sur le gâteau ou plutôt le karcher sur un passé réprouvé. Derrière l'écran, en Syrie, il est félicité, encouragé par Abaaoud, coach de l'horreur. Les billets arrivent par mandat de l'étranger. Un butin de guerre, enfin de l'argent halal. Il est regardé, il rayonne. Il va bientôt être au-dessus des autres.

Grisante sensation de ne plus toucher terre, de vivre dans la société du crime, mimant une jeunesse dorée au volant de sa Mercedes.

Frisson de la clandestinité, du péril des virées à travers l'Europe, de la confiance qu'on place en lui, de l'envergure qu'il se découvre au service d'une cause juste et historique.

Excitante impression de se laisser secouer, soumettre, féconder par d'autres, lui promettant de lui restituer sa dignité et de faire quelque chose de sa propre vie.

Exaltation liée au secret, fantasme de persécution qui n'est pas sans rapport avec le plaisir sexuel.

Délice de couper les liens les plus archaïques à la racine. Ne plus être l'objet d'adoration, d'obsession de sa mère dont il partage encore le toit. Ses marques exagérées de tendresse n'ont-elles pas fini par l'angoisser ? Son amour n'a-t-il pas des airs de puissante hostilité ? Derrière tout excès se niche l'ambivalence des sentiments.

Lui qui a déçu sa promise, a vécu un amour maternel abusif, va s'appartenir en posant un acte de séparation radicale. À présent, il n'a que des frères et des sœurs en islam.

« J'étais tout simplement ravi de quitter Linz », déclare Franz Stangl quand il se met au service du Programme d'euthanasie, préfiguration de la « solution finale ».

Le salafisme est une loi au-dessus des lois. *Salah a mis Dieu entre lui et sa mère*, poursuit Esther. *Une place symbolique quand la rupture physique est impossible.*

Salah n'a fait que changer d'esclavage. De la mère au frère Abaaoud, du frère à devenir le possédé d'un Dieu perverti.

L'ardeur que l'action lui procure, telle est sa croyance.

Mais il ne s'agit pas d'un voyage initiatique ni d'un voyage tout court car celui-ci implique un ressort essentiel : l'autre. Son horizon est la rencontre, l'expérience de la différence. C'est aussi la condition pour être soi.

Salah Abdeslam court après lui-même. Il appelle aventure le confort d'un miroir. C'est comme si, avant Daech, aucun idéal n'avait su le contenir, aucune alternative prendre la place de la dépendance primitive à la mère. Ne connaissait-il pas surtout le registre de l'emprise ? Ensorcelé par *le nom d'une*, il a pu se sentir chez lui dans l'ombre maléfique et le repli narcissique du djihad.

Alors que le présent cristallisait tous les refus, l'État islamique lui a offert un idéal de société et de lui-même. Idéal cruel d'un grand récit tragique et totalitaire dans lequel il tiendrait un rôle. *Quand le narcissisme défaille, idéal et haine marchent coude à coude*, me dit Esther.

L'idéologie djihadiste a été sa voie de sortie personnelle et de remise en ordre. Il ne serait plus l'homme éternellement décevant de ses beaux-parents, de sa fiancée et de la société. En se fondant dans une communauté imaginaire, il a cru prendre le contre-pied de tout.

Il a pu enfin trouver un sens à sa vie et des limites. Il devait agir dans un cadre précis. Ce qu'on lui demandait était clair. Il était heureux de se tenir dans les consignes comme un soldat.

Les règles posées par l'État islamique l'aidaient à respirer. Quand tout est séparé, rien ne pose problème. Haïr un autre pour exister soi-même. Une haine de soi, de l'altérité en soi, projetée sur le monde.

Cette loi portait un visage aimé, celui d'Abaaoud. Un lien amoureux liait les deux hommes. Salah Abdeslam se voyait en lui. Il lui conférait une toute-puissance supposée. Il éprouvait du plaisir à lui obéir. En cela, *l'idéologie est le tiers idéal pour se soumettre à l'ordre viril.*

La haine est un bouclier surpuissant.

De l'embrigadement idéologique à l'engagement militaire, il ne s'agit plus de penser mais d'agir. Position rassurante pour Salah. Il passait de l'ennui à l'étourdissement. Mais s'assujettir est toujours un choix conscient, la doctrine djihadiste fait écho en lui.

Quand la date approche, l'adrénaline cède la place à la

panique. Devant Nour, il lâche sa faiblesse. Où trouver la force de faire marche arrière quand le désir de briller est si fort ? Il sent qu'il ne peut plus dire non. Mais l'a-t-il un jour voulu ?

Il participera à la tuerie. Au dernier moment, il renoncera à se faire sauter.

La toute-puissance est une grande faille narcissique, me glisse Esther.

Son désir de puissance est l'autre nom de sa vulnérabilité. Cette entaille en lui n'a rien de passager. Un rien la déchire un peu plus. Un rien remet à vif sa douleur. La bienveillance est vécue comme un sarcasme. Les bonnes intentions ne méritent que ses orages. Le monde est un terrain miné.

L'envers va avec, ajoute Esther. *Même les tout-puissants face à la mort doutent.*

Ce fut son cas.

Depuis, sa faiblesse s'est refermée.

72

CHASSE À L'HOMME

Après le choc des attentats du 13 novembre, courir après autant de personnes à la fois entre la France et la Belgique… Ils n'ont jamais coopéré de leur vie et il faut qu'ils le fassent dans un univers urbain. Cela fait plus de dix ans – depuis les attentats de Madrid en 2004 – qu'on n'a pas traqué du terro en Europe, me dit Nathalie, journaliste spécialiste de l'antiterrorisme qui a accès au dossier d'instruction des attentats de Paris. Nous partageons à nouveau deux plateaux-repas à la cantine de son journal.

Au Maroc, en Tunisie, en Algérie, ils en ont l'habitude. En Europe, il faut remonter aux années quatre-vingt. La machine ne comprend pas ce qui se passe et doit se mettre en marche. Forcément, à l'aune de l'histoire contemporaine, la chasse à l'homme d'Abdeslam est un morceau d'anthologie.

Elle restera dans l'histoire des enquêtes policières.

Quatre jours après son arrestation, les attentats de Bruxelles. Le fruit d'une audition ratée ?

Au moins un rendez-vous manqué avec l'Histoire. Comme un accident d'avion, ce sont des éléments mis bout à bout qui conduisent au drame. Connaissant le profil psychologique de Salah Abdeslam, ce n'est pas non plus quelqu'un qui aurait raconté sa vie en garde à vue. On l'aurait peut-être torturé et lui aurait arraché les ongles qu'il n'aurait rien dit. L'antiterrorisme belge est un univers particulier.

C'est-à-dire ? Il n'a pas pris la mesure de ce qu'il se passait ?

Pas de la même manière. Si votre société est résiliente, l'antiterrorisme est à cette image, donc beaucoup plus cool que les policiers français. Leur garde à vue dure vingt-quatre heures, cinq ou six jours en France. Aux États-Unis, l'analyse de la situation aurait été tout autre.

Il aurait été torturé. Ce qui est étrange de la part des policiers belges, c'est qu'a posteriori on a su qu'ils traquaient d'autres complices. Ils avaient forcément conscience de l'urgence de le faire parler. Pourquoi perdre du temps et attendre le week-end ? Nous, la presse, on a cru qu'il n'y avait que Salah. Qu'on l'avait récupéré dans sa cave avec son cousin. En réalité non, il y avait plein d'autres types. Et la traque dure depuis novembre. Pas celle d'un seul homme. En coulisse, il y en a d'autres.

Son audition courte est liée à des conditions particulières. Il était blessé et sortait de la salle d'opération comme je l'ai appris de son avocat à ses côtés lors de ses premiers interrogatoires.

La France a peut-être cédé un peu facilement à la critique à l'égard de la Belgique. Là-bas, les auditions durent vingt-quatre heures, ensuite la personne est placée en prison sous l'équivalent de mis en examen ; ce qui signifie qu'on peut l'interroger de manière illimitée. C'est ce que les Belges se sont dit.

En France, c'est très différent. Le temps de garde à vue correspond au moment où l'on peut parler avec le mis en cause. Le délai normal de droit commun est fixé à vingt-quatre heures avec une prolongation possible de quarante-huit heures. En cas d'association de malfaiteurs, elle dure quatre-vingt-seize heures, soit quatre jours. La garde à vue est filmée, l'avocat est présent. En France, quand la menace est imminente, on dispose de cent quarante-quatre heures. Mais, une fois la garde à vue terminée, c'est fini pour les enquêteurs. Ils doivent passer la main aux magistrats.

Les enquêteurs français n'ont pas pu entendre ni interroger Abdeslam. La Belgique a considéré qu'il était sur leur sol et que c'était donc à eux de s'en charger.

Les enquêteurs français n'ont pas non plus eu connaissance des questions qu'ils avaient préparées. Ils étaient de simples observateurs. En vingt-quatre heures, les enquêteurs belges lui ont notifié son identité, sa filiation. Il s'était pris une balle dans la jambe lors de son arrestation. Il était groggy sous Doliprane pour répondre à deux ou trois questions. Ce n'était pas le bon moment. La police judiciaire française l'a mal pris, considérant qu'elle aurait fait mieux. Les Belges avaient beaucoup de pression sur les épaules et une procédure pénale différente.

Plus tard, Abdeslam n'a pas non plus été interrogé par la

police française. C'est la juge d'instruction belge qui avait la main. « Chez nous ça se passe comme ça. Si vous voulez l'entendre, il faudra venir le voir. » La police judiciaire française a été frustrée au moment de sa garde à vue. Ensuite, le dossier est passé au juge d'instruction dans le cadre d'une commission rogatoire. Salah Abdeslam a été présenté à Paris où il a refusé de répondre.

Les regrets, la douleur sont liés aux attentats de Bruxelles quatre jours après l'arrestation d'Abdeslam. Mohamed Abrini est toujours en cavale. Salah l'identifie comme son voisin. « Il est où ? » lui a demandé l'enquêteur belge. « Je ne sais pas », a-t-il répondu. Ils se sont rendus ensemble à Paris la veille des attentats, déclare-t-il. Personne n'insiste.

Le soir de la capture d'Abdeslam, on dit aux unités spéciales de la police fédérale belge de se préparer pour la suite. C'est loin d'être terminé. Pourtant, Abdeslam ne sera interrogé ni le dimanche 20 mars, ni le lundi 21 mars. Le 22 mars, Mohamed Abrini sera « l'homme au chapeau » dans le hall des départs de l'aéroport de Zaventem où seize innocents seront assassinés et plus de quatre-vingt-dix autres blessés. Nuage de poussière, membres arrachés, débris de verre, visages défigurés, une centaine d'ambulances. Et un silence de mort.

Quelques heures après les attentats, Salah Abdeslam est interrogé. Pas un mot sur le massacre. « Pouvez-vous nous expliquer ce que vous avez fait après votre fuite de la rue du Dries à Forest ? » fut l'unique question des enquêteurs.

Au même instant, des morceaux de plafond continuent de tomber à l'aéroport et dans la rame de métro de Maelbeek. Les sanglots ont recouvert le silence. Des innocents se vident de leur sang. D'autres, miraculés, ignorent encore avoir été amputés. Les chirurgiens s'efforcent d'extraire des boulons de voiture des corps, de cautériser les éclats de fer. Les familles, hagardes, courent à travers la ville pour rattraper les absents.

73

PLANQUÉ

Si Salah avait été politisé ou fanatisé, il aurait pleinement cru dans le premier argument de vente, l'égalité des chances au paradis, il ne se serait donc pas fait capturer vivant, m'avait dit Aniss, éducateur social à Molenbeek. *Il était encerclé rue des Quatre-Vents, soit il se tuait, soit il s'enfuyait, mais il ne pouvait pas se faire capturer. Pour moi, il est revenu à son premier stade de médiocre sans projet. Et finalement il est pris. Aujourd'hui, il est mutique parce qu'il n'a rien à dire à part les détails techniques. La construction intellectuelle de la chose – ce que finalement on a envie de savoir –, il est incapable de nous l'expliquer. Un Abaaoud aurait été plus intéressant à entendre. Salah Abdeslam est un moyen, un médiocre*, avait asséné Aniss.

Dans sa cavale qui a duré cent vingt-six jours, Salah Abdeslam a semblé sans scénario, sans partition, sans direction, sans réseau en dehors du cercle familial. Il retourne sur la terre de sa mère. Pourvu que quelqu'un me garde. Elle sa protectrice, elle à qui il doit la vie, comme elle n'a cessé de lui répéter.

Il revient à l'aveugle à Molenbeek, comme dans une niche. Cachette de misère improvisée. *Pas une planque sûre à l'ombre dans les Ardennes ou en banlieue de Zurich. Un vrai réseau n'a pas l'allure d'un retour en arrière rue des Quatre-Vents où la moitié de la rue était au courant.*

L'enquête nuancera cette impression. Belkaïd le prend sous son aile et il bénéficie d'une dizaine de planques, notamment à Schaerbeek, Auvelais, Charleroi et Forest. Salah Abdeslam joue au chat et à la souris avec la DSU, la Direction des unités spéciales de la police fédérale, pendant quatre mois. Comme il ne peut sortir de ces caches sans être repéré, son réseau l'alimente en vivres.

Il passe ses journées les yeux rivés sur l'écran de son téléphone. Il fait défiler les images des attentats, l'explosion de son frère Comptoir Voltaire, et de l'appartement dans lequel Abaaoud était retranché. Il lit un à un les articles le concernant et rédige ses courriers. Il appuie machinalement sur les interrupteurs et tourne les robinets. Il oublie souvent qu'il n'y a ni eau ni électricité. Il engouffre les pizzas tièdes qu'on lui apporte et déroule, quand il y pense, son tapis de prière.

Il a été balancé d'ici. Et à juste titre. Aujourd'hui tous les gamins le disent, c'est une fin sans gloire, avait poursuivi Aniss. *Les enquêteurs ont été tuyautés. Mais il n'y avait pas de machinerie, de grande organisation derrière Salah. Quand j'ai vu les mesures de sécurité, l'hélicoptère, le quartier bouclé, tout le monde rigolait. Qui va aller s'exposer pour défendre ce type ?*

En fuite, il a eu besoin d'aide. Il n'était pas vraiment capable de se débrouiller. Est-ce être un grand génie que de se planquer à Molenbeek ? m'avait dit Franck, enseignant-chercheur en relations internationales. *Il n'aurait pas pu aller en Syrie où on l'aurait puni pour ne pas avoir été jusqu'au bout, mais il y avait d'autres endroits. L'auteur de l'attentat du marché de Noël de Berlin en 2016 a été abattu à Milan après être passé par Chambéry et Turin. Le seul réseau d'Abdeslam était local.*

Abaaoud et Akrouh, membres encore vivants du commando des terrasses le soir du 13 novembre, se cachent dans un massif d'arbustes au flanc de l'A86, à Aubervilliers. Un repaire de SDF où ils dorment deux nuits avant de rejoindre leur dernier refuge chez Jawad Bendaoud à Saint-Denis où ils mourront au quatrième jour de leur cavale.

Salah avait-il une autre mission après ?

Si l'objectif avait été de continuer, ça se serait fait avec intelligence. De toute façon, il était recherché, c'était un problème de laisser des traces et en vie quelqu'un qui a participé à une telle entreprise terroriste, m'avait dit Franck. *Pour les attentats de Bruxelles, ils se sont très bien débrouillés sans lui. Ils ont précipité l'affaire parce qu'Abdeslam a été arrêté. Il était plus un boulet qu'un atout.*

Pourquoi utiliser un délinquant qui a été si souvent arrêté, au lieu de prendre un idéaliste qui croit au bazar, un peu vierge, un peu malin… Ça ne manque pas chaussée de Gand ! Pourquoi dans une famille où il y a déjà un passé, avec un frère travaillant pour la commune ? La discrétion est un avantage même si Abdeslam sait se débrouiller pour déjouer la police.

Pourquoi ? Parce qu'on ne tue pas le frère d'un « martyr » ni un homme qui a participé à ce qui constitue un succès pour l'organisation terroriste. Pendant sa cavale, elle le protégera.

74

CAPTURE

> « Les corbeaux ont voulu imiter la marche du pigeon, ils n'ont pas réussi. Ils ont voulu revenir à leur marche initiale, ils l'avaient oubliée. »
>
> Proverbe marocain.

Le monde entier a vu l'image d'Abdeslam, casquette et veste blanches, traîné dans la rue par un policier comme on le ferait d'un enfant. Un garçon auquel on viendrait d'offrir ses premières baskets. Un garçon mal réveillé qui aurait été désagréable avec sa sœur. Le père l'aurait poussé dehors pour lui dire deux mots. Il se tient la tête pour éviter les cris. Un hélicoptère survole la zone. Les unités d'élite sont armées jusqu'aux dents pour ce garçon aux baskets neuves qui rase le sol.

Salah Abdeslam sait qu'il va tomber, il s'est grillé lui-même. Le jour de son arrestation en Belgique, vendredi 18 mars 2016, il prend une balle dans la jambe. Dans la poche de son survêtement, un morceau de papier sur lequel est écrit qu'il remet sa vie à Dieu, prête allégeance au calife de Daech et s'engage à faire la « *el-harb* », la guerre, et « la catastrophe ».

Dans une écoute du 29 mars 2016 réalisée par la sûreté de l'État belge dans la prison de Bruges, Salah Abdeslam s'inquiète que cette lettre puisse tomber entre les mains de la police. « Le jour où ils m'ont attrapé [...]. Elle est tombée de ma poche. Je dois me méfier ou bien ? [...] J'ai pas mis mon nom dessus, tu crois qu'ils peuvent savoir si c'est la mienne ? »

Le rapport faussement inquiet et franchement infantile d'Abdeslam à ce morceau de papier est édifiant.

« Qui meurt sans avoir prêté serment d'allégeance [à un calife] meurt de la mort des païens », tels sont les propos attribués au Prophète par la tradition islamique. Abdeslam semble vouloir jouer sur les deux tableaux : s'engager politiquement et religieusement tout en s'épargnant la justice des hommes. Je crois aussi qu'en éparpillant ces petits mots, pareils aux cailloux du Petit Poucet, il cherche surtout à effacer les traces de son retrait cette fameuse nuit.

Le 18 mars 2016, l'assaut n'a pas encore commencé que la presse l'a déjà annoncé. Les caméras tournent en direct devant la porte de l'immeuble. Une journaliste se tient devant.

Salah essaie de prendre la fuite par les toits mais des hommes sont déjà en poste. Quand il s'échappe par la porte d'entrée, il ne court pas en direction des policiers à cinq mètres de lui. Il s'enfuit dans l'autre sens. Des semaines plus tard, il s'en serait justifié auprès de sa sœur. *Je suis parti de l'autre côté pour me faire tirer dessus.*

Il y a de quoi douter. Cela ressemble plutôt à une tentative d'esbroufe pour s'extraire des mailles du filet.

Un agent d'élite lui tire dessus.

La première fois que j'ai vu Abdeslam, il était menotté, les yeux bandés, sur une civière, me dit Sven Mary. C'était samedi 19 mars 2016 au matin, le lendemain de sa capture.

L'enterrement de Brahim au cimetière d'Evere a précipité son arrestation. Mohamed Abdeslam portait le cercueil de son frère quand Abid Aberkan lui a confié qu'il cachait son cousin Salah chez lui. Des enquêteurs embusqués l'ont suivi.

Salah sortait de la salle d'opération. Encore sous le coup de l'anesthésie, on l'a fait rouler jusqu'à une cellule de la police fédérale de Bruxelles, rue Royale. Autour de lui, environ six cents kilos de testostérone avec des cagoules. Une image qui m'a marqué. À mon sens, il n'a pas eu droit à la chambre de réveil.

Mohamed, le frère de l'inculpé, avait envoyé un SMS à Sven Mary à 16h45, le jour de l'arrestation. « Mon frère a été arrêté, pouvez-vous m'appeler ? » Sven Mary a défendu par le passé Michel Lelièvre, complice et homme à tout faire du tueur multirécidiviste Marc Dutroux, également Fouad Belkacem, le fondateur du groupe Sharia4Belgium reconnu comme le principal responsable du recrutement de jeunes gens partis se battre en Syrie.

Parmi les truands, il a assuré la défense de la famille Aquino, une fratrie du Limbourg belge qui a importé trois tonnes de cocaïne en Belgique.

L'avocat annule son week-end.

Nathalie me raconte s'être entretenue avec Sven Mary à cette période. *J'ai vu quelqu'un pris dans la bourrasque. Sven Mary a été une rencontre assez forte. Il est un des rares pénalistes néerlandophones à Bruxelles, fils d'un patron de la télévision néerlandophone. Intéressant de voir un avocat très charpenté, expérimenté qui a le vertige du prévenu qu'il est en train de prendre sous son aile.*

Un trophée. Il était le grand trophée pour les services de police belge, me dit l'avocat qui était aux côtés de Salah Abdeslam au lendemain de son arrestation. *Vu les leçons que la France avait jugé bon de donner à la Belgique... Les mots de Salah Abdeslam ? Il y en a eu tellement peu. Je n'ai pas eu le droit de le voir seul. Je lui ai dit que j'étais envoyé par son frère. C'était mon seul lien pour essayer de créer quelque chose dans un lieu qui ne respirait que le béton. « Vous devez choisir si oui ou non vous souhaitez que je devienne votre avocat. »*

Il aurait pu me répondre non. Le fait que Mohamed m'ait envoyé a brisé la glace. C'était mon atout. Il a dit oui. Et rien d'autre. Ce garçon était dans un gaz... Si vous lui posez la question aujourd'hui, je ne suis même pas sûr qu'il s'en souvienne. Il était sous le coup d'une anesthésie générale.

Voilà pourquoi Salah Abdeslam n'a pas eu d'avocat commis d'office.

Sven Mary passe toute la journée du 19 mars avec Abdeslam. *Attentes, interrogatoires par le juge. Il y a deux notifications d'inculpation, le mandat déposé par le juge d'instruction belge et le mandat d'arrêt européen en provenance de Paris sur lequel Salah devait être entendu. Également les faits de la rue du Dries et de l'organisation criminelle pour lesquels il ne sera pas placé sous mandat d'arrêt.*

Comment était-il ?

Couché. Tous les interrogatoires de la journée se font alors qu'il est allongé.

Lors d'un des interrogatoires menés par des enquêteurs belges, Salah Abdeslam tente de se dédouaner et fournit de brèves réponses. L'audition dure deux heures. Il affirme que Brahim, son frère « mort en martyr » dont il est fier, a procuré l'argent et les fausses pièces d'identité belges. « Depuis un an et demi, il avait changé », déclare-t-il. « Moi, j'étais au chômage, je n'avais plus rien à faire. Je traînais dans les cafés, dans la rue. Je n'ai pas d'enfant, je n'ai que ma fiancée. » Il dit avoir agi sous l'impulsion de Brahim et d'Abaaoud, et au dernier moment avoir renoncé à se faire exploser au Stade de France. Il donne les noms des dix personnes impliquées ce soir-là : « Bilal Hadfi, Chakib Akrouh, Abaaoud et moi », dit-il. Il n'y en a que quatre, lui fait-on remarquer. « Je ne connais pas tout le monde », répond-il. Et son frère ?

« Mon rôle ? J'ai loué des voitures, réservé des chambres d'hôtel à la demande de mon frère Brahim. » « Et le jour même ? » « J'avais une ceinture explosive mais je ne l'ai pas fait exploser. À la fin, j'ai renoncé. » Qui est responsable des attentats de Paris ? « Abaaoud. » Quelles étaient vos relations avec lui ? « Un ami. On se connaît depuis longtemps, depuis qu'on est petits. »

Sur la table d'opération avant l'anesthésie et au réveil, quel visage avait-il à l'esprit ? Était-ce celui de Nour ? En sa présence, se serait-il confié davantage ? Aurait-il donné les noms des autres commanditaires, avoué ce qui se préparait à Bruxelles ? Aurait-il été soulagé par ses paroles vraies ?

Nour me regarde. Elle pense qu'il n'aurait rien dit de plus, que personne n'aurait pu le guérir de ses dénis, qu'aucune menace ne lui aurait desserré les lèvres.

Premier interrogatoire qui finit dans la presse. C'est là où Molins s'est épinglé sa médaille, me dit Sven Mary.

Le procureur de Paris François Molins a lu à la presse des extraits de l'audition de Salah Abdeslam : « *Selon ses propres termes, il voulait se faire exploser au Stade de France et a fait machine arrière.* »

Il donne également des informations sur l'état des investigations côté français. « *Salah Abdeslam est un acteur clé des attentats.* [...] *Il a eu un rôle central dans la constitution des commandos du 13 novembre et la préparation logistique.* » Il égrène ensuite les dates de voyages de Salah Abdeslam à travers l'Europe depuis le 30 juillet 2015.

Avec Frank Berton, me dit Sven Mary, nous déposons plainte pour violation du secret de l'instruction puisque quasi en temps réel, sur toutes les chaînes en France, on livrait ses déclarations.

Le secret de l'enquête est capital : il permet aux investigations de se dérouler dans la sérénité et à la présomption d'innocence du suspect d'être respectée. Comment croire qu'un homme va parler et aider l'enquête s'il est jeté en pâture aux médias en début d'information judiciaire ?

Les priorités sont ailleurs.

Je reverrai Salah Abdeslam dans la confidentialité la première fois, le dimanche soir, à la prison de Bruges où il se trouve dans le quartier de haute sécurité. Tout se passe anormalement dans ce dossier.

C'est-à-dire ?

Ceux que je défends, très souvent, me choisissent, surtout quand on parle de grand banditisme ou de banditisme en général. Ils ont leurs avocats attitrés. Je fais partie des avocats de certaines mouvances dans certains pays. Quand ils ont des problèmes en Belgique, ils arrivent à l'audition de privation de liberté, c'est là où vous donnez le nom de l'avocat, vous êtes entendu avant de comparaître chez le juge d'instruction. Quand on donne votre nom, c'est un signe de confiance. Ici, il n'y avait pas ça, en dehors de son frère qui m'avait choisi. Et, très étonnamment, Salah Abdeslam ne me connaissait pas alors qu'en matière de terrorisme j'avais fait mon chemin.

La question de ne pas savoir n'est pas neutre. Il y a diverses hypothèses : les autres sont morts, peut-être qu'ils devaient tous mourir, alors on n'a pas eu la présence d'esprit… Mais ça pouvait aussi être le manque d'organisation total. Et le rôle qu'on a pu éventuellement jouer dans une pièce. Je ne connais pas la réponse exacte.

75

PREMIÈRE MI-TEMPS

> « On avait vécu en frères joueurs, on s'est quittés en frères ennemis. L'amour du ballon a percé sous le premier coup de machette. Vous voyez, rien n'a résisté au génocide, il a coupé le football à l'improviste, comme tout le reste... »
>
> Jean Hatzfeld, *Une saison de machettes.*

Je vois à nouveau Abdeslam lundi 21 mars au soir, poursuit l'avocat à sa table de bureau, le dos tourné à de grandes fenêtres donnant sur un jardin. *Il avait des douleurs, les séquelles d'une balle dans la jambe et d'une anesthésie. Le premier lien à tisser entre l'avocat et le détenu est celui de la confiance. Apprendre à se connaître. Surtout dans un dossier délicat comme celui-ci, ce n'est pas le vol d'une pomme. J'ai tâché de me présenter, si on veut discuter c'est la base. Je ne suis pas rentré dans son parloir en disant alors Abdeslam parle-moi du Stade de France, dis-moi comment tu as voulu te faire exploser. Non, il faut construire. La construction avait été entamée le dimanche soir. La première visite avait duré deux heures trente, c'étaient les présentations. La suite de ce qu'il avait dit chez le magistrat instructeur, la coopération qu'il souhaitait donner, la reconnaissance de certaines personnes qu'on lui avait montrées sur photo. Ce samedi-là, le jour du décernement du mandat d'arrêt, il avait répondu à des questions, montré des gens, il collaborait. Nous sommes rentrés dans le vif du sujet le lundi. Nous avons parlé des attentats de Paris, du comment et du pourquoi.*

À la prison de Bruges, Sven Mary l'écoutait et, de temps en temps, le provoquait. *Vous aimez le football ? Oui, ça va. Un des membres de votre famille aussi ? Il n'a pas vu venir le truc. Vous ima-*

ginez votre maman aller avec votre petit frère (il n'en a pas, mais passons) *au Stade et qu'un type veuille se faire exploser? C'est dur, vous qui aimez le football et venez juste pour ça. Salah m'a regardé. C'était une stratégie.*

Créer de l'empathie envers les victimes pour qu'il parle?

Entre autres. Renoncer à son intention était dans mon esprit un désistement volontaire.

Le lundi soir, en sortant, la presse française était partout: au Palais de justice, devant la prison. Je me suis demandé comment BFMTV avait toutes ces informations. J'ai fini par comprendre. Ils sont nombreux, une armada. Les attentats du 22 mars en Belgique ne vont pas faciliter ma conversation avec Salah Abdeslam.

C'est-à-dire?

Tout comme la France l'a été le 13 novembre, la Belgique est en état de choc. Il y a des morts partout. Salah Abdeslam a été arrêté quatre jours avant. On dit que c'est son arrestation qui a provoqué les attentats du 22 mars à Bruxelles.

Trois attentats suicides à la bombe: deux à l'aéroport de Bruxelles à Zaventem et le troisième à Bruxelles, dans une rame du métro à la station Maelbeek, dans le quartier européen. Le bilan définitif fait état de trente-deux morts et trois cent quarante blessés. Ces attentats, revendiqués par l'organisation terroriste État islamique, sont les plus meurtriers commis jusqu'alors en Belgique.

Il est en cellule à côté de Mehdi Nemmouche incarcéré pour les attentats du musée juif. Celui-ci est d'un autre niveau intellectuel. Et beaucoup plus déterminé.

Les choses se ferment à ce moment-là?

Oui, c'est la révolte qui commence.

76

LA TRUITE DE WALTER

Le fantasme des gros poissons a de l'avenir. Il y a toujours plus gros que le dernier pêché. Un peu comme dans *La Maison du lac* avec Henry Fonda et Katharine Hepburn. La quête de Walter, la truite monumentale, fait vivre le vieux maboul.

Le petit bras fuyard, un portrait défendu par les avocats d'Abdeslam. C'est aussi ce qui s'est dit dans le milieu terro : « Salah est un nul, il y a plus gros que lui », me dit Nathalie. *Mes confrères hommes que j'aime beaucoup se racontent pas mal d'histoires sur les terroristes. « Une source m'a dit que... » Mais les policiers aiment particulièrement jouer avec la presse. Le jeu classique depuis des années : quand un nom est lâché, on nous en sort un autre en off pour nous faire courir. « Il y en a un autre au-dessus de lui... Il a un émir. » Simplement pour nous donner du grain à moudre. Pendant qu'on gratte un seul nom, ils le font sur pleins d'autres.*

La police vous a jeté Abaaoud en pâture ?

Oui, mais est-ce vraiment le plus gros ? Ce monde-là a une hiérarchie mouvante. Ils sont gros parce que les noms sont sortis. J'ai beaucoup de recul par rapport à ça.

Recul et humanité semblent les atouts de cette journaliste aux boucles brunes.

Pour un mec soi-disant débile, Salah Abdeslam a fait beaucoup de choses dans ces attentats. Peut-être que son frère avait de l'ascendant sur lui, mais Salah Abdeslam s'occupe de la logistique. Ceux qui assurent cette mission ne sont pas les plus crétins. Il faut être bien organisé. Très différent de la cellule de Verviers. Le gus qui était chargé de faire de la logistique s'emmêle complètement les pinceaux. Avec Salah Abdeslam, on a l'impression qu'on a tiré les leçons des échecs de Verviers.

Il organise bien la boutique : il gère un nombre important de voyages, fait attention aux géolocalisations, aux téléphones. Une mission essentielle.

J'ai eu la sensation que certains étaient déçus par lui, à Molenbeek comme du côté judiciaire. Ils auraient aimé quelqu'un de plus charismatique, à la hauteur du carnage. Une figure décevante par rapport à des attentes. Étrange sensation.

Ce n'est pas le grand méchant. On aime bien les grands méchants.

Les hommes aiment les caricatures, comme si elles seules pouvaient les convaincre de la cruauté à l'œuvre. Qu'elle ait un visage humain est pourtant sa forme la plus diabolique.

Salah Abdeslam a forcément le sens de ce qu'il fait.

Il n'est pas mû par le *rien* que nous projetons sur eux mais par un projet politique.

Et ne pas avoir la tête de l'emploi présente des intérêts.

77

LE JUGE ROCKER 2

« J'ai toujours été conscient que les exécuteurs, les victimes et les spectateurs étaient des êtres pensants. »

Raul Hilberg.

— Salah Abdeslam ne devient pas un automate et ne se fait pas sauter, pourquoi ? Il ne le souhaitait pas ?

J'interroge le juge que je revois dans le nord de la France. N'était-il pas entièrement radicalisé comme le laisse entendre son premier interrogatoire ? Ou son gilet d'explosifs n'a-t-il pas fonctionné ? Mohamed Amri, qui a aidé Salah Abdeslam à s'exfiltrer de Paris, rapporte aux enquêteurs : *Salah nous a dit qu'il avait jeté un gilet d'explosifs avant de nous rejoindre à la voiture* [...]. *Il nous a expliqué que son détonateur n'avait pas fonctionné et qu'il voulait mourir.*

Je mesure combien ma question est un abîme. Salah Abdeslam change évidemment de discours en fonction de son interlocuteur et de ses intérêts.

— Peut-être y a-t-il une troisième possibilité, me répond le juge. Je ne sais pas ce qu'elle vaut ni ce qu'a dit l'enquête sur ce point mais, quand j'ai appris que Salah Abdeslam ne s'était pas fait sauter, j'ai pensé que c'était prévu dès le départ. Si vous partez avec des complices qui doivent mourir, vous ne pouvez pas leur dire : vous allez crever et pas moi. Je suis chef du groupe des trois, on doit tous les trois mourir. Si je sais qu'il ne faut pas que je meure parce que j'ai encore du boulot, je ne peux pas le dire aux autres sans risquer de les démotiver.

J'avoue, la piste ne m'avait pas effleurée.

Un intérêt supérieur semble conduire le juge à partager ce qu'il a ressenti. Sans doute aurait-il aimé avoir les moyens de lutter face à la montée en puissance du terrorisme islamiste quand il était en poste.

— Comme si cela avait été négocié avec l'État islamique ?

— Oui s'il est entendu que vous prenez d'autres actions après. On l'a présenté très vite sous l'angle « il n'a pas osé, il a fui, il est recherché par l'État islamique ». Or, en fuyant, il a toujours une cellule quelque part, il ne ressent pas les répercussions qu'aurait pu causer une pure esquive. C'est la manière dont j'ai vu les choses à ce moment-là. Après j'ai entendu des bruits selon lesquels il n'y avait pas d'explosifs dans sa ceinture. Je ne sais pas ce qui est vrai. Tout est possible comme de renoncer au dernier moment. Ce n'est pas évident de se faire sauter si on n'est pas complètement dans l'histoire. Il y en a eu. Il n'est pas dans la tranche des tout jeunes. Il doit lui rester des capacités de réflexion, on peut donc imaginer qu'il renonce. Je n'ai pas les détails mais il faut se demander, dans la chronologie, à quel moment il aurait pu essayer de se faire exploser. Avec les trois autres kamikazes au Stade de France ?

Dans ce bar bondé où l'on s'entend à peine, je suis émue de voir cet ancien juge antiterroriste, longiligne, plié en deux sur sa chaise, remonter les faits pour tâcher d'y voir clair. Ses yeux rieurs aiment donner leur avis. Je suis frappée par sa simplicité et sa sensibilité. J'ai appris qu'il jouait de la guitare, qu'il était féru de poésie, d'océan et de désert. Décidément il n'est pas tous les juges ni même tous les hommes.

— J'ai pensé la même chose après les attentats de Bruxelles quand un des terroristes ne s'est pas fait sauter, reprend-il. Ils partent ensemble. Si c'est une opération suicide, chacun met sa ceinture même s'il ne veut pas se faire exploser ou si elle est inefficiente. Il faut la mettre vis-à-vis des autres. Est-ce que Salah jette sa ceinture tout de suite après s'être séparé des autres ? Ou après qu'ils se sont fait sauter ?

— On la retrouve dans une petite rue de Montrouge, sous des encombrants.

— Vous avez essayé de comparer avec ce qu'il s'est passé à

Bruxelles ? C'est pareil, ils sont tous avec des ceintures d'explosifs et il y en a deux qui se font sauter et pas le troisième. Sur des commandos suicides, certains se font exploser et d'autres pas, les chefs par exemple.

Le troisième homme en question est Abrini, l'ami d'enfance de Salah.

Le soir du 13 novembre, on retrouve la trace d'Abdeslam dans le dix-huitième arrondissement de Paris et sa ceinture d'explosifs à Montrouge. Il n'y a plus l'effet d'entraînement des autres ? Plus la motivation collective ? Plus l'invulnérable Abaaoud ? Salah a-t-il pris peur en voyant les autres mourir ?

Appartenait-il à un quatrième commando de trois hommes qui devait frapper d'autres cibles, comme le pense un enquêteur ? Commando jamais constitué, les deux autres membres ayant été retardés sur le chemin vers la France après avoir passé trois semaines de détention en Grèce.

Ou bien son retrait était-il prévu, comme le pense le juge ? Mais alors, pourquoi est-ce que son exfiltration vers la Belgique le lendemain matin, avec deux amis bruxellois, ressemble à une improvisation ?

S'est-il rendu dans le onzième arrondissement au moment des attaques, dans le dix-huitième ensuite ?

Je sèche.

Entre le Stade de France et Montrouge reste une zone d'ombre.

Je ne sais pas si l'on saura un jour, m'avait dit Nathalie. *Dans mon souvenir, les expertises disent que c'était une vraie ceinture et qu'à l'intérieur il y avait quelque chose. Ce qu'on ne sait pas c'est si elle était défectueuse ou non. Les expertises ne l'ont pas établi et je ne sais pas si elles y parviendront un jour. Le mystère restera entier.*

Salah Abdeslam racontera à ses comparses que sa ceinture n'a pas fonctionné. « Le mécanisme était défaillant. » *C'est avéré,* me confirmera une enquêtrice de la police judiciaire, *mais c'est aussi une matière très flottante – j'en avais parlé avec les démineurs –, il aurait pu essayer de la manipuler et il ne l'a pas fait. Il l'a posée et il est reparti dans le sud de Paris. On peut toujours trouver des alternatives si on veut faire du mal.*

Peu importe la ceinture. Qu'elle ait été défectueuse ou programmée pour ne pas répondre. Cela n'enlève rien à la détermination de Salah Abdeslam. Il n'était pas un chiot jeté contre son gré dans un bain de sang.

Après, vers où aller? La créature de Frankenstein se mue en tueur parce que son créateur lui refuse une compagne. Il pense que c'est son droit, il le défie de le contester. S'il ne peut inspirer l'amour, il infligera la peur. Salah fuit loin de l'endroit qui a été le théâtre du malheur. Haï, il retourne sur les lieux familiers. Comme la créature.

Molenbeek.

— Sven Mary a déclaré à la presse: « Le croire organisateur des attentats de Paris, c'est lui faire beaucoup d'honneur. » C'est une parole d'avocat, mais qu'en pensez-vous?

— C'est Abaaoud sur le terrain qui est le chef. Il n'y a pas de doutes là-dessus, poursuit le juge. Le rôle de logisticien que l'on attribue à Salah Abdeslam signifie généralement la préparation des ceintures d'explosifs, la fourniture des téléphones portables, un terme assez générique. Il pouvait être le bras droit d'Abaaoud, quelque chose dans ce goût-là. Mais c'est vrai qu'il est moins dans une logique de kamikaze, du fait même de ses fonctions. Son rôle se dessine un peu en retrait d'emblée. Du lot, j'ai connu un des terroristes du Bataclan, je l'ai mis en examen longtemps. C'était un petit soldat. Très différent de Salah Abdeslam.

Le juge m'éclaire sur un point que je n'avais pas imaginé. Salah Abdeslam développe une « expertise » qui peut s'avérer nécessaire à d'autres actions de l'État islamique. Est-ce utile qu'un homme capable de s'occuper des munitions, des logements et des déplacements se fasse sauter? Pas sûr.

—Tout est plus pratique qu'on ne le croit. Par exemple, les groupes terroristes utilisent beaucoup de kamikazes à des périodes où ils ont des effectifs importants. La période actuelle est différente, regardez en Turquie: ils tirent et repartent parce qu'il y a moins de monde sur les théâtres d'opérations. On leur dit, non tu ne vas pas être *one shot*. Salah Abdeslam était peut-être le plus à même de faire des choses après, le plus organisateur.

Sur les fiches de recrutement de Daech, la question est clairement posée : « *Do you want to be a fighter, istishhadi suicide bomber, or inghimasi suicide fighter ?* »

Dans la langue, « voulez-vous… » est une entrée en matière délicate. Elle précède les demandes en mariage. Ici, l'alliance est avec la mort. Le respect de la volonté n'en est pas moins entier.

La lune est pleine quand je rejoins ma voiture stationnée devant un pub. Au volant, je dîne d'un sandwich sous plastique acheté dans une station essence. Je pose mon sac sur le siège bébé à l'arrière. À la maison, les filles doivent dormir.

Il est déjà tard quand je rejoins l'A25 en direction de Tourcoing / Gand / Gent / Valenciennes / Bruxelles / Roubaix, puis l'A1 direction Paris.

Je me sens épuisée, je roule sur la file de droite. Des camions de marchandises me doublent. Des voitures aussi, peut-être des travailleurs exerçant à Lille pressés de rejoindre leur pavillon dans l'Oise, leur appartement parisien, ou des voyageurs venus du nord de l'Europe.

À en croire le juge, le rôle majeur de Salah Abdeslam dans les attentats du 13 novembre aurait pu impliquer (anticipé par l'État islamique ou intégré inconsciemment par Salah) qu'il reste vivant pour cette fois.

La circulation est fluide au péage de Survilliers, mais l'ambiance, sinistre.

Une chose est sûre, sa vanité ne s'est pas dégonflée sur l'autoroute qui l'a ramené à Paris au matin du 14 novembre.

Les reliefs m'annoncent l'entrée dans la métropole. Les plaines sont derrière nous, j'aperçois les hautes silhouettes urbaines de Paris et de sa banlieue : La Défense, la tour de Romainville et les grands ensembles de La Courneuve.

78

S'OBSTINER

Qu'est-ce que je lui trouve ?

Pourquoi s'obstiner dans un contexte où Salah Abdeslam s'enferme dans un rigorisme religieux à triple tour, comme en témoignent les lettres adressées à ses proches ? Ligoté dans son dogme, rien ne semble pouvoir filtrer.

Qu'est-ce qui me pousse depuis des mois à Molenbeek ? À collecter toutes ces paroles sur lui ? Quelle est la narration fantôme de mon livre, celle qui me donne l'énergie de m'« appesantir sur des horreurs » comme l'écrivait Hannah Arendt ?

Il est censé lire ses courriers. Théoriquement, le juge d'instruction peut les saisir. Soit le courrier est saisi, versé en procédure, soit on en saisit la copie. Des choses nous intéressent mais on veut le laisser lire, m'avait dit le juge. *Saisir l'original n'est pas systématique. Il a le droit d'écrire sauf si on lui a interdit de communiquer, mais c'est extrêmement rare. Il m'est arrivé d'interdire à un détenu de communiquer avec des gens très précis. Ça m'étonnerait dans son cas que ce soit total. Ce que je faisais, je lisais, il m'arrivait de saisir l'original mais très rarement, et, quand ça concernait le fond de l'affaire, je n'autorisais pas certains à communiquer en arabe, trop cher à traduire. Je leur disais que je lirais leur courrier, ce qui prendrait un peu de temps, mais je ne leur ai jamais défendu d'écrire ou de recevoir du courrier, sauf à des individus en particulier en maison d'arrêt. Mais pas de manière générale. J'ai souvent mis du temps à décoder ce qu'ils voulaient dire. Les courriers compromettants transitent par d'autres détenus, des parloirs, les téléphones portables. Les courriers qui passent par la voie officielle ne sont en général pas les plus riches en informations pour l'instruction. Je ne vois pas quel serait l'intérêt de lui interdire de recevoir des courriers.*

Salah Abdeslam a reçu ma lettre. Délibérément il n'y répond pas. À ses fans islamisées, beaucoup plus. La quête d'aventure est plus gratifiante que l'aventure de la vérité.

Et les demandes de visite ?

Elles doivent être adressées au juge d'instruction. S'il accepte, reste à savoir si Salah Abdeslam voudra venir au parloir. Quand j'étais au parquet et à l'instruction, un certain juge refusait tous les permis de visite. Un texte donnait une base légale. Le permis de visite était contestable, un appel possible. Quand il est parti, c'était peut-être moins prudent, mais j'autorisais les familles. Bien sûr des informations pouvaient passer mais la méthode américaine qui bloque tout, y compris des choses sans intérêt, ce n'est pas mon truc. Dans votre cas, le juge d'instruction ne vous l'accordera pas.

Il ne répondra pas à ma demande de visite. Avant le procès des attentats de Paris, aucune autorisation de visite en dehors de la famille et de ses avocats. Son père n'en demandera pas. Il ne semble pas tenir à revoir ce fils qu'il ne comprend plus. Il s'est rapproché de son aîné Yazid.

SMS de Mohamed Abdeslam : « Je vous souhaite un vif succès. »

Les bras m'en tombent un peu. J'aimerais juste comprendre, vous savez. Non, il ne sait pas. Les *success stories* sont suivies par des millions de téléspectateurs. Pour être distingué, il faut être un gagnant, peu importe de quoi, pourvu que la réussite se monétise. La performance est de mise, les bêtes de foire sont minutées. Les rêveurs, les indécis, les rescapés de la lenteur sont disqualifiés. D'un livre aussi, on pourrait chercher à tirer des bénéfices dans la société, auprès des femmes ou des hommes, ou des deux. La quête de l'avantage concurrentiel fait d'ailleurs tourner le monde depuis sa métamorphose en marché.

Le mot « vif » semble pire encore. Il révèle une langue soutenue et des bas-fonds sombres. Ses deux frères ont mutilé la chair vive, jeté dans les bras de la mort une centaine d'innocents.

79

SE SENT-IL COUPABLE ?

Réveillée par les douleurs dentaires d'Ava, j'ai le sommeil difficile. Quatre heures du matin, alors que les rues appartiennent aux ivrognes, aux insomniaques, aux amants et aux bandes à scooter, une question me hante : Salah Abdeslam se sent-il coupable ?

Au cachot, est-il réveillé par ses crimes ? Les cris des surveillants et des détenus se mêlent-ils à ceux des victimes dans l'écho mat du béton ?

Dans son rapport sur la banalité du mal rédigé à l'occasion du procès Eichmann, Hannah Arendt écrit : « Apparemment la défense eût préféré qu'il plaidât non coupable, au motif que, dans le cadre du système juridique nazi alors en vigueur, il n'avait rien fait de mal ; qu'on l'accusait non de crimes mais " d'actes d'État " sur lesquels aucun autre État n'avait juridiction [...] ; qu'il avait été de son devoir d'obéir et qu' [...] il avait commis des actes " pour lesquels vous êtes décoré si vous êtes vainqueur et envoyé à l'échafaud si vous êtes vaincu ". »

Vis-à-vis de l'État islamique, Salah Abdeslam doit apparaître comme un digne soldat qui a accompli son devoir de musulman, au moins partiellement.

Vis-à-vis de ses comparses, même chose ainsi que de tous ceux qui partagent les idées du djihadisme islamique.

Vis-à-vis des démocraties occidentales et des victimes des attentats, il est entièrement coupable. Ce sont ses cibles, leur jugement ne doit donc peser d'aucun poids sur lui.

Mais vis-à-vis de lui-même, en conscience, se reconnaît-il responsable et coupable ? Ou considère-t-il avoir obéi à un ordre ? Commis un acte juste ?

Comme Eichmann, Salah Abdeslam n'avait pas assassiné des êtres humains de ses propres mains. « Il s'est trouvé [...] que je n'ai pas eu à le faire », déclara Eichmann. Salah Abdeslam se cache-t-il derrière ce même type d'argument ?

Pense-t-il avoir *seulement* répondu aux ordres d'Abaaoud ou de son frère ?

Est-il un de ces individus dont parle Hannah Arendt, une « personne moyenne, "normale", ni faible d'esprit, ni endoctrinée, ni cynique [...] incapable de distinguer le bien du mal » ?

Salah demande à son avocat français : « "Combien je vais prendre, combien je vais prendre ?" Comme s'il avait dix barrettes de shit dans les poches. Il répète mais j'ai pas de sang sur les mains, j'ai tué personne, j'ai tué personne, je ne suis pas allé aux terrasses, je me suis sauvé[1]. »

Je me souviens d'un récit biblique que me racontait mon grand-père. Un homme de la génération du Déluge récoltait son blé. Chacun venait lui voler un grain de blé. Qui va porter plainte pour un grain de blé ? Le forfait se généralisait à l'humanité ; à la fin, l'homme n'avait plus rien. Les rabbins demandent : comment juger quand on est individuellement innocent mais collectivement coupable ? Quand on participe d'un système de déstructuration de l'humain par la négation du bien d'autrui ? Peut-on dire, je ne fais qu'obéir aux ordres ?

Non était la réponse de mon grand-père.

Désarroi, vertige, face à la banalité d'un tueur. Je ne suis pas la première. Combien d'exécuteurs à travers l'Histoire ont prononcé cette phrase : « Je n'ai pas de sang sur les mains » ? Elle fait partie des trois mécanismes dont parlait le psychologue américain Milgram dans les années soixante : la délégation de la responsabilité, la décision d'obéir et, subjectivement, la distance prise par rapport à l'action que l'on exécute néanmoins.

Salah Abdeslam était sain psychiquement. Il a commis l'horreur en convoyant la mort, pourtant il n'était pas un sadique mais un fêtard.

Que s'est-il passé en lui ? L'une des clés est peut-être ce dont parle Harald Welzer, « la capacité qu'ont les êtres humains de ranger leurs actes dans des cadres de référence à chaque fois spé-

1. Elsa Vigoureux, *Journal de Frank Berton*, Flammarion, 2019.

cifique (“ c’était la guerre ”, “ c’étaient les ordres ”, “ je trouvais ça cruel, mais je ne pouvais pas faire autrement ”), qui leur permettent de considérer ces actes comme quelque chose qui ne dépend pas d’eux. »

On retrouve le même fonctionnement chez tous les génocidaires.

Je ne crois pas utile de comparer des gens qui ont tué à des radicalisés qui ne sont pas passés à l’acte. Pour comprendre quelque chose, il vaut mieux comparer des personnes qui tuent ou participent à une tuerie, à celles qui ont tué. Ce ne sont pas des « éruptions inexplicables » mais des « scénarios » qui se répètent, qui sont « l’œuvre d’êtres pensants, non de fous furieux ».

Salah Abdeslam savait ce qu’il faisait.

Il a dû progressivement adhérer à quelque chose qu’il considérait d’abord comme inhumain – tirer des cadavres avec un pick-up, brûler vifs des hommes – pour finir par le regarder comme un processus normal et souhaitable. Tuer les *kouffars*, massacrer des mécréants qui à ses yeux maltraitent les musulmans, donner une bonne leçon aux Occidentaux, sont devenus une cause à défendre. Comme hier les nazis ont considéré qu’exclure les Juifs était positif et ont fini par transformer « l’interdiction de tuer en obligation ».

Opération de purification dont le but est de tuer le plus grand nombre.

Salah Abdeslam s’est trouvé de bonnes raisons de le faire. Il y était et pensait que massacrer des gens à Paris se justifiait. Jusque dans l’exécution de sa mission, il a dû se trouver à ses propres yeux un homme « bien », alors même que personne ne lui avait demandé d’être entièrement convaincu pour participer aux attentats. Le critère premier de son recrutement était sa disponibilité.

Abdeslam n’a dû éprouver aucun scrupule à « faire le travail ». Même du plaisir lors de ses virées à travers l’Europe. Je me borne à aller les chercher, à les approvisionner en téléphones, à les équiper en gilets d’explosifs, à organiser les planques et à les conduire sur le terrain. Basta. Voilà ce qu’il s’est peut-être dit. Tuer n’est pas de ma responsabilité, je n’aurai pas les mains tachées de sang. Il a dû penser qu’il était un brave type, juste et secourable pour les musulmans. Il a pu participer à ces meurtres sans se sentir meurtrier. Il a *juste* fait ce qu'on attendait de lui.

« Il semble qu'il y ait chez les êtres humains un refus fondamental de passer pour " mauvais ", et même le criminel le plus dénué de scrupules paraît tenir plus que tout à être perçu comme " humain " sous tel ou tel angle de sa personnalité et à ne pas être rangé dans les catégories des personnes se faisant horreur à elles-mêmes », écrit Harald Welzer.

Encore aujourd'hui, il est probable qu'Abdeslam n'ait aucun cas de conscience, ni demain à son procès face aux récits des innocents. Qu'il ne cesse de se placer sous l'éclairage le plus flatteur. Sa mère ne lui a-t-elle pas injecté ce sentiment de supériorité et de toute-puissance ?

Non tu n'es pas mauvais, doit-elle encore lui dire. En prison, il a dû lire dans ses yeux qu'il ne lui avait pas fait horreur.

Quand un policier est tué à Toulouse, je sais comment Salah Abdeslam réagit… On est évidemment beaucoup plus loin dans sa détention et sa déshumanisation.

L'homme proche du dossier judiciaire fait référence à l'attentat perpétré par Radouane Lakdim à Carcassonne qui tue quatre personnes dont un gendarme, le 23 mars 2018. Il assiste à la jubilation de Salah Abdeslam, désormais sans ambiguïté, face à la mort d'un homme représentant de l'État français sous les coups de Daech.

Pour Stangl, commandant du camp d'extermination de Treblinka, les êtres humains tués étaient, déclare-t-il, « une énorme masse », « une cargaison ».

Quand un homme n'en est plus un pour un autre, que reste-t-il en lui d'humain ?

Abdeslam a participé à une opération meurtrière contre des *kouffars* et vivait au même moment une existence dissolue. Alcool, fêtes et sexe. Les êtres humains sont sans difficulté capables, comme le note Harald Welzer, de faire coexister, dans ce qu'ils ressentent, pensent et font, les vues et les comportements les plus différents, les ambivalences les plus profondes et les plus extrêmes contradictions.

Abdeslam n'était pas à la marge du groupe. Il devait dire *nous*, un *nous* dans lequel il se reconnaissait, adhérait à ses objectifs, sa vision, ses obligations meurtrières, ses critères d'appartenance. À titre individuel, il aimait s'amuser avec des femmes et des hommes.

Rien en lui n'est irrationnel ou pathologique. Tout se tient dans le sens particulier qu'il devait donner à ce meurtre de masse. Rendre sa dignité à la communauté. La question des musulmans ne représentait-elle pas pour lui un problème politique exigeant une solution ? Tuer à Paris en faisait partie.

Le point de départ est la solitude et la déliaison mais c'est le sujet qui construit son engagement. Il ne vient pas d'en haut, m'avait dit Esther. C'est Salah Abdeslam qui a sollicité Abaaoud en 2014 alors qu'il se trouvait en Syrie.

Abaaoud n'a pas eu besoin de « racoler » ni de convaincre Salah, ce n'est pas Abaaoud qui lui a couru après mais Salah qui l'a sollicité en Syrie. Il commentait les vidéos qu'il postait, voulait savoir ce qu'il vivait là-bas, sa villa, son salaire, ses frères, les châtiments des mécréants. « Si t'es pas capable de regarder mes vidéos, t'es un faible. La réalité se regarde droit dans les yeux, sinon tu te feras marcher sur les pieds comme ton père », devait lui dire Abaaoud.

C'est Salah Abdeslam qui a voulu connaître l'idéologie radicale ramenée à sa plus stricte forme dans les vidéos et le témoignage de son ami.

Les mécréants devaient disparaître. Il a choisi de se soumettre à la croyance fanatique du groupe et à l'organisation militaire de l'État islamique. Il s'est offert à leurs exigences. Un engagement physique, une servitude volontaire pour recevoir la bonne parole et des liens affectifs sans précédent.

À l'été 2015, entre quinze mille et vingt-cinq mille volontaires ont rejoint le califat qui a atteint son expansion maximale et règne sur huit millions d'habitants. Un apogée qui gagne Salah. Les plus audacieux de son entourage ne sont-ils pas tous au combat ? Ou à des places privilégiées au sein de l'organisation ?

Abaaoud l'a guidé, informé puis chargé de prendre part aux attentats qu'il coordonnerait.

Quand Salah Abdeslam pleure la veille des attentats au restaurant face à Nour, ce ne serait pas au nom d'une indignation morale ou de scrupules personnels. Il ne se représenterait pas les souffrances infligées à d'autres, ne se sentirait pas bourreau. Il pensait au contraire qu'il allait agir au nom d'un intérêt supérieur. Ce qu'il s'apprêtait à faire serait pour lui, sous ses larmes, tout à fait défendable. Refoulement (les autres, c'est-à-dire des victimes innocentes, vont payer l'impasse de sa vie). Dédoublement. Dénégation.

La veille des attentats, Salah pleure dans les bras d'une femme comme le ferait un enfant. Il est l'enfant qui va causer la mort, l'enfant à jamais privé de Nour. Salah Abdeslam pleure parce qu'il a peur. Il se sent acculé alors qu'il a consenti à tout. Il pense ne plus pouvoir faire marche arrière. S'il arrête maintenant, il passera pour un lâche. Il referme sur lui la grille du piège. La veille des attentats, Salah Abdeslam pleure sur lui-même.

80

MAKTOUB

> « Un homme propre, [...] qu'est-ce que c'est ? Un homme qui se décide pour lui-même, qui ne se soumet pas. Pas un homme du troupeau. »
>
> Louis Guilloux, *Le Sang noir.*

En prison, Salah Abdeslam se veut aujourd'hui le chantre de la religion musulmane, se référerait-il à un islam perverti. Celui qui s'est entretenu avec lui en prison me raconte combien il s'en remet à un prétendu destin décidé par Dieu.

Je me tourne à nouveau vers Gamal qui se prépare à devenir imam. Que dit l'islam sur la question de l'autonomie du sujet ?

Dans le protestantisme, il y a à peu près la même notion que le Maktoub en islam, c'est la prédestination. Des personnes sont appelées par Dieu. En islam, Dieu étant de toute éternité et connaissant ses créatures, il a tout écrit du début à la fin. En tant qu'êtres finis, nous n'avons pas accès à cette connaissance infinie.

Dieu ne souffle pas aux communs des mortels de commettre des crimes. Il ne s'abat sur aucune tête, ne secoue ni ne jette personne dans des voies sauvages. Il n'arme la main d'aucun meurtrier. Son silence et son retrait en la matière n'ont jamais échappé aux intégristes. Mais ils permettent de ne pas être contredit quand on tue diaboliquement en son Nom.

« Être humain » en arabe renvoie à la racine « oubli », c'est celui qui a la faculté d'oublier, par opposition aux anges, au diable ou aux animaux, poursuit Gamal. *Il a besoin de rappels. Les prophètes jouent ce rôle-là, à travers les miracles, la transmission de la parole de Dieu et les frères de la communauté.*

La notion de liberté est très importante en islam. « Nous lui avons laissé le choix, dit le Coran, de choisir son chemin : soit il est reconnaissant, soit il est mécréant. » C'est « écrit » par Dieu mais le choix est laissé à l'homme. C'est parce que l'homme doit faire des choix que Dieu lui dit d'aller chercher la connaissance.

La notion de destinée est aussi importante que le Jugement dernier. Les prophètes ont été envoyés pour rappeler aux hommes qu'ils vont être jugés en fonction de leurs actes.

Ses mots me soulagent. J'ai trop souvent entendu que l'on pouvait être à la fois coupable et irresponsable. À écouter Gamal, la lettre de l'islam semble moins confuse.

C'est sur la base du libre arbitre que se fera le jugement. L'islam demande de poser des actes en connaissance de cause. Un acte peut être défini en termes de licite ou d'illicite, soit parce que c'est écrit dans le Coran, soit dans les hadîths, *soit parce que les quatre califes l'ont exprimé ou les grands sages de l'histoire musulmane. Si ce n'est dans aucun de ces éléments-là, le libre arbitre est le dernier rang pour conduire son action. On s'en remet au choix individuel. Il faut d'abord aller vers la connaissance avant d'exercer son libre arbitre.*

Si je suis bien Gamal, connaître impliquerait de rester dans le giron de l'islam mais avec l'obligation d'en explorer les textes.

Quand Sven Mary, l'avocat belge d'Abdeslam, l'a vu la deuxième fois en maison d'arrêt, il lui a dit : « Je connais très bien le Coran, on va pouvoir en parler. » Salah Abdeslam a bafouillé : « Moi, je viens de commencer. »

81

EICHMANN ABDESLAM

Je n'avais pas prévu d'écrire ce chapitre. Je l'ai longtemps repoussé. Mais comment refuser ce qui frappe l'esprit?

L'extermination par l'Allemagne nazie de six millions de Juifs est incomparable avec les attentats perpétrés par l'État islamique.

Pour autant, Eichmann et Abdeslam ont des points communs évidents.

Je laisse au lecteur le soin d'en juger à partir de ce que rapporte Hannah Arendt du procès du criminel nazi.

Comme Salah Abdeslam, Eichmann se vivait en déclassé. C'était « un jeune homme ambitieux » qui en a eu « assez de son travail de représentant de commerce. [...] Dans sa vie monotone, vide de sens et dépourvue d'importance, le vent avait soufflé pour le projeter dans ce qu'il croyait être l'Histoire. Il s'agissait en fait d'un Mouvement qui ne s'arrêtait jamais et dans lequel un homme comme lui – déjà un raté aux yeux de sa classe sociale, de sa famille et donc à ses propres yeux aussi – pouvait repartir de zéro et faire, enfin, carrière. »

Eichmann et Abdeslam partagent leurs plus grands défauts.

« La vantardise est le vice qui perdit Eichmann. Ce qu'il dit à ses hommes pendant les derniers jours de la guerre est de la rodomontade pure et simple: "Je sauterai dans ma tombe en riant, car c'est une satisfaction extraordinaire pour moi que d'avoir sur la conscience la mort de cinq millions de Juifs." [...]

« Il y avait dans le caractère d'Eichmann un défaut [...] décisif: une incapacité quasi totale de considérer quoi que ce soit du point de vue de l'autre. [...]

« Il conserva jusqu'à l'heure de sa mort cet horrible don de se consoler avec des clichés. »

Comme Salah Abdeslam, Eichmann s'était « occupé de transport et non de meurtre », à moins que, s'occupant de transport, ils ne se soient tous les deux occupés de meurtre.

« Son esprit était complètement mobilisé par un travail écrasant d'organisation et d'administration. »

L'un et l'autre ont bénéficié de la loi du silence avant leur capture.

« Ce qui reste énigmatique cependant n'est pas comment on a pu découvrir la cachette d'Eichmann mais plutôt comment il se fait qu'on ne l'ait pas découverte plus tôt. »

« J'ai laissé les choses me rattraper », a dit Eichmann, « je me suis laissé surveiller et capturer. » Salah Abdeslam aurait pu prononcer ces phrases, lui qui est retourné dans le cocon de Molenbeek et s'est laissé arrêter par la police.

La victimisation est leur première langue.

« Il continuait de parler d'une guerre à laquelle le Reich allemand avait été acculé. [...]

« Il était profondément convaincu qu' [il] devait pâtir pour les actes des autres », déclara l'avocat d'Eichmann.

Face à un extrait du jugement d'Eichmann, je me demande si les juges français le reprendront pour Abdeslam : « Le degré de responsabilité augmente à mesure qu'on s'éloigne de l'homme qui manie l'instrument fatal de ses propres mains. »

82

FLEURY-MÉROGIS

> « La génération d'avant vouait un culte à Khaled Kelkal, celle d'aujourd'hui à Mohamed Merah, le panthéon semblant se diversifier avec l'arrivée de nouvelles figures posthumes comme les frères Kouachi, Amedy Coulibaly, le membre vivant éminent étant Djamel Beghal – et ceux qui l'ont côtoyé comme Teddy Valcy bénéficient d'une certaine notoriété. Quant au seul survivant djihadiste du 13 novembre 2015, Salah Abdeslam, il pourra bénéficier dans l'avenir d'un statut éminent dans le panthéon des « héros négatifs », à supposer qu'il n'accepte pas, revirement impardonnable, de dénoncer le djihadisme. »
>
> Farhad Khosrokhavar, *Prisons de France.*

Je tente de l'approcher.

La prison de Fleury-Mérogis est située avenue des Peupliers, celle de Fresnes, avenue de la Liberté. Les baptêmes des rues font signe dans un étrange décalage.

D1, D2, D3, D4, D5. Signalétique menant aux cinq bâtiments, à l'exclusion de ceux réservés aux femmes et aux jeunes détenus. Cinq bâtiments, neuf cents prisonniers à l'intérieur de chacun. Quel numéro mène à Salah Abdeslam, en détention *provisoire* pour cinq ans ? Où sont les cellules d'isolement ? En D1 ? D2 ? D3 ? D4 ? D5 ? J'apprendrai plus tard que la dizaine de cellules du quartier d'isolement se situent en bâtiment D3.

Au milieu de ce vaste espace disposé en étoile, le cœur du réacteur de la maison d'arrêt de Fleury-Mérogis, cinq voies possibles. Chaque jour, des familles s'engagent en D1, D2, D3, D4,

D5 et marchent près de quinze minutes pour rejoindre la zone de leur détenu et celle du parloir sous l'œil des surveillants. Jamais les mêmes, le turnover du fait des misérables conditions de travail atteint ici des records, comme les taux de suicide et d'alcoolisme.

Au 1er décembre 2020, la France compte 74 878 personnes sous écrou dont 2 732 femmes. Une histoire d'hommes. Un monde de pure masculinité que Salah Abdeslam retrouve en prison.

Quand la famille de Salah Abdeslam est-elle venue pour la dernière fois en bâtiment D3 ? La première fois, c'était le 19 mai 2016, presque un mois après son arrivée à Fleury-Mérogis. Sa mère est peut-être sous mes yeux, dans cette file où attendent des femmes et des hommes aux visages fermés. À y regarder de près, les femmes sont plus nombreuses. Tous ont obtenu l'autorisation du juge de visiter leur proche, ils tiennent le papier bien en main avec leur pièce d'identité. Ce sésame, ils l'ont déjà montré trois fois, d'abord à l'entrée de la maison d'arrêt puis à deux gardiens derrière une grille. Dans le plus grand centre pénitentiaire d'Europe, où s'entassent plus de trois mille détenus, ils connaissent la procédure. La docilité est de règle.

Ravaler sa rancœur à chaque étape. Déjà, sur le parvis de la maison d'arrêt, on attend son tour, l'appel de son nom dans le haut-parleur. Personne ne répond, la mine réjouie : me voici. C'est tête basse qu'on entre.

Mines grises, sacs en plastique vert pomme Auchan à la main, voiles sur la tête, cheveux colorés noir corbeau, leggings moulants, chacun vient avec ses attributs, comme il peut pour surmonter la honte. Les téléphones portables sont restés dans des casiers à codes sur le parvis de la maison d'arrêt. Ils n'allaient pas non plus rentrer chez eux avec des souvenirs.

Pour rendre visite à son fils, la mère de Salah Abdeslam doit prendre le Thalys jusqu'à la gare du Nord, le métro jusqu'à la porte d'Orléans puis le bus 109 qui conduit au pied de la maison d'arrêt. Il y a quatre bus par jour à l'aller, six au retour. Le bus de la honte, où chacun reste muet et rumine ses pensées. Le dernier est à midi vingt-cinq. Il ne faut pas le manquer sinon pas de parloir et les démarches pour l'obtenir, réduites à néant.

À moins que son fils Mohamed ne la conduise dans son Audi

bleu marine. Sans doute. Quatre heures de route. La mère est aussi accompagnée par sa fille.

« Salah n'a pas voulu ! Salah n'a pas voulu ! » sous-entendu participer aux attentats, avait répété le père de Salah à l'élu ceinture noire quelques jours après le 13 novembre. Au micro d'une radio, il se dit *triste* et ne comprend pas *comment les enfants s'entraînent dans des magouilles comme ça.*

« Magouilles » ?

Son fils aîné, Yazid, soutient également ce récit les premiers temps après avoir visité Salah à la prison de Bruges. Il semble certain que son frère collaborera avec les enquêteurs français. Pourtant, aujourd'hui, le père et le fils restent à la maison à battre les cartes.

Yazid, l'aîné des frères, a quitté le quartier depuis 2007-2008. Il soutient la famille mais se protège. C'est le type cool qui ne se met volontairement pas en avant ni dans la lumière. Il ne va jamais défendre son frère actuellement, m'avait confié Liès.

Au sein de la famille Merah, là où les uns ont résisté, les autres ont consenti, comme chez les Abdeslam. Sous le même toit, Brahim et Salah ont plongé, pas les deux autres frères. Ne pas demander pourquoi, c'est le noyau énigmatique de tout sujet.

Si Salah Abdeslam a toujours eu droit aux visites de sa famille, les conditions de parloir ont été différentes pour lui la première année. Il apercevait ses proches à travers une vitre en plexiglas, comme on en voit dans les avions. Distance épaisse. Les parloirs classiques sont ouverts, les mains peuvent se toucher. En isolement, il n'en a d'abord pas été question.

Les voix lui parvenaient assourdies. Est-ce que tu manges bien ? demandait la mère. Est-ce que tu dors ? Il n'y avait pas de peau et la voix ne disait rien qui vaille. Celle de la mère ne demandait pas si ça avait valu la peine de le mettre au monde. Elle ne demandait pas non plus qui était le monstre des deux.

Tous devaient s'en tenir au superflu, à ce qui ne faisait pas trembler la terre.

Un parloir dure quarante-cinq minutes, voire une heure quand la famille habite loin, sous réserve de l'accord du surveillant du bâtiment.

Seul ce qu'ils voyaient leur appartenait. Ce qui passait dans leur regard, malgré l'épaisseur de la vitre, était à eux. Salah lisait de la pitié dans le regard de sa mère, de la douleur dans sa silhouette qui se ratatinait de visite en visite. Il voyait de la fierté dans les yeux de sa sœur, malgré son corps crispé. Son frère ne se départait pas de son sourire, témoin d'une assurance qui l'agaçait.

C'est en 2016, grâce au travail de son avocat en France, Frank Berton, que le plexiglas a disparu. Aussi, qu'un frigo et un réchaud lui ont été accordés.

J'ai prétexté la rédaction d'un article sur les services culturels des prisons pour pénétrer la maison d'arrêt des hommes de Fleury-Mérogis où Salah Abdeslam vit en cellule d'isolement.

J'imagine le carré qui lui a été spécialement aménagé, du type des cellules de protection d'urgence réservées aux détenus suicidaires. La sienne, de neuf mètres carrés, est composée d'un lit avec des couvertures indéchirables, une table scellée au sol, un lavabo intégré aux toilettes, une télévision sous un globe de plexiglas et deux caméras pour suivre ses faits et gestes vingt-quatre heures sur vingt-quatre. Une première en France.

Avant, à la prison de Bruges, sa cellule faisait quatre mètres sur deux, ne comportait aucune fenêtre, juste un puits de lumière. Étroitement surveillée, elle était visitée toutes les trente minutes. Confiné vingt-trois heures sur vingt-quatre, il sortait de son réduit une heure par jour pour se doucher ou s'aérer dans une cour fermée.

Ici l'enfermement est partout et pour tout le monde. Même l'association qui organise des cercles de lecture au sein des différents bâtiments n'a pas le droit à une fenêtre. Les locaux qu'elle occupe étaient destinés au stockage des objets appartenant aux détenus à leur arrivée en détention. Faute de place, on y a mis les salariés d'une association, des bénévoles et des livres. Au sein de la prison, ce refuge est un midi.

Je me demande si Salah Abdeslam participe aux cercles de lecture. J'apprends par les bénévoles qu'on en propose en zone d'isolement, basés sur le volontariat des détenus. Salah Abdeslam a donc droit aux livres. Lequel étudie son groupe en ce moment ? Rousseau ? Philip Roth ? Haruki Murakami ? J'aperçois ces noms sur une liste et les éternels D1, D2, D3, D4, D5. Quel bénévole anime son atelier en D3 ? Au menu de la séance : lecture à voix haute de l'ouvrage choisi, échanges à partir du ressenti des détenus et lecture d'un poème.

Salah Abdeslam laisse-t-il entrer en lui ces mots et ces mondes ? Quand on a participé à une entreprise de mort, y a-t-il encore une place pour un autre ?

La presse belge raconte qu'à la prison de Bruges Salah Abdeslam regardait la télévision avec un accès limité et empruntait des livres à la bibliothèque. J'ai peur de savoir lesquels.

J'ose espérer que la prison ne diffuse pas les ouvrages que l'on trouve encore à Molenbeek, derrière une façade anonyme ou celle d'une « librairie » islamique. Certains portent la signature des talibans, d'autres de l'Arabie Saoudite, beaucoup sont imprimés à Amsterdam. Je n'en ferai pas ici une publicité gratuite en en donnant les titres. Certains sont toujours disponibles à la vente sur le mastodonte en ligne [1].

Que fait Salah Abdeslam des cinq mille livres proposés en détention ? De l'ailleurs et des chances de rencontres qu'ils contiennent ? Empruntera-t-il un jour des ouvrages sur l'islam spirituel des poètes et des mystiques ? Lira-t-il Rûmi, Ibn 'Arabi ou Molla Sadra ? Et *Rire avec Dieu* de Majrouh ?

Nelson Mandela n'a-t-il pas posé des bombes avant de lire en prison et de s'émanciper ? Tout le monde n'est pas Nelson Mandela. Par contre, la volonté ou l'absence de volonté de l'individu a toujours son mot à dire.

Pour l'heure, Salah Abdeslam ne semble pas chercher à sortir du bain salafo-djihadiste.

Il n'a pas été autorisé à participer à la visite du château de Chamarande en septembre dernier organisée par l'association de lecture. Isolement oblige. Les étendues de verdure, il les verra dans trente ans. Dans le camion blindé qui l'emmène plusieurs fois par an à Paris pour rester silencieux face au juge d'instruction, il n'aperçoit pas un arbre. Il a dû tirer un trait dessus.

Va-t-il purger l'intégralité de sa peine à l'isolement ?

---

1. On trouve un panorama de cette littérature de propagande dans l'ouvrage de la journaliste d'investigation Hind Fraihi *En immersion à Molenbeek*, La Différence, 2016, et dans celui de Hugo Micheron, *Le Jihadisme français, quartiers, Syrie, prisons*, Gallimard, 2019.

Stangl, commandant de Treblinka, avait aussi passé les années précédant son procès à l'isolement. Une fois le verdict prononcé, il y était resté.

Tout se paie en prison. La mère d'Abdeslam a dû ouvrir un compte à Fleury-Mérogis. Sur la table, j'aperçois un « bon de cantine », la liste des courses des détenus. *Rillettes en boîte, haricots verts, pâtes coquillettes, confiture de fraises, café chicorée, moutarde, bière sans alcool, coupe-ongles, crème hydratante, casserole en inox, couteaux à bouts ronds, saladier en plastique, beurrier, ouvre-boîte, compas, calculatrice, bloc-notes, timbres, jeu d'échecs, trousse de couture, casque audio, miroir, eau de Javel,* L'Équipe, Télérama, Canard enchaîné, Gala, *des charentaises, poulet basquaise, cake vanille, pain azyme, yaourt aromatisé, bagels…*

Y a-t-il quelque chose acheté par Abdeslam ?

Il doit avoir l'impression de vivre dans un trou à rats infiltré de partout. Les fuites de w.-c. et de douche sont légion à Fleury-Mérogis. Une prison aux allures de ville. De l'extérieur, elle ressemble à l'aéroport d'Orly, exception faite des baies vitrées. Les bâtiments sont étalés sur cent quatre-vingts hectares, longés par d'immenses parkings, repaires de chats errants et osseux.

Je monte dans le bus 109 avec trois autres femmes à l'air anxieux, direction porte d'Orléans. Avant qu'il ne s'éloigne de la route longeant la prison, je jette un dernier coup d'œil sur ce qui fait face aux bâtiments : une végétation à l'abandon et un terrain de foot aux cages rouillées.

83

HAUTE SÉCURITÉ

« Je l'emmènerai en un lieu non foulé par les hommes, je l'enfermerai vivante dans un antre de pierres, avec juste de quoi manger pour que je reste pur, pour que le pays soit exempt de toute souillure. »

Sophocle, *Antigone*.

Salah Abdeslam est le trophée absolu qu'il faut maintenir en vie jusqu'au procès de la cour d'assises de Paris. Qu'il se tue après, on s'en moque, on est prêt à lui donner une corde, m'avait dit l'homme proche du dossier judiciaire.

Entre Fleury-Mérogis et la porte d'Orléans, les paysages défilent.

Ça ne va pas du tout. On ne peut pas tenir comme ça, avait tempêté le juge rocker quand je lui avais décrit les conditions de détention particulières de Salah Abdeslam. *Ça, c'est l'exemple américain. Aux États-Unis, ils ont créé ce qu'ils appellent les supermax, les pénitenciers de haute sécurité à Colorado Springs. J'y suis allé plusieurs fois. L'isolement est poussé à un tel point que ni le juge d'instruction ni son avocat ne sont placés du côté du prévenu. Une vitre les sépare.*

Les conditions sont moins strictes quand Abdeslam s'entretient avec son avocat, Sven Mary. *On me le dépose dans un bureau équipé d'un ordinateur. Je le vois seul. Les gardiens ont l'œil sur lui à travers une porte vitrée.* Ils vous observent mais ne vous entendent pas ? *Encore heureux.*

Pendant plusieurs mois, Salah Abdeslam ne pouvait voir sa famille qu'à travers une vitre en plexiglas. Aujourd'hui, cette séparation n'existe plus. Il reçoit des visites à une table. Il est en revanche toujours à l'isolement sous vidéosurveillance permanente.

Aux États-Unis, m'avait dit le juge, *ils restent pragmatiques. Je me souviens d'un prévenu au supermax qui posait une ou deux conditions pour s'exprimer. Remplacer sa tenue orange de prisonnier par des polos de différentes couleurs. Les Américains ont accepté, donnant-donnant. Il a dit ce qu'il avait à dire.* Le système américain lui semble caricatural. *Nous fonctionnons différemment.*

Salah Abdeslam fait-il du chantage à propos de ses conditions de détention ? *Il ne fait pas de chantage, il veut des conditions normales. On le met dans des conditions anormales et après on dit qu'il fait du chantage s'il demande des conditions normales. C'est peut-être nous qui ne sommes pas cohérents. On a tous été très marqués par les attentats de novembre 2015, ce qui explique sans doute ses conditions de détention. Mais elles sont inédites. Pourtant, on en a eu des gros, comme Mehdi Nemmouche.*

Pression politique ou de la société ? *La politique, la société, l'émotion générale. L'un se mêlant à l'autre. En ce qui concerne les libertés des détenus, il y a toujours une tendance, dans le domaine du terrorisme, à les limiter au strict minimum, mais on ne peut pas le faire quand il n'y a pas l'émotion populaire. Dans le cas de Salah Abdeslam, on n'en a rien à faire de lui, qu'il soit à l'isolement n'intéresse pas la population. Dans une période apaisée, on ne peut pas faire n'importe quoi. Dans une période d'émotion, si.*

Abdeslam est arrêté en mars 2016. Quatre mois plus tard, la loi sur l'état d'urgence et de lutte antiterrorisme donne une base législative à la vidéosurveillance dans les cellules des prévenus pour crimes « dont l'évasion ou le suicide pourrait avoir un impact important sur l'ordre public. »

La loi au service de l'opinion.

Aujourd'hui, le seul détenu de France avec des caméras dans sa cellule, c'est Abdeslam, m'avait dit Esther. Une au-dessus de la porte, une autre contre le mur de droite, enregistrent ses faits et gestes nuit et jour. Son avocat en France, Frank Berton, est parvenu à négocier avec la directrice de Fleury-Mérogis l'installation de paravents en journée.

Mais tout ça, c'est raté, non ? *Oui, puisque ce n'est pas efficient*, m'avait répondu le juge. Selon lui, on peut raisonnablement penser qu'avec des conditions normales, humaines, Salah Abdeslam aurait collaboré comme il avait commencé à le faire au moment de son arrestation.

S'agit-il de conditions particulières pour l'empêcher de se suicider ? *Je pense que oui. Je suis peut-être un peu cynique avec ça. Il faut prendre des mesures de précaution, prévoir une cellule adaptée, mais après on ne peut pas non plus donner des conditions inhumaines pour éviter que quelqu'un se suicide. Il faudra aussi le ficeler, l'enchaîner ? Disant cela, je ne manifeste aucune pitié pour lui. Ce que je vise, c'est l'efficience. S'il a des choses à dire, qu'il puisse les dire.*

Le respect des libertés individuelles n'est-il pas notre plus précieux garde-fou contre le fanatisme ?

L'homme proche du dossier a vu Abdeslam à plusieurs reprises dans le quartier de haute sécurité de Fleury-Mérogis. À l'isolement, comment occupe-t-il ses journées ? *Il a trente minutes de promenade tout seul dans ce que j'appelle un poulailler d'environ neuf mètres carrés recouvert par au-dessus. Ses gardiens sont de vrais professionnels. Ils ont la distance requise.* Ils le traitent avec respect ? *J'ai toujours pensé ça. Pour autant, c'est toujours le même cirque quand on le sort de sa cellule et qu'ils sont à six autour de lui.*

Il n'a aucun contact. Un aumônier ? *C'est organisé n'importe comment*, m'avait dit Jalil F., conseiller politique sur l'islam de France. *Il n'y a pas de moyens. Sur environ 65 000 détenus en France, 50 000 musulmans et 400 aumôniers musulmans qui ne sont pas payés mais défrayés. Incapables de parler à des gamins violents. C'est un métier. Sans compter que la radicalisation est une révolte contre les institutions. Un salarié de l'administration pénitentiaire est réduit à un ennemi. Parmi ces aumôniers, beaucoup de vieux la main sur le cœur, ils ne résistent pas face à ces jeunes.*

Pour rencontrer un psychologue clinicien, il faudrait que Salah en fasse la demande. Il ne parle donc à personne en dehors de sa mère, son frère, sa sœur et son avocat.

Suite au massacre de la rédaction de *Charlie Hebdo* en 2015, des unités dédiées avaient été créées en prison pour regrouper les « radicalisés », les séparer des autres détenus, mesurer leur dangerosité et les faire participer à des programmes de « déradicalisation ». En réalité, les écroués y approfondissaient leurs connivences islamistes et djihadistes jusqu'à faire basculer des détentions entières dans une catastrophe sécuritaire. Après l'attentat manqué du 4 septembre 2016 à la maison d'arrêt d'Osny et les soulèvements à Fleury-Mérogis, le garde des Sceaux a annoncé la fin des « unités dédiées » au profit de « quartiers » étanches, censés prévenir les contacts avec les détenus de droit commun. Les effectifs des agents pénitentiaires ayant la responsabilité de ces quartiers ont été augmentés. C'est principalement « le volet "sécuritaire" relatif à la prise en charge de ces individus[1] » qui a été renforcé.

Esther m'avait rapporté les mots froids de l'administration pénitentiaire : « mise en place de recherche-action », « sécurité dynamique avec les quartiers d'isolement, évaluation de la radicalisation et de la dangerosité ». Ce qui finit en acronyme : les « QER » qui n'a que peu à voir avec *care*. Le jargon utilise aussi l'acronyme « QPR » (quartier de prise en charge de la radicalisation).

Il ne s'agit pas de soins mais de prises en charge, avait nuancé Esther.

Parfois aux forceps.

L'injonction de soins a fait l'objet d'un décret en juin 2016 pour désigner le monstre, alors qu'on sait depuis 1958 que l'obligation de soins est très difficile à mettre en œuvre.

92 000 personnes sont actuellement « en soins sans consentement ».

Le « plan national de prévention de la radicalisation » prévoit de ficher les rétifs à la domestication, les résistants aux soins. Le gouvernement a également signé un décret « autorisant les traitements de données à caractère personnel relatifs au suivi des personnes en soins psychiatriques sans consentement » destinées aux préfets de police, aux commissaires et aux représentants de la justice. *En somme, les amalgames entre maladie psychique et terrorisme sont amplement nourris, et les coups de canif portés au secret médical et au processus de soins basé sur la confiance, plus profonds.*

Soumission à l'opinion publique.

Au sein des QPR, des binômes de soutien ont été créés, composés d'un éducateur et d'un psychologue. Le but ? Désengager les individus de la violence.

---

1. Hugo Micheron, *Le Jihadisme français, quartiers, Syrie, prisons*, Gallimard, 2019.

Les éducateurs ? Ils n'embauchent que des musulmans. C'est la logique des grands frères des années quatre-vingt. Elle est où la laïcité ? s'était demandé Esther.

Dans le quartier dédié aux radicalisés, étanche du reste de la prison, sont organisés des ateliers de relaxation, de laïcité, de photo langage, de pâtisserie…

À l'isolement, rien de tout cela. Le vide. Aucune activité en dehors de la promenade dans un petit camembert. L'administration pénitentiaire considérerait-elle que les détenus placés à l'isolement sont perdus pour la cause ? Ou plutôt englués en elle et indécrottables de la violence ?

Sans doute.

Premier arrêt à l'entrée de Paris, le bus 109 ouvre ses portes. Des ombres de femmes en descendent.

On ne peut pas faire venir dans notre bureau les détenus placés à l'isolement, m'avait confié Esther. *Il faut donc une démarche active de la part du psychologue, mais personne n'a envie d'aller à l'isolement dans des cellules à double grillage. On doit signer le registre des visites. On peut demander à le voir dans un box prévu à cet effet avec deux surveillants derrière la porte ou derrière la vitre ou encore derrière l'écran de leur bureau relié aux caméras de la cellule.*

À l'hôpital, le malade s'efforce d'être agréable pour obtenir les grâces des infirmiers et des médecins, susciter chez eux l'envie qu'ils prennent soin de lui : un manège déchirant décrit par Ruwen Ogien dans *Mes mille et une nuits*. En prison, les psychologues doivent être en bons termes avec les surveillants pour s'entretenir avec les détenus. *Il faut se battre*, m'avait confié la psychologue. « Dites-moi surveillant, pourriez-vous m'appeler telle personne. » « Donnez-moi vos bons. » Un sac en tissu remonte vers le surveillant de l'étage avec un papier sur lequel est inscrit le nom du patient. « Bureau SMPR ! » lance le surveillant d'étage, mais discrètement parce que pour certains ça veut dire rendez-vous chez les dingues.

On est obligé d'attendre en permanence le bon vouloir des surveillants. Parfois, ils mentent. « Il a refusé de vous voir. » C'est très facile de ne pas voir un patient. On peut facilement se cacher derrière la mauvaise volonté d'un surveillant. Quand on donne nos bons à 8 h 30, on peut attendre deux heures un détenu. Des incidents peuvent survenir qui décalent leur arrivée, le déclenchement d'alarmes, le refus de certains de réintégrer leur cellule. On perd beaucoup de temps.

Si ce protocole s'applique non sans difficulté pour la majorité des prisonniers, elle n'a pas lieu à l'isolement. *Il n'y a pas de contrainte médicale. Salah Abdeslam n'est pas obligé de voir un psy. Et il y a fort à parier qu'il n'en demande pas.*

« Le SMPR veut vous voir ! » : non, il n'entend jamais ça.

Isolement au carré.

84

LE CULTE DE SOI

Il pousse… Il fait beaucoup de pompes. La dernière fois que je l'ai vu, il avait pris, me dit l'homme proche du dossier judiciaire. Salah Abdeslam n'a plus la silhouette du petit gringalet que les policiers attrapent rue des Quatre-Vents. Il est devenu une masse.

Valoriser son corps, le travailler, le mettre en scène, en compétition avec les autres : Monsieur Muscles accomplit des prouesses.

Son souci de lui-même tourne à l'obsession. Son insensibilité aux souffrances des autres croît à mesure.

Coup de chance, le sport (la *riadhah*) semble prôné par le Prophète. Il s'apparenterait même à une « adoration » faite à Allah.

Il m'a dit un jour : mes journées sont trop courtes. J'ai eu la même réaction que vous. J'étais en train d'écrire et j'ai eu les mêmes yeux.

Pourquoi lui semblent-elles courtes ? *Il doit parler au Seigneur. Il lit le Coran toute la journée. La télévision dans sa cellule, je ne sais pas s'il la regarde. Voir un demi-sein nu, ce n'est pas bon. Même chose pour la musique qui est haram.*

Investi dans sa démarche personnelle et politique, il manque de temps. Il n'est pas le premier djihadiste à faire cette remarque en prison.

L'islam est devenu la drogue d'Abdeslam. Entre la prière du soir et celle de l'aube, il dort peu, ne parle à personne en dehors de sa famille. *Je n'ai pas l'impression qu'il se soit fait de grands amis chez les gardiens, même si on crée toujours un lien.*

On lui apporte ses repas sur un chariot devant sa cellule. Il en sort et choisit. Je ne sais pas ce qu'il mange mais je ne pense pas qu'on lui donne du jambon.

Coran – Seigneur – pompes – chariot – correspondance avec ses admiratrices, voilà au fil du temps ce à quoi se résume la vie d'Abdeslam à l'isolement.

La déshumanisation est affreuse à voir. C'est Guantánamo fois mille ses conditions de détention. Je pense que, s'il n'y avait pas eu les attentats de Nice, le Conseil d'État les aurait allégées. Ils l'ont fait par la suite, grâce au travail de Berton. Il peut aller aux toilettes sans être vu des caméras, il voit sa famille sans plexiglas. Mais il est filmé vingt-quatre heures sur vingt-quatre. Vous taillez là le costume du radicalisé.

Ne le portait-il pas déjà ?

La caméra aliène. Contact visuel unilatéral, surveillance à sens unique. C'est comme au quartier, les regards oppressent.

Mais peut-être ne s'est-il jamais senti autant en possession de ses moyens intellectuels qu'en prison ? Il perfectionne ses connaissances islamiques et djihadistes. N'a-t-il pas l'impression de s'élever ? Ne se croit-il pas de ceux capables d'aider à la reconfiguration de la mouvance, d'inventer l'après-Daech ? Un de ceux pouvant fonder une société nouvelle grâce à la double légitimité du djihad et de la prison ? Et si son enfermement lui conférait un certificat djihadiste et un statut « véridique » ?

Je suis persuadé qu'il avait de l'humour. Qu'est-ce qui vous fait dire ça ? *Son beau sourire, malin, joueur, petit séducteur. Pareil à celui de son frère Mohamed. Il veut que tout le monde l'aime*. A-t-il cherché à plaisanter avec vous, on l'en dit coutumier ? *Une blague, non, mais parfois*... Il claque des doigts. *Dans sa manière de répondre du tac au tac, dans un échange*, il sent les restes d'un humour enfoui.

Ce qui affleure dans son semi-enfer, c'est qu'il ne semble étouffé par aucun scrupule.

85

UPSIDE DOWN

Depuis sa détention, Salah Abdeslam reste presque entièrement silencieux. Depuis sa détention, sa radicalité se serait renforcée.

Je me demande comment cela est concrètement possible en cellule d'isolement. Dialogue-t-il avec des détenus par les tuyaux de raccordement ? Les portables fauchés dans les couloirs ? Les fissures dans les murs ? Les papiers glissés sur ses plateaux-repas ? Le mécanisme du « yo-yo », drap tendu entre les fenêtres ? A-t-il toujours été à l'isolement ?

J'envoie un SMS au juge rocker pour fixer un rendez-vous téléphonique. « Appelez-moi à l'heure du déjeuner, c'est relâche de répétition aujourd'hui... »

En maison d'arrêt, il y a énormément de radicalisation, des individus pas du tout radicaux à leur entrée le sont à leur sortie. C'est le cas de nombreux jeunes délinquants de droit commun qui rencontrent des gens qui leur disent : « Tu as vu ce que tu fais de ta vie, tu te conduis n'importe comment, je vais te remettre sur le droit chemin. »

Déjà Tocqueville parlait de la prison comme lieu de conversion, et des détenus qui déliraient sans religion. Depuis, des seuils ont été franchis. Non seulement on se radicalise en prison mais on y fomente des attentats. Les frères Kouachi qui ont assassiné douze personnes et en ont blessé onze autres au sein de la rédaction de *Charlie Hebdo* le 7 janvier 2015 se sont coordonnés avec un ancien compagnon de cellule à Fleury-Mérogis, Amedy Coulibaly, qui lui a tué cinq personnes lors d'un attentat à Montrouge et à l'HyperCacher de la porte de Vincennes les 8 et 9 janvier. Fleury-Mérogis les a formés. Chérif Kouachi et Amedy

Coulibaly étaient incarcérés pour des actes de délinquance quand ils ont rencontré leur mentor: Djamel Beghal, un idéologue apprécié d'Oussama ben Laden.

Aujourd'hui, la soumission religieuse et idéologique d'Abdeslam en prison ne serait pas un fait privé mais social au service de son image publique.

Sa détention à Bruges dans un quartier de haute sécurité n'a pas été sans effets. Au sous-sol de la prison, alors qu'il fallait passer une dizaine de portes blindées, la section d'isolement comptait onze cellules réservées aux détenus les plus dangereux du pays. Placé dans la cellule 32, Salah Abdeslam a été le voisin de Mehdi Nemmouche, auteur de la tuerie du musée juif de Bruxelles, ayant combattu en Syrie et côtoyé les compagnons d'armes d'Abdelhamid Abaaoud. Il aurait prodigué ses conseils à Salah Abdeslam à grand renfort de cris: « Ne collabore plus avec les autorités, parle plutôt au Prophète. »

Nemmouche aurait aussi appris à Salah Abdeslam les deux attentats de Bruxelles.

En prison, l'imprégnation idéologique d'Abdeslam s'accentue comme si sa participation le soir du 13 novembre s'était faite avant la structuration complète de l'acte.

À l'époque des camps d'al-Qaida, me dit l'ancien juge antiterroriste, *le processus d'admission était beaucoup plus lent, comme celui de la radicalisation. Aujourd'hui, vous avez des jeunes qui ont décidé de partir en Syrie, en Irak, parfois sur un coup de tête, après une radicalisation minime quasi inexistante. Pour certains, c'est pour l'aventure, faire la guéguerre. Dans le lot, il y a aussi des psychopathes comme Mehdi Nemmouche, qui mettent là leur violence, en plus de suivre une mode.*

Le terrorisme par mimétisme. Comme, en 2006, la découverte de bébés congelés à Séoul avait inspiré d'autres infanticides sur le même mode opératoire.

Tous pensent qu'ils vont être les rois du pétrole. Certains sont non radicalisés au sens où ils n'ont aucune revendication religieuse. Si on prend le mot radicalisation au sens d'être imprégné d'une version intégriste de l'islam, c'est un phénomène minoritaire parmi les terroristes actuels. Un sur dix, je dirais.

Salah Abdeslam se serait fait embarquer non pas sur un argumentaire religieux, mais sur un discours du type: on tue nos frères musul-

mans, viens, tu vas être un soldat du djihad, et en plus tu vas bien te marrer. Il n'y a pas eu d'endoctrinement comme à l'époque d'al-Qaida où les apprentis terroristes se rendaient à Londres pour rencontrer des prêcheurs célèbres dans des mosquées.

En prison, Salah Abdeslam adhère au fondamentalisme religieux. Phénomène nouveau dans son cas. Mais, avant les attentats, il était bien radicalisé au sens d'être prêt à faire usage de la violence au service de l'islam politique. *La radicalisation peut avoir plus ou moins un fond religieux. Pour autant, à la base, c'est laïc*, me dit le juge non sans humour.

Sa remarque m'ouvre les yeux.

Le mot « radicalisation » inonde les médias mais d'une manière étrange. Ce mot n'est pas clair. Il atténue, tait les enjeux, ne dit rien de l'islam politique pour lequel les terroristes se battent, mélange les genres (un processus n'est pas un acte), entretient la confusion, bref il est parfait pour ne rien dire et nourrir les fantasmes.

Les mots intégrisme, fondamentalisme et fanatisme faisaient partie de notre langue au moment des attentats de Paris. Pourquoi en avoir inventé un autre qui brouille les repères ? Il est peut-être avant tout le signe de notre propre confusion (ou de notre embarras) à aborder la question de l'islamisme armé.

L'intégrisme est un courant d'opinion du début du XXe siècle qui se répand chez les catholiques adversaires du modernisme. Par analogie, il désigne, dès 1970, une « doctrine qui consiste à adopter une attitude de conservatisme intransigeant dans une religion, un parti, un mouvement ».

On y est, non ? L'intégrisme islamiste aurait suffi.

Le fondamentalisme est à l'origine un courant théologique, d'origine protestante, développé aux États-Unis pendant la Première Guerre mondiale, et qui admet seulement le sens littéral des Écritures. Par analogie, il désigne la « tendance de certains adeptes d'une religion quelconque à revenir à ce qu'ils considèrent comme fondamental, originel ».

On y est aussi, non ? Le fondamentalisme islamiste aurait permis de se comprendre.

Le fanatisme est le « dévouement absolu et exclusif à une cause qui pousse à l'intolérance religieuse ou politique et conduit à des actes de violence ».

On y est pour de bon.

Préférer un mot flou à trois mots clairs en dit long sur nos peurs et l'étendue de nos silences. La vérité pourtant ne se ménage pas.

Ayant aujourd'hui du temps pour réfléchir, Salah Abdeslam essaie sans doute de s'auto-légitimer. Quitte à avoir commis l'erreur de renoncer au martyre, autant que je colle au personnage et adopte un fond religieux, doit-il penser. La barbe, les cinq prières, tâcher d'imiter le Prophète, il tente de se doter des attributs attendus, comme s'il cherchait aujourd'hui dans les textes les fondements capables de légitimer son acte. Ce que d'autres font avant, lui le fait après.

C'est comme si l'islam radical et le projet des attentats avaient, à ses yeux, anobli sa révolte personnelle. Et l'avaient mis à l'abri de tout doute. La prison serait une mise à l'épreuve divine de la vigueur de sa foi. Elle ferait partie de la guerre sainte.

Il a été si souvent exposé aux « rappels islamiques » affirmant qu'un musulman non-pratiquant était un mécréant qu'il s'y est mis. Il porte la barbe, prend sur lui le Coran en promenade...

Il est passé de djihadiste de guingois à islamiste en herbe. Il a maintenant le zèle du converti. Demain l'habit du prosélyte auprès de jeunes brebis.

Sans doute ne veut-il pas être rangé parmi les « incapables » qu'on ne respecte pas mais dans les activistes derrière les barreaux. Il a demandé un tapis de prière pour sa cellule et des repas halal. Pas à rencontrer l'imam qu'il imagine à la solde du pouvoir.

En somme, à contretemps, il endosse les habits islamistes.

« Je me souviens du jour où il a porté pour la première fois l'uniforme noir SS, déclare l'épouse du commandant de Treblinka : c'est à ce moment-là qu'il s'est senti devenir "quelqu'un" [...], au lieu d'être n'importe qui. »

Quand nous allons le voir avec Berton la première fois à Fleury – Salah Abdeslam est arrivé en France en avril 2016 – il est plutôt combatif, avec la volonté de se battre dans un procès. Il y a des éléments, on bosse le dossier, on a des arguments, on est une solide équipe, m'avait dit Sven Mary.

Le costume de l'islamiste sera revêtu les mois suivants. Un nouvel opportunisme pour donner du lustre à son retrait.

Par un nouveau trompe-l'œil, rendre justice aux frères se transforme en rendre grâce à Dieu.

Certains détenus incarcérés pour leur appartenance à une entreprise terroriste font marche arrière, me dit le juge. *Ils finissent par comprendre, grâce à des aumôniers, des lectures ou des parloirs, qu'on leur a vendu un peu vite l'islam.*

Le juge évoque le cas de Richard Robert, connu sous le nom de l'émir aux yeux bleus. Né catholique, converti à l'islam, puis à nouveau converti au catholicisme.

Quelqu'un pourra-t-il raisonner Salah Abdeslam et lui faire admettre sa responsabilité, s'il est à l'isolement ? Une femme ou un homme lui donnera-t-il à lire ces mots de Levinas : « Le salut de l'homme doit avoir son origine dans l'homme. [...] La faute ne peut se réparer que du dedans » ?

Privé de contacts, il doit se gargariser de lui-même et chercher dans l'islam les bonnes raisons qu'il aurait eues de participer aux attentats de Paris. L'expérience de l'isolement ne répète-t-elle pas les ruptures d'hier ?

Sans rompre ce processus, sans une vraie rencontre, il risque de ne rien se passer, m'avait dit Esther.

Si Salah Abdeslam cherche actuellement à se donner bonne conscience et à ajuster le déguisement, les faits sont là. Il a rejoint un groupe terroriste, a fait partie de l'organisation État islamique, il avait donc passé un certain cap et admis de tuer des gens. Une radicalisation par l'action. Qu'il ne soit pas islamisé au moment des attentats ne change rien. *Serait-il moins responsable parce qu'il ne se serait pas islamisé avant, tout en ayant accepté de participer à une entreprise qui a tué des gens ? Encore plus odieux*, me dit le juge, *car il n'a pas eu l'excuse de la folie du fanatisme religieux.*

86

SURPÉNALISER

> « Les lois [...] ne suffisent pas contre la peste des âmes. [...] [Elles] sont très impuissantes contre ces accès de rage ; c'est comme si vous lisiez un arrêt du conseil à un frénétique. Ces gens-là sont persuadés que l'esprit saint qui les pénètre est au-dessus des lois, que leur enthousiasme est la seule loi qu'ils doivent entendre. »
>
> Voltaire, *Dictionnaire philosophique*.

— T'es-tu demandé dans quel enfer vivaient les victimes innocentes ? Monia, au téléphone, a le don de me cueillir.

Je la devine au bar d'un théâtre ou sortant d'un vernissage ou d'une avant-première dans un des lieux insolites qu'elle affectionne : immeubles désaffectés, librairies minuscules déployant des trésors d'ingéniosité pour empiler des livres rares dans moins de vingt mètres carrés. Créature de la capitale, elle n'en demeure pas moins laser quand il faut.

— Tu as raison.

Que pouvais-je ajouter ?

Hier, j'avais demandé au juge rocker s'il établissait un lien entre les conditions de détention d'Abdeslam et le fait qu'il refuse de parler.

Quand j'avais vraiment besoin qu'un détenu parle, m'avait-il dit, *je faisais attention à ses conditions de détention, à ce qu'un contact harmonieux se crée entre nous. J'ai eu des gens très dangereux dans mon bureau qui ont accepté de discuter grâce à ça. Dans le cas d'Ab-*

deslam, ce qui a pris le pas sur le reste c'est la peur qu'il se suicide. Pour moi, c'est puéril. Soi-disant c'est pour les victimes. Qu'est-ce que ça veut dire? Jusqu'à son jugement, il faudra prendre les précautions maximales et après il pourra se suicider? Je pars du principe que, si la personne veut se suicider et y parvient, c'est son choix.

Aujourd'hui, c'est l'intention qui est condamnée, ce n'est plus l'acte, me dit Esther qui vient de s'asseoir en face de moi au Café Français, place de la Bastille. Pour travailler en prison depuis vingt ans avec des rats dans les pieds, des punaises sous son siège et respirer l'urine toute la journée – faute de toilettes, les détenus urinent dans des bouteilles – il faut être une sacrée femme de terrain.

Obsédé par le risque zéro et le principe de précaution, l'État veut contrôler l'incontrôlable. Tous ceux qui ont eu des fantasmes destructeurs vont finir en taule. Le délire des psychotiques, c'est Dieu. Si à chaque délire mystique on jette les gens en prison…

Esther me décrit là une des conséquences des attentats, mais Abdeslam est bien inculpé pour des actes et non des intentions.

Pour elle, cette vague de contrôle existe aussi en dehors des murs de la prison. *La criminalisation des mouvements sociaux en est un signe. Un des grévistes de la fac de Nanterre accusé d'avoir donné un coup de poing à un agent de police a pris six mois de réclusion en première instance. Au Pays-Bas, ils ferment des prisons ou les transforment en musée d'art contemporain pendant qu'on en construit en France. Notre culture carcérale est un héritage de la Bastille.*

Une politique dite « de prévention » a vu le jour depuis les attentats de Paris. Un numéro vert a été créé avec des policiers réservistes à la retraite au bout du fil, en vue de signaler des cas de radicalisation (toujours ce mot flou). Numéro vert qui dépend du ministère de l'Intérieur. Un tiers des appels deviennent des signalements.

L'État organise la dénonciation de sa jeunesse. Les « cas » concernent des jeunes gens de douze à vingt-six ans.

Autre signe de la politique de criminalisation mise en place suite aux attentats : la pénalisation des voyages en zone de guerre. *Aller en Syrie, c'est prendre minimum quatre ans, et entre sept et dix ans pour avoir combattu avec Daech.*

Les effectifs des djihadistes incarcérés augmentent. Ils sont passés de quatre-vingts à la fin 2014 à cinq cents au début 2020[1].

Aujourd'hui, il y a une forte épidémie, les radicalisés sont enfermés. Pourtant la radicalisation n'implique pas nécessairement un passage à l'acte. Elle n'est pas prédictive de violence.

Entre les deux, une boîte noire.

Ce qui est pénalisé, c'est l'intention terroriste. La demande sociale est très forte et nourrie de fantasmes de la prédictibilité du passage à l'acte. En somme, Minority Report. *Ce que la France met en place, c'est un droit pénal de l'ennemi.*

En même temps, combien de projets d'attentats ont été déjoués ?

Cette explosion des détentions et des condamnations va plus vite que notre réflexion sur le sujet, poursuit Esther.

Ce qui avance aussi, dans le même temps, ce sont les mutations de la dimension doctrinale de l'islamisme armé, sa plasticité, ses dynamiques politiques, religieuses, militantes et collectives.

Aujourd'hui il faut compter sur une nouvelle force, poursuit Esther : *le renseignement pénitentiaire, qui n'est pas sous l'autorité d'un juge mais des ministères de l'Intérieur et de la Défense, prenant ainsi le pas sur la justice. C'est très symbolique. De même que la toute-puissance du parquet, qui ne sera jamais indépendant.*

La préservation de la sécurité nationale tient lieu de tout. La prison est uniquement envisagée comme une mise à l'écart de la zone de combat.

L'horizon de la peine se définit ainsi dans le Code pénal :

« Afin d'assurer la protection de la société, de prévenir la commission de nouvelles infractions et de restaurer l'équilibre social, dans le respect des intérêts de la victime, la peine a pour fonctions :

« 1° De sanctionner l'auteur de l'infraction ;

« 2° De favoriser son amendement, son insertion ou sa réinsertion. »

Punir, c'est rappeler la loi, faire cesser l'impunité, protéger la société, mettre certains individus hors d'état de nuire, réparer

1. Hugo Micheron, *Le Jihadisme français, quartiers, Syrie, prisons*, Gallimard, 2019.

autant que possible ce qui a été subi par les victimes, et c'est aussi transformer celui qu'on punit pour en faire quelqu'un de meilleur.

Le sécuritaire a pris entièrement le pas sur le sanitaire. Les nouveaux monstres sont les djihadistes. Avant, c'était les pédophiles. Le djihadiste exorcise la peur sociale. La réponse judiciaire est de les isoler. Il faudrait au contraire rompre l'isolement. Veiller à la mise en mouvement de l'individu pour qu'il retrouve son autonomie psychique. C'est ce que j'essaie de faire dans ma pratique. Fendre leur noyau dépressif en valorisant le doute sur soi, en les rescolarisant, en les faisant participer à des ateliers. La pénitentiaire a la trouille mais la voie est par là.

Depuis 2015, la politique pénale pénitentiaire s'est durcie. *Un détenu peut être maintenu en détention provisoire pendant cinq ans comme Abdeslam. Le renseignement pénitentiaire harcèle les psys pour avoir des informations sur les détenus. La préfecture demande des listes.*

Le secret médical est assailli par les médias et le politique qui insistent auprès des médecins pour déroger à ses règles. Ce ne sont pas les autorités judiciaires qui demandent la levée du secret médical mais les autorités de sécurité. Elle ne peut pas être extorquée aux cliniciens, quelles que soient les violences auxquelles la société est soumise.

Bien sûr, comme tout citoyen, je suis dans l'obligation de communiquer avec la justice si un crime est en train de se commettre.

Esther fait référence à l'article 434 du Code pénal. « La non-dénonciation de crime est le fait, pour quiconque ayant connaissance d'un crime dont il est encore possible de prévenir ou de limiter les effets, ou dont les auteurs sont susceptibles de commettre de nouveaux crimes qui pourraient être empêchés, de ne pas en informer les autorités judiciaires ou administratives. »

Mais, en tant que professionnel, rien ne peut lever le secret médical. Seul le juge peut décider de saisir le dossier médical d'un de mes patients en présence d'un agent de police. Il ne peut y avoir de qualité de soin sans confidence ni confiance du patient. Que dirions-nous si la sécurité française faisait de la médecine ? Que les médecins se gardent de faire de la sécurité.

Le clinique et le policier croisent le fer.

Aujourd'hui, les patients hospitalisés sous contrainte sont fichés, donc les dépressifs le sont. Un décret l'impose au directeur hospitalier.

La violence sidère. Elle conduit au déni de l'autre.

Le sécuritaire en réponse au corps social a pollué la réflexion clinique. Or, on sait que 3,5 % des personnes radicalisées présentent des troubles psychiatriques de type schizophrénie ou troubles de la personnalité, ce qui est superposable à la population générale.

Le politique demande à la psychiatrie de remplir les fonctions de gardien de l'ordre. Il la veut force de sécurité. *La passion meurtrière a développé une imagination diffuse dans la société, une production sociale.*

Elles ont pris source dans la nuit du 13 novembre qui a eu sa cruelle réalité.

La France est prête à tout sacrifier sur l'autel du sécuritaire, me dit Esther. *Il faut un ennemi déclaré. En son nom, on peut tout faire passer. Quand un lycéen manifeste, il est placé en garde à vue soixante-douze heures et condamné pour « occupation de lieux ». Notre société est de plus en plus policière. La pire violence est celle de l'État alors qu'il a les moyens de se mobiliser et d'endiguer les difficultés.*

La violence extrême doit nous questionner sur notre propre violence.

La rétention de sûreté, m'explique Esther, rétablie en 2008 sous l'impulsion de Nicolas Sarkozy, est une procédure qui permet de placer dans un centre socio-médico-judiciaire de sûreté des prisonniers ayant exécuté une peine égale ou supérieure à quinze ans et qui présentent un risque de récidive.

Pour ma part, je n'ai pas de boule de cristal. On demande au psy de prédire la récidive, et, comme personne ne peut ni ne veut prendre une telle responsabilité, les patients-détenus restent là, dans le doute.

La décision de rétention de sûreté est valable pour une durée d'un an, précise le Code pénal. Elle peut être renouvelée pour la même durée.

« Si la rétention de sûreté n'est pas prolongée ou s'il y est mis fin [...] et si la personne présente des risques de commettre les infractions [...], la juridiction régionale de la rétention de sûreté peut, par la même décision et après débat contradictoire au cours duquel la personne est assistée par un avocat choisi ou commis d'office, placer celle-ci sous surveillance de sûreté pendant une durée de deux ans. »

En 2018, Salah Abdeslam a été condamné en Belgique à vingt ans de prison pour tentative d'assassinat terroriste. En

2022, il risque d'être condamné en France à trente ans de prison pour « association de malfaiteurs terroriste criminelle » et « meurtres en bande organisée en relation avec une entreprise terroriste ». Il pourrait être l'objet d'une seconde condamnation en Belgique suite au procès des attentats de Bruxelles. Sortira-t-il un jour de prison ? On peut raisonnablement en douter.

87

DÉMONSTRATION DE FORCE

En juin 2016, raconte Frank Berton dans son livre[1], Salah Abdeslam est poursuivi pour insultes, outrages et menaces dans le cadre d'une procédure disciplinaire. Après une fouille au corps, son client a insulté les surveillants de la prison et les a menacés de mort. Lors de l'audience disciplinaire, raconte son avocat français, la directrice de Fleury-Mérogis reproche à Salah de ne pas être acteur de sa détention, de ne pas s'investir ni se lever le matin. L'avocat aurait répondu qu'« on ne peut pas demander des choses pareilles à un homme qui sait d'ores et déjà qu'il passera la majorité de ce qui lui reste de vie derrière les barreaux. À un type qui ne peut même pas avoir de couverts en plastique dans sa cellule. À quelqu'un qui vit dans neuf mètres carrés avec un morceau de plastique troué en guise de fenêtre. » Salah se serait soudain senti « un homme parmi les hommes ».

Il ne faut pas évacuer la dimension politique et militante des insultes proférées par Salah Abdeslam en détention. Bien qu'à l'isolement, il ne semble pas coupé des dynamiques djihadistes en cours. Sa « crise » a lieu à l'été 2016, dans un contexte où les appels aux meurtres des gardiens de prison se multiplient sur les réseaux sociaux, entraînant une dégradation de la situation sécuritaire dans les prisons.

Au cours de l'été, une *katiba* sur le modèle des brigades au califat s'est constituée à l'intérieur de la prison de Fleury-Mérogis, probablement coordonnée avec l'extérieur. Certains détenus de droit commun demandent à rejoindre les unités

1. Elsa Vigoureux, *Journal de Frank Berton*, Flammarion, 2019.

dédiées, « témoignant de la volonté d'intégrer le noyau dur des militants derrière les barreaux[1] ».

Les démonstrations de force, les défis à l'autorité se multiplient. Un projet d'attaque à l'encontre de surveillants pénitentiaires est déjoué en juillet 2016. Une demi-douzaine de djihadistes écroués se soulèvent.

Le même mois, *Le Journal du dimanche* fait le récit de la visite du député républicain Thierry Solère à la prison de Fleury-Mérogis. Il a eu accès à la salle de vidéosurveillance de la cellule de Salah Abdeslam. L'homme politique fait part de ses observations : deux djellabas accrochées aux murs repeints en blanc, un lit parfaitement fait. Il a aussi vu Salah sortir des toilettes, se laver les dents, les mains, se parfumer, dérouler son tapis de prière rouge vers l'est, habillé d'un survêtement et d'un t-shirt sombre.

Son avocat français raconte dans son journal avoir écrit à Jean-Jacques Urvoas, ministre de la Justice, pour lui faire part de sa colère. « Comment monsieur le garde des Sceaux a-t-il pu permettre à monsieur Solère de se rendre dans la salle de "vidéoprotection" de monsieur Abdeslam ? [...] Je vous demande solennellement de rappeler à monsieur Solère qu'un détenu, même mis en examen pour des faits d'une exceptionnelle gravité, n'en demeure pas moins titulaire dans notre République de droits, notamment celui au respect de sa vie privée dans sa cellule, alors précisément qu'il fait l'objet d'une surveillance vidéo vingt-quatre heures sur vingt-quatre. »

Thierry Solère raconte à la télévision la salle de sport réservée à Salah Abdeslam qui bénéficierait d'une suite à Fleury, avec quatre cellules pour lui seul. Plusieurs hommes politiques reprennent en chœur.

« La vérité, raconte son avocat français, c'est que "la salle de fitness" n'est qu'une cellule avec un rameur, que la possibilité de faire du sport en prison est prévue par la loi, que Salah Abdeslam, soumis au régime de l'isolement, ne peut s'entraîner autrement. Quant aux quatre cellules, la première est celle où vit Abdeslam, la deuxième est une cellule dite "tampon", celle où sont pratiquées les fouilles à corps par exemple, la troisième est celle où se

1. Hugo Micheron, *Le Jihadisme français, quartiers, Syrie, prisons*, Gallimard, 2019.

trouve le rameur, et la dernière est la petite pièce où s'installe le personnel pénitentiaire pour surveiller en permanence les faits et gestes du détenu sur écran. Enfin, il semble qu'il y a six caméras à 360 degrés et à infrarouge installées dans les neuf mètres carrés où Abdeslam se lave les dents, les mains, prie, mange, se vide, et dort. Six. Ou peut-être deux ? »

À la mi-juillet 2016, au tribunal administratif de Versailles, Frank Berton dénonce la vidéosurveillance permanente, qui consiste selon lui en une atteinte aux droits fondamentaux de son client, tout terroriste qu'il est. Il cite l'article 8 de la Déclaration des droits de l'homme relatif au respect de la vie privée, qui prévoit qu'il ne peut y avoir ingérence d'une autorité publique à moins que celle-ci soit prévue par la loi. « La décision d'installer des caméras a été prise par arrêté, sans discussion devant le législateur. Or il s'agit d'un vrai débat de société. Si ce genre de dispositif existe, il doit avoir un fondement juridique satisfaisant, ne peut en aucun cas procéder d'une décision unilatérale. »

Le 31 juillet 2016, plus de deux cents détenus refusent de quitter la cour de promenade de Fleury-Mérogis. Le lendemain, ils sont cent soixante dont une centaine habillés de la tunique sombre des soldats de l'EI. Des « émirs » organisent des séances d'entraînement militaire.

Le 4 septembre, le premier attentat djihadiste a lieu à la maison d'arrêt d'Osny, deux surveillants sont pris pour cible. Daech continue de déployer ses capacités opérationnelles en prison et sur le territoire français. Le même jour, le premier commando féminin est sur le point de faire exploser une voiture remplie de bonbonnes de gaz près de la cathédrale Notre-Dame de Paris.

À travers son esclandre du début de l'été, Salah Abdeslam a pu chercher à rendre service au groupe puissant des djihadistes et des islamistes en prison. À leur donner de nouveaux gages de sa bonne volonté à servir la cause.

Le 8 septembre 2016, les enquêteurs français l'interrogent. « Vous avez eu des contacts vocaux avec Mehdi Nemmouche, il vous conseillait de ne pas parler. Avez-vous décidé de suivre ses conseils ? » Silence. « Comment avez-vous été amené à participer à la cellule terroriste du 13 novembre ? » Silence. « Pouvez-vous nous donner des indications sur votre radicalisation, votre conversion aux thèses djihadistes ? La question se pose d'autant plus que Nour vous décrit comme un fêtard ? » Silence. « Que pouvez-vous nous dire de Mohamed Abrini ? »

« Je ne veux rien dire, c'est mon droit », furent ses seuls mots.

En juillet 2018, le tribunal administratif de Versailles donne raison à Salah Abdeslam et à son avocat, annulant l'arrêté ministériel à l'origine du dispositif de vidéosurveillance permanente. Le service du ministère de la Justice souhaite obtenir le RIB de Salah Abdeslam, l'État français ayant été condamné à lui verser 500 euros. Au mois d'août 2018, le prisonnier fait savoir à son avocat, raconte Frank Berton, que cette somme ne devait « jamais ni d'aucune manière lui revenir ». Il a demandé la restitution des 500 euros au Trésor public[1].

L'argent de l'ennemi est *haram*.

1. Elsa Vigoureux, *Journal de Frank Berton*, Flammarion, 2019.

88

ÉTAT DE DROIT

> « VOINOV. – En prison, il n'y a pas de décision à prendre. Oui, c'est cela, ne plus prendre de décision ! N'avoir plus à se dire : "Allons, c'est à toi, il faut que toi, tu décides de la seconde où tu vas t'élancer." Je suis sûr maintenant que si je suis arrêté, je n'essaierai pas de m'évader. Pour s'évader, il faut encore de l'invention, il faut prendre de l'initiative. Si on ne s'évade pas, ce sont les autres qui gardent l'initiative. »
>
> Albert Camus, *Les Justes.*

Le populisme est sans fin, me confie l'avocat pénaliste Sven Mary, derrière sa grande table de bureau. Homme séduisant dans sa chemise blanche retroussée et son jean moulant bleu pétrole.

En période de terrorisme, on veut créer un sentiment de sécurité. Celui-ci passe par le pouvoir qu'on donne, non plus à un juge, mais à la partie poursuivante : le procureur, les policiers. Des lois ont été votées en Belgique depuis les attentats, telles que je ne me trouve plus dans un État de droit.

La démesure semble sa mesure.

Nous vivons dans un État policier qui exerce une pression, qui peut vous mettre sur écoute serait-ce illégal, il en corrigera la règle. Le parquet fédéral qui règne sur le territoire belge a beaucoup de pouvoir. Notamment de mettre des individus en prison. Tout est tolérable parce que la demande populaire va dans ce sens. L'émotif et non plus le rationnel alors que le droit est un rempart. Je suis un personnage qui dérange. Le parquet fédéral a déjà essayé de me mettre sur la touche. L'abus de pouvoir et l'arbitraire m'insupportent. Ce sera mon combat jusqu'à la fin. Une fois cette flamme éteinte, je ne servirai plus à rien.

Il aurait pu être le fils d'Antigone et d'Hémon. Un justicier au crâne rasé et à la mâchoire serrée.

Quand le sécuritaire obsède, comment imaginer la jeunesse au centre des préoccupations politiques ? Je revois Kamel au café Walvis un soir de pluie. Il constate une certaine prise de conscience des jeunes de Molenbeek depuis les attentats de Bruxelles.

Le conspirationnisme s'est calmé. C'est devenu plus réel. En 2015, on pouvait entendre « Merah, agent du Mossad. Lors des attentats de Charlie Hebdo, *ce n'étaient pas de vraies armes, l'État français est dans le coup, le flic tué c'était du bluff, tout était monté, ils ont des gilets pare-balles, qui a des gilets pare-balles ? S'ils sont sur le toit, c'est qu'ils savaient ce qui allait arriver... » Les attentats de Bruxelles ont permis moins de complaisance et plus d'empathie. Les jeunes de Molenbeek se déplacent en métro, ils ne pouvaient plus nier. « Ça pêche chez nous, ça se rapproche, ce sont des gars du quartier, et non des forces sionistes qui nous la mettent à l'envers. »*

Parce que le groupe de pairs ne nie plus, la terreur devient réelle. C'est dire combien aucune confiance n'est accordée aux réseaux habituels d'information, journaux et télévision. Le monde est vécu comme un terrain glissant, piégé de partout. On ne peut pas s'en arracher sans l'unanimité des autres ; agir et penser sont du ressort d'un collectif.

Il faut un plan Marshall pour cette jeunesse, poursuit Kamel. *Ne pas investir le sujet et laisser à l'abandon cette frange de la population est un problème qui en suscitera de nouveaux. C'est loin d'être fini, la lecture binaire du monde est prégnante dans les quartiers. Il y a une responsabilité structurelle, étatique de la mise à l'écart de cette jeunesse.*

Entre autres.

Kamel me regarde droit dans les yeux mais semble toujours sur le départ.

Jambon, ministre de l'Intérieur, a donné une enveloppe fermée, un one shot *de 150 000 euros sur la prévention et, à côté de ça, 400 millions d'euros sur le sécuritaire. Voilà les orientations politiques. Les quartiers sont plus calmes, ils sont tous en prison. À leur sortie, ils sont suivis parce que suspectés de radicalisation. En détention, le discours radical prend très vite, on se sent tout de suite victime dans un monde sans entre-deux. Le serpent se mord la queue.*

Notre gouvernement ne va pas dans la direction d'un grand plan pour la jeunesse ni ne réinvestit l'école. Il ne s'est rien passé pour nous.

Il y a 17000 jeunes de plus de douze ans à Molenbeek et quinze travailleurs de rue. L'éducatif et le culturel ne sont pas des options que l'État promeut, elles sont pourtant la clé de la réussite.

La politique du risque zéro ne fait que renforcer la violence. L'autorité, le sécuritaire que veut l'opinion est à double tranchant. La société entretient ce qu'elle veut endiguer.

L'enjeu, c'est la reconnaissance sociale. La casser a des effets dramatiques. L'image que la société nous renvoie est capitale.

Kamel se confie un peu. Il est passé à travers les mailles du filet mais il aurait pu mal tourner. Ses études à l'université de Louvain lui ont permis de rencontrer d'autres visions du monde et de s'éloigner de l'argent facile au coin de la rue. Sortir du quartier l'a recadré, en un sens. Pour d'autres, selon lui, la violence sociale, institutionnelle, scolaire, familiale est prégnante. À vingt ans, ils n'y arrivent plus, encore moins avec la pression de la petite amie qui, elle, assure. Pour lui, le conflit d'Abdeslam avec ses parents convaincus par l'ascenseur social s'est ajouté.

Démon ravisseur aux traits purs comme ceux de Salah, le Sphinx non plus ne supportait pas qu'on ne résolve pas ses énigmes. Placé sur la route de Thèbes, il bondissait sur la poitrine des voyageurs, suspendu à leurs lèvres. Leurs réponses ne lui convenaient pas alors il les étranglait et les dévorait.

Je comprends que pour certains se faire sauter à vingt ans soit incompréhensible. L'intégrer dans un passif classique européen est difficile. Que les gens sortent de leur personne et entrent dans la violence de ce monde. Comment la société participe-t-elle à produire des types comme lui ?

Avec de multiples complicités. Mais jamais sans l'individu lui-même, acteur de sa vie.

89

LA DROITE FÉDÉRALE

> « La croix gammée n'a pas été imprimée dans la masse allemande comme dans une matière récalcitrante, ferme et compacte. Elle l'a été comme dans une substance amorphe, élastique et pâteuse. »
>
> Sebastian Haffner.

Je suis en conflit avec les instances politiques et judiciaires de l'Union fédérale, me dit l'élu ceinture noire que je retrouve à la cafétéria de son club d'arts martiaux. Le combat a été difficile, son visage est en nage.

Ses rapports tendus avec les autorités dans l'exercice de ses fonctions expliquent, selon lui, l'inculpation de sa fille pour participation à une activité d'un groupe terroriste. On aurait cherché à l'intimider.

En juin 2017, le tribunal correctionnel de Charleroi a condamné les membres de la filière djihadiste de Jumet à des peines allant de trente mois avec sursis à huit ans de prison ferme, notamment pour l'amoureux de sa fille. Cette dernière a finalement été la seule acquittée.

Pour moi, cette inculpation est liée aux travaux que j'ai menés au Parlement concernant les jeunes partis en Syrie. J'ai démontré que les autorités avaient eu une grande responsabilité. Grâce aux écoutes téléphoniques et aux dépositions des parents qui demandaient de l'aide, elles ont eu connaissance de départs imminents maquillés en tourisme. Elles n'ont pas réagi.

Certes, il y a eu une méconnaissance du phénomène djihadiste. Tout le monde a été surpris par la capacité de conditionnement des recruteurs et leur organisation.

« Tout le monde » ou le politique qui n'a pas souhaité prêter attention aux alertes des services de renseignement ?

En Belgique, il y a à la fois de grands professionnels qui travaillent sur les filières terroristes depuis 1995 et des services de police spécialisés, des magistrats qui n'ont pas été capables de faire passer le message du danger djihadiste à la société et au politique, m'avait dit le juge rocker. *La connaissance était là, mais pas la possibilité de mettre le problème sur la place publique.*

À cause de la chaleur, la porte de la salle de cours est restée entrouverte. Depuis mon tabouret tout près de la vitrine à médailles, j'aperçois des enfants ceinturés de jaune, agenouillés autour d'un tatami. L'élu ceinture noire poursuit.

Il a aussi été dit que l'inaction était une manière d'aider les opposants au régime syrien. Un peu la mentalité de la guerre d'Espagne. « C'est contre le franquisme, allez-y... »

Bien entendu, la référence commune des premiers djihadistes européens partis en Syrie n'était pas la guerre d'Espagne mais l'État islamique d'Irak. Le Front al-Nosra en était l'héritier syrien. L'objectif ne consistait pas à voler au secours des Syriens mais à fonder un État islamique.

Les djihadistes rencontrés par David Thomson, le premier journaliste à avoir recueilli des témoignages directs et à avoir alerté sur le risque terroriste que représentaient ces Français partis en Syrie, étaient convaincus que les autorités laissaient sciemment partir les candidats au djihad. Avec un vœu non avoué, qu'ils ne reviennent jamais. Il y aurait eu là un double bénéfice : éliminer un danger potentiel sur le territoire national, surtout si les partants décédaient rapidement au front, et voir se renforcer à bon compte la lutte contre Bachar el-Assad, lui-même soutenu par l'un des adversaires les plus redoutables d'Israël, le Hezbollah libanais, armé par l'Iran[1]. Un calcul cynique qui a donc tourné à la catastrophe.

On a laissé partir les jeunes en Syrie, poursuit l'élu belge. *On a aussi tourné le dos aux familles des jeunes radicalisés. À aucun moment les autorités judiciaires et policières n'ont pris des mesures de précaution en empêchant ces personnes de voyager, en prévenant les familles. Non-assistance à personne en danger.*

---

1. David Thomson, *Les Français jihadistes*, Les Arènes, 2014.

Selon lui, les raisons sont un mélange de je-m'en-foutisme, de racisme, de désorganisation voire de guerre entre les services.

La priorité n'a pas été de sauver ces gamins. Aucun moyen coercitif n'a été mis en place en Belgique. Les pays qui ont su réagir rapidement ont pu limiter la casse. Comme les Pays-Bas qui ont activé des programmes de prévention et mis les personnes soupçonnées hors d'état de nuire. En Belgique, on a attendu de voir les premières images sanguinaires pour réaliser le danger. D'autres événements très graves se sont passés à Molenbeek qui n'ont pas été pris en considération.

Les politiques renâclent à traiter les problèmes de fond, m'avait dit le juge rocker. *La société belge ne s'est pas non plus organisée par des systèmes d'autocontrôle ou la création d'associations chargées de traiter la radicalisation.*

La société civile ne voyait pas le problème. La mentalité du citoyen belge est un peu la même que celle du citoyen canadien avant que les attentats ne les touchent. Ils n'ont pas été sensibilisés à ces enjeux, ils vivaient tellement dans le multiculturalisme et étaient par ailleurs très préoccupés par les discordes entre Wallons et Flamands, plus que par la problématique des musulmans.

Pour la société civile, les autres cultures pouvaient être « accessoires », les Flamands faisant déjà office d'émigrés intérieurs pour le pouvoir francophone de Bruxelles.

Au nom de quoi les Belges pouvaient-ils nourrir une méfiance à l'égard des Marocains de Molenbeek? avait continué le juge. *Pas de l'Histoire, ni d'événements survenus dans un passé proche. Ils n'avaient pas de raison de se focaliser sur un danger spécifique. Ce n'est pas comme la France vis-à-vis des Algériens; pèsent entre les deux pays le poids de la colonisation et la menace de l'islamisme algérien exprimé à plein pendant la décennie noire des années quatre-vingt-dix. La Belgique n'a pas d'héritage colonial avec le monde arabo-musulman.*

Certes, mais la Belgique avait nécessairement connaissance de l'histoire des idées développées en Égypte et en Arabie Saoudite, et de leur passage à l'acte, notamment en Afghanistan dans les années quatre-vingt et en Algérie dans les années quatre-vingt-dix.

« D'autres événements très graves se sont passés à Molenbeek qui n'ont pas été pris en considération. » J'avais interrogé l'élu ceinturé dans son kimono, à quoi faisait-il allusion?

Des jeunes circulaient armés à Molenbeek quelques semaines avant les attentats de Paris. Signalés aux autorités, ils n'avaient pas été arrêtés. Qui était cette bande à scooter? Abdeslam et ses acolytes impliqués dans le massacre du 13 novembre.

Et ce n'est pas tout. Les cinq enfants, dont Brahim et Salah, ainsi que leurs parents passent l'été 2015 à Bouyafar, une bourgade à l'est de Tanger où sont nés les grands-parents Abdeslam. Leur vaste maison familiale, en pierre, au bord de la mer les attend comme chaque été. J'imagine les deux frères dans ces paysages arides et familiers. Enfants, ils ont appris à nager dans ces eaux turquoise. Adolescents, ils ont chevauché une Peugeot 103 pour faire du moto-cross dans les dunes, slalomer entre les cactus aux couleurs vert bleuté. Ils ont fait sauter leur engin de plusieurs mètres au-dessus des bosses et des ornières. Il leur est arrivé de monter à quatre dessus pour les trajets retour.

Sur la plage, cet été-là, ils ont sans doute loué pour vingt dirhams des chaises en plastique, des tables et des parasols pour toute la famille. Des cousins leur ont prêté main-forte, ils ont porté la glacière des boissons fraîches et les enceintes qui diffusent la musique chaâbi. Leurs tantes et leur mère ont gardé le foulard et la robe longue. Les garçons étaient en short, torse nu. Les filles aux cheveux mouillées portaient des jupes longues. Quand les frères en avaient assez du tagine de poissons apporté dans un Tupperware par leur tante, de ses effluves de curcuma et de gingembre, ils remontaient au village. Dans une des baraques où du poisson frais est livré chaque jour, ils déjeunaient de sardines grillées avec du citron, de crevettes sautées à l'ail ou de grillades. Limonade pour Brahim, thé pour Salah. D'anciens modèles de Mercedes envoyés d'Europe convertis en taxis pour famille nombreuse passaient sous leurs yeux.

Dans cette région où les habitants ont la réputation d'être des bandits au grand cœur, ils passaient pour des seigneurs.

À la fin du séjour, les deux frères annoncent que ce seront leurs dernières vacances ensemble. En septembre, un membre de la famille contacte les services de police belge pour signaler Brahim et Salah. Il se dit très préoccupé par leur comportement et leur projet. Il rencontre en secret deux agents de police à Bruxelles.

Sans suite.

90

AMALEK

> « L'identité juive n'est [...] pas une douce présence de soi à soi, mais la patience, et la fatigue, et l'engourdissement d'une responsabilité, une nuque raide. »
>
> Emmanuel Levinas, *Difficile Liberté*.

Je comprends la démarche d'Hannah Arendt au procès Eichmann, trouver l'humain derrière le barbare. C'était aussi celle de Gitta Sereny. Après avoir servi en tant qu'infirmière auxiliaire pour une organisation caritative catholique pendant les premières années d'occupation, s'être occupée d'enfants abandonnés puis d'enfants réfugiés dans des camps au sud de l'Allemagne, elle a voulu répondre à leurs traumatismes en essayant de comprendre la psychologie des hommes qui les avaient infligés. Elle a interrogé pendant six semaines un des individus intimement associés à ce mal absolu : Stangl, condamné à la prison à vie pour responsabilité dans l'assassinat de neuf cent mille personnes commis durant son temps de commandement à Treblinka. *Au fond des ténèbres*, paru en 1974, jette une lumière unique sur un domaine jusqu'alors incompréhensible.

C'est aussi une question religieuse, m'avait dit le rabbin de mon quartier. *Comment entendre cette affirmation biblique de l'homme créé à l'image de Dieu, avec des potentialités de générosité et d'amour, capable de commettre l'horreur ? Comment un homme peut-il se barbariser ? Quelle trace reste-t-il de son humanité ?*

Le judaïsme transmis par mes grands-parents n'était pas dogmatique. Je ne sentais pas qu'il y avait une vérité sur Dieu mais des interprétations. Ce qui relie les exégètes, les interprètes, n'est-ce pas cette idée d'aller vers l'homme? Ne pas réduire l'autre à soi-même. Ne pas convertir l'autre à ma vérité religieuse. Des trois monothéismes, le judaïsme est celui qui ne fait pas de prosélytisme.

Mon grand-père m'a enseigné que la tradition juive avait à voir avec le questionnement et l'étude. Grâce à lui, j'ai compris que la Bible n'était pas un texte brut mais interprété, humanisé, c'est-à-dire commenté par des hommes. La pensée juive amoncelée de génération en génération a produit un attachement naturel à l'humanisme. L'école de pensée allemande dont faisait partie Hannah Arendt, Hans Jonas, Gershom Scholem, Levinas et Walter Benjamin, en est un signe.

Mon grand-père et l'école républicaine m'ont transmis le doute comme une sorte d'extrême conscience.

Dans le judaïsme, le mal radical n'est pas représenté par un Satan, un être spirituel, avait-il poursuivi. *Dieu est Dieu et il n'a pas de concurrent. Le mal qui existe dans la Bible, notamment dans le livre de Job et celui de Zacharie, a un rôle assez mineur. C'est un accusateur et un collaborateur de Dieu. Sa fonction: mettre à l'épreuve la vertu de l'homme.*

Le mal absolu serait du côté de l'homme. Il porterait un nom: Amalek.

Les Amalécites sont un peuple du désert du Sinaï qu'on relie dans la généalogie biblique à Esaü, le frère aîné de Jacob, dont un des descendants, Amalek, attaque les enfants d'Israël à leur sortie d'Égypte. Moïse aurait demandé à Josué de le combattre.

La guerre contre Amalek sera permanente, de génération en génération, dit la Bible. C'est comme s'il y avait dans l'Histoire des forces de destruction d'un projet moral, d'une civilisation fondée sur la vie et l'amour du prochain.

Les penseurs imprégnés de la tradition juive, André Neher, Hans Jonas, Emmanuel Levinas, Élie Wiesel, ont vu dans le nazisme et Hitler la figure d'Amalek.

Le mal absolu n'est pas dans le ciel. Ce n'est pas une figure éloignée dont on ne serait pas responsable mais un humain parmi nous.

Si sa notion de banalité du mal n'a pas été sans polémique ni contestations, Hannah Arendt, comme plus tard Gitta Sereny, a eu le souci de la mémoire mais aussi de l'avenir. Comprendre l'homme, témoigner, et mettre en garde contre la répétition.

Dans l'inhumanité d'Amalek demeure une humanité qui pourrait à nouveau germer, avait conclu le rabbin. *Que faire pour que l'homme ne bascule pas dans la bête ? Reste la question politique cruciale à affronter.*

C'est [...] ce besoin d'être à l'abri d'une collectivité et d'être relevé de sa responsabilité qui me semble recéler le plus fort potentiel d'inhumanité [...]. C'est là que s'amorce, du côté des individus, l'escalade de la violence exterminatrice. [...] Manifestement, les deux ou trois siècles d'éducation rationaliste du genre humain en Occident ont assez peu développé cette qualité psychique qui devait remplacer l'intégration docile à des groupes : l'autonomie. [...] La capacité d'être autonome présuppose l'expérience du lien affectif et du bonheur.

Harald Welzer, *Les Exécuteurs.*

91

PIERRE À PIERRE

L'idée de fin du monde est essentielle pour comprendre la logique d'Abdeslam. Gamal qui se prépare à devenir imam m'en fait prendre la mesure à L'Étoile du Nord, à l'intérieur de la gare du Nord, où je le revois. Assis à la table d'à côté, un homme en costume sombre déjeune sur le pouce, la main sur la poignée de sa valise.

L'Apocalypse est annoncée par des signes, dit l'islam, notamment la guerre entre les croyants et les non-croyants, jusqu'à l'anéantissement. L'Ange de la mort emportera tout le monde.

L'Apocalypse aurait lieu au Châm selon les prophéties islamiques, autrement dit en Syrie. L'Antéchrist viendrait à Damas affronter le Messie. Ce dernier le tuerait et ferait triompher l'islam sur toute la terre. Cette croyance a nourri la propagande de Daech durant la guerre en Syrie. « L'organisation faisait de l'exode des jeunes d'Europe et d'ailleurs vers le sol béni du " Châm " le prélude au retour du Sauveur et à l'extermination de la mécréance[1]. »

Abdeslam doit se croire dans un contexte de guerre. Je me défends parce que je suis attaqué. Comment lui répondre ?

Nous ne sommes pas en guerre sainte. Une guerre commence par une déclaration. Il n'y en a pas eu contre l'islam. D'autre part, la guerre est le dernier signe des trois grands signes. Le premier, c'est l'inversion des pôles. Le soleil se couchera où il se lève et se lèvera où il se couche.

---

1. Hugo Micheron, *Le Jihadisme français, quartiers, Syrie, prisons*, Gallimard, 2019.

Jusqu'à preuve du contraire…

Aussi la guerre n'a-t-elle pas commencé. Le second signe est l'arrivée de l'Antéchrist. Il n'est pas encore venu celui qui dit « Je suis Dieu ». Les djihadistes pensent qu'Al-Dajjâl est à ce point malin qu'il est peut-être déjà là mais passe inaperçu auprès des hommes puisqu'ils vivent dans l'illusion.

Gamal ajoute du lait à son café. Des assiettes d'œuf dur mayonnaise, de poireaux vinaigrette et de harengs marinés passent sous nos yeux. Les aiguilles de l'horloge ronde au-dessus de sa tête annoncent midi.

Nous ne sommes pas dans un contexte de guerre religieuse. Une guerre politique n'est pas religieuse. Celle-ci impliquerait d'être empêché dans l'exercice de sa foi, voire d'être attaqué physiquement.

Le djihad fait partie de l'islam. Et certains versets du Coran font froid dans le dos, en particulier les punitions réservées aux non-croyants. Gamal les connaît mais je tiens à les lui lire ; que les mots viennent à table s'expliquer.

« Faites la guerre à ceux qui ne croient point en Dieu ni au jour dernier, qui ne regardent point comme défendu ce que Dieu et son Apôtre ont défendu, et à ceux d'entre les hommes des Écritures qui ne professent pas la vraie religion. Faites-leur la guerre jusqu'à ce qu'ils payent le tribut de leurs propres mains et qu'ils soient soumis[1]. »

« Les juifs disent : Ozaïr est le fils de Dieu. Les chrétiens disent : Moïse est le fils de Dieu. Telles sont les paroles de leurs bouches ; elles ressemblent à celles des infidèles d'autrefois. Que Dieu leur fasse la guerre ! Qu'ils marchent à rebours[2] ! »

Les islamistes justifient leurs actions par ces versets hostiles aux juifs et aux chrétiens. Mohammad Ali Amir-Moezzi et Guillaume Dye, auteurs de l'ouvrage *Le Coran des écrivains*, voient dans ces passages des ajouts plus récents à l'édition du texte, certainement durant le règne du calife Abd al-Malik (r. 685-705), époque durant laquelle se situe l'organisation de la religion et de l'État islamiques.

Hamed Abdel-Samad, politologue germano-égyptien, affirme que la prière quotidienne musulmane reste imprégnée de « malé-

1. Coran IX-29, *Points*, 2010.
2. Coran IX-30, *Points*, 2010.

dictions envers les autres ». Dans le verset « ceux qui encourent la colère et ceux qui se sont égarés », « ceux qui encourent la colère » sont les juifs, et « ceux qui se sont égarés » sont les chrétiens.

« Notre Dieu établissait un lien entre le jour du Jugement et notre conflit avec les juifs. [...] Nous ne considérons pas ces gens comme des êtres humains », déclare-t-il.

Mes remarques ne semblent pas ébranler Gamal derrière ses lunettes rondes.

C'est vrai, il y a des versets qui sont très durs mais qui ne concernent que Dieu. Il dit tel châtiment est réservé à telle personne ou à telle typologie de personnes. Il ne dit pas faites-le. Le seul moment où il l'exprime c'est dans le contexte de guerre religieuse. Tuez-les tous jusqu'à ce qu'il n'y ait plus de discorde entre vous. Tuez-les parce que vous êtes attaqués.

C'est là où Salah Abdeslam doit se vivre.

Il refuse de voir l'imam de la prison, parce que l'homme assure que la musique est autorisée par la religion. Pour un ancien roi de la piste de danse, le virage est serré. Que dit le Coran ?

Il ne se prononce pas sur la musique. Par contre, il demande de ne pas oublier Dieu ni s'éloigner de Lui. Quelque chose du divertissement pascalien. La musique est vécue par certains sages de l'islam comme susceptible de nous éloigner de Dieu.

Étonnant pour un art qui peut provoquer des émotions spirituelles fortes.

Certains « sachants » en islam disent qu'aller au cinéma, regarder la télévision, lire, c'est du temps passé à autre chose qu'à Dieu. Ce qui ne nous interdit pas des moments festifs, mais durant lesquels Dieu doit être présent. Que m'apporte la lecture d'un roman du point de vue de la foi ? Lire des textes ou des contes religieux est autorisé. Si je pense à Dieu à l'intérieur de ma lecture, aussi. L'important est ce que je fais de cette action comme sujet.

Encore faut-il en avoir les contours.

— Et alors ?

Monia au téléphone.

— Pardon ?

— Tu comptes démonter pierre à pierre tout le délire mystique d'Abdeslam ? Mais enfin c'est peine perdue.

J'aime les trouble-fêtes comme Monia, les seuls capables de rendre possible la véritable fête, la joie d'être à soi et au monde. Ce sont comme des anges gardiens qui auraient commencé leur service sur terre.

— Pourquoi vouloir répondre de tout ?

— Peut-être parce que derrière des étendards se cachent des questions intimes.

Elle souffle et raccroche.

92

SALVATRICE

« Trop jeune pour être triste, trop belle pour pleurer. » J'ai posté ça hier sur les réseaux sociaux.

Mes amies se moquent de ma tendance philosophe. Ai-je le choix ?

Douleur, trahison, désillusion, j'ai dû gagner en sagesse. Pas de grands mots, au moins en expérience.

J'aimerais vivre et faire taire mon cœur. Que la vie prenne ailleurs, vous comprenez ?

Sa famille a tellement voulu me changer, lui aussi en un sens en me désirant plus rock'n'roll. J'ai beaucoup douté de moi-même toutes ces années, alors que le monstre grandissait chez eux.

Je suis regardée différemment dans le quartier. J'ai peur des insultes dans mon dos, détecte les hypocrites à des kilomètres. Ceux qui font semblant de ne rien savoir portent un sourire forcé et me jugent par-derrière. Comment a-t-elle pu être aussi stupide ?

Personne n'a idée de ce que nous avons vécu.

Salah a longtemps été ma priorité. Notre mariage, sa situation, me mangeaient la tête. J'ai perdu beaucoup de temps. Tout ce dans quoi j'ai investi s'est écroulé.

Aujourd'hui, je dois être l'unique centre de mes intérêts et construire mon avenir. Mes choix vont me définir. Il me faut aller de l'avant.

Les derniers temps, il était tourmenté par tout autre chose que nos projets. Trop occupé pour me consacrer du temps.

Je ne sais plus quoi vous écrire. J'aime cette phrase de Khalil Gibran : « Il y a un moment où les mots s'usent. Et le silence commence à raconter. »

Vous n'aimez pas ça on dirait. Votre foi est dans les mots, comme s'ils pouvaient tout reconstruire…

Les fréquentations de Salah ont changé sa vision du monde, de sa religion et ont fait dévier sa vie et la nôtre. Son orgueil aurait dû lui montrer la voie à suivre.

Il y a deux ans, j'ai griffonné ces mots : « Pas besoin d'un prince pour être une princesse. » Comme si j'avais voulu m'en convaincre… Oui, j'ai cru au prince charmant, été aimantée par les apparences, l'extraordinaire de Salah. Et je suis tombée.

Un an après les attentats, ces mots du prophète Muhammad m'accompagnaient chaque jour :

« À Khadija.

« Quand j'étais pauvre, elle m'a enrichi ; quand tout le monde m'abandonnait, elle m'a réconforté ; quand on me traitait de menteur, elle a cru en moi. »

Vous voyez le nœud en moi ? Mon désir de lui porter secours, d'être à ses côtés quand tout le monde désertait. Bien sûr l'horreur de ses actes m'a terrifiée, mais au fond de moi, toutes ces années, il y a eu cette pente compassionnelle.

J'ai longtemps cherché à le sauver.

Si j'étais un animal ? J'aimerais être une panthère. Elle se laisse difficilement dévorer.

Nour.

93

MINOTAURE

Quand je suis loin de mes enfants, je leur achète des livres. Les imaginer dans mes bras à écouter des histoires me réconforte de leur absence. Aujourd'hui, dans le café Walvis, je peine à ouvrir les journaux et reste quelques instants à rêver et à regarder les gens attablés autour de moi. Je pense à l'histoire du Minotaure emballée dans le sac destiné à mes filles. Pas tant à l'hybride d'homme et de taureau avide de chair humaine, ni à Thésée parvenu à égorger le monstre, mais à la bobine de fil offerte par Ariane qui lui permit de sortir du labyrinthe. Nour avait espéré être ce fil d'Ariane, grâce à qui Salah aurait pu s'extraire de la nuit, se libérer de la prison dont il avait lui-même dressé les murs d'enceinte.

Une femme qui reste près d'un homme sur la brèche, broyant du noir et ami de criminels, quoi qu'elle en dise, y trouve son compte. Salah se croyait condamné à errer dans sa propre vie, contraint de supporter les affronts et les rejets dont il se sentait la cible. Nour aurait pu tourner les talons, penser à sa propre nécessité et ne pas se laisser prendre par le tourbillon de ses tourments. Elle ne manquait ni de lucidité ni d'orgueil. Mais elle était émue. Non pas de l'impasse dans laquelle son fiancé se trouvait mais du rôle de salvatrice qu'elle y jouait. Quand elle luttait contre son esprit de fatalité et tâchait de l'irriguer des raisons d'espérer, elle se sentait aimable.

Il est difficile de se laisser aimer pour qui l'on est, et non pour le bien que l'on prodigue. Ce n'est pas parce que le Minotaure a été tenu prisonnier depuis toujours qu'il est devenu fou et sanguinaire. Contrairement au mythe antique, et comme l'a si justement saisi par sa peinture André Masson, le Minotaure n'est pas enfermé dans le labyrinthe : la spirale prend naissance dans ses viscères.

Rester à ses côtés, s'en défendrait-elle aujourd'hui, en partie à raison puisqu'elle a lutté contre ses penchants obscurs, était aussi donner du crédit à ses gémissements, de l'attention à ses plaintes, de la reconnaissance à ses pleurs. Elle tempêtait contre lui mais elle restait. Ne pas le quitter validait sa douleur, l'érigeait en bête blessée. Une femme peut tirer un homme des ténèbres au-delà de ses forces, mettrait-elle en danger sa propre vie. En bandant son corps pour l'extraire de la nuit, elle s'éprouve sous un soleil brûlant.

94

PERDRE LA VUE

Clémentine, Maurice, Guemara, Germaine, Jacob, Marcelle, Raymond, Germaine, Georges, Jules, Rachel Levy…

La liste des noms des membres de ma famille jusqu'au milieu du XIXe siècle, en Algérie, est longue. Que reste-t-il de mes ancêtres ? De l'atelier d'ébéniste de mon grand-père ? De son appartement dans le quartier arabe de Batna ?

Quelles traces, quels témoins aujourd'hui de leurs visages, de leurs vies mises bout à bout, passées à la porte des Aurès ? Leur histoire s'est-elle évaporée sous ce ciel de plomb pour être rendue à l'oubli, leur patrie finale ? Est-elle seulement restée dans la mémoire compatissante de quelques vieillards ?

Il en subsiste quelque chose sous la peau de mon amie Amina, mère et professeure d'université en Algérie.

Je l'ai rencontrée dans une bibliothèque à Constantine. Elle avait vingt-six ans. Elle m'a pressée de l'écouter, elle avait quelque chose d'important à dire. Lâcher enfin cette masse qui lui pesait au cœur comme à bon nombre de jeunes de sa génération. C'est un bloc météorique qui est tombé sous mes yeux. Un bloc de temps et de vie crue.

Des hommes en noir avaient balafré son ciel dans les années quatre-vingt-dix. Dans le lit ouaté de ses premières années, on avait jeté les corps tabassés de ses proches. Dans le sang, baigné son enfance.

Sa génération goinfrée d'injustices a grandi la panique au ventre. On les a forcés eux et leurs parents à fouiller les charniers avant de devoir mettre genou à terre pour se réconcilier avec des criminels qui avaient fait entre cent mille et cent cinquante mille morts en Algérie.

À la fin des années quatre-vingt-dix, le pacte de réconciliation initié par le président Bouteflika s'est doublé d'un accord avec l'institution religieuse saoudienne : l'abandon de la violence djihadiste en contrepartie de la promotion d'un islamisme d'orientation salafiste dans la vie culturelle et sociale de l'Algérie [1].

La France et la Belgique hériteront du djihadisme et du salafisme. Le Groupement islamique armé qui rassemblait des Algériens passés par l'Afghanistan sèmera la terreur en France en 1994-1995.

Mes ancêtres juifs nés en Algérie sont dans les combats quotidiens d'Amina pour lutter contre l'oubli. Elle fait partie de ces jeunes Algériens qui veulent retrouver leur histoire, celle qu'on leur a cachée au nom de l'arabisation tous azimuts. Ils sont dans ses enseignements à l'Université, en littérature orientale, dans sa ténacité à ne pas se conformer en apprenant l'hébreu depuis des années. C'est pour ça que nous sommes amies. Dans la chaleur de notre attachement, par-delà les kilomètres, par-delà nos différences sociales et de modes de vie entre la France et l'Algérie, il y a mes fantômes et le parfum de l'Algérie que je cherche à travers elle, pour les respirer, savoir d'où je viens.

Aujourd'hui, je mesure à quel point les rêves qui ont nourri notre rencontre étaient romantiques. En passant du temps avec Amina, je voulais éprouver un peu de la vie en grand que nous aurions pu vivre si nous étions nées côte à côte en Algérie. De l'utopie que nous aurions réalisée, de la richesse dont nous serions porteuses. Comme mes grands-parents, j'aurais parlé l'hébreu et l'arabe. Amina m'aurait reçue pour Kippour et moi, pour la rupture du jeûne les soirs de Ramadan où sa famille aurait été fatiguée de se mettre en cuisine. Notre pays et notre amitié auraient été un modèle qui aurait mis à terre ce qu'on appelle à tort l'entente impossible.

Pourquoi avons-nous coupé le fil de deux mille ans d'Histoire ? Comment cela a-t-il pu se jouer sur une génération ?

1. Bernard Rougier, *Les Territoires conquis de l'islamisme*, PUF, 2020.

Rupture vertigineuse de notre lignée familiale au regard de la longue Histoire.

Pendant les années de guerre en Algérie, ma famille, qui courait un risque à rester vivre dans le quartier arabe, a été protégée par Ahmed, un des chefs des fellaghas, ces « coupeurs de route ». Il travaillait comme ouvrier à la distillerie dirigée par mon grand-oncle. On l'avait vu grimper dans la calèche pour distribuer les bouteilles de limonade et de bière. Et plus tard, quand les finances de l'entreprise l'avaient permis, il s'était hissé dans le camion Berliet pour se rendre à Alger, Oran, Biskra et Constantine. Sur son temps libre, il fréquentait le bordel arabe de Batna. Ma famille fut victime d'un attentat dans un cinéma. Ahmed retrouva l'homme ayant posé la grenade. Il le liquida.

C'est souvent à la faveur d'une disparition que l'on mesure les liens qui nous unissent.

Certes l'Algérie avait charrié pour les Juifs son lot d'humiliations et de relégation sociale. L'Algérie coloniale était fondée sur des principes racistes, hiérarchiques et autoritaires. Il était écrit « Indigènes » sur les papiers de mes grands-parents. Un statut juridique qui les assignait au bas de l'échelle sociale et limitait leurs droits.

Mais grandir en Algérie avait toujours signifié grandir avec les Arabes. C'était mélangés dans le désordre qu'ils vivaient.

« En se dispersant à travers le monde, les communautés juives se sont enracinées dans les cultures non juives du monde entier. Leurs modes de vies se sont inspirés des modes de vies de toutes les cultures *autres* », écrivait Emmanuel Levinas.

En Algérie, les Juifs et les Arabes se côtoyaient depuis des siècles, bien avant le XIXe siècle et l'arrivée des Français. Ils partageaient leur quotidien, parfois même leurs maisons. Ils avaient des modes de vie similaires, et tous des trains de vie modestes. Comme les Juifs, les Arabes vivaient chichement. Dépouillés d'artifices, ils étaient des hommes réduits à leur humanité.

Je me suis entêtée pendant des années à remonter le fil de notre histoire, retrouver les lieux de vie de ma famille en Méditerranée, écouter les pierres.

D'un monde perdu.

Mes voyages en Algérie quelques années avant les attentats

de Paris, l'accueil chaleureux qui m'avait été réservé par les familles arabes, alors qu'elles connaissaient mes origines juives, avaient conforté mon éducation reçue en France, où chacun avait sa place et où la mixité était perçue comme une richesse.

J'en étais porteuse et je voulais le vérifier sur place. J'avais été émue de rencontrer un lointain cousin qui ne parlait pas un mot de français mais brandissait les attestations de mariage de ses grands-parents prouvant qu'une de mes parentes juives avait épousé en 1922 un musulman. Le mariage n'avait pas été célébré civilement, ni inscrit sur son acte de naissance. L'audacieuse semblait indifférente à l'idée de ne pas transmettre la nationalité française à ses enfants. Je l'imaginais tout occupée à son amour.

J'avais aussi fait la connaissance d'Ahmed à qui mon grand-oncle avait cédé son commerce de limonade au nom des années de travail en commun et de la protection de notre famille. Des années après notre rencontre, son fils, né après l'Indépendance, m'a recherchée. Il voulait m'apprendre la mort de son père en février 2017. Il se souvenait enfant du délicieux couscous de ma grand-tante qui les avait reçus à Monaco après la guerre.

Si ces voyages en Algérie coïncidaient avec les valeurs reçues en France, le monde tournait autrement. Je n'ai pas su le regarder en face.

J'avais sept mois le 6 novembre 1981 quand un fanatique musulman a assassiné Anouar el-Sadate, signataire avec le Premier ministre israélien Menahem Begin des accords de Camp David en vue d'un accord de paix permanent entre Israéliens et Palestiniens.

J'avais quatorze ans le 4 novembre 1995 quand un fanatique juif a assassiné Yitzhak Rabin, fervent partisan de la paix entre Israéliens et Palestiniens, qui avait jeté les bases, à travers les accords d'Oslo, d'une autonomie palestinienne.

Deux symboles de paix dont la mort a marqué un tournant. Arrivée au pouvoir des nationalistes, front arabe uni contre Israël. Le dialogue israélo-palestinien, crucial pour le Moyen-Orient comme pour l'Europe (identification des Arabes nés en Europe aux Palestiniens), a été arrêté. Sinistres répétitions dont nous vivons encore aujourd'hui les conséquences brutales.

Plus à l'ouest, qu'est devenue Istanbul, capitale de la principale puissance musulmane, comptant à la fin du XIXe siècle une majorité de non-musulmans, principalement des Grecs, des Arméniens et des Juifs ? Que sont devenus les Juifs d'Algérie ? Et les chrétiens d'Orient ?

Disparus, massacrés ou contraints à l'exil.

En France non plus, je n'ai pas vu venir la lente désintégration sociale et spirituelle ni la haine antisémite. Depuis l'enfance, j'avais grimpé les marches.

En 1991, j'avais dix ans quand des exilés du FIS d'Algérie se revendiquant de la pureté islamique s'installèrent en France et en Belgique.

En 1994, j'avais treize ans quand un des chefs du GIA déclara : « Les journalistes qui combattent l'islam par la plume périront par la lame. »

En 2003, j'avais vingt-deux ans quand Sébastien Selam a été assassiné. Vingt-cinq ans quand Ilan Halimi a été enlevé et torturé à mort pendant des semaines. Trente et un ans quand, à l'école Ozar Hatorah de Toulouse, un homme et trois enfants ont été assassinés parce que Juifs.

Le 13 novembre 2015, j'avais trente-quatre ans et j'attendais ma seconde fille. Les attentats de Paris ont agi sur moi comme un révélateur. Abdeslam a scellé la rupture à laquelle je voulais résister. Entre les juifs et les musulmans, et sans doute au-delà. Résister à la brisure, au laissé en blanc, au trou noir où une femme sait faire naître un enfant.

95

PIERRE DE TOUCHE

Très chère Etty,

J'avais lu, et j'ai relu tes poèmes. Je suis frappé par ce qui y est approché, d'une des pires violences, celle qui vient du proche [...]. *Cela me touche. Comme me touche la sensualité qui te lie aux matières, blessantes ou attirantes. Je suis touché par cette violence que tu as voulu faire revenir, pour la tenir à distance, en préserver la vie qui vient. C'est de la poésie, mais c'est aussi et peut-être surtout, un récit.*

Pierre Pachet.

Les mots de Pierre s'accomplissent aujourd'hui. Il y a des êtres qui vous ressentent parfois mieux que vous-même. Leur parole et leur regard vous sont profondément adressés.

Pierre Pachet était de ceux-là.

Nous nous sommes rencontrés en 2011, à New York, où il participait en tant qu'écrivain à une table ronde intitulée « S'opposer, contester, résister: qu'en est-il aujourd'hui? ». À notre retour à Paris, il m'a proposé de l'aider à faire de l'ordre dans ses archives personnelles. Il y avait là quelque chose de déchirant pour lui, lié à la mort de sa femme Soizic. Mais je me souviens que le rire avait aussi eu sa place.

Il nous a été naturel de nous revoir.

Le square du Temple à Paris et le glacier Mary qui n'existe plus aujourd'hui, rue Charles-François-Dupuis, étaient nos adresses. « C'est pas mal » dans sa bouche signifiait qu'il en raffolait.

Après le glacier et le square, je le conduisais à la porte du « Prisunic » (il s'entêtait à l'appeler ainsi même si l'enseigne n'existait plus depuis longtemps). Il avait une préférence pour les cœurs de bœuf et les côtelettes d'agneau. J'aimais son ton unique.

« Je suis à Paris, en train d'essayer d'écrire quelque chose. »

Son adolescence.

« Je rentre de la Drôme avec des choses à dire. »

« Je vais marcher place des Vosges sans m'être lavé. »

Sa curiosité.

« Rentré de Pékin, je suis enchanté de mon voyage, ai envie d'apprendre le chinois. On se voit ? »

« J'ai bien dormi, épuisé de tension et de conversations et de figures nouvelles. »

Parler d'amour était notre grande affaire. Pierre était intarissable, ces lignes de *Sans amour* le racontent si bien : « L'amour donne la grâce des gestes et de la pensée. » Il me bouleversait quand il me confiait vouloir être troublé par l'amour jusqu'à son dernier souffle.

Sa femme disparue, ses enfants, les dispositions pratiques pour « après sa mort », ses amitiés masculines, ses tourments, ses fêtes étaient aussi au cœur de nos conversations. À soixante-dix-huit ans, il nous invitait à venir fêter les beaux jours chez lui.

Je n'y allais pas, préférant nos tête-à-tête.

J'aimais l'esprit de non sérieux de Pierre, sa délicatesse, sa franchise, son regard sensible sur le monde, sa gourmandise d'inconnu et de conversations – « l'avantage merveilleux de nos démocraties », disait-il. J'aimais nos échanges dans sa cuisine restée dans son jus des années quatre-vingt. Je me plaisais aussi à déballer sous son nez mes derniers talons achetés. Nos sourires échangés disaient combien la séduction est un jeu subtil toujours à deux.

Pierre venait à mes signatures. Non pas pour se montrer, il était allergique aux faux-semblants du social, mais pour dire *je suis là*. Il appréciait qu'on vienne vers lui aussi naturellement que dans sa cuisine.

— Tais-toi, m'a-t-il dit un jour, très doucement, réprimant ses larmes.

Le récit des exercices de confinement auxquels mes filles étaient soumises à la crèche, les vitres résistantes aux balles et les mitraillettes plus grandes qu'elles, l'avait saisi d'effroi.

Des années plus tard, la lecture de ses essais intitulés *Aux aguets* m'en éclaira les profondeurs biographiques.

Bien sûr il ne s'était pas tu dans ses écrits ni dans sa vie. Il avait su transformer la terreur intime et celle de l'Histoire.

Au cours de l'année 2015, d'un attentat terroriste à l'autre, j'ai lu sur son visage qu'il n'y aurait plus matière à sa délicieuse ironie.

Sur l'immeuble de la rue Chapon, une plaque commémorative à son nom a été taguée d'une étoile jaune. Faut-il encore se taire ?

J'aimerais croire que ce récit qu'il appelait de ses vœux tient suffisamment à distance le fanatisme et que c'est bien la vie qui l'emporte.

96

MOBILISATION GÉNÉRALE

> « Nous n'appartenons à personne sinon au point d'or de cette lampe inconnue de nous, inaccessible à nous qui tient éveillés le courage et le silence. »
>
> René Char, *Feuillets d'Hypnos.*

À côté des lettres de Pierre Pachet, je tombe sur la sacoche en cuir noir de mon grand-père, transmise par mon oncle et conservée précieusement avec son livre de prières de Pessah. Je fais glisser la fermeture éclair et regarde un à un les papiers qu'elle contient.

Carte d'identité de « l'État français ». « Profession : menuisier. » « Nationalité : Française (Juif algérien). » Sur celle de ma grand-mère, il est écrit : « Juive Indigène. » Et sur les deux : « Bouche : moyenne. – Visage : ovale. – Teint : ordinaire. »

Je ne comprends pas. La France considérait encore ma grand-mère comme une indigène à la veille de l'Indépendance. Le décret Crémieux n'avait-il pas donné la citoyenneté française aux « Israélites indigènes » d'Algérie en 1870 ? Certes, mais les autorités françaises ont fait perdurer le Code de l'indigénat en Algérie jusqu'à l'Indépendance.

Mes grands-parents ont fait partie des cent trente mille Juifs d'Algérie humiliés par l'abrogation du décret Crémieux en octobre 1940, la première des lois discriminatoires du régime de Vichy. Citoyens français renvoyés aux droits politiques des indigènes algériens, les Juifs d'Algérie ont subi un retour en arrière de près d'un siècle. La plupart des Français se félicitaient sans réserve, cherchant un profit matériel aux évictions des Juifs de certains emplois ou au recensement de leurs biens. Mes grands-parents ont vu les mesures discriminatoires appliquées avec zèle. En septembre 1941, la majorité des Juifs est fichée et la mention « Juif indigène » est apposée sur leur carte d'identité. Elle le restera sur les papiers de ma grand-mère jusqu'à sa mort, en France.

Carte de l'Ordre de convocation sous les drapeaux. Classe 1933.

Livret individuel classe 1933 du ministère de la Guerre, aux pages jaunies. Sur la couverture : le nom de mon grand-père.

Yeux : marron. – Cheveux : châtains. – Taille : 1 m 73.

« Soldat : appelé / Service : arme. »

Le document est établi par un commandant le 1er octobre 1934. Incorporé au 4e régiment des zouaves (les unités françaises de l'armée d'Afrique) le 20 octobre 1934, puis envoyé à (illisible) le 23 septembre 1935, et enfin à Tunis en 1937.

Des airs de service militaire morcelé.

Mon grand-père est « rappelé par décret de mobilisation générale, arrivé au corps le 28 août 1939 » jusqu'au 22 juillet 1940.

Suite à l'invasion nazie de la Tunisie en novembre 1942, il est « rappelé à l'activité le 1er décembre 1942 au Dépôt du 3e zouaves. »

« Classé SX » (Service auxiliaire) par la CR de Constantine le 7 décembre 1944 », il est « définitivement réformé le 11 mai 1945 ».

Comment avait-il vécu ces années de guerre dans l'armée d'Afrique ? Et les bombardements réguliers des Alliés en Tunisie ? S'était-il senti impuissant alors que six millions des siens mouraient dans les camps de concentration ? La rumeur de la « solution finale » était-elle arrivée jusqu'à son régiment ? A-t-il vu les hommes et les femmes astreints aux travaux forcés dans les camps créés par le gouvernement de Vichy en Afrique du Nord ? Au milieu du désert saharien, s'est-il fait des amis parmi les « indésirables » au régime ?

Carte de la fédération nationale des blessés multiples et impotents de guerre, au nom de mon grand-père, sur laquelle sont accolées des vignettes colorées : « Blessés multiples et impotents de guerre cotisation 1963. » La carte est valable jusqu'à 1968. D'autres ont dû suivre, absentes de la sacoche.

Carte de la Préfecture de la Seine en date du 15 mars 1965 établie au nom de mon grand-père pour accéder à son lieu de travail, la mairie du quatrième arrondissement de Paris où il était gardien.

Domicile : 2, place Baudoyer Paris IVe.

Grade : Agent de service 2e catégorie.

Direction : Affaires départementales et générales mairie du IVe.

On peut aussi lire : « Nez : moyen. » « Teint : mat. »

97

UN CHRÉTIEN EN ÉGYPTE

> « Au lieu de distinguer le bon islam du mauvais, il vaut mieux que l'islam retrouve le débat et la discussion, qu'il redécouvre la pluralité des opinions, qu'il aménage une place au désaccord et à la différence ; qu'il accepte que le voisin ait la liberté de penser autrement ; que le débat intellectuel retrouve ses droits et qu'il s'adapte aux conditions qu'offre la polyphonie ; que les brèches se multiplient. »
>
> Abdelwahab Meddeb, *La Maladie de l'islam.*

Devant le Café de la Mairie, place Saint-Sulpice, un homme d'une trentaine d'années s'avance vers moi pieds nus dans ses sandales. C'est le frère dominicain installé en Égypte avec qui j'ai rendez-vous. Nous nous asseyons à l'arrière du café au décor terne, banquette marron pour moi, chaise en bois pour lui. Il souhaite commander rapidement, je le sens pressé de s'exprimer. Je remarque ses cheveux châtains, ses sourcils broussailleux, ses yeux bleus et sa barbe clairsemée. Il a un air à la fois déterminé et prêt à rire.

— Je trouve important d'essayer de comprendre, utile votre démarche, commence-t-il son café à peine déposé sur la table. Il y a beaucoup d'explications courtes sur les questions terroristes. Un seul facteur ne suffit jamais. Ni uniquement le néocolonialisme, la pauvreté ou la misère. Tous les miséreux ne posent pas de bombes. L'explication de l'islam est aussi trop courte. Comme de dire : c'est juste un acte monstrueux, ce qui en fait un acte incompréhensible qu'on ne peut plus approcher que sous l'angle du risque. Salah Abdeslam n'est pas un monstre mais un être humain. On ne peut pas l'oublier. Il a agi selon une certaine rationalité à laquelle il faut associer une certaine psychiatrie. Le fait que des exécutants d'actes terroristes soient des individus mal dans leur peau ou dépressifs n'est pas à écarter. Ce sont rarement des gens en pleine forme. Une fois qu'on a dit ça, je pense que le terrorisme djihadiste a une cohérence et la réduire à du pur abrutissement, c'est-à-dire penser que le monde djihadiste n'est constitué que d'abrutis manipulés et de cyniques manipulateurs, est une erreur. Ce n'est pas parce que leur logique nous est radicalement étrangère qu'elle n'existe pas.

L'esprit et l'ironie légère du frère me font du bien.

Ses propos me rappellent ceux de Nathalie, journaliste spécialiste de l'antiterrorisme qui a accès au dossier d'instruction des attentats de Paris.

On dit que ce sont des abrutis, mais c'est faux. Ce sont de petits caïds qui connaissent les codes de la manipulation. Les frères Abdeslam n'ont pas si mal réussi avec leur bar par rapport à d'où ils viennent. Ils allaient en ouvrir un autre. C'est une psychologie assez classique mais pauvre intellectuellement. Ils ont grandi dans un milieu modeste. Je ne les vois pas plus faibles que d'autres.

Selon le frère, il y a un gain pour eux et finalement une évidence au fait d'aller se faire sauter et tuer des innocents. Au terme d'une réflexion, ils pensent que c'est ce qu'il faut faire.

— Dans la pensée salafiste, dont le djihadisme est issu sans se confondre avec lui, ce qui est frappant c'est sa rationalité. On a tendance à lire le salafisme par l'imaginaire comme une pensée moyenâgeuse qui repose sur la bêtise pure et simple. Ce discours-là n'a aucune prise sur un salafiste qui considère faire ce qu'il y a de plus rationnel. Cette exigence de rationalité vient par des chemins détournés des Lumières européennes. Une espèce de naïveté de la raison, perdue en Europe depuis le XIXe siècle, existe sous des formes qui nous surprennent dans la pensée salafiste.

Chaque palier conduisant Salah Abdeslam à la violence était d'apparence si modeste et raisonnable qu'il a pu perdre de vue qu'il s'éloignait peu à peu du sens commun. La narration djihadiste fait sens. Et avec elle, l'univers entier.

« Le sujet était simplement incité à franchir l'un après l'autre les petits degrés d'une échelle qui n'était pas limitée vers le haut et qui était une échelle de l'inhumanité », écrit Harald Welzer.

Amusée d'interroger un moine sur sa connaissance de l'islam, je lui rappelle qu'il y a vingt-deux mosquées à Molenbeek, longtemps non contrôlées, sous le joug de l'Arabie Saoudite. Les prêches en arabe étaient assez excluants jusqu'à une époque récente, parfois haineux, reconnaissent certains fidèles qui n'y ont pas retrouvé « leur islam ». A-t-il de multiples visages ?

— Il y a quatre écoles de droit qui se reconnaissent mutuellement comme légitimes, me répond-il. En tant que musulman, vous devez vous référer à l'une d'elles. Vous faites la prière selon une tradition propre : le malékisme, le chaféisme, le hanafisme ou le hanbalisme, qui correspondent à des maîtres de droit dont chaque école se réclame. La plus petite de ces quatre écoles juridiques est le hanbalisme qui est aussi une école théologique.

La diversité est donc au cœur de l'islam. Comment se greffe le salafisme dans ce contexte ? J'aime ces moments où la pensée chemine et ouvre ses portes. Il m'explique que le salafisme s'appuie sur le hanbalisme, l'école du cheikh Ibn Hanbal (780-850), la plus littéraliste de l'islam.

— Le mouvement salafiste tel qu'il apparaît au début du XIXe siècle refuse cette élaboration juridique séculaire et considère qu'il faut revenir à la source plutôt qu'à la tradition des écoles.

— C'est une rupture avec la mixité jusque-là au cœur de la cohabitation entre plusieurs écoles, c'est ce que vous voulez dire ?

Je ne veux pas perdre le fil de la pensée de ce moine, certaine qu'il y a là quelque chose d'essentiel à trouver.

— Oui. Ce qui est surprenant avec les écoles de droit, c'est qu'on admet que plusieurs savants musulmans, plusieurs oulémas, peuvent dire des choses contradictoires et qu'elles soient toutes l'expression de la volonté de Dieu. La charia est la volonté de Dieu. Vous allez demander à un malékite et à un chaféite, il ne va pas vous faire la même réponse sur ce que Dieu vous demande de faire. Les deux sont légitimes. Ce qui place une certaine distance entre la volonté de Dieu et ce qu'on en connaît. Cette diversité-là est un remède à l'idolâtrie de la charia puisqu'il y a une distance, faible, entre ce qui vous est enseigné et la volonté de Dieu. Par conséquent, vous pouvez vivre avec.

Selon le moine, des idéologies ne peuvent pas s'engouffrer dans ce creux, dans cette distance, précisément parce que ça se joue sur un consensus des oulémas. Les écoles se reconnaissent légitimes entre elles. C'est une sorte de magistère relativement souple, très horizontal.

— En tant que croyant, on n'est pas perdu, j'imagine, on sait à quelle école on appartient ?

— En général, pas du tout !

Sa réponse m'a surprise. Elle nous fait sourire.

— Surtout dans des régions comme le Maghreb où tout le monde est malékite. J'ai déjà vu des Maghrébins arriver en Égypte et s'exclamer : « Vous avez vu comment ils font la prière ? Ce n'est pas comme chez moi ! » C'est normal, c'est chaféite.

Il y a plusieurs manières d'être musulman, ce que le discours salafiste critique. Certains salafistes refusent les écoles de droit purement et simplement, affirme le moine, la vérité est une et il n'y a pas de méthodologie juridique à développer, elle est évidente et on la connaît. Il existe aussi un salafisme hanbalite qui reconnaît la légitimité des quatre écoles.

— Les salafistes de la première catégorie, si j'ose dire, refusent cette idée de distance entre la volonté de Dieu dans l'absolu et la volonté de Dieu telle que je la connais ? Il faut faire ce que Dieu dit pour être sauvé, et ce que Dieu dit est sans ambiguïté ?

— C'est ça.

J'imagine combien cette vision de l'islam a dû rassurer la bande d'Abaaoud. Il y aurait deux guerres idéologiques : une contre l'Occident et une à l'intérieur de l'islam.

— Mais cette approche littéraliste du Coran est dangereuse et absurde, reprend le moine. Aucun texte ne parle de lui-même.

Tous les textes, à commencer par les textes sacrés, appellent une interprétation. Pour les djihadistes, il suffit d'ouvrir le livre et on comprend ce qu'il veut dire. C'est une approche naïve. Penser qu'on n'a pas besoin d'outils d'interprétation, qu'un texte de l'Arabie du VIIe siècle est directement accessible, c'est avoir des présupposés d'interprétation considérables. Penser que le texte parle de vos réalités, c'est lui faire subir une violence d'interprétation. La tradition islamique en avait conscience.

Je pense à cette anecdote que m'avait racontée Gamal concernant Ali, le gendre et cousin de Mahomet. Alors qu'on lui oppose le Coran, Ali déclare : « Le Coran dit ce qu'on lui fait dire. » C'est propre à tous les textes, notamment sacrés où la question peut devenir brûlante.

— Au cours de l'Histoire, l'islam a su construire des outils de contrôle de cette diversité, dit le moine. Aujourd'hui, cette régulation fonctionne moins bien, voire dysfonctionne gravement. La crise de l'islam dans laquelle nous sommes plongés est une crise du rapport à la diversité. Ce qui a permis à la civilisation islamique de faire vivre la diversité, infiniment plus qu'en Occident, disparaît à l'évidence. Le monde arabe se vide de ses minorités religieuses, juives et chrétiennes. En dehors de l'Égypte, il n'y a plus de chrétiens dans le monde arabo-musulman. En Égypte, ils veulent partir. La diversité devient impensable alors qu'elle a été le lot commun des grands empires musulmans qui ont fait cohabiter pendant des siècles des religions différentes et des musulmans différents.

Précisément où je trouve mon origine. Où a soufflé ma vie jusque-là. Où la démarche de mon livre trouve une partie de sa raison d'être.

Cet espace perdu, écartelé, je tâche d'en ramasser les pierres.

— Aujourd'hui cette diversité que l'on a pensée, théorisée, à tous les niveaux : juridique, spirituel, théologique, nous n'arrivons plus à la faire vivre. En particulier parce que la pensée cardinale de cette diversité, la théologie acharite mise en place au Xe siècle, en Irak, qui a rayonné un peu partout, l'orthodoxie de l'islam pendant des siècles, est aujourd'hui totalement remise en cause par d'autres orthodoxies, à commencer par le salafisme qui ne pense pas la diversité, ne la justifie pas, ne la légitime pas.

On a demandé au frère de réfléchir à l'islam, de produire de la connaissance, de vivre avec des musulmans. Ce n'était pas un choix personnel de sa part. Envoyé en Égypte, il a accepté la mission de l'Église. La première épreuve a été de se détacher de ce sur quoi il avait envie de travailler : la tradition chrétienne. Pourquoi devait-il s'occuper des autres ? Parce que l'autre n'est pas une option dans la vie chrétienne, me confie-t-il.

À ses yeux, il faut vivre avec ce qui est différent de soi, tout le temps. Refuser de se confiner. Vivre loin de ses racines pour en approfondir l'humanisme. La voie ne peut cesser d'être par-là, dans cette main ferme mais tendue, dans ce lien à l'autre malgré les coups, les incompréhensions, les temps qui s'obscurcissent. Les armures ne se fendent pas en un jour. Les tentatives ne sont jamais vaines. Elles créent des brèches. Et jamais, tant qu'il y aura de l'humain, l'autre ne devra s'effacer ou ne plus chercher à s'atteindre.

98

CARNET DE NUIT

Septembre 2017

Tout le monde dort dans la maison. Je rejoins la chambre d'amis qui donne sur la cour. Derrière les baies vitrées, les feuillages se distinguent à peine dans l'anthracite de la nuit. J'espère en elle. J'en attends les reflux à la lisière du sommeil. La nuit ne cache rien. Les souvenirs, les terreurs, l'Histoire remontent à sa surface. J'en recueille l'écume sur les pages de mon carnet. En pressens la délivrance car la nuit sait tout. Il suffit d'attendre et de l'écouter. Elle ne laisse pas en paix, épuise le corps mais son jour est indispensable pour éclairer le versant des ombres. Des silhouettes obscurcies rôdent dans la chambre. Le silence craque sous leurs pas. Elles ont des choses à dire.

Je dors par à-coups comme depuis des mois mais l'histoire se déchiffre en continu. Chaque soir, je suis impatiente de rejoindre la nuit pour les entendre. À l'aube, je découvre les notes griffonnées qu'elles m'ont laissées.

Je savais bien peu de ma quête intime sur ce chemin de terreur avant d'écouter mes nuits.

Ce soir, une comète s'invite : Annemarie Schwarzenbach dont je lis entre deux sommeils *De monde en monde*. « C'est une folie chez moi de tout vouloir comprendre », écrit-elle.

Je suis attentive aux paroles des autres, les collecte, les regarde par tous les bouts mais je ne dois pas manquer de faire le jour sur le pourquoi de mon enquête, ces blocs de pierre amoncelés en moi. La nuit me dit que tout doit être raconté, que les terreurs passées peuvent devenir des levers de soleil.

Combattant durant la Seconde Guerre mondiale, mon grand-père était rentré en Algérie avec le statut de grand invalide de guerre. Et des accès réguliers de névralgie faciale. Il s'en tapait la tête contre les murs. Un proche, infirmier, se procurait de l'héroïne pour l'aider à les traverser. Sur quel front était-il ? Tunis comme il est inscrit sur son livret de guerre dont j'ai hérité ? Monte Cassino en Italie comme certains le racontent ? La nuit ne sait pas s'en souvenir. Mais les combats furent effroyables.

Plus tard, durant la guerre d'Algérie, mon grand-père et six autres membres de la famille furent victimes d'un attentat à la grenade au cinéma Le Régent. Ils tombèrent les uns sur les autres, l'accès à la sortie était impossible. Une de ses sœurs fut amputée d'une jambe. Mon grand-père eut le ventre, les bras, les jambes et les parties génitales criblés d'éclats.

Quelques mois plus tard, à moins qu'il ne s'agisse d'années, mon grand-père roulait à vélo avenue de la République, à Batna. Il rejoignait le bureau de tabac où il venait dépanner son frère quand un officier français, en civil, le renversa avec sa voiture décapotable. Il vola au-dessus de la MG rouge.

— Ton père est mort, a-t-on annoncé à ses enfants.

Il s'en est sorti de peu mais, dans la maison, les coups n'ont pas cessé, à s'en coucher par terre. Le fils ne regardait pas le père dans les yeux. Par peur ? *Non, par respect.* La mère frappait, claquait les portes. Sa fille plus tard les défoncera. La mère traînait la fille par les cheveux. Devenue adulte, la fille l'imitera.

La nuit m'a appris d'autres choses. La sœur de ma grand-mère ne pouvait pas avoir d'enfant. Cette dernière, enceinte de ma mère, décida de lui donner sa fille à la naissance. On lui attribua un prénom composé dont le premier était celui de sa future mère adoptive. C'était une façon de sceller l'engagement. *Impossible de lui donner entièrement son prénom, c'est un péché dans la tradition,* disait-on. Elle en aura la moitié.

Ma grand-mère portait aussi le même prénom que sa belle-mère, la mère de mon grand-père. Une fois mariée, c'était à la plus jeune de renoncer à son prénom. Au lieu de Rachel, on l'appelait Machel.

Les prénoms de ma grand-mère et de ma mère étaient faits

d'autres femmes. L'une et l'autre n'étaient jamais désignées pour elles-mêmes mais pour la place qu'elles devaient laisser à d'autres.

La tante choisie pour devenir la mère de ma mère était riche et aimante. Son mari, titré : receveur des PTT. Cartomancienne à Constantine, elle tirait les cartes, le plomb et les couleurs. Elle le restera à Lyon où elle s'installera après l'Indépendance.

Pourquoi ma mère n'est-elle finalement pas devenue sa fille adoptive ? La nuit ne sait pas me répondre. Choyée par son père qui n'a peut-être pas voulu la sacrifier, elle était restée la cible de sa mère biologique. Et à jamais un enfant perdu entre amour et destruction.

Pourquoi mon grand-père s'est-il opposé à ce marchandage ? *J'étais sa protégée*, répond-elle.

Cet homme a transmis le verbe et la violence de la guerre. En « sauvant » ma mère d'un troc douteux, il l'a aussi exposée à une violence maternelle terrible. Elle s'est mêlée à celle de l'Histoire dont il portait les stigmates.

La terreur irradiait la maison.

99

IL N'EST PAS UNE GRANDE CHANCE POUR TOI

La nuit est pareille à une voix entendue du fond des âges, non pour en agrandir les ténèbres mais en arrêter le cours. Le jour, je retrouve Nour dans le café de la galerie marchande d'Anderlecht. Je cherche ce qui se cache derrière ses yeux sombres, ce qui se cache sous le masque de sa beauté.

Je ne veux pas trop me plaindre. Je reviens de loin, c'est vrai, mais je me méfie de la complaisance. Indécent vis-à-vis des victimes des attentats, même si je n'y suis pour rien.

Mes parents, mes sœurs, mon frère ont été merveilleux avec moi. Pourtant ils ont souffert de ma relation avec Salah. En 2015, terriblement. Quelle honte pour eux. Avant également, car je leur tenais tête en continuant de le voir, en l'aimant clandestinement malgré leur désaccord.

Il était indigne de moi à leurs yeux. « Salah n'est pas une grande chance pour toi », disaient-ils.

Au fond d'elle-même, Nour savait que Salah n'était pas un bienfait dans sa vie. Quand ils se disputaient, elle devait cacher sa mauvaise humeur à ses parents. Elle avait la sensation de mener une double vie.

Mes parents avaient fait des efforts en m'envoyant dans une école flamande, à Erasmus Hogeschool. Ils voulaient que leur fille, comme leurs autres enfants, fasse « un pas en avant ». Ils désiraient nous offrir la meilleure éducation possible. La mobilité sociale passe par une bonne école.

J'ai quelques amis mais je ne leur parle pas de ce qui m'est arrivé. J'ai été suivie mais n'en éprouve plus le besoin. Je vais mieux.

Encore aujourd'hui, je n'ose pas poser de questions à ces hommes qui racontent dans les journaux être sortis avec Salah. Ce serait me rabaisser. J'ai ma fierté.

Hélas la presse a aussi été l'espace de la découverte des horreurs commises, de ses multiples vies, de ses ambivalences de conduite et de sentiment. La presse que j'ai utilisée pour rompre officiellement nos fiançailles.

Pendant deux ans, soumise aux pressions régulières des rédactions, j'ai dû mettre mon existence entre parenthèses. Les prises d'assaut, les photos volées, les cris dans la rue à cause des caméras intrusives… J'en ai laissé des messages sur des répondeurs de journalistes, à leur faire honte d'avoir divulgué mon prénom et le nom de mes parents. Plus d'un s'est cassé les dents contre la vitrine de la boutique de mon frère. Plus d'un a mesuré la gentillesse de ma sœur tentant de faire le lien avec moi. En vain.

Nour a besoin de savoir. N'est-ce pas le chemin de la reconstruction ? Comme les mots sont pour moi un chemin de civilisation et de sens. Salah Abdeslam ne peut pas nous en priver. Ni l'interdire par son silence et ses menaces.

— Je pense qu'il n'apprécierait pas votre démarche, me dit-elle.

« Personne n'aime se voir dépeint tel qu'il est ; personne ne se soucie de voir ce qu'il a dit et fait noter avec exactitude. […] Plus les coups de pinceau sont exacts et précis, plus la rancœur est grande », déclare Truman Capote au *New York Times*, le 16 janvier 1966.

— Je ne le fais pas pour lui, comme vous pouvez l'imaginer. Personne ne m'empêchera d'écrire. Ses craintes ne sont peut-être pas sans rapport avec sa passion pour la dissimulation et son refus d'apparaître sous son vrai jour. Participer à l'assassinat d'individus n'était pourtant pas pour de faux.

— Non, reconnaît-elle.

Salah Abdeslam ne veut pas de mon livre comme il ne veut pas de la musique. *Haram, haram, haram.* L'État islamique n'a-t-il pas détruit des œuvres d'art et des sites historiques ? La création délivre des sens inépuisables que les sympathisants d'État totalitaire tiennent en horreur.

La fusion sans réplique et sans mot, dans un corps imaginaire, serait-elle la seule note connue de Salah Abdeslam ?

L'expression d'une liberté est toujours insatisfaisante pour les tenants de la pensée unique. La mienne est mon bien le plus précieux.

Je crois en elle comme au temps long et à la connaissance. La production intellectuelle constante depuis les attentats me rassure à un point que je ne saurais dire. Mais je ne cherche pas à entrer en croisade ou à servir je ne sais quel mythe. Je veux retracer par écrit une expérience personnelle, en donner à voir les obstacles et les nuances.

100

PROFANER LA BEAUTÉ

> « Rien ne trahissait son trouble. Il y avait en elle une justesse parfaite, une cohérence absolue d'elle-même avec sa douleur. [...] Il n'y avait pas à la tromper. [...] Par tout ce qu'elle était en ce moment, elle le contraignait à lui ressembler, elle l'attirait malgré lui dans un pays de vérité cruelle, absolue. »
>
> Louis Guilloux, *Le Sang noir.*

L'intraitable Nour. Je sens en elle une détermination qui se communique avec force. Elle me parle peu mais ses paroles sonnent juste comme ses silences qui n'ont rien de corrompu.

Je ne l'ai pas rencontrée parce que ce n'est pas possible mais, quand on lit les PV de ses auditions, quelque chose s'en dégage, m'avait dit Nathalie, journaliste spécialiste de l'antiterrorisme qui a accès au dossier d'instruction des attentats de Paris : une femme radieuse qui traite de sujets sombres. Je l'ai vue ôter une à une les épingles de ses cheveux bouclés à la cantine de son journal. Sa parole m'avait semblé plus libre encore.

On ne l'a pas exploité, cela aurait été de l'atteinte à la vie privée. Cette jeune femme a été mise sur écoute par les services de police parce qu'elle était sa compagne. On a eu connaissance de ses conversations sur des choses très intimes de sa vie. En tant que journaliste, on a accès à ce qui devrait nous rester caché. On juge souvent les hommes sur le profil de leur compagne. Quand on voit cette jeune femme, on se dit qu'Abdeslam ne pouvait pas être un idiot. Il n'y aurait pas eu cette affinité, cette alchimie entre eux. J'ai vu ses photos, elle est sublime. Un visage parfait. Shéhérazade des mille et une nuits. Une peau mate mais très claire, de grands yeux noirs dessinés au crayon. Sur les écoutes, on sent une jeune fille de son âge, d'un milieu modeste, intelligente, perturbée par ce qui se passe mais qui garde un sens du rationnel.

La valeur de Nour ne renseigne pas à mes yeux sur celle d'Abdeslam. Si Nour accepte de me rencontrer, c'est avec le désir secret que je sache la regarder et la distinguer de lui. Je n'ai aucun mal à le faire. Sa présence digne, ses paroles intransigeantes et sa méfiance manifeste dans sa manière de se tenir à l'avant du fauteuil, pour éviter un abandon trop grand, me touchent et me font croire en son innocence.

Salah Abdeslam n'était pas à la hauteur de sa fiancée. À Molenbeek, personne n'en a été dupe.

A-t-il voulu faire une offrande à Dieu de sa vie qui ne valait rien ? Rien qui vaille pour Nour ? Je ne suis pas à la hauteur ? Je ne suis pas à la hauteur ? Vous allez voir. Une fusée. Droit au ciel. Plus grand qu'un dieu.

Dans *Frankenstein*, la haine de la créature se déchaîne quand son créateur refuse de lui créer une femme. Quand il comprend qu'il n'aura jamais d'épouse, il tue. Par une malice infernale, le mal devient son bien. L'ange déchu se transforme en démon du mal. À la fin du texte, la créature s'immole sur un bûcher.

Au passage, Salah a pu vouloir racheter l'honneur de sa mère sali par les mots de celle qui ne sera jamais sa belle-mère. *Ma fille ne sera pas votre femme de ménage*, disait haut et fort la mère de Nour.

Un bémol peut-être. Frankenstein est un personnage doué de conscience. Est-ce que Salah Abdeslam se sentait indigne de Nour ? L'avait-il un jour regardée vraiment ?

Regarder compulsivement des vidéos de décapitation aux Béguines était devenu une passion. Purifier la mécréance, mettre en ordre le chaos, une obsession. Mais, au plus sombre de lui, il ne devait pas rêver de pureté mais de saccager la beauté, punir Nour de ses tombereaux d'amour auxquels il était incapable de répondre.

Tu as voulu me sauver la vie. Tu seras bientôt débarrassée de ton fardeau. Et la veuve d'un homme entré dans l'Histoire.

Devenir un homme sans la honte.

Salah ne voulait-il pas qu'elle le regrette ? Comme il arriverait à un individu de penser à son propre enterrement pour se représenter à quel point ses proches l'aiment.

Paradoxalement, il désirait exister à travers sa disparition. N'est-ce pas une histoire de jeunesse, de perversion amoureuse et de mort ?

Ici était un piège, il le savait, il ne deviendrait personne. Selon lui, tout était bouché. Avec son exigence à elle, la cage ne s'était-elle pas refermée ? N'avait-elle pas réponse à tout ?

« C'est une affaire de volonté. »

« Si les politiques sont pourris, sois plus intelligent qu'eux, cherche un travail ailleurs. »

« Considère les difficultés de départ comme un défi à relever. »

« Le trafic devient ici la norme ? À toi de vouloir autre chose et d'agir en conséquence. »

« Ne t'accommode pas des échecs, tu as la force nécessaire pour les transformer en atouts. »

« Avec de la persévérance, on atteint ses buts. »

« Tu ne te donnes pas vraiment les moyens, à quoi ressemblent tes journées ? Tu aides ton frère dans son café, et notre avenir ? Il te faut un emploi Salah, pour toi, pour nous. L'important n'est pas d'où l'on vient mais qui l'on est. Est-ce que tu m'aimes, Salah ? »

L'intelligence, la détermination de Nour avaient le tranchant de la vérité. En elle, l'héritage d'une certaine discipline. Dans leur couple, Salah n'était pas le roi à qui on passait tout. Il était son égal et avait à donner le change, il engageait aussi son avenir à elle. La voie qu'il a choisie porte des noms : l'esquive, la tangente. Fuir le réel qu'il haïssait pour le rendre soluble. Il dirait sans doute autre chose, qu'il s'est hissé à la hauteur de Nour, de sa beauté, de son exigence. Mais le fanatisme n'est pas l'intensité amoureuse.

Il a dressé la mort, la barbarie comme réponses à l'injustice. L'acte d'un combattant du djihad, dirait-il. À travers la complicité d'un massacre d'innocents : un acte de profanation et de souillure d'une femme.

101

DISSOUTE

Qu'est-ce qui se cache derrière la relation amoureuse de Salah avec Nour ? J'imagine que la jeune femme était sa légitimité sociale. Secrétaire dans une organisation internationale, issue d'une famille à l'excellente réputation, elle était sa princesse secrète, son âme sœur. Comme Shéhérazade, elle était l'aimée de tous, reconnue pour ses qualités de cœur et d'esprit. Elle était là où s'accrocher. Lui devait être pour elle son frère perdu, son rédempteur, son protecteur, ce qui évitait à Salah de se confronter à sa laideur.

S'est-il demandé : jusqu'où puis-je aller pour profaner la beauté ?

Jusqu'à massacrer des innocents, recouvrant son crime d'une autre mission de sauveur. Sauver l'islam des mécréants. Comme, hier, sauver Nour de la mort de son frère.

Quand Salah Abdeslam clame son mariage après les attentats de Paris, c'est comme s'il vérifiait auprès du ciel qu'il serait protégé de ce blasphème. Va-t-elle encore vouloir de moi ?

Un désir d'oblation. Un désir criminel comme l'embouchure de deux cours d'eau : habiller de noir la Ville Lumière, souiller de boue la beauté de Nour.

Je lève les yeux de mon carnet. Pour la première fois, son corps a glissé au fond du fauteuil en cuir où elle se tient, belle et forte. Je lui tends ce poème d'Omar Khayyâm.

— On le dirait écrit pour vous.

Je n'ai rêvé au ciel
Que comme d'un lieu de repos,
Car j'ai tant pleuré

Que je n'y vois qu'à peine.
L'enfer n'est qu'une étincelle
À côté de ce qu'a subi mon âme.
Et je ne crois au paradis
Que lorsque je goûte un instant de paix.

— C'est magnifique.

Son chagrin est là. Elle le contient. Se demande-t-elle encore pourquoi elle est venue à notre rendez-vous m'écouter lire ce que j'ai pressenti de son histoire ? Dans l'inflexion de sa voix, presque imperceptiblement, quelque chose se fend.

— J'ai pris Salah sous mon aile. J'ai cru en lui, à un mauvais passage. Cru que notre amour le redresserait. Que m'en reste-t-il aujourd'hui ?

Déchirée par les contradictions de Salah, Nour avait longtemps lutté contre ce qui retenait son fiancé en arrière. Elle avait l'impression de s'être dissoute dans cet amour. Comme Shéhérazade, elle avait employé toutes ses forces pour arrêter les massacres et attendait à présent d'être rendue à elle-même.

102

SOUS LES PIEDS DES MÈRES

> « Il y a dans la sauvagerie du crime, du meurtre perpétré contre un homme, une femme, un enfant, une part de cet acte qui est adressé à la mère. Entre le tueur et sa mère, il y a un serment sacrificiel qui [...] s'établit à partir de la haine ou du trop d'amour donné comme en pâture aux chiens. C'est une adresse terrifiante, sordide, qui ne sort pas de l'enceinte maternelle. Quelque chose dans le tueur est mort-né. Il n'est jamais vraiment né et la part de lui-même qu'il offre à la mort appartient déjà au pourrissement, au délitement de la pulsion de mort. »
>
> Anne Dufourmantelle, *La Sauvagerie maternelle.*

Lors de la fusillade du 15 mars 2016 rue du Dries à Forest, Salah Abdeslam, activement recherché depuis les attentats de novembre 2015, et Sofien Ayari ont réussi à prendre la fuite. Quatre policiers sont blessés. Salah Abdeslam et son complice sont arrêtés trois jours plus tard rue des Quatre-Vents.

Le procès de la fusillade de la rue du Dries doit avoir lieu les 18, 19, 20 et 21 décembre 2017 à Bruxelles.

Le parquet fédéral demande le renvoi de Salah Abdeslam et Sofien Ayari pour tentatives d'assassinat. La procédure pénale prévoit la présence des deux hommes mais Salah Abdeslam, détenu à l'isolement à la prison de Fleury-Mérogis, n'a pas manifesté le souhait de faire le déplacement, peut-on lire dans la presse. « Salah Abdeslam a dû recevoir sa convocation mais il n'a pas réagi et n'a donné aucun signe de vie. Cela ne l'intéresse visiblement pas », selon une source judiciaire.

Jusqu'à ce que sa mère s'en mêle, je l'apprendrai plus tard.

« Le paradis est sous les pieds des mères. » Comment faut-il entendre ce *hadîth* ? J'avais téléphoné à Gamal qui se préparait à devenir imam.

Par une forme de matriarcat. Comme le paradis est sous les pieds des mères, il faut être en bonne entente avec elles. Jusqu'où est-on prêt à aller ? La limite est de ne pas commettre l'illicite : ne pas voler ni tuer au nom de sa mère.

Il y a une fascination à l'égard de la mère parce qu'elle porte l'enfant, supporte la douleur de sa mise au monde et consacre du temps à son éducation. Ceci dit, il y a des femmes de référence dans la tradition islamique qui contredisent cette image. La première femme du Prophète, Khadija, était commerçante. Des esclaves prenaient soin de ses nombreux enfants. Marie, la mère de Jésus, et l'épouse de Pharaon, considérées comme des mères pieuses, ont été à l'encontre de la société et, pour la seconde, de l'autorité conjugale, au nom de la foi. L'une et l'autre se sont révoltées pour aller vers plus de vertu.

Salah Abdeslam s'est montré particulièrement compatissant en apprenant la mort de la mère de son avocat, Frank Berton. « Une mère, c'est un morceau de soi[1] », lui a-t-il dit.

Une autre peau cousue à même la peau. Une texture épaisse à en étouffer son corps, ses désirs, sa vie d'homme. C'est le registre de la fusion que Salah connaît avec sa mère. Elle le fascine, n'est-elle pas un peu de l'interdit qui le grise ? Elle l'encourage à courir les filles pour mieux revenir dans ses jupes, use de sa suavité, de sa tyrannie amoureuse pour le garder contre elle.

1. Elsa Vigoureux, *Journal de Frank Berton*, Flammarion, 2019.

103

L'AVOCAT BELGE

Soit Salah Abdeslam se décide à choisir un avocat d'ici le début de son procès, soit il en aura un commis d'office, me dit une journaliste d'un quotidien belge.

Ce sera à nouveau Sven Mary. Pourquoi a-t-il accepté ? Il n'a apparemment obtenu aucune garantie que Salah parle. Mais alors, pourquoi ? *Il n'a pas pu s'en empêcher.*

Cette explication s'avérera courte.

Sven Mary a décidé de le défendre à nouveau alors qu'avec sa famille ils ont beaucoup souffert la première fois, particulièrement ses filles mises un temps sous escorte policière. On cherchait à l'atteindre à travers elles.

J'ai une petite fille qui ne peut plus prendre l'avion car elle a peur. Mes deux filles ont connu des gardes rapprochées à l'école parce que des fous – pas Abdeslam ni son entourage – ont estimé que j'étais une crapule, me confie Sven Mary.

Pourtant, il a décidé de le défendre une seconde fois. S'est-il dit : je suis son seul rempart, le seul lien possible avec l'extérieur, et il me fait confiance, je vais essayer de me hisser sur ce fil fragile ?

Mon métier est ma passion. C'est la raison fondamentale, celle qui fait que je ne lâche rien. Une passion dont on paie cher le prix.

La deuxième raison, c'est que je défends le faible, celui qui pense ne plus rien avoir à dire, et je deviens son porte-parole. Je pense que tout un chacun a quelque chose à exprimer. Ce n'est certainement pas pour l'argent. Je ne l'ai même pas fait pro bono. Je n'ai pas été payé par l'État. Je l'ai fait gratuitement. Tout comme j'ai été le voir dix fois à Fleury-Mérogis à mes propres frais.

Vous avez renoncé à vos honoraires et remboursements ?

Oui, pour qu'on ne sache pas me le reprocher. L'État qu'il a attaqué me paierait ? Et donc le contribuable ? Je ne voulais pas de ça. Je n'avais pas non plus de mécène. Je l'ai fait parce que tout le monde doit être défendu.

Je sens qu'il a aussi voulu réparer la première fois. Contester ses détracteurs qui lui ont reproché, ainsi qu'à Frank Berton, d'avoir lâché Salah Abdeslam. *Répondre à ceux qui nous ont critiqués Berton et moi sur ce buzz qu'on aurait voulu faire. C'est impossible de défendre un homme qui garde le silence. On peut être sa voix mais pas son explication. Nous avions pris la décision de ne plus défendre Salah Abdeslam d'un commun accord avec lui. Nous lui avons expliqué et il nous a compris.*

Mais alors, que s'est-il passé ? Il s'est engagé à collaborer cette fois ?

En préparant ce dossier, je lui ai dit : il y a cinq questions auxquelles vous allez devoir apporter des réponses, et, notamment, depuis combien de temps étiez-vous dans cette cache ? Qu'est-ce que vous avez fait ? Où avez-vous été ? Je ne vous demande pas de parler d'autres personnes que de vous-même. Je ne vous demande pas ce que vous avez fait après le 13 novembre, ça ne regarde pas ce dossier. Je ne vous demande pas ce que vous saviez des attentats du 22 mars, ça ne regarde pas ce dossier. Je vous demande de vous exprimer sur l'affaire de la rue du Dries. Que s'est-il passé ? J'avais l'impression qu'avec les éléments fournis, sa connaissance du dossier, il accepterait de se soumettre à l'interrogatoire durant l'audience parce que sa maman le voulait.

La mère continue de dicter ses désirs.

Une autre raison a poussé l'avocat à le défendre une nouvelle fois : le dossier contenait des éléments en sa faveur, selon lui. Enfin, un point important : l'avocat pénaliste est fou de football, qu'il a pratiqué longtemps dans un club prestigieux. Il n'a pas que le crâne rasé d'un Fabien Barthez, aussi la vivacité d'un grand dribbleur. Un sportif ne peut pas renoncer à jouer la finale de la coupe du monde. Salah Abdeslam est sa finale de la coupe du monde. En tant que pénaliste, *défendre l'homme qui a causé l'horreur dans un autre dossier* a des allures de sommet pour lui. *La rue du Dries, ce n'est qu'en un souffle les attentats du 13 novembre et ceux du 22 mars.*

Sven Mary n'est pas sans pouvoir de séduction. Son côté Bruce Willis version flamande ne fait pas tout, ni ses manières craintives de m'appeler Madame. Je pourrais croire qu'il se tient face à moi en avocat de Salah Abdeslam. Je vois davantage un homme qui cherche et qui doute. Il consacre beaucoup de temps à nos entretiens, regarde le dessous des cartes, ne se fait pas passer pour celui qu'il n'est pas.

L'avocat va demander un délai pour prendre connaissance du dossier. Le procès sera reporté.

Je n'annule pas ma venue à Bruxelles, ni mes rendez-vous. J'espère pouvoir suivre les audiences d'ici quelques mois. Vais-je parvenir à entrer en simple citoyenne ? La partie liée à la présentation des personnalités, souvent les premiers jours, m'est essentielle. Je ne dispose ni du calendrier des plaidoiries ni d'une carte de presse. Les services de sécurité seront renforcés. Seuls les journalistes accrédités pourront assister au procès sur un écran vidéo. Subtile façon de maintenir les médias à distance. La chambre correctionnelle où se tiendra le procès n'est pas très grande, semble-t-il. Fera-t-il aussi froid-mouillé qu'aujourd'hui ?

Il me faut m'entretenir avec quelqu'un au parquet fédéral. Je ne peux pas laisser mes filles à Paris pour rien.

Une simple audience pour fixer le nouveau calendrier est prévue le 18 décembre 2017 au matin.

Palais de Justice de Bruxelles, 6 h 30. J'attends avec six journalistes sur les marches à l'extérieur du tribunal. Nous savons que les prévenus n'assisteront pas à l'audience de pure formalité.

Pourtant, devant nous, l'image surréaliste d'un char de guerre pour garder le premier accès du tribunal. Une fois dans le hall, j'apprends que deux cents policiers avaient été réquisitionnés vingt-quatre heures sur vingt-quatre.

Le président du tribunal porte une magnifique barbe, un nœud papillon, fait des allers et retours dans la salle d'audience où je suis installée, passant sans y prêter attention devant la monumentale peinture néoclassique flamande d'une chute de cheval signée en 1820 par Joseph-Denis Odevaere.

— On va faire une exception, me dit-il après avoir entendu le récit de mon projet de livre.

J'aurai donc l'autorisation d'entrer en salle de presse pour assister au procès dans quelques mois. Soulagement. Je n'aurai finalement pas besoin de ce passe-droit, la salle d'audience étant accessible au grand public pour tous les procès.

Un journaliste félicite le président du tribunal pour la parfaite organisation et les mesures de sécurité. Sauf que, pour l'heure, il n'y a pas d'enjeu.

« Police Politie » est inscrit sur les uniformes des policiers. Je crois d'abord à une police politique et comprends qu'il s'agit de la version néerlandaise du mot police. Le conflit linguistique se porte en toutes circonstances.

Deux cameramen qui se sont glissés dans la salle d'audience filment pas grand-chose : les trois dessinateurs occupés à tailler leur crayon et les deux grandes peintures. Des plans d'« ambiance », j'imagine, à recycler pour dans quelques mois. L'autre cameraman en profite pour nettoyer la vitre de son écran. Au sol, un revêtement vert qui semble en plastique. Six fauteuils entourent la table du tribunal.

Sven Mary, la quarantaine, entre, le teint rouge, l'air nerveux, ses yeux bleus n'en ressortent que plus nettement. Je remarque une cicatrice sur son crâne chauve. Il est flanqué de Romain Delcoigne, un jeune collaborateur barbu aux lunettes rondes, de Maître Laura Severin, une femme brune dont je remarque l'éclat, et de Maître Gultaslar, très grand, mince, qui semble flotter dans sa robe noire.

Sven Mary prend la parole. Il demande une remise du procès en mars prochain, l'accès à Abdeslam est difficile du fait de ses conditions de détention à l'isolement à Fleury-Mérogis.

— Et puis, le dossier de l'affaire représente douze cartons, ajoute-t-il.

— Dont quatre ou cinq sont des photos, lui répond la présidente de la cour, une femme de la même génération que Sven Mary et Maître Gultaslar. Elle porte des boucles rondes en perle. Le carré de ses cheveux est impeccable. Le tribunal ne s'oppose pas à vous accorder un délai, vous savez depuis peu que vous allez défendre les intérêts de Salah Abdeslam.

Ils se mettent d'accord, le procès se tiendra la semaine du 5 février 2018. Salah Abdeslam sera transféré matin et soir depuis la prison de Vendin-le-Vieil, à cent cinquante kilomètres de Bruxelles, sous escorte des unités d'élite françaises et belges. Sven Mary demande à *Madame la magistrate fédérale* de voir son client aux pauses déjeuner.

— Accordé.

104

MANIPULATEUR EN CHEF

> « Le mal est […] à certains égards le spirituel le plus pur, car il mène la guerre la plus acharnée contre tout ce qui est être et il tendrait même à renverser ce qui fait le fond de la création. »
>
> Schelling, *Stuttgarter Privatvorlesungen.*

La première carte que l'ensorceleur abat est celle du temps. Par celui qu'il instaure, il distille les premières gouttes de son poison. Vouloir fasciner a ses règles. Se dérober, retarder, reporter, se raviser, convoquer au dernier moment et apparaître quand on ne s'y attend plus, font partie du jeu. Mohamed, le frère de Salah, maîtrise les codes de la manipulation. Il s'est longtemps fait prier avant d'accepter de me voir.

Hypnotiser le temps, il en connaît un rayon, lui dont la séduction est le fonds de commerce : une sorte de Méduse au masculin. Il sait la faire flotter dans l'air avant même la rencontre. Après avoir élimé la corde du temps, l'absence se rachète par une intensité de présence.

Le tour est joué, avant, à nouveau de *devoir* disparaître.

Mohamed Abdeslam a été incapable de me fixer un rendez-vous *dans les prochains jours*. Chaque fois qu'il me faisait signe, il fallait se retrouver dans les deux heures. Ce rapport au temps m'a frappée.

Les armes du séducteur, du mégalomane ? Pour partie.

Mohamed Abdeslam semble ne pas vouloir se soustraire au temps. Comme si seul le présent, l'immédiat, avait son poids de réalité. Ni hier ni demain.

Comme si les fils Abdeslam ne semblaient pas s'inscrire dans une lignée, ne se sentaient pas héritiers du père. Leur plus grande fidélité, celle qui guiderait leur rapport au temps : l'instantané de la consommation.

Quand *posséder* est le grand Dieu, tous les coups sont permis.

Il arrive très en retard à notre rendez-vous au Frederiksborg, une brasserie danoise de Bruxelles qui fait aussi hôtel, située au pied de la basilique. L'espace restaurant est sans charme avec sa décoration en bois peint et ses fauteuils datés. Un feu crépite dans la cheminée, l'unique chaleur qui émane de ce lieu. Les serveurs me semblent étranges. Il y a quelque chose de grinçant en eux. Ont-ils l'habitude de voir des femmes attendre cet homme ?

Mohamed annonce d'emblée la couleur de son sourire qui cherche à éblouir : ce soir, il me voit *par correction et respect* pour mon *travail* et mon *engagement qui le scotchent. À 6 h 30 du matin, vous étiez déjà au Palais de Justice.*

Je lui avais envoyé un SMS pour savoir s'il comptait venir et si nous pourrions nous entretenir avant l'audience.

Sven Mary s'entend très bien avec Mohamed, comme me l'avait confié l'homme proche du dossier judiciaire. *Il venait à son cabinet vers 20 heures, le dernier rendez-vous de la journée. Au moins, lui, il parlait. On ne sait pas défendre celui qu'on ne connaît pas, c'est impossible. La mère Abdeslam, Sven Mary l'a vue une fois à la prison de Bruges. Elle rentrait, lui sortait. Mais à son bureau, ses parents ne sont jamais venus. C'était Mohamed le porte-parole. C'est très souvent comme ça. Myriam, sa sœur, il l'a eue parfois au téléphone, très aimable, respectueuse, intelligente, beaucoup plus que Salah.*

Portrait à nuancer, je l'apprendrai plus tard. Sa sœur aurait eu des doutes quant à ce que ses frères Brahim et Salah tramaient mais elle n'en aurait rien dit. Depuis les attentats, ses entrevues avec son frère Salah en prison n'auraient pas été sans effet. Elle serait devenue une pratiquante zélée et aurait accepté d'être la seconde épouse d'un musulman polygame. La sœur aurait-elle repris le flambeau des frères ?

Ce n'était pas de l'amitié entre Sven et Mohamed mais il y avait un lien. C'était quelqu'un qu'il appréciait. Cela ne le dérangeait pas de rester jusqu'à 23 heures parce qu'il apprenait des choses.

Je ne veux rien vous dire sur ma famille, j'écris moi-même un livre, m'a lancé Mohamed.

Ce fut le point de départ de nos plus de deux heures d'entretien, jusqu'à la fermeture du café-restaurant. Lutte de territoire sur la question du livre. Devenu pour lui un objet de pouvoir, un butin à s'arracher. Mohamed semble obsédé par le rapport de force.

Je n'entre pas dans son jeu.

Je lui explique que nous ne serons jamais de trop à nous pencher sur la nuit du 13 novembre, tenter d'éclaircir les lignes de faille d'un parcours qui a anéanti des vies. Je l'encourage à écrire le sien, le rassurant – je ne cherche pas à lui ôter quoi que ce soit.

Ce chemin d'écriture m'est nécessaire, comme à vous j'imagine ? *Je n'y connais rien en ce domaine, je n'ai jamais vraiment écrit*, me répond-il.

Ce n'est pas ce qui compte.

Il veut rentrer dans les aspects concrets, la tuyauterie de l'écriture. Je n'en sais pas grand-chose et me méfie des fabriques à écriture. Je lui conseille de commencer par s'acheter un carnet et noter avec sincérité des choses à la volée. Je lui dis que ses doutes, ses questions peuvent être des points d'appui.

Il va me falloir du croustillant. Moi j'ai accès à Salah, pas vous, donc j'ai plus de chance d'en obtenir.

Nos terres s'éloignent un peu plus.

À Molenbeek, cet après-midi-là, j'avais demandé mon chemin à trois femmes voilées dans la rue. Nous nous sommes souri mais avons été incapables de nous parler. Elles ne connaissaient pas le français, ni moi l'arabe.

Avec lui non plus je ne parle pas la même langue. La concurrence est ce qu'il conjugue le mieux.

Je lui dis l'importance à mes yeux de la multiplicité des points de vue, et valorise le sien. *Peut-être, déjà, votre regard en tant que frère serait intéressant.*

Je n'ose pas lui dire ce que j'ai appris de Gamal, citant le Coran : « Allah aplanira le chemin qui mène au paradis de ceux qui cherchent. »

Je lui parle de mon chemin d'écriture fait de tâtonnements, de rencontres et de lectures. Je lui dis mon intention de ne pas livrer une histoire univoque, ni de me poser en juge ou en démiurge. Je ne souhaite parler à la place de personne mais donner la parole et laisser aux lecteurs quelque chose d'hybride. Je n'ai aucun désir de livrer une vérité. L'énigme d'un être échappe. Le livre est peut-être alors dans ses conditionnels et ses questions, ses obscurités et ses silences. Mes livres fétiches sont sur mes lèvres mais je n'ose pas en prononcer les titres, je ne veux pas qu'il se sente humilié. Pourtant, je sais qu'un livre partagé, son émotion commune, créent des ponts.

Je me tais.

C'est comme si je lui parlais chinois à cet homme viril et soigné qui déploie tout l'éclat de son sourire pour me charmer.

Le serveur lui apporte un Sprite sans qu'il ait besoin de le commander et propose de reverser de l'eau chaude dans ma tasse de thé.

— Merci. Je préfère le garder froid.

Écrire serait un mensonge si je ne disais pas la part de moi qui a été un instant hypnotisée par Mohamed. Consentante à la prise. Le regard maléfique de Méduse conserve son pouvoir de pétrification au-delà de la mort. La bonne distance c'est l'écriture qui le permet. Elle est la défense qui laisse passer la honte.

C'est sur le front du texte que ses résistances se sont manifestées. Je pariais sur la multitude des livres, la variété des lectures possibles. Je ne prétendais pas à la vérité absolue, ça l'a surpris. Baignait-il comme ses frères dans la pensée unique ?

Mohamed Abdeslam a été chéri. Malgré les épreuves, il en a gardé le visage. C'est là où on voit que le travail des parents a porté ses fruits, m'avait dit Élie, candide.

Éclat, assurance et manipulation.

Son côté manipulateur, c'est l'héritage algérien reçu de ses parents. Le côté beau gosse, la mèche bien tirée, souriant. Il a toujours été comme ça. Un de ses cousins, qui habite mon quartier, l'appelle l'as de cœur.

C'est un trait individuel plus qu'un héritage culturel.

Je sens que Mohamed a besoin de détenir le pouvoir. Plus d'une a dû ressortir d'une entrevue avec lui dans un état second.

Si je sors un livre, Marc-Olivier Fogiel me recevra dans son émission. Il m'attend. Pas vous. TF1 c'est pareil, mon nom accroche plus.

Ce qui me blesse à ce moment précis, c'est que surgit au milieu de ses mots l'esprit malin qui a guidé les attentats de Paris.

Un best-seller, c'est combien ?

Juste après les attentats, son frère aurait dit : *combien, combien de morts ?*

L'obsession du nombre. Combien d'argent ? Combien de victimes ? Il faut être efficace, exécuter en masse, en un minimum de temps. Il faut amasser un maximum de billets en peu d'efforts.

La tyrannie du nombre. Le délitement de l'humain. Les mises à mort devenues le bilan d'un travail.

Il vous donnera beaucoup d'informations si vous lui proposez un arrangement, par exemple lui céder 15 % des droits sur votre livre. Vous allez voir comme sa langue va se délier, m'avait dit quelques mois auparavant l'homme proche du dossier.

Écœurant.

Je m'étais permis de le recontacter après l'incarcération de Mohamed : n'a-t-elle pas jeté un discrédit sur sa parole ?

Tout à fait. C'est la plus grosse erreur qu'il ait faite. Il aurait pu gagner beaucoup d'argent. Bien plus que les 68 000 euros qu'il a raflés avec son braquage, dont on n'a pas retrouvé un seul billet. Il les porte sur lui, m'a-t-il répondu. *Il est habillé de la tête aux pieds en Louboutin et en Moncler.*

Alors que je me taisais depuis un moment, Mohamed s'est livré un peu.

Toutes les portes se sont refermées sur moi après les attentats de Paris. Je suis resté sept ans à la commune, j'ai trimé pour accéder à ce poste, j'ai commencé à travailler à dix-huit ans. Là-bas, j'étais réputé pour ma bonne présentation, je m'exprimais bien, j'avais un bon contact avec le bourgmestre.

Dans son livre, l'ancien bourgmestre Philippe Moureaux surnomme celui qui travaillait à son secrétariat: *Momo. Ce jeune garçon que l'on avait engagé pour le sortir de la rue, qui avait toujours travaillé correctement, s'était parfois montré un peu foufou, mais à l'opposé du profil de ceux qui sont susceptibles d'être radicalisés.* [...] *Quelqu'un avec qui j'avais souvent blagué et que je considérais avec une certaine sympathie.*

« Foufou »?

Comment expliquez-vous que Mohamed n'ait pas été pris par la mouvance djihadiste? J'avais interrogé l'élu ceinture noire de Molenbeek à la cafétéria de son dojo.

Ses deux frères ne l'ont pas mis dans la confidence.

Salah et Mohamed partageaient pourtant la même chambre sous le toit de leurs parents. On imagine deux lits une place, séparés par une armoire en bois.

Mohamed a toujours déclaré, au cours de ses interrogatoires, qu'il n'avait jamais été informé. Avec tout ce que j'ai pu voir dans ma vie, je n'oserais plus affirmer qu'il disait la vérité. Pourtant, il faut reconnaître que je ne le voyais jamais au café Les Béguines. Il passait de temps en temps, de manière épisodique pour boire un café, mais il ne l'a jamais vraiment fréquenté. Il avait son travail, sa famille, son ex-femme. Il allait à droite et à gauche pour voir s'il n'y avait pas mieux ailleurs...

Il avait une situation. Était-il jalousé par ses frères?

Je n'en ai jamais eu l'impression. Chez Salah, j'ai plutôt ressenti la frustration de ne pas avoir de travail, alors qu'il avait développé une activité parallèle pas très honnête.

L'un n'empêchait pas l'autre pour Salah Abdeslam. Décrocher un travail respectable était pour plaire à Nour et tenter de construire sa vie avec elle. Tous ceux qui y faisaient obstacle perpétuaient l'injustice dont il se croyait la cible.

Après les attentats, on m'a traité comme de la merde, me dit Mohamed.

Lors de notre entretien, Marie, en charge de la jeunesse auprès du bourgmestre de Molenbeek, avait tenté de justifier le licenciement de Mohamed, après les attentats du 13 novembre, en ces termes : *Au sein de la commune, nous avons d'abord eu la volonté de protéger Mohamed. On lui a demandé de se mettre en congé maladie, de se montrer discret et de ne plus communiquer avec les journalistes. Il a continué à le faire. Il y a donc eu rupture de confiance. Je ne sais pas ce qu'il devient.*

D'accord pour maintenir la belle-sœur de Salah et de Brahim Abdeslam au sein de l'administration de Molenbeek et faire déménager la famille dans un logement social à l'abri des regards. Mais garder sur la photo de l'équipe municipale le frère bavard de deux terroristes semblait peu digeste, notamment vis-à-vis du gouvernement fédéral qui braquait ses projecteurs sur la commune à la suite des médias. Au pays des ambivalences, on choisit ce qui se voit le moins et produit les plus faibles remous.

J'interroge Mohamed sur sa situation actuelle. *À cause de mon nom, c'est plus dur pour moi. Je vis de missions à droite et à gauche. Au jour le jour.*

Quelques mois plus tard, le tribunal correctionnel de Bruxelles le condamnera à trente mois de prison et 16 000 euros d'amende. Il sera reconnu coupable du vol de 68 000 euros à la commune bruxelloise de Molenbeek, son ancien employeur, pour des faits survenus le 23 janvier 2018, au moment du dépôt en banque de la caisse communale.

Le jour de sa condamnation, je ne l'ai pas plaint. Sans doute parce qu'il n'a pas rompu avec son frère et s'est voulu la vedette des plateaux de télévision, il n'est pas parvenu à obtenir un travail. Est-il si difficile à un individu de rompre avec son milieu ? Rompre avec ce qui condamne son avenir ?

Je me suis donné pour règle de représenter la famille, me dit-il.

On a vu. Un rôle en soi. Il est apparu maquillé sur les plateaux de télévision, ceux des tournages de documentaires, séducteur à volonté, les traits fins, les dents très blanches, bien mis. Avec le même sweat bleu marine à capuche qu'aujourd'hui. Protecteur de ses parents mais surtout épris de lui-même, Mohamed est captif de la lumière des caméras sous lesquelles il a un plaisir fou à s'écouter parler.

Il faut toujours se méfier des justiciers autoproclamés, des raisons généreuses qu'ils se donnent pour satisfaire leur intérêt.

Qui veut faire l'ange fait la bête.

Mohamed s'est complètement discrédité, une catastrophe d'être sorti dans les médias comme il l'a fait, m'avait dit Kamel, éducateur social. *Porte-parole et moi je suis blanc comme neige. Tous ces journalistes, tu crois qu'ils ne vont aller fouiller dans ton passé ? Il avait un emploi, une maison, il a tout perdu.*

À dix-huit ans, Mohamed Abdeslam a fait partie de ce que la presse locale a appelé le gang des ambulanciers charognards. Arrêté en avril 2005 après avoir dépouillé le cadavre d'un homme, il a été condamné en 2010 à deux ans de prison avec sursis. Ce n'était pas la première fois qu'il s'emparait des effets personnels d'un mort. De vingt à trente autres reprises, selon les aveux du groupe.

Quelques années plus tard, son frère Salah sera subjugué par Abaaoud traînant des cadavres derrière lui. Vertige de cette lignée de corps tirés dans la poussière, ces Hector attachés au char d'Achille.

Aujourd'hui c'est plus facile pour moi de décrocher un contrat d'édition qu'un contrat de travail, me dit-il. Trouvant du plaisir dans la plainte, il justifie son opportunisme.

Je pense à son frère Brahim qui disait quelques mois avant de se faire exploser : « Sans être clean, j'ai plus de chances d'aller au ciel que de trouver un job. »

Mohamed, avant son incarcération, était en pourparlers avec une maison d'édition. Il veut se sucrer là-dessus, m'avait confié un de ses amis. *J'étais ennuyé, je trouvais ça un peu douteux.*

Ou irrespirable ?

Son nouveau passage en prison n'empêchera pas les journalistes de continuer à l'inviter, de croire en sa bonne foi et d'accorder beaucoup de crédit à son témoignage et au regard porté sur l'éducation que lui et ses frères ont reçue.

Dans ce café, Mohamed semble vouloir faire agir son charme, il veut me ferrer. Pourquoi ?

Ça m'intéresse ce que vous me dites au sujet de mon livre, vous avez de l'expérience. Si je n'avais pas donné mon accord à une plume pour m'aider à l'écrire, je vous aurais demandé. Elle est journaliste mais n'a jamais publié.

Nous y voilà.

Je lui explique très calmement que cela n'aurait pas pu s'envisager.

De toute façon, il aurait fallu se mettre d'accord sur le marketing et l'argent, les deux points importants, se sent-il obligé de préciser.

L'alphabet de sa vie.

Et d'ajouter: *Enfin, si vous aviez été proche d'une victime, ça aurait été plus fort.*

Le marketing cynique a ses agents.

Je veux écrire ce livre pour que les gens comprennent les difficultés qu'on traverse. Témoigner pour lui – et non écrire – signifie se faire aimer, trouver un espace de reconnaissance.

En dehors du premier cercle familial, quelle réaction a eue votre entourage une fois découvert que deux de vos frères avaient participé aux attentats de Paris? *Certains membres de la famille élargie se sont détournés de nous. D'autres – beaucoup de l'étranger – nous ont donné des marques de solidarité. Salah n'a jamais sorti un couteau, agressé quiconque ni ne s'est battu.*

Voilà comment il décrit son frère. Un pacifique.

Ne pas tomber dans le piège manichéen qu'il me tend.

Comment a-t-il pu faire ça avec tout l'amour qu'on avait pour nos parents? On était une famille, on riait beaucoup. Du jour au lendemain, on m'a dit: Tes frères sont deux des terroristes. Je n'y croyais pas.

Autant, aller en Syrie… Là-bas c'est la guerre, les citoyens contre l'armée, beaucoup de jeunes de Molenbeek sont partis, mais nous faire ça ici…

Salah a cherché à se rendre en Syrie. Non pas pour imiter le Prophète quittant La Mecque où il était persécuté pour trouver refuge à Médine, ni pour s'installer dans un pays où pratiquer la religion qu'il négligeait à Molenbeek, ni pour venir en aide au souffle démocratique initial de la révolution syrienne, mais pour s'imaginer en justicier auprès d'une armée de tortionnaires.

Le psy, j'ai essayé, ça ne mène à rien. À part pour ressasser les mêmes choses. Si je pouvais me sortir de cette histoire, de cet enfer…

Avant d'ajouter : *Je me demande quelle place est à envier, la mienne ou celle des victimes ?*

Indécence, encore. L'homme sait-il faire autre chose que de s'apitoyer sur lui-même ? Rompre, n'est-ce pas la seule manière de prendre la distance nécessaire et se tenir sur la ligne de crête de la dignité ?

Rompre pour être enfin capable de se représenter l'autre, se mettre à sa place. N'est-ce pas les combattants d'habitude qui suppriment tout contour humain ? Par-delà la ligne de front, il n'y aurait que des ennemis. Se sent-il en guerre lui aussi ? Mohamed est entièrement tourné sur lui-même. Les victimes du 13 novembre semblent avoir peu de réalité pour lui.

Pourquoi selon vous a-t-il participé aux attentats ? *Un faisceau de raisons et des secrets.* J'évoque la relation de Salah et de Nour. *Les parents de Nour mettaient la pression à leur fille. Elle en parlait à Salah, ce qui lui mettait la pression à lui. Avoir une situation, faire un mariage…*

Je trouve l'expression étonnante.

Pour faire un mariage, il faut de l'argent. Pas qu'un peu. Et derrière, il fallait assurer.

Je vois. C'était frustrant pour lui de ne pas y parvenir ? Il me sourit, pesant sa réponse : *Était-il capable de supporter la frustration, Salah ?*

Dans son sourire, j'aperçois le jouisseur que devait être son frère.

Salah était aussi en conflit avec ses parents qui avaient peur de le voir partir en Syrie. Sa mère était sans cesse sur son dos à l'interroger et à guetter les signes de son départ. Encercler un être pour lutter contre sa perte est rarement payant. Le désespoir de la mère face à l'inconnu qu'elle traversait, le sentiment d'être rejetée par cet enfant fuyant qu'elle ne reconnaissait pas et cette part étrangère en lui qu'elle voyait grandir, ont colonisé la maison les derniers mois.

Pour Salah Abdeslam, l'autre représentait la possibilité d'une fusion, d'une absorption. Être en osmose avec sa mère, posséder sa petite amie ou marcher dans les pas d'un maître, voilà ce qu'il recherchait dans une relation. Mais l'autre comme reflet de soi-même est souvent une expérience de pillage et de destruction. L'immaturité humaine d'Abdeslam était patente.

Mohamed a souhaité régler mon verre et m'a proposé de me raccompagner en voiture. Je n'étais pas sans crainte mais j'ai accepté. Je voulais être cohérente avec ma démarche. Traiter cet homme en humain.

Dans sa voiture, une Audi bleu marine, il a abordé le sujet des conditions de détention *anormales* de son frère. Pour lui, *les fruits d'une décision politique. Pourquoi Abrini et Nemmouche ont des conditions de détention normales, et pas Salah ? On veut être traité comme les autres.*

Il pense qu'il n'aura pas un procès équitable.

Qui a nommé le juge ?

Dans son discours, le ressac des théories du complot et une défiance à l'égard des institutions censées garantir les droits des individus.

Je sens chez lui un sentiment très fort d'injustice. *Le politique est ligué contre nous. Nous avons déposé plainte contre l'État français quand le procureur Molins a révélé publiquement le contenu de la première audition de Salah. Si je pouvais, je me lancerais en politique.*

Cela aurait été plus sage que d'extorquer de l'argent public à la commune, comme je l'apprendrai quelques mois plus tard.

Les jeunes d'ici voudraient travailler honnêtement au lieu de dealer mais il n'y a pas de travail. Moi j'ai eu de la chance, j'ai su faire ma place.

Jusqu'à un certain point.

Il me parle du procès de son frère dans l'affaire de la rue du Dries, auquel avec ses parents ils n'assisteront pas. *Est-ce que Salah va parler ? Pas sûr. Accepter que l'audience soit retransmise dans la salle des journalistes ? Je ne pense pas.*

L'avenir montrera qu'il avait tort sur les deux points. Salah Abdeslam s'exprimera un peu, si l'on considère que le langage de la propagande est une parole. Et il n'aura aucun pouvoir pour empêcher la retransmission du procès auprès des médias.

Bien sûr, on ne s'est jamais vus, furent les derniers mots de Mohamed, les mains sur le volant, le pied sur l'embrayage.

Je me suis retenue de rire. Où se croyait-il ? Dans un James Bond ? Allait-il faire crisser les pneus de son bolide en partant ? Je lui ai répondu que, de mon côté, si je le croisais dans la rue, je le saluerais.

105

CARNET DE NUIT

Janvier 2018

Tu joues avec le feu, m'a dit Monia.

Le jour est à ma bonne conscience et aux avancées de mon enquête.

La nuit me parle sur un autre ton. Elle révèle ce que le jour veut taire ou refuse d'entendre jusqu'au bout. Je l'écoute comme la parole vraie d'un aimé.

« Tu préfères ton livre ou moi ? » m'a demandé Ava du haut de son petit corps d'enfant. Dans un de ses rêves, un méchant crachait du feu.

Au moment où je crois combattre la terreur par la connaissance, ne suis-je pas en train de la perpétuer ? La plus perfide des terreurs n'est-elle pas celle qu'on transmet au moment où l'on s'en défend ?

Par une nuit glacée, je reste allongée sans bouger sur les draps. Connaître n'est pas malaxer la terreur sous son toit ni se mettre en danger mais je ne veux pas renier ce qui a été ma réaction personnelle à la terreur du 13 novembre. Comprendre par moi-même ce à quoi je ne comprenais rien, comme s'il y allait de ma vie.

Le *rien* intérieur d'un terroriste a un contexte politique, social, économique et historique utile à questionner. Il est aussi le nôtre.

Le jour cherche à me plaire en me confirmant les nobles raisons que je ne cesse de me donner depuis le début de mon enquête : ma démarche dit quelque chose de notre présent, en seraient-ce les abîmes. Sans être victime dans ma chair, j'ai éprouvé la séparation brutale que les atrocités commises ont mise au jour, au sein de ma génération. J'ai ressenti le besoin d'en comprendre quelque chose par moi-même.

Le jour me graisse la patte. Ce projet porte mes propres questions, je ne prétends pas détenir la vérité, je ne me sens d'ailleurs protégée par aucune méthode. Ma sensibilité, mon éducation et mes doutes sont mes outils, présents dans ces pages. Ma démarche n'oublie pas qu'un massacre terroriste n'est pas « banal » mais politique. Regarder de près les trajectoires de vie de ceux qui en sont les adeptes est aussi une manière d'en combattre l'idéologie.

S'ensuit la litanie des noms des écrivains qui se sont lancés dans pareille entreprise.

La nuit est plus âpre. Un attentat djihadiste n'est pas un fait divers dont le feu continue d'embraser. Faire accoucher le silence de cet homme, c'est aussi enfanter du néant. Cultiver sa singularité n'est pas mettre en péril sa vie ni celle des siens. Au moment où je cherche à mettre à distance la terreur de ma mère et celle des guerres d'Algérie et de 1939-1945, que le 13 novembre a rejoué au plus intime de mon corps qui en portait un autre, suis-je en train de la transmettre ?

Conscience ou inconscience en marche ?

Acte citoyen ou quête intime ?

Jour ou nuit ?

On est souvent d'accord pour refréner la violence. La cruauté cherche des voies détournées. Habillée de bonnes intentions, elle est pourtant d'une implacable détermination.

Les mots de Monia percent la nuit. Elle me dit qu'elle ne veut pas être complice de cette machinerie effrayante que je mets savamment au point.

« En insistant pour que je prenne connaissance de ton livre, tu cherches des complices à la terreur que tu es sur le point de perpétuer. Je n'en serai pas. Derrière ce désir de nous la mettre sous le nez, j'entends aussi un appel au secours. »

Mon sujet attirerait à lui la terreur dont je prétendrais me défendre ? J'écris jusqu'à la dernière heure.

La nuit, l'insensé prend sens. Le jour ne cède pas à la panique.

106

L'ÉTRANGE PROCÈS, ACTE Ier

> « Les journalistes, obligés d'écrire très rapidement, n'avaient pas le temps de s'y intéresser. Certains n'en avaient même pas l'appétit. Ils avaient vu des centaines de procès avant celui-là. [...] Les premières pages n'avaient besoin que de gros titres. On a écrit pour le public une histoire pleine de bruit et de fureur. Je voudrais donner une signification à ce bruit et à cette fureur. »
>
> Jean Giono, *Notes sur l'affaire Dominici.*

5 février 2018, 7h30, Palais de Justice de Bruxelles. Dans la file d'attente, une cuisinière et une juge font la queue l'une derrière l'autre avec le sourire. Pas d'erreur, nous sommes en Belgique.

Le bruit court que Salah Abdeslam ne veut pas être filmé. *Qu'est-ce que les journalistes vont bien pouvoir faire alors?* demande l'une. *Écouter*, répond l'autre.

Pas de photographie non plus. Salah Abdeslam entend contrôler son image. Demande légitime de respect de sa vie privée? Il n'a pas envie de figurer dans les médias? Il veut frustrer pour s'opposer à ses adversaires jugés responsables de tous les malheurs, ne pas jouer le jeu de la société? Gardera-t-il cette attitude au long du procès?

À l'entrée de la salle d'audience, on nous prive de notre Évian, des fois qu'on la lui gicle au visage.

Il règne ici un délicieux esprit d'autodérision dont témoigne le nœud papillon bleu azur du président du tribunal.

Sans nouvelle photo, on va devoir repartir dans les archives, lance, pragmatique, un photographe. *Il en existe deux. Celle à la station-service et celle de la police.*

En correctionnelle, ils sont de dos sur le banc. Aux assises de côté. Il faudra bien regarder quand les prévenus entreront car a priori on est en correctionnelle.

Le choix de la juridiction a son importance. S'il y avait eu dans ce dossier des faits d'une gravité extrême – assassinat ou attentat – nous serions aux assises.

J'assiste au procès à des places de choix : trois rangs derrière les avocats des parties civiles afin d'observer Salah Abdeslam assis dans ma diagonale, à deux mètres de moi, puis, après son départ définitif, derrière les avocats des deux prévenus. J'ai pu voir à la même distance les visages de Sofien Ayari et de Salah Abdeslam, ceux des avocats, de la présidente de la cour et des jurés. Je n'ai manqué aucune séance. Je suis restée concentrée, j'ai observé, écouté et noté avec précision tous les propos sans en changer une lettre. Durant les interrogatoires des deux prévenus, je ne les ai pas perdus de vue. J'ai entendu tous les réquisitoires et toutes les plaidoiries. La seule chose pour laquelle je ne me suis pas déplacée, c'est le verdict.

Les journaux se borneront sans doute à l'énumération des faits, des bons mots des plaidoiries et basta. Pas la place. Je ne m'interdis pas d'interpréter et de chercher le dessous des cartes.

Bonjour, l'audience est ouverte, vous pouvez vous asseoir, dit la présidente dont je remarque les mêmes perles rondes aux oreilles que la première fois. *Aucune image des prévenus. Je demande le respect de leur demande. Si une photographie apparaît dans la presse, il n'y aura plus de retransmission des débats. Est-ce qu'on peut défaire leurs menottes ?*

Salah Abdeslam et Sofien Ayari viennent d'entrer dans la salle d'audience. Ils sont entourés de quatre policiers du GOTTS (Gespecialiseerd Overbrengingsteam – Team Transfert Spécialisé) avec des cagoules et d'épais gilets pare-balles. Salah Abdeslam porte une barbe, des cheveux longs au carré, bouclés, une chemise blanche et une veste gris clair. Il n'a plus la carrure frêle de son arrestation, son corps a pris en muscles. Ayari a une barbe courte et un pull gris à capuche.

Je sens Sven Mary particulièrement nerveux derrière son client.

Cela fait longtemps qu'il n'a pas eu autant le trac. Un homme qui a perdu sa fille lors des attentats de Paris est assis derrière lui. Par la suite, ils discuteront ensemble. Le père meurtri se montrera agréable avec l'avocat. L'image de cet homme habillé en gris lui revient souvent. Au début du procès, Sven Mary est très mal à l'aise. On devient paranoïaque, à la longue. Il sait que des agents de sécurité veillent mais il n'a pas envie de prendre un Bic dans le cou.

Je remarque qu'aucun membre de la famille Abdeslam n'est présent dans la salle.

« Messieurs, avant de commencer, je vais prendre vos identités. Voulez-vous vous lever s'il vous plaît ? »

Sofien Ayari se lève, Salah Abdeslam ne bouge pas.

Sofien Ayari confirme à la présidente son nom, sa date de naissance, sa nationalité et son domicile.

— Monsieur, en ce qui vous concerne, la présidente s'adresse à Salah Abdeslam. Vous voulez bien vous lever Monsieur Abdeslam ?

Il ne bouge toujours pas.

La démocratie doit être impie à ses yeux. Un des credo de son idéal politique. Ne pas se lever, c'est ne pas collaborer. Il joue à la loi divine supérieure à celle des hommes. Je pense à Abu Hamza, fondateur du site djihadiste Forsane Alizza, « les cavaliers de la fierté », qui, en août 2011, s'était emparé d'un exemplaire du Code pénal, l'avait aspergé d'essence et enflammé devant le commissariat d'Aulnay-sous-Bois pour dénoncer la loi du 11 octobre 2010 interdisant le port du voile intégral dans l'espace public.

— Est-ce que vous pouvez répondre au moins concernant votre identité ?

— Je ne souhaite pas répondre.

— Seulement votre identité. Vous êtes bien Salah Abdeslam, né à Bruxelles le 15 septembre 1989 ?

— Je ne souhaite pas répondre.

— Vous êtes radié d'office de la place Communale numéro 30 de Molenbeek et actuellement détenu à la prison de Fleury-Mérogis en France.

Je me souviens des propos de Marie, élue à Molenbeek, au sujet de la radiation de Salah Abdeslam des registres de la commune.

Il a été radié parce qu'il est en prison. C'est purement administratif. Cela veut dire qu'il n'est plus molenbeekois.

C'est donc une mesure symbolique et politique.

Le jour où il réapparaît, il peut le redevenir. La seule conséquence, c'est pour ceux qui n'ont pas la nationalité belge mais une carte de séjour. Cela complique leur demande de nationalité.

Ce sera donc son cas.

Apparente assurance, voilà ce que je vois chez Salah Abdeslam. Sofien Ayari est beaucoup plus agité. Son regard, inquiet. Dans l'apparente hauteur de Salah Abdeslam, je sens qu'il a régné sur quelque chose de très important. Sa mère sans doute.

Lecture de l'acte d'accusation : homicide volontaire avec préméditation et détention d'armes, fusil d'assaut, Kalachnikov et 126 munitions.

On rappelle que Salah Abdeslam, condamné le 25 février 2011 à une peine d'un an d'emprisonnement, est en état de récidive.

Je remarque ses cheveux légèrement gominés. A-t-il cantiné du gel à Fleury-Mérogis, ou est-ce de l'eau ?

C'était une de ses questions, la veille du procès. Comment est-ce que je vais pouvoir être un tout petit peu présentable ? me dira l'homme proche du dossier judiciaire.

En toute circonstance, l'obsession de l'apparence. Quelle image je renvoie ? Il continue à être celui qu'il a toujours été.

Salah aimait avoir la dernière paire de baskets, la dernière veste, la coupe de cheveux à la mode, m'avait dit Élie qui l'avait connu au collège et au lycée. *Pour la plupart des jeunes, la coupe de cheveux est cruciale. La première vanne, la première critique qui pourrait s'expri-*

mer, c'est sur la coupe de cheveux. Une mèche qui dépasse et c'est parti. Avant, Salah portait une coupe sobre à la Costa Gavras. Il a toujours été bien coiffé.

Sven Mary s'oppose à la recevabilité de la constitution d'une nouvelle partie civile : l'association V-Europe. « Quel en est l'intérêt ? » demande-t-il. « Des commerçants pourraient aussi se constituer partie civile s'ils ont enregistré des pertes économiques ? »

L'association en question, qui regroupe des victimes des attentats de Bruxelles, réclame un euro symbolique.

Les policiers encagoulés enlèvent les menottes aux deux prévenus et les tiennent fermement à l'arrière, par la ceinture, sans jamais les lâcher du regard.

Pourquoi Salah Abdeslam a-t-il fait le déplacement ? A-t-il été séduit par l'idée de revenir en Belgique ? Sortir de sa cellule, prendre l'air ? Il n'a pas l'intention de collaborer. Son refus de se lever face à la présidente en est le premier signe. Son insoumission, son irrespect, il souhaite les afficher.

« L'association 13onze15, regroupant des victimes de l'attentat du 13 novembre, n'est pas partie civile. La constitution est symbolique », précise la présidente. « L'affaire est mise en continuation. La parole ne leur est pas donnée. »

« Monsieur Ayari, pouvez-vous vous lever ? » demande la présidente.

Il se lève. « Vous avez différentes identités. » Elle les énumère. « Laquelle est la bonne ? D'où viennent ces autres noms ? » « Je ne souhaite pas répondre. » « Nom de guerre, Abou Amissa, Ahmed, ce n'est pas vous ? » « Non. »

« Vous êtes né en Tunisie. Vous avez été à l'université, en génie électrique. Pourquoi avez-vous arrêté ? » « Pour des raisons personnelles. » « Vous avez travaillé en même temps que vos études. Vous avez été vendeur, avez fait de petits boulots. Vous viviez avec votre famille ? » « Oui. » « Quelle éducation religieuse avez-vous reçue ? » « Un islam pas strict. » « Vous êtes devenu plus religieux par la suite ? » « Un peu des deux. » « Vous avez reçu des cours de religion ? » « Plus par moi-même. » « Vous considérez-vous comme radical, rigoriste ? » « Je suis les consignes de ma religion. Mais je ne suis pas radical. Normal. » « Que pensez-vous des non-musulmans ? » « Pouvez-vous préciser votre question ? » Elle la répète. « Je les respecte. »

Salah Abdeslam, assis sur sa gauche ne bouge pas. L'interprète de Sofien Ayari, la soixantaine en costume marron, traduit à l'oreille de l'inculpé qui lui répond presque aussi bas.

« Pourquoi êtes-vous parti en Syrie ? » « C'est déjà dans mes auditions. » « C'était fin 2014. Aviez-vous prévenu votre famille ? » « Non. » « Pourquoi ? » « Parce qu'ils auraient essayé de me retenir. » « Comment avez-vous organisé votre voyage ? » « Je ne veux pas répondre à cette question. » « Un passeur ? » « Je ne veux pas répondre à cette question. Je me suis exprimé dans mes auditions. »

« Avez-vous prêté allégeance à l'État islamique ? Que représente pour vous l'État islamique ? » « Je ne souhaite pas répondre. » « Le 13 mars, il n'y a que deux groupes qui accueillent en Syrie, quel groupe avez-vous rejoint ? » « L'État islamique. » « Étiez-vous un combattant ? » « Je ne souhaite pas m'exprimer, c'est déjà dans mes auditions. » « Je pouvais me battre contre ce régime qui tue son peuple, avez-vous déclaré. Vous étiez à Raqqa, capitale autoproclamée de l'État islamique. Le 11 juin 2015, on vous voit habillé d'un kamis avec une arme au sol près de vos pieds. Avez-vous combattu ? Utilisé des armes ? » « Je ne souhaite pas répondre. » « Vous êtes resté un an là-bas. Pourquoi avoir décidé d'en partir ? » « Je ne souhaite pas répondre. Je suis parti de ma propre initiative. » « Vous êtes reparti en Turquie, pourquoi ? » « J'avais peur d'aller en prison si je retournais en Tunisie. » « Comment s'est passé le trajet jusqu'en Belgique ? Vous êtes passé par la Grèce, l'île de Lesbos, puis l'Allemagne. Qui a organisé ce voyage ? Quelqu'un vous a-t-il servi d'intermédiaire ? » « Pas exactement. Un groupe de réfugiés. » « À un moment, vous vous êtes regroupés à trois pour aller jusqu'en Allemagne. Akkat Amat, Krayem Osama : des contacts, des personnes que vous connaissiez ? » « Des personnes rencontrées sur le chemin. Le hasard », dit-il. « Et puis, vous retrouvez Abou Amet : le nom de guerre de Salah Abdeslam. »

Dit-elle Abu Ahmad, Abu Ahmed ou Abou Amet ? Je ne sais pas. Elle dit, elle n'écrit pas.

J'ignorais son nom de guerre. Comment l'a-t-il choisi ? Un recruteur en Syrie se faisait aussi appeler Abou Ahmed. Est-ce à la va-vite et par plagiat qu'il a fait le choix de ce nom ? Ou n'était-ce pas le sien ?

Le jour des attentats de Bruxelles, un ordinateur appartenant aux terroristes est jeté dans une poubelle à Schaerbeek. À l'intérieur, le message d'un certain Abu Abderrahman est attribué à Salah Abdeslam.

Mais alors ?

On s'y perd.

Tous les combattants de Daech s'appellent Abou quelque chose. Abou, *père* en arabe, sans hasard pour ceux qui cherchent sa loi.

Ils passent par l'étape initiatique du changement de nom pour prendre une *kunya*, un pseudonyme, un nom de guerre.

C'est propre à la culture arabe qui fonctionne par surnom, m'avait dit Gamal. *Un des compagnons du Prophète s'appelait le père des chats parce qu'il les aimait beaucoup. C'est le Prophète qui le lui a attribué. Depuis, dans le monde arabe, on donne un surnom quand il y a une caractéristique particulière. Père ou mère de quelque chose qui vous caractérise.*

Si l'on considère la famille comme un premier noyau de société, se renommer est une sorte de fécondation d'une nouvelle humanité purifiée, une descendance mythique lavée du passé.

La présidente poursuit l'interrogatoire du complice d'Abdeslam.

« Votre but était d'arriver en Belgique le 3 octobre ? » « Non, pas forcément. » « Le 28 septembre, une fausse carte d'identité a été créée en Belgique. Le même jour qu'Osama Krayem, votre venue était donc prévue ? » « Je ne souhaite pas répondre. » « Salah Abdeslam est le 3 octobre à Ulm en Allemagne, il vient vous chercher. Qui entretenait les contacts avec Salah Abdeslam ? » « Je n'ai jamais déclaré qu'il était venu me chercher en Allemagne et je ne souhaite pas répondre. »

Il fronce les sourcils. Il ne souhaite pas passer pour un mouchard vis-à-vis de Salah assis à côté de lui.

« Monsieur Krayem a déclaré que c'était vous qui étiez en contact avec Salah Abdeslam et aviez parlé avec lui dans la voiture. » « Je ne souhaite pas répondre. » « Vous avez été hébergé dans plusieurs endroits, déclarez-vous. Votre ADN a été retrouvé à Scharbeek, Dries, Forest, Charleville. » « J'ai changé plusieurs fois d'appartement. » « Qui avez-vous croisé dans ces hébergements ? » « Je ne souhaite pas répondre. » « On était à trois pendant plusieurs semaines. On ne faisait rien de spécial, des courses, acheter des vêtements. » « Pourquoi avez-vous changé d'habitation ? » « Ce n'était pas de ma propre volonté » « Qui décidait ? » « Je ne souhaite pas répondre. » « Pourquoi suiviez-vous ? N'étiez-vous pas libre de vos mouvements ? » « Je ne souhaite pas répondre. » « Vous souhaitiez retourner en Syrie, avez-vous dit lors de vos auditions. » « C'était le cas, oui. Mais je n'avais pas le temps. »

« Qui organise ces transferts ? C'est Ayari et ses contacts qui décidaient, a dit Krayem. Étiez-vous au 60, rue du Dries le 15 mars 2016 ? » « Oui, depuis plusieurs semaines. » « Avec qui le jour des faits ? » « Avec Belkaïd et Salah Abdeslam. »

« De nombreuses traces d'ADN ont été retrouvées. Krayem Osama est-il venu ? » « Oui, certaines personnes sont venues. » « Qui louait ? Vous ? » « Non pas moi, je ne sais pas. » « Comment se passait votre vie quotidienne ? » « Rien de spécial. On avait une tablette. On regardait les infos, les vidéos. »

« Qui allait faire les courses ? » « Moi », répond Sofien Ayari. « Les voisins entendus parlent de votre discrétion, cloîtrés à l'intérieur. » « Non. Quand on toquait à la porte, j'ouvrais. » « Il y avait des paires de baskets Nike blanches devant la porte. » « Ce n'étaient pas les miennes. Une fois par semaine, je faisais les courses. » « Avec quel argent ? » « Celui de Belkaïd. » « Pas de voiture ? » « Non. » « Il y avait de l'électricité puis une coupure pendant quelques jours et c'est revenu. [...] On n'a pas contacté nos familles. »

« Des armes, des chargeurs, des détonateurs ont été retrouvés, qui les a apportés ? » « Je ne sais pas. » « Où étaient les armes dans cet appartement de trois pièces ? » « Dans la première qui donnait sur la rue, là où il y avait trois matelas. » « À quoi étaient-elles destinées ? » Silence. « Vous ne vous êtes pas interrogé sur la présence des armes ? À qui appartenaient-elles ? » « “Une à Belkaïd ”, avez-vous dit à l'audition. » « Si je l'ai dit… »

Je vois la scène. Au sous-sol de l'immeuble, vit une famille de sans-papiers. Le nom sur la porte de l'appartement occupé par la bande Abdeslam-Ayari-Belkaïd est inscrit en chinois. Dans l'appartement, ils ne font aucun bruit par peur d'alerter les voisins. Ils sont sans eau ni électricité, à croire qu'ils cherchent à vivre comme en Syrie. Ils jouent aux cloîtrés dans la guerre qu'ils se sont inventée.

« Votre surnom est Abou Amza. Vous aviez une Kalachnikov. Votre grand frère s'appelle Amza ? » « Oui. » « Et vous contestez ce nom de guerre ? » « Oui. »

« Les armes étaient près des couches, à portée de main ? » « Non, ce n'est pas vrai. » « Dans une audition du 25 octobre, vous dites qu'une arme appartenait à Salah Abdeslam et une à Belkaïd. Ils s'attendaient à être interpellés à tout moment. » Sofien Ayari souhaite corriger : « Une arme appartenait à Belkaïd et l'autre pas forcément à quelqu'un de l'appartement. »

Toujours l'obsession de ne pas passer pour un traître vis-à-vis de Salah.

Ce dernier en piste les traces. Il a voulu lire très tôt son dossier sur les attentats de Paris, l'a réclamé à ses avocats. Il est inquiet de ce qu'on a pu déclarer sur lui.

Dans l'idéologie de Daech, les partisans qui ont prêté allégeance au califat sont des frères, les autres des ennemis complices de l'ordre impie. Abdeslam redoute de passer pour un faux-jeton.

« À qui appartenait l'arme alors ? À Bakrani ? » insiste la présidente. « Je ne sais pas. » « Un drapeau de l'État islamique a été retrouvé dans l'appartement. » « Je ne sais pas qui l'a mis là. » « Vous étiez favorable à ce drapeau ? » « Je ne sais pas comment chacun apprécie l'État islamique. Je ne comprends pas son but exact. Je ne suis pas d'accord avec tous les points de l'État islamique, certains oui. Pas à 100 % d'accord. » « Avec quoi êtes-vous d'accord ? » « Combattre le régime de Bachar el-Assad, et il n'y a pas qu'eux. » « Et quand ils commettent des attentats en dehors des troupes de Bachar ? » « Ça les regarde. Moi je n'ai pas commis de tels attentats. Je ne veux pas répondre. »

« Il y avait des livres coraniques dans l'appartement que vous occupiez, à qui appartenaient-ils ? » « Oui, j'en avais. Pas que le Coran. Je lisais pour m'occuper. » « Avez-vous continué à faire les cinq prières par jour ? » « Je n'allais pas à la mosquée mais je faisais les prières. »

« Où vous trouviez-vous dans l'appartement quand les policiers ont frappé ? » « Dans la pièce arrière, j'étais sur la tablette. Salah était avec moi, à l'arrière. Belkaïd devant. »

« Avez-vous entendu les policiers ? » « Oui, quand ils ont défoncé la porte. » « Quelle était votre tenue vestimentaire ? » « Un pantalon noir, un tee-shirt noir et des chaussures blanches. »

« Qu'avez-vous fait quand la porte a été défoncée ? Quelle réaction avez-vous eue ? Il y a eu des tirs de policiers et de trois personnes dans l'appartement. Qui a tiré ? » « Belkaïd a tiré, pas moi. » « Salah Abdeslam a-t-il tiré sur les policiers ? » « Non. »

« Une arme a été retrouvée près de Belkaïd. Un fusil d'assaut BZ qui a tiré douze cartouches. Une seconde arme, une Kalachnikov, qui a été emportée et abandonnée, a tiré dans l'appartement à huit reprises. Comment seul Belkaïd aurait-il pu tirer ? »

« Belkaïd a tiré avec les deux. »

« C'est pratique un mort… », déclare la présidente.

Charger les morts au lieu des vivants semble plus simple, l'un d'eux serait-il hors d'état de nuire à côté de soi.

« Les faits se sont déroulés très vite. Beaucoup de poussière et le plafond tombait. Difficile de vous dire avec quelle arme il a tiré. » « Vous ne savez pas vous rappeler ? » « Je ne peux pas le savoir. Pas la possibilité d'être précis. » « Sont-elles très différentes ces deux armes ? » « Elles se ressemblent, sont de même dimension. » « Votre ADN a été retrouvé sur l'arme abandonnée rue de l'Eau. Comment l'expliquez-vous ? » « Je l'avais tenue en main avant les faits. » « Également la détente ? » « Je ne me souviens plus où je l'ai touchée. »

« On a retrouvé votre ADN sur la poignée, la détente et le chargeur. » « Ça ne veut pas dire que j'ai tiré. »

« Où Monsieur Belkaïd a-t-il été touché ? » « Au niveau de la poitrine. » « Est-ce qu'il a dit quelque chose ? » « Non, il s'était évanoui à proximité de la porte de la chambre. » « Qu'est-ce que vous faites à ce moment-là ? » « Je pensais qu'il était mort. » « Quelqu'un d'autre de blessé ? À l'arrière, il y avait du sang. Vous avez fui l'appartement, qui a décidé ? Pourquoi ne pas rester et vous défendre ? Portiez-vous une barbe ? » « La même qu'aujourd'hui. »

« Vous avez emporté une arme et deux chargeurs. Salah Abdeslam a pris l'arme, avez-vous dit dans la restitution. » « Je n'ai pas dit ça. Je n'ai pas dit que c'était moi ni Salah Abdeslam. Je ne souhaite pas m'exprimer plus. » « Dans l'appartement, avant de partir, vous avez mis vos chaussures. Vous portiez une djellaba ? » « Non. J'ai mis un pardessus. »

« Il ne faisait pas très chaud, Salah Abdeslam a mis quelque chose ? » « Je ne me souviens pas. »

« Vous êtes partis par la fenêtre à l'arrière de l'appartement qui donnait sur la cour d'un immeuble rue de l'Eau. Vous êtes rentrés dans un logement occupé. Vous avez demandé aux personnes qui étaient là où se trouvait la porte pour sortir, c'est exact ? » « Oui. » « C'était un couple et leur fille. Vous avez emporté leur écharpe. » « Je ne me souviens pas. » « Dans ce même immeuble rue de l'Eau, on retrouve la Kalachnikov recouverte d'un vêtement, et sur l'escalier dans le hall : deux chargeurs et une tunique. » « Je ne me souviens pas de ces détails. » « Pourquoi avoir très rapidement décidé d'abandonner ces armes ? »

On cogne contre la porte de la salle d'audience menant au couloir des prévenus. Le signe du changement de service des policiers cagoulés. Il leur faut vingt secondes pour se remplacer. Leurs visages sont bien à trente centimètres de Salah Abdeslam et de Sofien Ayari. L'audience peut reprendre.

« Est-ce que quelqu'un est venu vous chercher ? » demande la présidente. « Non, nous étions à pied. » « Où alliez-vous ? Lors de votre audition du 13 septembre, vous dites : Salah Abdeslam nous a conduits chez son cousin. Entre le 15 et le 18 mars, êtes-vous restés au même endroit ? » « On n'a pas changé d'endroit. » « Arrivé le 15 et interpellé le 18. » « C'est plus ou moins ça. »

« On a retrouvé une fausse carte d'identité belge et un passeport syrien avec vos photos d'identité. Pourquoi ces faux documents ? » « Je n'avais pas de but précis et je n'ai rien d'autre à ajouter. Je sortais sans document d'identité. » « Comment vous les êtes-vous procurés ? » « Je ne veux pas répondre. » « Un visiteur ? » « Je ne souhaite pas répondre. » « Votre ADN a été retrouvé sur une boîte de feux d'artifice, à quoi étaient-ils destinés ? » Silence.

« Le 13 novembre 2015 au matin, vous êtes parti avec Osama Krayem aux Pays-Bas, qu'avez-vous été faire ? Vous vous êtes rendu dans un hôtel et êtes rentré à Bruxelles. Qui a payé les billets aller jusqu'à Amsterdam en bus ? » « C'est moi qui ai acheté l'aller et le train du retour. » « Avec quel argent ? » Silence. « Le soir des attentats de Paris, vous êtes rentré à Bruxelles. » « Oui, j'ai appris les attentats au retour. »

Appris ?

« Vous vous êtes rendu à Schaerbeek au 86, rue Henri-Berger. Le lendemain ou le surlendemain, Salah Abdeslam vous a rejoint ainsi que Monsieur Abrini. » « Avec le temps, je ne me souviens plus. » « Vous avez régulièrement changé de logement. Vous ne faisiez que suivre les instructions. Pourquoi ces changements de logement ? Pourquoi des personnes qui louaient ces appartements se sont-elles encombrées de vous si vous ne serviez à rien ? » « Je voulais retourner en Syrie, elles m'aidaient à ça. »

Bien sûr.

107

TROIS VOIX

> « Comment est-il possible que vous tous, généraux honorables, ayez pu continuer à servir un assassin aussi loyalement, sans poser la moindre question? [...] Ce n'est pas à un soldat de juger son chef suprême. C'est à l'Histoire de le faire, ou à Dieu. »
>
> Hannah Arendt, *Eichmann à Jérusalem.*

La présidente de la cour change de ton.

« Vous quittez la Syrie sans nous dire pourquoi. Vous partez vers la Belgique, on vous fait bouger sans qu'aucun rôle ne vous soit attribué et vous souhaitez retourner en Syrie, ce n'est pas logique. » « Je n'ai pas d'autres remarques à formuler. »

« Que pensez-vous des attentats de l'État islamique commis en Europe? » « Je n'ai pas participé à ces attentats, je me suis expliqué dans mes auditions, mon intention était de retourner en Syrie. » « Pour quoi faire? » « Je me suis expliqué. » « Pour rejoindre les rangs de l'État islamique quittés quelques mois plus tôt? » « Je n'avais pas d'autres choix. En Tunisie, je risquais la prison. J'allais rejoindre l'État islamique. » « Vous trouvez certains attentats en Europe justifiés? Et en Tunisie? » « Vous me demandez un jugement, je ne connais pas la raison de ces attentats. Je ne juge pas les personnes qui ont commis des attentats. Ce n'est pas à moi de juger ni de répondre de leurs actes. »

« Et l'attentat au Bataclan? » « Ils devaient avoir leurs raisons. On peut donner des explications. Normalement il y a des explications. » « Peut-il y avoir une explication légitime? » « Ce n'est pas à moi de dire si ces actes sont légitimes ou illégitimes. Il y a peut-être une explication. Il faut trouver l'explication. »

« Voyez-vous, je ne peux pas m'empêcher de penser qu'il y a une raison à tout, même à cette horreur », déclara Franz Strangl, commandant du camp d'extermination de Treblinka. C'est le dessein de Dieu, affirmait-il dans l'effrayante distorsion de sa pensée.

« Vous vouliez rejoindre l'État islamique, poursuit la présidente. Vous adhérez à leurs idées. Vous êtes un sympathisant. Est-ce que vous cautionnez ce type d'acte en Europe ? » « Je n'ai rien à ajouter. Je vais passer dans une autre affaire judiciaire et je répondrai lors de ce prochain procès. »

L'esquive a ses champions.

« Des liens unissent les faits du 15 mars et ceux du 22 mars 2016, notamment s'agissant des personnes retrouvées rue du Dries. Avec qui étiez-vous ? Le 15 mars vous étiez à trois ? » « Il ne comprend pas », précise l'interprète. « Je vais lui reposer la question. Dans les personnes passées rue du Dries, il y avait Salah Abdeslam, Osama Krayem… ».

« Je ne souhaite pas répondre à nouveau, maintenant le temps est écoulé », dit Ayari.

Qui a les remarques d'un présentateur de jeux télévisés.

Pourquoi ne pas dire la vérité ? Il ne veut pas exprimer ce en quoi il croit fermement. Il semble aussi entièrement enkysté dans ses loyautés criminelles, l'autre nom de sa perte.

Dissimuler son activisme fait partie du corpus de l'idéologie du djihad. L'informaticien de la direction du renseignement de la préfecture de police de Paris, qui poignardera le 3 octobre 2019 cinq de ses collègues avant d'être abattu par un gardien de la paix stagiaire, aura cette attitude pendant plusieurs années, cherchant à terroriser le système des « mécréants » de l'intérieur et à le discréditer. Ayari apparaît différent lors de son procès. Pris dans les phares, il pèse sa parole comme si elle seule pouvait lui coûter cher.

La présidente se tourne vers Salah Abdeslam qui refuse toujours de se lever.

— Je suis fatigué, on m'a extradé de la pire des manières, je suis fatigué.

— Aujourd'hui vous êtes présent, vous avez demandé à être là. Vous acceptez de répondre à des questions ?

— Non je ne souhaite pas répondre. À aucune question. Je ne souhaite répondre à aucune question.

— Pourquoi être là sans prendre la parole ? On vous donne la chance de vous exprimer.

— On m'a demandé de venir, je suis l'acteur de ce procès. On m'accuse. Je suis ici. Je garde le silence qui ne fait pas de moi un criminel. Il y a des preuves tangibles, scientifiques. Qu'on se base là-dessus, pas pour satisfaire les médias ou faire de l'ostentation.

Le mot « acteur » me frappe sans m'étonner. Le culte de soi, de la lumière sur soi.

— Le tribunal est là pour approcher la vérité du 15 mars 2016. Il ne sert pas les médias.

— Les musulmans sont jugés et traités de la pire des manières. Il n'y a pas de présomption d'innocence.

Salah Abdeslam connaît bien la boîte à outils fournie par l'appareil idéologique de Daech. Préférer toujours le mot islamophobie à celui de racisme. Ce terme s'utilise sans modération quand il s'agit de promouvoir l'islam et de légitimer la lutte contre la société, prendrait-elle la forme d'un massacre ; pourvu qu'il profite aux intégristes. Abaaoud portait sur lui ce kit islamique. Les enquêteurs ont retrouvé dans son téléphone portable des affiches conçues par le Collectif contre l'islamophobie en France (CCIF).

— Pourquoi ne pas vous exprimer sur les faits qu'on vous reproche ? Nous n'avons pas de préjugés.

— Je témoigne qu'il n'y a pas de divinité à part Allah et son messager. Je place ma confiance en Allah. Il n'y a que le Seigneur en qui je place ma confiance. Je n'ai peur ni de vous ni de vos alliés. Mon silence ne fait pas de moi un criminel.

La présidente ne semble pas surprise par cette intervention que chacun note scrupuleusement sur son carnet comme si la rareté d'une parole en faisait sa valeur. La présidente ne tombe pas dans le piège.

— C'est votre droit. Il n'y a pas d'obstacle à ce que vous preniez la parole si vous le souhaitez au cours du procès. La séance est suspendue.

108

RAMMSTEIN

Le couloir du tribunal bruisse de commentaires :

« Nécessaire de suspendre à ce moment-là. »
« Ayari, quel talent pour jouer les amnésiques ! »
« Abdeslam prend la cour pour une tribune politique. »
« Nous croient-ils dupes de leur numéro et bricolage respectifs ? »

Le matin de son procès, Salah Abdeslam aurait été réveillé à 1 h 30 pour être transféré de la prison de Fleury-Mérogis au Palais de Justice de Bruxelles. À deux heures du matin, on lui aurait mis un casque sur les oreilles, avec du Rammstein, un groupe de métal industriel allemand. Menotté, les yeux bandés, balancé de gauche à droite. Dans quel but ? *Lui faire perdre le sens de l'orientation*, me répondra mon interlocuteur proche du dossier judiciaire.

De la torture ? *Appelez ça comme vous voudrez.* Est-ce légal ? *Le* waterboarding *en Amérique, était-ce légal ? Je ne pense pas mais ça fonctionnait. La voiture roule très vite. Il est arrivé à Bruxelles à 6 h 30. Une fois en bas, dans le cellulaire, il a crié « Salah est dans la place ! » Dans le couloir, on lui a ôté son bandeau. Il n'a vu personne avant le début du procès.*

Les terroristes qui conduisent une société à enfreindre ses lois, à bafouer son éthique, ne marquent-ils pas un but ?

« Quand on lutte contre des monstres, il faut prendre garde de ne pas devenir monstre soi-même. Si tu plonges longuement ton regard dans l'abîme, l'abîme finit par ancrer son regard en toi », écrivait Nietzsche dans *Par-delà le bien et le mal.*

La suite, je la connais, pour y avoir assisté. Salah Abdeslam rentre dans la salle d'audience sous les flashs des photographes.

109

LA ROUTE DE L'IMAGE

> « Seul face à la réalité du génocide, un rescapé choisit de parler, de "zigzaguer avec la vérité" ou de se taire. De son choix, comme de la confusion de ses souvenirs, il accepte de discuter et de remettre en question à tout moment. Face à la réalité du génocide, le premier choix d'un tueur est de se taire, le second de mentir. Il peut modifier sa décision mais il n'en discute pas. Seul, il ne prend aucun risque, comme il n'en prenait aucun pendant les massacres. »
>
> Jean Hatzfeld, *Une saison de machettes.*

Je vois le dessin de son visage dans le journal, je cherche mon Salah. Où est la mine fière de nos fiançailles? Qui est cet homme sérieux et fermé?

Je regarde le visage grave de Nour.

La dernière fois que je l'ai vu, il n'avait pas ce masque ni ces yeux aveugles. Mes baisers pouvaient l'atteindre.

Je repense souvent à une de ses dernières phrases de personne libre prononcée à des inconnus après les attentats de Paris: « Je vais me marier. »

La phrase magique des enfants, celle qui à peine prononcée se réalise? Ou celle d'un odieux dissimulateur qui essaie de se normaliser aux yeux d'étrangers?

Me revient aussi sa colère dans la voiture qui le ramène à Bruxelles. « Ils vont me le payer! Je vais venger mon frère! » Mais son frère n'a pas été tué, il s'est fait exploser et a bien failli en emporter d'autres. Dans quel film croyait-il être?

Quand Nour a été convoquée par les services judiciaires, elle a eu peur d'emporter sa famille avec elle, peur que Salah les fasse tomber dans ses ténèbres pour toujours.

Dans cette voiture qui le ramène à Molenbeek, Salah Abdeslam, enragé contre la société, les forces de police, miné par la mort de son frère, est en plein délire de persécution. Il transforme un attentat suicide en guet-apens.

Dans la cage d'escalier à Châtillon, Salah s'est sans doute abîmé dans ses pensées : il se mariera. S'il en réchappe, il épousera Nour en plein jour. Il s'est peut-être même surpris à le dire à voix haute. Il était déjà au côté de Nour en robe blanche, sa femme légitime. Qui seront leurs témoins ? Dans sa rêverie, il a voulu en oublier le reste, sa manière de conjurer les attentats et sa fuite.

Le soir du premier jour d'audience, j'ai téléphoné à Kamel, l'éducateur qui a travaillé de 2011 à 2013 dans une maison de quartier à trois pâtés de maisons du café Les Béguines où il a connu Salah Abdeslam et son frère Brahim. Que pensait-il de l'attitude de Salah à son procès ?

C'est plus intéressant pour lui de se mettre du côté de la pensée radicale que de celui de la justice. Il est mort, la voie est sans issue. Il va passer le reste de ses jours en prison. Sa posture, qui est un système de défense, est la plus payante pour survivre en prison. Il aura plus d'alliés en jouant la justice divine qui transcende la justice des hommes. Abrini est dans la même logique, il risque sa vie avec les codétenus. S'ils gardent cette attitude, ils seront respectés. Moi-même, j'aurais choisi cette option. Jamais du côté de la justice. Salah a moins à craindre de la police et de la justice que des détenus. S'il balance trop, il y a une machinerie derrière. Il risque qu'on lui envoie quelqu'un pour le liquider.

Fantasme.

En prison, Salah est seul, sans contact avec les détenus. Certes, l'islam carcéral est la garantie d'une protection communautaire mais, à l'isolement où il se trouve, il n'en est pas encore question. Abdeslam a eu un avant-goût du « patronage djihadiste » à travers ses échanges avec Mehdi Nemmouche en maison d'arrêt en Belgique, et en aura à nouveau besoin un jour, si on le sort du quartier d'isolement de Fleury-Mérogis.

Pour l'heure, par son silence, il ne s'agirait pas pour lui de sauver sa peau en prison. Il doit croire son terrain de jeu plus vaste, il se sait connu du monde entier. C'est face à « ses frères » militants et au monde qu'il rêve d'avoir une consistance et jouir de son nouveau rôle.

Kamel se projette étrangement.

À sa place, je foncerais aussi sur cette route de l'image par instinct de survie, par opportunisme et pour avoir un fan-club.

Salah Abdeslam doit se gargariser du « code de l'honneur », credo perverti de son quartier dont il a fait son catéchisme. À défaut d'être un martyr, il se briquerait le cuir sous les projecteurs. Si, au passage, on peut devenir le centre du monde. Avoir un public, être regardé sous toutes les coutures, épié dans ses moindres faits et gestes. « Je comprends que certaines vedettes en aient assez », doit-il se dire, le sourire aux lèvres, en épluchant les nouvelles. C'est à lui petit caïd, fiancé sur un siège éjectable, *nobody*, que le monde demande le pourquoi.

Il se lustre l'image et ne manquerait aucun article sur lui alors que les victimes du Stade de France où il a sévi le soir du 13 novembre sont les dernières auxquelles les médias, comme les pouvoirs publics, ont accordé de l'importance.

Abdeslam est un acteur. Il ne cesse de le revendiquer. Il a voulu être l'acteur de cette narration hollywoodienne. Les attentats de Paris étaient son Hollywood. Il a dû se sentir humilié de trébucher sur le tapis rouge sous l'œil des photographes. Il s'est choisi un rôle sans risque : l'islamiste incarcéré en djellaba-babouches. Le voilà plus au sec, il peut continuer à se raconter des fables et à duper son monde. Il y aura toujours une caméra pour les ramasser.

Le rachat des péchés dont parle la propagande de l'État islamique, il le prône dans ses lettres à ses fans, mais la rédemption par la mort, il en a été incapable. Avant de vouloir se blanchir, il faut déjà avoir l'humilité de se reconnaître sale.

À aucun moment Abdeslam ne va répondre de ses actes ? *Il ne répondra jamais*, me dit Kamel. Ça ne va pas se fissurer ? *Je ne crois pas.*

Apparemment il a demandé pardon à sa mère. Ça c'est sûr, les parents. Les conséquences ont été lourdes pour eux.

Et pour les victimes ? Ne méritent-elles pas de savoir la vérité et qu'il leur demande pardon ?

Il n'y a pas d'empathie de la part de ces jeunes. Ils n'ont pas eu l'impression de tirer sur des innocents, mais des kouffars, *c'est-à-dire des chiens. Leurs victimes sont déshumanisées.*

Comme les tueurs de masse à travers l'Histoire ont dépersonnalisé leurs victimes, Salah Abdeslam doit vivre dans un déni complet de l'altérité.

Et peut-être jouir de ne plus rien éprouver.

110

CARNET DE NUIT

> « Je fais leur tourment, et c'est là un hommage qu'ainsi je rends au mort. »
>
> Sophocle, *Électre*.

Février 2018

Les audiences sont suspendues pour un jour. J'en profite pour rentrer à Paris voir ma famille. Je roule de nuit. J'aime ça à cause du sentiment de liberté qui l'accompagne. Il n'y a pas grand monde sur la voie de gauche. La lune est pleine entre les néons de l'autoroute. Je roule au maximum de ce qui est autorisé. Je me sens poussée en avant, à la fois prudente et grisée.

Direction « E19 Paris-Parijs / Mons-Bergen / Charleroi ». Les villes défilent – Nivelle, Mons, Valenciennes, Cambrai, Compiègne – mais le paysage semble inchangé. Trois cents kilomètres de route plate, faiblement éclairée, sur laquelle je double les mêmes camions de marchandises et longe les mêmes usines.

En assistant à ce procès, je mesure combien le tribunal est davantage une mise en spectacle que le lieu de la vérité ou du dévoilement d'un individu. La justice a seulement besoin de faits pour juger.

La radio reste inaudible dans ce *no man's land*. Je ne parviens pas à capter les stations locales. Et je n'ai jamais su télécharger de la musique sur mon téléphone. Il n'y a donc rien à diffuser sur les enceintes de ma voiture en dehors de grésillements continus. J'écoute la nuit et le bruit des semi-remorques qui filent à contresens. Le ciel n'est pas emprisonné où je m'engage. Je n'y vois pas de murs.

Mon ordinateur est posé sur le siège passager. À l'intérieur, les voix enregistrées des entretiens que j'ai menés ces dernières années pour mon enquête. Mon carnet de notes durant le procès est glissé entre l'écran et le clavier. Ces mots consignés tout près de moi me rassurent.

J'imagine Abdeslam en boule à l'arrière de la voiture qui le ramenait à Bruxelles après les attentats de Paris. Le matin devait monter dans la voiture et la pesanteur de la corruption et de la lâcheté. Ce soir est tout autre. La nuit tombe sur l'autoroute mais c'est un sentiment d'allègement qui m'envahit.

Je ne me suis jamais sentie de connivence avec Salah Abdeslam, je suis allée vers lui parce qu'il était vivant. J'ai eu tort. Il était mort à lui-même.

Se confronter à un de ces Abdeslam comme l'enfantement possible d'une époque et d'une idéologie politique, écrire à partir d'une matière venimeuse, souvent misérable éthiquement, provoquent en moi des sentiments équivoques. Un mélange de vertige, d'écœurement et de soulagement. Distinguer enfin l'ombre portée de la terreur en soi apaise. Mettre au jour grâce aux ressources du langage les mécanismes et la trajectoire de ceux qui nous ont terrorisés libère.

J'aimerais croire que dissiper son opacité est une façon d'anéantir la possibilité d'un mythe.

III

IMA

« J'ai peur de la mort, une peur lâche et puérile. Je n'aime vivre qu'à la condition de brûler. »

Georges Bataille, *L'Impossible.*

« *Lettre pour ma mère.*

« *Salam alikoum.*

« *Je t'écris cette lettre en espérant que tu me pardonneras. Je t'ai quitté sachant que mon départ et mon absence seraient pour toi une source de chagrin. Je te demande pardon trois fois, et une fois pour mon père que j'aime tant. Sache que ça a été difficile pour moi aussi de vous quitter car je t'aime tellement mais Allah et son messager "SWS" passent avant tout. Un vrai croyant c'est celui qui aime Allah et son messager "SWS" plus que sa propre famille et sa propre personne. Si tu crois au Destin, tu comprendras qu'Allah m'a guidé et choisi parmi ses serviteurs afin d'œuvrer dans son sentier et pour cela, il me faut combattre les ennemis d'Allah de toutes mes forces afin qu'ils cessent de bombarder nos frères et sœurs dans les pays musulmans. Chaque jour, ils tuent avec leurs avions comme des lâches et en plus de ça, ils se sont permis de dessiner et d'insulter notre bien-aimé le Prophète Muhammad "SWS". Allah nous a prescrit le combat même s'il nous est désagréable, il est une obligation pour tous les musulmans comme la Salât et le jeûne. Ceux qui délaissent le combat, qui ne viennent pas à l'aide à leurs frères musulmans préfèrent rester les bras croisés. Après la vie courte d'ici-bas ils seront interrogés, ils devront dire ce qu'ils faisaient alors que la OUMMA les appelait à l'aide.*

« *Sache que j'ai prêté allégeance à Abou Bakr al-Baghdadi. Si tu ne sais pas qui il est, c'est l'ÉMIR des musulmans et tous les croyants*

écoutent et obéissent à ses ordres car il agit en fonction du CORAN et de la SUNNI du Prophète "SWS". Ton fils Brahim ne s'est pas suicidé, il a combattu, il a tué et s'est fait tuer par les kouffars. Il est un HÉROS dans l'islam, qu'Allah l'accepte. Comme Allah l'a dit dans le Coran. Certes, Dieu a acheté des croyants leur personne et leurs biens en échange du paradis. Ils combattent dans le sentier de Dieu. Ils tuent et ils se font tuer. C'est une promesse authentique qu'il a prise sur lui-même dans la THORA, l'Évangile et le Coran. Et qui est plus fidèle que Dieu à son engagement? Réjouissez-vous donc du troc que vous avez fait. C'est là le très GRAND succès. (Sourate IX, verset 11.)
[...] *J'ai moi aussi pris ce chemin car il est celui de la vérité. Qui s'en écarte aura pour refuge l'enfer. Certes Allah pardonne qui il veut. Si tu vis cette période difficile, c'est parce qu'Allah t'aime. Il veut t'éprouver dans cette vie d'ici-bas enfin, qu'il te pardonne tes péchés et te fasse entrer dans le plus haut degré du paradis par sa miséricorde, là où tu retrouveras ta jeunesse et tu n'auras aucune tristesse. Et Allah t'accordera davantage de bienfaits.*

« *Allah interdit le feu de l'enfer de toucher les parents d'un Martyr. Le Prophète "SWS" a dit: "Le fils d'un martyr est une barrière de protection contre le feu de l'enfer pour ses parents." Patiente ima ima, la vie est courte alors l'Au-delà est éternel. Je t'aime. Sache que tes deux enfants ont combattu Pour ALLAH.* »

Quelle belle apparence veut-il donner à l'infamie. Il déploie tout son verbe. J'ai rétabli les points là où il n'y avait que des virgules. La logorrhée coulait, informe.

Pourquoi en faire autant?

Je me suis demandé s'il fallait reproduire cette lettre, retranscrire sa mécanique diabolique et banale. Essayer de comprendre, c'est peut-être ne rien taire, ne faire aucun secret à son lecteur. Pendant sa cavale, Salah Abdeslam semble avoir sublimé sa participation à un meurtre de masse et renforcé son fanatisme. Qu'il s'adresse à sa mère, « *ima* », ainsi dit-on dans le nord du Maroc (comme en hébreu, d'ailleurs), n'en atténue pas la malice. Il apparaît convaincu, en ayant attenté à la vie, d'avoir agi de manière exemplaire.

Ou, peut-être, veut-il surtout nous en convaincre. Cette lettre ne semble pas destinée à sa mère, mais à nous, Occidentaux. On la croirait écrite pour qu'elle devienne publique. Rien en elle n'est personnel. Aucun souvenir avec sa mère n'est évoqué. Des lignes qui ne disent rien de lui ni d'elle.

Une lettre lisse, sans sujet.

Nobody, encore.

Personne.

Les combattants djihadistes se réfèrent-ils à la Thora ? Non. Son frère Brahim ne s'est pas fait tuer par la police, il a mis fin à ses jours Comptoir Voltaire, en se faisant exploser avec une ceinture, Salah ne l'ignore pas. Il se justifie excessivement. Il en fait trop pour ne pas être démasqué dans sa tentative publicitaire.

Son discours idéologique n'est pas non plus élaboré. Service minimum au regard de la doctrine. Lettre type, manipulatoire, dont on ne peut pas être les dupes.

Au fond, elle est tout sauf une lettre d'un fils à sa mère.

Regardons néanmoins le tract de près.

« Destin », « héros », « vérité », « miséricorde ».

Il y a des langues qui profanent les idées qu'elles avancent. À l'instant même où ces mots sont prononcés, toute clarté disparaît, nous sommes plongés au cœur des nuages de l'idéologie. En cela, les langues du fanatisme, totalitaire, génocidaire ou terroriste sont sœurs dans l'enfer. Elles se tiennent fermement la main, retournent le sens des mots comme un gant.

Sujet à l'impardonnable, Salah Abdeslam voit la miséricorde divine partout et surtout dans le meurtre de masse auquel il a contribué.

Sujet doué de libre arbitre, il voit le destin partout et surtout dans les mains assassines qui ont porté les coups. Surestimer la responsabilité de l'injustice lui permet aussi de mieux sous-estimer la sienne.

Sujet au mensonge, il voit la vérité partout et surtout dans la perversion de son dogme.

Sujet d'une déviance de l'islam, il voit l'unanimité de sa doctrine partout (chez tous les musulmans) et surtout quand il s'agit de justifier un crime par une poignée de fanatiques.

Sujet ayant pris la fuite le soir du 13 novembre, il voit le combat partout et surtout contre les lâches.

La ruse suprême est sans doute de convoquer la figure du héros.

« Pour être un héros, écrivait Victor Klemperer qui a tâché de se sauver du nazisme entre 1933 et 1945 en en étudiant la langue totalitaire, il ne suffit pas d'être courageux et de mettre sa propre vie en jeu. N'importe quel spadassin, n'importe quel criminel est capable de cela. À l'origine, le héros est un être qui accomplit des actes qui élèvent l'humanité. »

À travers sa lettre de farce et attrape noire, il apparaît paradoxalement, dans une grande clarté, que Salah Abdeslam voudrait qu'on lui reconnaisse des mérites meurtriers.

112

L'ÉTRANGE PROCÈS, ACTE II

> « Il est rusé mais il n'est pas habile. À maintes reprises il s'est montré laid. Je le crois capable de générosité à condition que cette générosité soit un spectacle. »
>
> Jean Giono, *Notes sur l'affaire Dominici.*

« Maître Mary a demandé que Maître Lys qui représente l'association V-Europe ne plaide pas, il sera habilité à poser des questions. Il est là parce qu'il a été convoqué. C'est ce qui sera mis dans le dossier judiciaire. »

Sven Mary demande à la présidente de s'entretenir en privé avec Salah Abdeslam alors que l'audience vient à peine de reprendre.

« J'aimerais demander à mon client s'il s'oppose à la proposition que je souhaiterais lui faire. Sa décision pourrait avoir des conséquences. »

« Bien, dit la présidente, nous reprendrons l'audience à 13h30. »

La salle se vide.

Ce n'est qu'un an plus tard que j'apprendrai, par une source qui souhaite garder l'anonymat, le contenu de leurs échanges.

La présidente a fait une erreur de procédure dès le début du procès qui aurait pu être plié à 12 heures. Elle l'a compris quand Sven Mary s'est levé et a demandé à parler à son client. On l'a autorisé à le faire une fois la salle d'audience évacuée, à l'exception des gros bras. Il a dit à Salah : la présidente a donné la parole à une partie civile qui n'en est pas une, si vous voulez que ce soit terminé aujourd'hui c'est fini, il me suffit de faire appel contre la feuille d'audience. Salah lui a répondu : « Vous, vous feriez quoi ? » « Je ferais appel et ce serait fini. Je ne veux pas leur donner tout le plaisir qu'ils ont ici », a été la réponse de son avocat. « D'accord, d'accord, eh bien, on va faire l'inverse, on ne va pas faire appel », lui a répliqué Abdeslam.

Pourquoi avoir renvoyé son avocat au tapis ? Lui qui est venu le voir la veille, un dimanche, en détention, lui avec qui il a discuté pendant des heures, qui lui a préparé les questions et expliqué la stratégie de défense ? Lui qui travaille dur sur ce dossier ?

Sans doute parce qu'il venait de dire *sa chose* à l'issue de la première audience. Il avait fait entendre la propagande de Daech dans ce tribunal. Il en tirait une forme de plaisir et espérait trouver l'occasion de le prolonger encore. Ce n'était pas à son avocat de lui voler la vedette.

J'apprends que Sven Mary a eu envie de se récuser tant Salah Abdeslam avait mis à mal sa stratégie. C'est assez pauvre professionnellement de défendre des hommes comme lui qui ne reconnaissent aucune légitimité au droit ; quel rôle peut avoir un avocat à leurs côtés ?

Dans la file d'attente d'accès à la salle d'audience, je fais la connaissance de deux jeunes femmes. Les seules à porter un voile depuis le début du procès, que l'une d'elles compare à celui de Meursault dans *L'Étranger*. *Son procès se tient sans lui. Les dés sont jetés. Sa parole est la seule chose qui lui reste.*

Un accusé a toujours une place à son procès. Et le pouvoir de s'exprimer sur le fond de l'affaire.

Elles sont assez vagues quant aux raisons de leur venue. *Nous ne sommes pas de sa famille.* L'une d'elles dit travailler pour une ONG. Elle assiste régulièrement à des procès. *La spécialité de Sven Mary, ce sont les vices de procédure.*

Je leur dis regretter l'attitude de Sofien Ayari, cette façon de ne pas livrer le fond de sa pensée politique ni ses raisons d'agir. Une stratégie de contournement sans tenue.

À chacune de ses entrées et sorties de la salle d'audience, Sven Mary est assailli par les journalistes. Il garde le silence.

Il a appris de sa première expérience de défense d'Abdeslam, comme il me le dira un an plus tard.

La grande erreur de ma première apparition, c'est la volonté de justifier ma défense de Salah Abdeslam. Le pourquoi ne regardait personne. J'ai voulu me justifier. La deuxième fois, je passais à travers les haies avec les policiers, et je n'avais pas de déclaration à faire. Ça a frustré les journalistes. Mais je pense que le respect est devenu plus grand. J'aurais dû le faire la première fois. Je n'ai pas eu ce réflexe parce que je n'ai pas reçu cette formation, comme aucun de nous en Belgique. Personne n'avait été confronté à ça.

De la même manière que depuis la Seconde Guerre mondiale l'Europe n'avait pas eu à faire face à un tel niveau de violence. Tout y est proportionné – ou disproportionné –, jusqu'à la déferlante médiatique dont Sven Mary a été l'objet.

Comme tout avocat pénaliste qui se respecte, il a été grisé par le client en se disant « trop beau ». La salve est tellement violente derrière, m'avait dit Nathalie, journaliste.

J'aurais dû gérer autrement, je m'en veux d'avoir été con. Ça m'empêche de dormir parfois, me dira-t-il.

L'audience reprend à 14 heures.

Je remarque la photographie officielle du couple royal au-dessus de la présidente de la cour. La reine blonde, en robe longue bleue, le roi au col d'or, en costume médaillé. Chacun avec une écharpe violette.

En deçà, à la table du tribunal, six personnes dont quatre femmes. Une chambre à trois juges.

« Madame la procureure fédérale, vous avez la parole. »

Une femme élégante, aux cheveux bruns et courts, se lève. Une nuque à la Jean Seberg. Salah Abdeslam la regarde, lui qui est toujours fixé par les cagoulés de la police fédérale. Hermione aime Pyrrhus qui aime Andromaque qui aime Hector.

Elle commence par balayer les contestations de Sven Mary sur la question des langues des actes de poursuite et d'instruction judiciaire, telles qu'exposées dans le dossier. « Glose. Palabre », selon elle.

Elle demande la « perpétuité pour assassinat terroriste ». « Trois éléments pour caractériser un assassinat à caractère terroriste : intentionnel, contextuel et matériel. [...] Ils ont porté gravement atteinte à un pays. [...] Vingt ans, le maximum de la peine, est demandé y compris pour Salah Abdeslam, en état de récidive. »

« Sur le fond de l'affaire : le 15 mars 2016, il y a eu une perquisition rue du Dries par des policiers français au domicile de Mehdi V. La perquisition liée aux attentats de Paris était prévue à 14 heures afin de vérifier l'appartement conspiratif. Deux policiers sont à l'extérieur de l'immeuble. Six à l'intérieur, dont quatre au premier étage devant la porte à 14 h 15. Premier coup de bélier. Plusieurs échanges de tirs, la porte s'ouvre. Les policiers sont face à un homme qui pointe une arme vers eux et tire immédiatement. Le policier numéro 2 couvre ses collègues. Un autre passe par le grenier, repart par les toits. Le quatrième policier défonce la porte, est blessé à la hanche et son arme de service est détériorée à cause d'un impact. Le policier numéro 1 réplique. Genou au sol, son corps sur la première marche. Il ordonne à ses collègues de dégager. Le policier numéro 3 tombe par un mouvement de foule. À nouveau des tirs. Le policier numéro 2 est au grenier. Rafale de tirs. Sur le trottoir, les policiers apprennent par les voisins que deux hommes fuient par l'arrière. Trois policiers sont blessés. Un des policiers a l'impression qu'un tireur s'est retranché dans la chambre et a été blessé. 15 h 23, cinq agents des unités spéciales reprennent le périmètre de sécurité. Le policier numéro 9 voit un homme couché. Il reçoit une balle au niveau de l'oreille, il perd connaissance. Les agents se réfugient à l'entresol. Le policier blessé est dégagé. Une seule voix est entendue à l'entrée de la porte. Feu. Les unités spéciales se retirent.

« 16 h 42, nouvel incident de tirs, l'auteur retranché tire sur le chien qui entre muni d'une caméra.

« 16 h 55, lancement de grenades pour déloger l'auteur. Il est tué par les unités spéciales. Un incendie dans l'immeuble se déclenche suite aux grenades.

« Personne décédée : Mohamed Belkaïd, un Algérien né le 9 juillet 1980, connu pour des vols simples. Il était armé d'un fusil-mitrailleur et de deux chargeurs ; d'autres sont dans l'armoire.

« À 14h25, Salah Abdeslam et Sofien Ayari quittent l'appartement par l'arrière-porte vers la cour du numéro 9 de la rue de l'Eau. Sur le toit, il y a des traces de pas avec des résidus de plâtre du plafond. Ils ont une arme de guerre. Celui qui la tient " a une barbe jusqu'au cou " apprend-on des auditions d'une jeune femme et de ses parents qui découvrent les deux hommes dans leur salon : " Où se trouve la sortie ? " leur demandent-ils. Ils leur prennent une écharpe beige. Dans l'escalier, on retrouve deux chargeurs avec trente munitions, une djellaba, des bâtons à mâcher, un GSM et, derrière la porte d'entrée avec l'écharpe de Madame C., une Kalachnikov. À 15h55, ils sont rue Brogniez. À 16h15, rue de la Colonne. Ils font le chemin à pied.

« Le 18 mars, perquisition au 79, rue des Quatre-Vents chez la mère d'Abid Aberkane. Salah Abdeslam et Sofien Ayari sont interpellés. On retrouve un matelas avec des restes de nourriture. Le lien entre les deux fuyards est certain. L'ADN de Salah Abdeslam est retrouvé sur les bâtons à mâcher, l'écharpe et la djellaba. L'ADN d'Ayari sur les deux chargeurs et l'arme. Sur les trois brosses à dents rue du Dries, les ADN de Belkaïd, Abdeslam et Ayari. L'ADN de Salah Abdeslam est relevé sur une tasse, un tee-shirt, un couteau, un verre, une tablette. Celui d'Ayari sur des lunettes, un pull, une bouteille et trois chargeurs. »

« Concernant les armes : une Kalachnikov calibre 7.62 d'origine russe en état de fonctionnement, un fusil d'assaut Vezor (celui de Belkaïd) de calibre 7.62, démilitarisé, qui ne pouvait tirer que des balles à blanc avant d'être remis en position coup par coup. Vendu par une société slovaque le 30 juin 2015 dans un état démilitarisé, acheté sur la base de faux documents.

« Ces deux armes ont tiré le 15 mars huit balles pour la première, treize pour la seconde. Le Docteur Schmidt, expert médico-légal, montre qu'il y a bien deux origines de tirs. Il n'était par ailleurs pas matériellement possible à Belkaïd de tenir deux armes en même temps, chaque arme nécessite deux mains. Il y a deux tireurs qui ont tiré en même temps. Un dans l'entre-porte, un dans la chambre. Ma conviction : Ayari a tiré avec Belkaïd, on retrouve son ADN sur le chargeur, l'arme et la détente.

« Ayari a vécu sur zone, a été un combattant de l'État islamique. Le 11 juin 2015, il est pris en photo, habillé d'un kamis, avec une arme. Il a été confronté à ce genre de situation et sait manier les armes. Il porte une barbe jusqu'au cou. Aucun des deux n'en porte quand on les interpelle trois jours plus tard. Peu importe au fond qui a tiré, Salah Abdeslam et Sofien Ayari sont coauteurs de l'infraction. Ils ont coopéré, ils ont eu une volonté commune de détenir ces armes dans un contexte terroriste. Ils ne pouvaient ignorer le caractère illégal de la détention d'armes. Un des deux franchissait le mur, la donnait à l'autre, ils s'occupaient ensemble de cette arme.

« La détention de ces deux armes se fait dans le contexte de l'État islamique. La volonté est de porter atteinte gravement et de détruire les structures d'un pays. Ayari a été dans les rangs de l'État islamique. Salah Abdeslam a bien en tête son idéologie. Leur intention est de déstabiliser un pays et terroriser sa population.

« L'appartement de la rue du Dries est conspiratif. Salah Abdeslam est en fuite depuis quatre mois. Il se sait recherché. On trouve des courriers de sa main où cette idéologie s'exprime : *Allah est mon messager, il passe avant tout. Si tu crois au destin tu ne vois qu'Allah. Il faut combattre les ennemis d'Allah. Allah nous a prescrit le combat*, écrit-il à sa mère.

« Dans ce contexte terroriste, Ayari, qui n'a pas de lien avec la Belgique, s'y rend pour une raison spécifique. Salah Abdeslam a été le chercher de nuit en voiture à Ulm. Les faits interviennent dans le cadre de projets terroristes toujours à l'instruction dans d'autres affaires d'attentat.

« Il s'agit d'une tentative d'assassinat de policiers français.

« Belkaïd vient d'Algérie, Ayari de Tunisie. Ils se font passer pour des réfugiés. Salah Abdeslam partage les mêmes idées qu'Ayari et Belkaïd de semer la terreur et la mort en martyr, s'il le faut. Comme au commissariat à Charleroi, à la gare centrale de Westminster ou sur les Champ-Élysées, ils veulent toucher les personnes qui représentent l'autorité policière. C'est un des commandements de l'État islamique.

« Il y a recherche et acceptation de leur part d'un résultat précis.

« L'homicide est à reconnaître par défaut d'action ou omission. Il faudra juger une situation et pas seulement des actes. L'inaction peut être un stimulant.

« En entendant le mot police et les coups de bélier, pourquoi Salah Abdeslam et Sofien Ayari ne sont-ils pas partis tout de suite ? Leur intention était de combattre, de tuer l'ennemi. Ils avaient des velléités d'attaque. Ils n'ont jamais voulu sortir le drapeau blanc.

« Clairement, les auteurs avancent vers les policiers. Ils ne sont pas retranchés. Il y a intention de tirer.

« La préméditation est à relier au sang-froid des auteurs, à la réflexion, à la délibération interne et à un faisceau d'indices comme de détenir une arme. Ils ont prémédité leurs tirs. Ils ont organisé un guet-apens à l'égard des policiers en utilisant les deux armes de guerre.

« Les policiers sont identifiables, ils portent un brassard. La communication entre eux est normale dans l'immeuble. On les entend. Il n'y a aucun mouvement dans l'appartement. Un des policiers retire le tapis, se met à genoux pour regarder sous la porte s'il y a des mouvements. Avec le pied-de-biche, il donne cinq ou six coups de bélier. Comme elle ne cède pas, il marque un temps d'arrêt. Environ dix minutes. Pas de bruit ni mouvement à l'intérieur. Quand la porte cède, les policiers se trouvent face à un homme qui tire sans prononcer une parole.

« “ Mains en l'air, déposez vos armes ! ” Il y a une sommation. Les trois occupants se sont concentrés, ont attendu sans bruit que la porte s'ouvre puis ont armé en coup par coup.

« Il y a eu préméditation. Un miracle qu'il n'y ait pas eu de morts. C'est grâce à l'entraînement des policiers. La fuite de Salah Abdeslam et Sofien Ayari n'était pas un désistement volontaire. »

Selon la procureure fédérale, Salah Abdeslam a sollicité Sofien Ayari, l'a provoqué, lui a donné en somme un mandat criminel. Il n'a empêché personne d'agir. Il a participé par abstention à cette tentative d'assassinat. Il a adhéré au groupe par le fait qu'il ne s'en est pas désolidarisé. Il avait la volonté de s'associer.

S'agissant du contexte terroriste, il ne fait aucun doute selon elle :

« L'un et l'autre adhèrent à l'État islamique. Ils s'auto-influencent. Ne se désolidarisent pas. Ils décident à trois du plan d'attaque. Se taire, mettre les charges, aucun n'est prisonnier. Ils se cachent ensemble. Ils décident volontairement, sciemment d'attendre que la porte s'ouvre. Tous les trois sont coauteurs des faits. Ils ont décidé de s'associer à Belkaïd. Leur participation est à la fois morale et matérielle. Ils se sont réparti les tâches. Ils sont partis avec un GSM et une arme pour continuer le combat. Belkaïd reste pour en découdre le plus longtemps possible. Sofien Ayari et Salah Abdeslam partagent l'état d'esprit et la détermination de Belkaïd. Attaquer la Belgique, ils le veulent tous les trois. Ils sont prêts à mourir en martyr. La fuite n'est pas une panique, un désistement ni un manque de réflexion. Ils savent être sur leurs gardes et veulent continuer le combat. »

Salah Abdeslam et Sofien Ayari sont clairement à ses yeux coauteurs des faits. « L'ancrage des prévenus dans l'idéologie de l'État islamique est sévère, leur conviction inébranlable, et ils n'ont aucun regret. Les courriers de Salah Abdeslam dans lesquels il dit s'en remettre à Allah pour le combat, *même si ce n'est pas agréable*, en sont la preuve.

« Le quartier où se sont déroulés les faits est habité et fréquenté. Il s'y est tenu une scène de guerre. Bruxelles est au niveau 4. Une demande de vingt ans pour les deux prévenus est requise, soit la peine maximale, avec une période de sûreté de treize ans, assortie de l'interdiction des droits civils et politiques. »

L'audience est suspendue pour quinze minutes.

Brouhaha. Les gens se lèvent et sortent de l'étuve pour se dégourdir les jambes, fumer, acheter quelque chose à grignoter dans le hall, poser des questions aux avocats.

Crépitement des appareils photos, lumière des caméras. TF1 tourne en direct. Le journaliste au costume bleu nuit, aux chaussures noires et à la cravate bleue a des gestes nets.

C'est un procès d'images, de mots et d'absents.

Les mots prononcés par les deux prévenus sont froids, métalliques, leurs phrases sèches. Le verbe des autres est ample, il sait prendre l'espace. Je fais le compte, d'après les phrases qu'Ayari et Abdeslam ont prononcées, du nombre de mots dont ils se sont servis, pas plus d'une vingtaine. La présidente, les avocats, le procureur ont utilisé des milliers de mots.

Ce qui m'apparaît aussi après le réquisitoire de la procureure, c'est qu'il n'y a aucune preuve que Salah Abdeslam ait tiré. Tout le monde est à peu près sûr du contraire. Si un autre homme est en cause, c'est Ayari.

Je rejoins une journaliste belge qui vient de s'entretenir avec Sven Mary.

Il m'a dit qu'il avait un problème avec son client qui le conteste dans son rôle de défendant en ne reconnaissant pas la justice fondée pour le juger. Il avait été convenu entre eux qu'il parlerait. C'était la condition pour le reprendre.

Dans la salle d'audience, Sven Mary s'entretient assez vivement avec son client. La présidente reprend, ce qui les contraint à écourter. « Vous aurez le temps après », dit la présidente à Sven Mary. « Oui. »

La parole est donnée à l'avocate qui représente les policiers 1, 2, 4, 7 et 8.

« Il a fallu les pousser dans le dos pour se constituer partie civile. La force doit rester à la loi. Les réponses apportées par Sofien Ayari à l'audience sont incomplètes. Et Salah Abdeslam souhaite exercer son droit au silence. Mes clients restent sur leur faim. »

Elle rappelle le contexte des faits : « La DR3 enquête sur les attentats de Paris. Observation, évaluation au cas par cas. Il s'agissait ce jour-là d'une opération de routine menée conjointement avec les policiers français. Rien dans le dossier ne pouvait laisser penser que l'appartement était occupé.

« Pour Salah Abdeslam, c'est la vérité scientifique qui compte, ses empreintes ne sont pas sur les armes donc il n'aurait rien à voir avec les faits. On a pourtant affaire à une planque de terroristes où Salah Abdeslam, Mohamed Abrini, Osama Krayem, Bilal Hadfi, etc. se retrouvent. Un lieu de réunion de terroristes. Au mur: un drapeau de l'État islamique et, dans l'appartement, des livres radicaux, des armes de guerre, des chargeurs, des détonateurs, bref tout le matériel. Carton 12, pièce 4: Osama Krayem dit qu'il détenait les armes depuis longtemps, qui appartenaient à Abrini, Belkaïd et Abdeslam. "Ils s'attendaient toujours à être interpellés", dit-il. »

Ayari fronce les sourcils tout l'après-midi.

« Mes cinq clients parlent d'individus qui tiraient pour tuer, pas pour fuir. » Elle renvoie aux expertises balistiques. « Ils ont agi conformément au mot d'ordre de l'État islamique, tel que formulé en septembre 2014: "Levez-vous monothéistes [...] attaquez les forces des tyrans et leurs collaborateurs."

« La préméditation: Ayari parle de panique, de soudaineté. Quand on a des personnes qui s'attendent toute la journée à être arrêtées, on peut en douter. Belkaïd était en position de combat à l'avant des policiers. Monsieur Ayari est un universitaire, il sait très bien où il a mis les pieds. Salah Abdeslam n'a plus rien à perdre. Il est recherché nuit et jour. À aucun moment ils ne se sont désolidarisés de Belkaïd. Il y a deux tireurs, deux armes utilisées.

« S'agissant de la corréité[1], ils ont participé dans ce retranchement. »

« La rue du Dries se situe dans un quartier familial, résidentiel. Les crèches et les écoles sont confinées à ce moment-là. La population est terrorisée, il s'agit donc bien d'une infraction terroriste, sinon je ne sais pas ce que c'est. »

La juge qui préside la cour prend la parole: « Nous avions prévu des débats plus longs jusqu'à vendredi. Maître Gultaslar, vous plaiderez jeudi matin. »

Les conditions de sécurité sont difficiles et donc la conversation avec nos clients l'est aussi, dit Sven Mary. Nous avons besoin

1. Coopération directe à la commission d'une infraction.

de deux heures pour les deux prévenus. Allez le voir en détention mercredi, lui répond la présidente.

Le tour de Maître Bauwens, la quarantaine, au physique du gendre parfait. Il a travaillé pendant quelques années dans le cabinet de Sven Mary où il a débuté. Il représente l'État belge à travers les policiers des unités spéciales.

« L'État s'est constitué partie civile pour dire aux citoyens : nous souhaitons que vous viviez en bonne entente et mettons tout en œuvre pour cela. La lutte contre le terrorisme passe par la voie judiciaire. L'État souhaite être aux côtés de ceux qui assurent notre sécurité au péril de leur vie. L'État exprime une reconnaissance pour leur travail remarquable. La participation à des attentats, s'en prendre à des innocents, est la manifestation d'une lâcheté. La parole permet un combat courageux. Argumenter, convaincre, ce n'est pas se cacher derrière le silence. C'est une autre lâcheté. J'espère une sanction exemplaire et juste afin que l'État de droit s'en trouve renforcé. L'État belge en tant qu'employeur des unités spéciales souhaite obtenir réparation : remboursement des frais médicaux, des rentes payées aux victimes, des frais matériels, des incapacités de travail. Les douze policiers atteints ont d'importantes lésions, deux d'entre eux ont une incapacité permanente de 35 % pour l'un et 55 % pour l'autre. Le montant de ces dommages est estimé à 142 947 euros sur un montant total de dommages de 750 000 euros. »

« Nous reprendrons jeudi », annonce la présidente.

Salah Abdeslam se lève. Son regard est arrêté par celui de la jeune femme au voile beige avec qui je m'étais entretenue dans la file d'attente. On jurerait qu'ils se connaissent. Elle adresse un sourire de réconfort à Salah qui la regarde longuement. Aux journalistes qui l'interrogeront, elle niera l'avoir rencontré, restera vague sur les raisons de sa présence. « Politologue. » « Vous êtes de la famille ? » « Non. » « Vous le connaissez ? » « Non. C'est à cause du voile qu'il m'a regardée. »

113

TU ES À MOI

> « Et tous les lointains qui m'ont appelée,
> Et tous les hiers, profonds et clairs,
> Ne peuvent plus me tromper. »
>
> Hannah Arendt,
> *Heureux celui qui n'a pas de patrie.*

« *Exki natural, fresh & ready* », annonce l'enseigne.

Pas moins.

J'entre dans le café-restaurant à la recherche de Nour.

Cet établissement repousse les limites du possible. Ici on peut déjeuner sans céleri, sans poisson, sans lait, sans noix, sans arachide, sans moutarde, sans œuf, sans soja, sans crustacé, sans gluten, sans mollusque, sans sulfite, sans sésame. Son génie est de nous faire asseoir en nous coupant l'appétit.

Deux jeunes femmes en jean font glisser leur plateau-repas le long du présentoir. Soupe poulet-coco-gingembre pour l'une, yaourt 100 % bio avec un coulis de mangue pour l'autre (aujourd'hui, elle se le permet, glisse-t-elle à la caissière).

Vaisselle en émail (pour se distinguer d'un *fast-food*), couverts en bois jetables (pour l'écologie en acte). Dans l'aseptisé, l'image est toujours sauve.

Je me faufile entre les chaises et les tables en bois clair. Au fond, Nour est assise sur un des fauteuils en faux cuir.

Salah ne m'a jamais demandé de me couvrir les cheveux, plutôt de cacher mes formes, me dit-elle. *Il aimait qu'on nous voie ensemble. Il était fier de montrer qu'il me possédait, même si, sans mariage, son pouvoir était fragile. M'exposer au désir des autres quand nous nous promenions dans ce centre commercial et qu'il croisait une connaissance. Il voulait m'afficher comme sa propriété, son trophée. En réalité, tronquée, volée, à moitié à lui. Il savait qu'il ne pourrait pas m'obtenir par la force brute ou celle de l'argent. Mais par la dignité, le travail ; le miroir dans lequel il ne parvenait plus à se voir.*

J'étais moi-même prise au piège. Depuis 2012, l'année où mes parents n'ont plus cru en Salah ni souhaité notre mariage – un peu moins de deux ans après son séjour en prison, il ne s'était toujours rien passé –, je pensais ne pas avoir d'autre choix que de garder notre histoire entièrement pour moi.

Après les attentats, j'aurais pu la jeter au monde pour m'en libérer, céder au harcèlement médiatique, au scandale des stories, *mais la mise en spectacle, l'hystérie organisée ne font pas partie de mes valeurs.*

Chez les Abdeslam, le show semble une option de vie.

Sous couvert d'État islamique et de jouer au justicier – en réalité en agissant en fanatique –, Salah m'a gardée jusqu'au bout au creux de ses obsessions, au plus secret. J'ai été le beau reflet qui lui renvoyait ses échecs. Comme Paris a été la beauté désirée à profaner.

J'ai appris par la presse qu'il avait payé pour avoir des femmes.

Sans doute pour chasser son regard et son jugement sur le vide de sa vie. Avant que des coulées de haine n'ensevelissent des innocents.

Payé pour s'offrir des femmes ou être payé pour s'offrir soi-même ?

J'ai entendu que Salah Abdeslam faisait le gigolo. Sa soif d'argent a-t-elle pu le rendre prêt à tout, y compris à se prostituer ? J'interroge Soan dans un café en dehors de Molenbeek où il ne souhaite plus mettre les pieds.

Dans son train de vie, je n'ai pas cette impression-là, mais après, je n'en sais rien. Il y a une légende dans les quartiers selon laquelle des jeunes de chez nous ont rencontré des dames friquées…

Des dames, pas des messieurs ?

Non, des femmes d'un certain âge, ils étaient gigolos, se faisaient payer des voitures. Je n'ai jamais rien vérifié. Néanmoins, ces histoires sont revenues plusieurs fois. Je ne sais pas si c'était par rapport à des femmes ou des hommes.

Il marque un silence.

Je n'arrive pas à croire ça, j'ai aussi été dans la merde, au point de dormir dans la rue, suite à un deuxième divorce. Mais ce n'est pas pour autant que j'ai été me prostituer, ni dealer. Quand je n'avais pas un rond, je ne pouvais pas en demander à mes parents, c'était trop conflictuel. On m'aurait dit : « On t'avait bien dit de ne pas l'épouser ! » J'avais ma fierté. C'était la faute de certaines personnes, peut-être aussi la mienne, mais pas celle du monde entier. C'est l'éducation qui nous donne la force de supporter. La plupart de ces gamins n'ont pas ces capacités. Qu'est-ce qui se passe ? Oui, c'est possible. Dans les années quatre-vingt-dix, ce n'était pas à Molenbeek, mais place Santenasse. J'allais à l'école là-bas et on nous racontait qu'il y avait des jeunes Marocains qui se prostituaient auprès d'hommes. C'était connu.

Le projet alternatif proposé par l'État islamique n'empêchait pas Salah Abdeslam ni Mohamed Abrini d'avoir leurs habitudes dans des bars fréquentés par des homosexuels, pour y faire soit du trafic, soit les gigolos. Sujet pourtant explosif dans la culture maghrébine.

Faire les gigolos n'a rien de nouveau à l'échelle humaine, m'avait dit Aniss au café Walvis. *Passé un certain stade, les couches ne se rajoutent plus, ces jeunes sont déjà rejetés. Dans le mode de débrouillardise dans lequel ils évoluent, tous les moyens sont bons. Il n'y a plus de jugements moraux. Leurs parents sont loin d'imaginer le quotidien de leurs enfants. Cela renforce sans doute leur sentiment de honte.*

114

L'ÉTRANGE PROCÈS, ACTE III

> « Je ne comprends toujours pas que l'on puisse commettre un acte en pleine conscience du danger, pour ensuite ne pas avoir le courage de le reconnaître. Cette peur mesquine de l'aveu, je la trouve plus lamentable que n'importe quel crime. »
>
> Stefan Zweig, *La Peur.*

Jeudi.

Des kleenex circulent, les avocats ont le nez rouge, la salle est enrhumée.

Sven Mary attend comme nous le début de l'audience, un gros dossier devant lui, sur lequel est écrit Abdeslam au marqueur noir.

L'avocate des policiers, une rousse charpentée aux cheveux bouclés, discute d'un air détendu avec les journalistes assis un rang derrière elle. *Les policiers ont été envoyés. Ne vous inquiétez pas, c'est une adresse froide, leur a-t-on dit. Ils en avaient eu des dizaines. Moi je parle plus lentement que mes collègues, le temps que ça monte au cerveau*, dit-elle en riant. On dirait un prétexte pour savoir ce que l'assistance a pensé de sa plaidoirie.

Elle dit que ça ne va pas être simple pour Sven Mary, obligé de prendre ses distances avec son client et d'exprimer la manière dont il voit le dossier.

La baise! est gravé sur le banc en bois devant moi.

Alors que l'avocate rit beaucoup à en devenir écarlate, je remarque un chariot bleu placé derrière le siège de la présidente, chargé de dossiers à couverture jaune. Les expertises du procès?

J'apprends que, pour des raisons techniques, le premier jour d'audience n'a pas pu être intégralement entendu par les journalistes dont la majorité assiste au procès dans la salle de retransmission. Un grain de sable, la porte ouverte à des imprécisions, dans un contexte explosif.

Le président du tribunal a un nœud papillon vert aujourd'hui.

Le calme règne dans la salle où les bancs sont plus clairsemés qu'au premier jour d'audience. Les médias français ont allégé leur présence. Les équipes de BFMTV et de l'AFP ont fondu. L'*acteur* principal a quitté la scène.

En s'exclamant, l'avocate rousse montre aux journalistes la tête que le caricaturiste lui a dessinée au cours du procès. Autodérision, esprit de non-sérieux caractéristiques des Belges. Charmant.

Deux photographes mitraillent Sven Mary.

« Aujourd'hui, nous allons entendre les deux plaidoiries de la partie civile, annonce la présidente. Salah Abdeslam ne souhaite plus venir, acceptez-vous de le représenter, Maître Mary ? »

« Je vais le représenter, Madame. »

Pas de gaieté de cœur, semble-t-il.

« Il ne faut pas perdre de vue le contexte de cette affaire », commence l'une des deux avocates des policiers. « Ayari avait de faux papiers d'identité, était un ancien combattant en Syrie. Ses empreintes ont été retrouvées dans des planques conspiratives à Bruxelles, au moins une dizaine, en vue de préparer les attentats du Bataclan. Il était en séjour illégal en Belgique. Il est un des co-organisateurs des attentats de Paris. Salah Abdeslam a joué un rôle logistique important. Il a réservé une chambre d'hôtel et convoyé des kamikazes au Stade de France. Il brille aujourd'hui par son silence. Les absents ont toujours tort. »

Elle poursuit sur l'organisation complexe du groupe, « les planques, la logistique élaborée. Certains d'entre eux ont été entraînés en Syrie avec des ambitions larges, d'autres attentats étaient prévus par ce groupe terroriste. Les préventions sont établies avec la circonstance incontestable que ces actes ont été perpétrés dans un contexte terroriste. »

La parole est donnée à Maître Bauwens qui représente les intérêts des unités spéciales.

« Nous avons affaire à un dossier hors norme qui s'étend sur le fonctionnement de notre société et la protection de nos valeurs. Un procès hors norme par la présence d'un absent, l'homme fatigué. Je suis content qu'il reste dans son lit. Son opportunisme me fatigue. Ils sont musulmans quand ça les arrange. Ils sont à plein temps victimes de notre société. Vos lois, je m'en fiche, nous dit-il et, en même temps, il souhaite bénéficier d'une défense à l'appui de nos lois. J'ai le droit de ne pas parler, affirme-t-il, et il charge un avocat pour plaider devant nous. Il se dit porte-parole du monde musulman mais des musulmans sont aussi abattus. L'autre est considéré comme une quantité négligeable. Quel opportunisme ! Je me suis rétracté. Je viens – ne viens plus à mon procès. Djihadiste et je fuis. Procès et je disparais. »

Je devine qu'intimement Sven Mary donne raison à son confrère ami de la partie adverse.

« C'est la première fois qu'un membre des unités spéciales se constitue partie civile pour dire aux citoyens : on est là vingt-quatre heures sur vingt-quatre. La première fois sous le régime de l'anonymat. Un procès hors norme. Les unités spéciales sont composées de cinquante hommes hors norme. En première ligne à Verviers et rue du Dries. Vingt-deux ans de service pour le numéro 9, vingt ans pour le numéro 10. Incapacité permanente pour le numéro 9.

« Si, dans le djihad, le paradis est attendu, encore mieux si on emmène des hommes des unités spéciales, dit l'État islamique.

« Salah Abdeslam dit je m'en fiche de votre tribunal et Sven Mary : le juge d'instruction n'a pas respecté les règles, il a écrit en français. »

Maître Bauwens plaide sur le fond de l'affaire.

« Concernant le contexte terroriste, Ayari a dit qu'il n'avait rien à voir avec les attentats en Europe, qu'il ne reconnaissait pas les autres prévenus. Déclaration fantaisiste et peu crédible. Venir jusqu'en Europe pour retourner en Syrie… Il a été combattant dans les rangs de l'État islamique. Octobre 2015, Salah Abdeslam vient le chercher à Ulm. Trajet tout confort jusqu'à Bruxelles. Il lui fournit une fausse carte d'identité. L'arrivée de Sofien Ayari est programmée et attendue. On retrouvera l'ADN de Salah Abdeslam dans les planques de Schaerbeek, Charleroi, Laeken et Forest. Ayari est venu pour mener une activité terroriste. Les membres du groupe – Ibrahim El Barkaoui, Mohamed Abrini, Osama Krayem, Salah Abdeslam et Belkaïd – sont liés aux attentats sur le sol européen. Des traces d'ADN ont permis de mettre en évidence les protagonistes des attentats de Paris et de Bruxelles.

« On est ici face à un même mouvement terroriste. Quels en sont les objectifs ? Terroriser, intimider, déstabiliser les structures d'un pays. Que lit-on dans les lettres de Salah Abdeslam retrouvées rue du Dries à sa petite amie ? *J'ai entendu l'appel, j'ai répondu. J'ai prêté allégeance à Abou Bakr al-Baghdadi. Je sers la cause pour combattre, élever la parole d'Allah, se battre en première ligne.* »

En islam, le serment d'allégeance est « une déclaration de soumission irrévocable. Un acte religieux pour s'approcher davantage du Créateur. Tous ceux qui ne se soumettent pas au représentant de la volonté divine sont considérés comme des apostats qui méritent la mort [1] ». Voilà pourquoi Salah s'est empressé de rédiger ces lettres après sa fuite et avant son arrestation.

L'avocat poursuit.

« À sa sœur, il écrit : *Nous avons terrorisé le peuple mécréant car la France combat l'islam depuis longtemps.*

« À sa mère : *Ton fils (Brahim) a combattu, a tué, est un héros de l'islam.*

« Dans l'ordinateur, des fichiers sur les explosifs et un autre intitulé "3 novembre" qui servait à concrétiser le projet des attentats de Paris. Des sous-fichiers intitulés : "groupe omar", "groupe irakien", "groupe métro", "groupe skypod / aéroport Amsterdam". »

« Sofien Ayari était à Amsterdam le soir du 13 novembre.

« Ce groupe avait à sa disposition des logements conspiratifs, rue du Fort à Charleroi, rue Max-Roos à Schaerbeek.

1. Nabil Mouline, *Le Califat, histoire politique de l'islam*, Flammarion, 2016.

« Pourquoi tant de caches ? Ils savent que les policiers sont à leurs trousses. Dans chacune, ils confectionnent des explosifs, entreposent des Kalachnikovs, des chargeurs, en vue de se protéger d'une intervention policière. Drapeau et livres sont également retrouvés. Le système de défense d'Ayari consistant à ne pas se souvenir est lâche, comme les actes commis le 13 novembre 2015 et le 22 mars 2016. »

Maître Bauwens ironise : « Maître Sven Mary n'a pas reçu de cadeau de la part de son client. » Plus tard : « L'un est dans son lit, l'autre est présent avec des pertes de mémoire. » « Les grands héros du djihad ont pris la fuite. »

Avant de conclure : « Mon client qui souffre de dégâts cérébraux, de perte de vue et d'équilibre ne se vit pas comme une victime. Il demande que le travail qu'il a commencé se poursuive, que justice soit faite. »

« La séance est levée. La plaidoirie de la défense de Sofien Ayari est prévue à 10 h 15, celle de Sven Mary cet après-midi », lance la présidente.

Le mercredi, Sven Mary retourne en détention voir Salah Abdeslam. Sans doute avait-il autre chose à faire, comme préparer sa plaidoirie. Le lendemain, il serait face au monde. Pourquoi s'y rendre ? En disant qu'il ne respectait pas la justice de l'État de droit et ne reconnaissait que celle de son Seigneur, Salah Abdeslam avait discrédité le rôle de son avocat à ses côtés. Sven Mary voulait que son client lui donne le pouvoir de plaider en son nom.

Si Abdeslam avait été cohérent avec les propos tenus au tribunal, il aurait dit non à Sven Mary : faites ce que vous voulez, ça m'est égal, ma justice est ailleurs. Le lendemain, Sven Mary aurait alors déclaré : je n'ai pas de mandat pour plaider, je n'ai donc rien à dire, et il se serait assis.

Mais Abdeslam, par opportunisme, ne s'est pas opposé à ce qu'il prenne sa défense.

De nouveau, le même système : non, mais si mes intérêts y sont…

115

ON LES A LAISSÉS PARTIR

J'en profite, de mon côté, pour revoir l'élu ceinture noire de Molenbeek.

— Ça vous ennuie si on va dans ce café ?

Je jette un œil, il n'y a que des hommes.

« Qu'il reste peu d'humanité, quand le féminin s'est évaporé ! » écrit Karl Kraus dans *La Nuit venue.*

Le monde en noir et blanc auquel les jeunes ont adhéré, en partant en Syrie ou en participant aux attentats, ressemblait à celui de Bush : vous êtes avec nous ou contre nous. J'ai vu la haine dans les regards de certains jeunes sur moi ou sur des policiers. En 2012, j'ai senti que certains voulaient passer à l'acte et encourageaient les plus jeunes à attaquer les forces de l'ordre. Leurs armes : des pierres et des cocktails Molotov. « Hey les amis, calmez-vous. Si vous voulez affronter les forces de l'ordre, allez-y vous-mêmes », ai-je dit aux plus âgés. Des échanges vifs s'ensuivirent. « Ne t'en mêle pas. Tu es un mécréant », m'ont-ils répondu. Certains étaient habillés comme au XIVe siècle. Grosse ceinture en cuir, sac accroché, yeux peints en noir. Une secte.

J'ai lu que le choix du noir remontait aux traditions préislamiques pour « exprimer le deuil et la volonté de venger toutes les victimes du régime omeyyade. Une fois ce programme accompli, il fallait trouver une nouvelle signification à ce symbole [...]. Les califes et leurs conseillers soutiennent que le noir est la couleur officielle du Prophète, notamment le jour de la conquête de La Mecque. Ils font également circuler plusieurs *hadîths* attribués à Muhammad prédisant le rétablissement de l'ordre et de la justice grâce à des hommes dont les habits et les étendards sont noirs[1]. »

D'un côté, des fêtards qui voulaient faire la nouba, alcool, trafic de shit. D'un autre, des réseaux structurés avec des prédicateurs. Ils se sentaient liés entre eux par la Syrie et des connaissances communes associées à Daech. Chacun dans son univers a développé son délire. Pour les deux univers, la tête pensante était la même.

« Délire » ? Non, projet politique. Pourquoi est-ce encore si difficile de le reconnaître ?

Je n'ai pas besoin de regarder pour sentir. Toutes les tables sont occupées par des hommes qui boivent un verre ou jouent aux cartes. Je suis assise pile au milieu de la salle face à un élu local. Notre duo est loin de passer inaperçu. Je me sens mal à l'aise, lui visiblement dans son élément.

Parmi les outils de conditionnement, il y avait les discours des prédicateurs, des images de la souffrance des musulmans et de leurs enfants à l'issue de bombardements, accompagnées de musique lancinante et de références coraniques que personne n'avait la capacité intellectuelle de vérifier, poursuit-il. *Tout était fait pour s'identifier aux victimes et faire corps avec elles. Dans un tel état d'esprit, on devient perméable et peu à peu un fruit mûr.*

Le téléphone de l'élu sonne.

— Excusez-moi. Marcelin, oui, dis-moi… Il est à quelle école et il a quel âge ? Oui, je vais intervenir dès demain auprès de la direction. Laisse-moi faire, je vais regarder son dossier et voir si cette dame n'a pas d'antécédents. Mettre les points sur les i. Ça va Marcelin ? Merci, merci, Marcelin.

Il reprend la conversation en même temps qu'il avale un second café.

— Avez-vous regardé cette histoire de Captagon ? Il n'y a rien apparemment dans le dossier d'instruction mais des études en toxicologie devraient pourtant être une priorité.

---

1. Nabil Mouline, *Le Califat, histoire politique de l'islam*, Flammarion, 2016.

— Ils étaient conscients du projet politique auquel ils ont adhéré.

— Je ne suis même pas sûr, me répond-il.

Décidément, les élus de Molenbeek ne se résignent pas à l'évidence de la détermination et de la conviction de « leurs » jeunes.

— Avant 2012, j'ai eu affaire à des recruteurs dont un Franco-Yéménite, et assisté à leur méthode de conditionnement. Ce type m'avait impressionné par sa maîtrise du français. Un Tariq Ramadan fois dix. On ne pouvait qu'être attentif à ce qu'il disait. Dans une salle de mariage bondée, j'étais avec un ami de la police fédérale. Deux hommes, un Franco-Algérien et un Franco-Yéménite, entrent en habit traditionnel afghan. Personne ne les connaît ni ne les salue. Au bout d'une demi-heure, l'un d'eux prend la parole. Un discours exceptionnel sur les droits et devoirs des mariés. Il conclut sur un danger qui selon lui nous guette : les mécréants veulent mettre en avant la loi des hommes avant celle de Dieu. Il diabolise les institutions de l'État. Je demande à mon ami policier de ne pas réagir, je ne savais pas qui dans la salle était partisan de son discours. Je vais le voir à la fin et le félicite pour sa première partie.

« Sur la deuxième, je t'invite à la plus grande prudence. Rejeter l'institution est ton droit le plus absolu mais tu as peut-être en face de toi des gens qui t'ont mal compris. Les jeunes ont pu penser que tu appelais à la désobéissance civile, au rejet des règles de la vie en société. Ce qui serait inacceptable.

— Ah mon frère, qu'est-ce que tu fais dans la vie ? » m'a-t-il demandé.

Je lui ai parlé de mes différentes fonctions publiques.

« Tu es nourri par ces mécréants, c'est pour ça que tu parles comme ça. Apparemment tu es musulman, m'a-t-il dit, ironique.

— Si ça peut t'apaiser, oui je suis musulman et pratiquant.

— Tu es influencé par les mécréants. »

« Un discours très dangereux pour des jeunes pas outillés, qui les a poussés à tourner le dos aux institutions de l'État. Un poison qu'on a laissé se répandre dans le quartier », conclut l'élu.

Les autorités belges avaient connaissance des départs en Syrie, mais le politique n'a pas donné ordre de bouger. L'élu que j'ai en face de moi était déjà en fonction.

— Vous n'avez rien fait pour empêcher ces départs ?

— Je ne me sens pas responsable du laxisme politique, judiciaire et policier qui a eu cours. Ils avaient connaissance de départs imminents et ils n'ont pas réagi.

Il ne se sent pas coupable, comme si son changement d'étiquette politique, depuis, l'avait absous. Aussi, parce que le millefeuille du pouvoir est d'une telle complexité en Belgique que se dédouaner sans rougir s'envisage.

L'élu ceinture noire a avalé les trois gâteaux qui accompagnaient nos cafés. Il se rend à l'évidence. Il a une faim de loup.

Il saisit son portable.

— Une femme qui est en face de moi écrit un livre sur Salah, s'il te plaît, rencontre-la tantôt... Oui je vais regarder le dossier, quand est-ce qu'il passe au Conseil d'État ?

Il raccroche. L'homme au bout du fil va accepter de me voir au nom de l'amitié qui le lie à cet élu et de leur appartenance à la même formation politique.

— Ce qui est bien avec mes fonctions, c'est que je passe d'un entretien à un arrêté du Conseil d'État.

Sans transition, il me montre le selfie qu'il a fait avec le président français dans les loges du Bataclan un peu plus d'un an après les attentats.

— J'ai fait un direct sur Facebook. On s'est si bien entendus avec Hollande qu'on donnait l'impression d'être pacsés !

En un éclair, me reviennent les ombres d'Abaaoud et de Chakib Akrouh. Après avoir transformé des terrasses de vie en scènes de crime, ils rôdent près du Bataclan où, sur « Kiss the Devil », une piste de danse est transformée en charnier.

« Des Allemands de toutes sortes, pendant ou après leurs heures de service, venaient sur les lieux d'exécution pour regarder ou pour photographier », écrit Jürgen Matthäus.

116

PENTHÉSILÉE

Je m'installe dans le canapé beige de Catherine, dos aux grandes fenêtres de son salon. Les quatre coussins n'en améliorent pas le confort. Je sens les effluves de la soupe aux légumes qu'elle prépare à la cuisine. Dans cette pièce, je viens régulièrement admirer sa collection de cartes postales de femmes, un livre à la main. Sa « lessive citoyenne » l'attend ce matin. Trois fois par semaine, elle lave le linge de femmes migrantes pour une association.

Mes carnets de notes, des fascicules de centres sociaux et des feuilles volantes d'entretiens envahissent sa table basse couverte de livres d'art. Je remarque celui consacré à Caspar David Friedrich, son peintre préféré. Il y a aussi *Âmes sauvages : le symbolisme dans les pays baltes.* Et *Belles du Louvre* dont j'aperçois la dédicace personnelle et les fleurs séchées entre les pages.

Un bouquet de tulipes blanches et de pivoines orne la table de sa salle à manger. Un hortensia rose se tient fièrement près d'un fétiche en cuivre, haut comme un enfant de cinq ans. La première dame du Cameroun l'a offert à Catherine. La sculpture a voyagé dans un sac de golf. Au-dessus du personnage masqué : une étoffe rapportée du Congo, cousue de petits coquillages blancs, est encadrée.

Des rayons de soleil zèbrent le fauteuil favori de Catherine. Gris, de marque italienne, le modèle s'appelle Mama. C'est là où elle s'installe pour lire, où elle bascule légèrement quand elle parle à ses visiteurs, comme on berce.

Je décide de regarder de près la lettre d'adieu de Salah à Nour, jamais envoyée et versée au dossier judiciaire dans l'affaire de la rue du Dries. Je l'ai entendue lors de la dernière audience. Je ne doute pas qu'elle servira aussi pour le procès des attentats de Paris.

« *À l'intention de Nour, uniquement.*

« *Je t'écris et te demande mes sincères excuses, je t'ai quittée alors que je t'avais promis le mariage. Ce n'est pas une trahison mais un choix que j'ai fait car cette Dounia* [la vie sur terre] *est une vie de sacrifice pour obtenir la satisfaction du Seigneur de l'Univers. Je me serais senti lâche de faire ma vie comme si de rien n'était alors que mes frères musulmans souffrent et endurent chaque jour dans cette guerre. Ils massacrent nos frères, nos sœurs, nos enfants. J'ai pris l'engagement de servir la cause et de me battre en première ligne afin de venger le Sang des musulmans et d'élever la parole d'Allah par sa permission. Tu as été pour moi une grande épreuve, tu as même pu le constater lors de notre dernier rendez-vous.* […] *Certes Allah guide qui il veut et égare qui il veut. Je me suis investi dans le sentier d'Allah car je l'aime Lui. Prie Allah pour qu'il m'accepte, tu es pour moi ma femme et j'espère qu'Allah nous unira dans l'autre monde par sa permission inchallah dans une vie éternelle. Je t'aime, fais attention à toi et ne vends pas ton Tawid, cache ta croyance de peur de te faire persécuter ou agresser par ces kouffars et ces hypocrites. Apprends ta religion. Encore une fois, apprends ta religion. Encore une fois, apprends ta religion. Apprends à connaître Allah afin que tu l'aimes et qu'il t'aime. Salam alikoum. Remonte le moral à ma mère. Je t'aime.* »

Il n'y a là aucune « sincère excuse » de sa part. Salah ne se met pas un seul instant à la place de Nour. Pas un mot sur les années d'angoisse qu'elle a traversées par sa faute, l'horreur de la découverte de ses actes, l'humiliation d'être associée à lui. Salah ne parle toujours que de lui-même. Les sacrifices, ce n'est pas lui qui les a faits mais elle, en lui accordant sa confiance, en empoisonnant sa vie et sa relation avec ses parents de mensonges, en retardant le jour où elle deviendrait mère, en vivant déchirée toutes ces années jusqu'au 13 novembre, et pleine d'effroi et de honte, après les massacres.

Que veut-il vraiment savoir des moments où elle vacille au bord de l'abîme ? Où, privée de sommeil, elle confond la clarté du soleil à celle de la lune ? Où, telle Penthésilée, elle s'insurge jusqu'à retourner la violence contre elle-même, jusqu'à se punir, tant elle enrage d'avoir été si aveugle ?

À mes yeux, c'est au moment où la reine des Amazones combat son homme, déchiquette son corps avec la frénésie d'une bête que sa sainte colère la libère et rehausse sa beauté.

Convaincu d'être un laissé-pour-compte mais voulant s'offrir en exemple, le guerrier corrompu de Nour n'a servi que ses intérêts, n'a suivi que sa propre passion et son idéologie politique à la lettre.

Il n'éprouve pas le sentiment du déshonneur qui étreint Nour. Vivre sans honneur n'est déshonorant que pour les cœurs vrais.

Un mot a une valeur particulière dans sa lettre. Sera-t-il entendu par ceux qui continuent d'halluciner les terroristes et leurs familles en victimes, cinq ans après les faits ? Salah Abdeslam se veut clair : sa participation aux meurtres répond à un « choix ». C'est dans ce récit djihadiste conduisant à l'assassinat d'une centaine de personnes qu'il a décidé d'inscrire sa vie.

Son frère Mohamed continue de le nier. Il le distille dans ses interviews qui n'ont pas cessé et qui ne sont étrangement jamais contredites. « Brahim a reçu des instructions, a-t-il déclaré à la télévision belge, il était dans une spirale, il ne pouvait plus faire marche arrière, il devait répondre présent. »

Non. Ses deux frères, Salah et Brahim, ont fait le choix délibéré d'exister à travers un collectif d'hommes, d'adhérer à un projet politique qui impliquait de répandre la terreur et de massacrer des innocents. L'un et l'autre ont formulé un oui.

Salah Abdeslam évoque « la première ligne » des attentats dans sa lettre. Il la souligne d'autant plus que le soir du 13 novembre c'est précisément celle qu'il a fuie. Elle était mortifère comme la cause dont il se réclame. La première ligne de sa vie, la seule véritable qui aurait fait de lui un autre homme qu'un lâche (figure dont il se défend sans hasard), aurait été de se tenir face à Nour, d'assumer enfin l'environnement dans lequel ils se trouvaient l'un et l'autre, le regarder lucidement et le transcender par la force de la volonté, celle de ses rêves et l'amour d'une femme. Ce qui aurait été vraiment exemplaire, c'est d'habiter sa vie en conscience.

Nour était sans doute la plus grande chance de sa vie. Je dirais même sa part sacrée. Elle n'était pas de ceux qui haïssent mais de ceux qui aiment. L'amour véritable et l'éthique marchent toujours côte à côte.

« La femme ne vient pas simplement tenir compagnie à un être privé de société, écrit Levinas dans *Difficile Liberté*. Elle répond à une solitude, intérieure à cette privation et, ce qui est plus étrange, à une solitude qui subsiste malgré la présence de Dieu ; à une solitude dans l'universel, à l'inhumain qui resurgit quand l'humain a déjà soumis la nature et s'est élevé à la pensée. Pour que le déracinement inévitable de la pensée qui domine le monde s'accommode d'un repos – d'un retour chez soi – il faut que, dans la géométrie des espaces infinis et froids, se produise l'étrange défaillance de la douceur. Son nom est femme. [...] La femme, la fiancée, n'est pas la réunion dans un être humain de toutes les perfections de la tendresse et de la bonté qui subsisteraient en soi. Tout se passe comme si le féminin en était la manifestation originelle, le doux en soi, l'origine de toute la douceur de la terre. [...] Sans la femme, l'homme ne connaît ni bien, ni aide, ni joie, ni bénédiction, ni paix, ni vie. Rien de ce qu'il faudrait à une âme ! [...] Rien de ce qui transforme sa vie naturelle en éthique. »

Se hisser à la hauteur d'un cœur tendre qui veut notre plus grand bien prodigue la force spirituelle nécessaire contre la haine aux aguets derrière soi. La liaison amoureuse de Salah était son antidote contre la destruction. Au lieu de lâcher la main de Nour, d'étouffer les cris qu'elle poussait contre le mal, de les réduire à du bruit gênant sa propagande, ce sont de ses frères qu'il aurait dû se défaire.

117

L'ÉTRANGE PROCÈS, ACTE IV

> « Une libre volonté est offerte à tout homme. S'il désire se diriger dans la bonne voie et devenir juste, la volonté de le faire est entre ses mains et, s'il désire se diriger dans le chemin du mal et devenir méchant, la volonté de le faire est entre ses mains. »
>
> Maïmonide.

Retour au tribunal.

La parole est donnée à la défense de Sofien Ayari. D'abord par la voix de Maître Gultaslar : très brun, à peine rasé, il a un air voyou. Sa longue silhouette qui se tient droite face à la cour se veut solennelle.

« Une pensée pour les victimes des attentats de Paris et de Bruxelles. Aujourd'hui, vous êtes saisis pour les faits du 15 mars 2016. Nous n'étions pas là. Nous posons tous des hypothèses. Monsieur Ayari soutient qu'il n'a pas tiré. Madame la procureure dit qu'il a tiré, il y a son ADN sur l'arme, qu'il est un combattant de l'État islamique du fait des messages et documents trouvés dans son portable. L'arme retrouvée rue de l'Eau a tiré huit fois. Celle de Belkaïd, treize. L'ADN d'Ayari a été trouvé sur l'arme, la détente, le poignet et le chargeur. Des ADN mélangés. Madame la procureure dit que les armes ont tiré simultanément. Pourtant, les policiers parlent d'une arme et non de deux.

« À 14 h 15, ouverture de la porte, première rafale de tirs. Il y a deux phases de tir quand Monsieur Ayari est dans l'appartement. Le fait que Belkaïd ait tiré depuis trois endroits différents est établi. Même si Sofien Ayari et Salah Abdeslam n'ont pas tiré, ils sont coauteurs pour la procureure. Ils s'auto-influencent, a-t-elle dit. Une inaction qui constituerait un encouragement. Le 5 juillet 2016, le jugement sur la cellule terroriste de Verviers a été rendu. Le contexte était le même, les faits ont eu lieu dans un appartement conspiratif où il y avait des substances explosives et des armes. Pourtant, un des prévenus accusés de tentative de meurtre a été acquitté, les éléments n'ont pas permis de prouver qu'il avait tiré. La corréité n'a pas été retenue. Les circonstances sont similaires.

« Monsieur Ayari n'a pas eu la volonté de s'associer à Belkaïd mais de fuir. Ce fut son premier réflexe. S'agissant de la préméditation : "Ils ont organisé un guet-apens aux policiers", a-t-on entendu. Cela aurait impliqué d'attendre un certain temps. C'est inapproprié. Sinon, il y aurait eu deux tireurs face à eux. On se base sur les auditions d'Osama Krayem pour fonder la préméditation : *Ils s'attendaient à se faire interpeller.* Je rappelle qu'Osama Krayem est inculpé pour les attentats de Paris et de Bruxelles. Il porte le sac d'explosifs à Bruxelles. Krayem parle beaucoup. Il n'est pas crédible. Il faut une antériorité et une réflexion pour former la préméditation. Le laps de temps entre le moment où ils ont entendu la police et les tirs est très court. Il n'y a pas de projet mûrement réfléchi.

« La clémence du tribunal est demandée. »

Une jeune femme brune, coiffée d'une queue-de-cheval, poursuit. C'est Maître Laura Severin. « Monsieur Ayari a participé à la reconstitution, s'est soumis à l'expertise psychiatrique et, pendant trois jours, au juge d'instruction. Il s'exprime pour la première fois devant un tribunal. Lors des deux heures durant lesquelles il a été interrogé par les policiers autour de sujets politico-religieux, on comprend qu'il a adhéré à l'État islamique envahi par un sentiment d'injustice, et afin d'aider la population syrienne. C'est pour cette raison qu'il a quitté sa famille à Tunis où il est né. En décembre 2010, âgé de dix-sept ans, il est sous le choc quand Mohamed Bouazizi, un jeune vendeur de légumes, s'immole pour alerter le monde. Un authentique martyr qui déclenche le printemps arabe et la chute de Ben Ali. La révolte de Sofien date de cette époque. »

J'ai des doutes. Quand Mohamed Bouazizi s'immole par le feu, il déclenche un mouvement de protestations populaires dans la plupart des pays d'Afrique du Nord et du Moyen-Orient autour de mots d'ordre démocratiques et non islamistes. Les aspirations profondes des peuples emportent les dictateurs en Tunisie et en Égypte et prennent de court les djihadistes.

« Brillant à l'école, l'espérance ne le fait plus rêver. Il veut pousser un cri de colère au monde. Son père est comptable. Il se rend compte que le monde va à deux vitesses. Il doute de tout. À vingt et un ans, il rejoint la Syrie quand tous la fuient. Assad est pour lui un autre Ben Ali. Sa réaction, nous aurions pu l'avoir. »

Non.

Le trauma syrien peut s'entendre. Les massacres perpétrés par Assad peuvent révolter. L'impuissance des démocraties, la paralysie de leur technostructure à accompagner le désir de liberté d'un peuple peut être douloureuse à vivre. Comme de mesurer la fin d'une ère où la démocratie se prêchait et se défendait. Pourtant, ce n'est pas en pacifiste ni en démocrate que Sofien Ayari a agi, mais en tortionnaire.

« J'aimerais vous lire la lettre que sa mère vous adresse : *Du fond du cœur, je suis pleine de confiance dans les juges. Mon fils a été manipulé. Dans notre famille, nous avons enseigné le respect de l'autre. Mon fils n'a jamais été un extrémiste. Il aime la vie, écoute de la musique, va au stade. Rien d'anormal dans sa vie. Nous détestons tout type d'extrémisme. Nous vivons dans un quartier populaire. L'islam est une religion de paix et de compassion. Nous vous supplions d'avoir de la compassion. Nous avons une totale confiance en votre service judiciaire.* »

« Manipulé » ?

Petit sourire de satisfaction de la jeune femme. Elle s'assoit.

Au tour de Maître Gultaslar de plaider pour Sofien Ayari.

« Comme disait mon grand-père, pour être un homme, il faut y aller.

« Aucune volonté de ma part d'extorquer de la compassion. Il est difficile pour nous, si nous n'avons pas perdu un proche dans les attentats de Bruxelles ou de Paris, de comprendre cette douleur. Les victimes viennent avec beaucoup d'attentes, comme une dernière promesse posthume. Cette douleur nous la respectons. Ce qui est jugé ici, c'est la fusillade de Forest. Les attentats de Paris et de Bruxelles le seront plus tard.

« La définition de l'infraction terroriste est semble-t-il acquise : celui qui porte atteinte, intentionnellement et gravement, aux structures fondamentales d'un pays. Cette infraction nécessite une intention spécifique. Il faut vraiment le vouloir. »

L'avocat cite alors le livre *Le Djihad et la mort* d'Olivier Roy.

« Quelle est la nouveauté de ce terrorisme depuis quinze ans ? Voilà ce qui est écrit : *la mort n'est pas un moyen mais la fin,* [...] *ils meurent tous dans l'action* [...], *par ce sacrifice on pense sauver ses parents et les autres* [...]. *C'est la mort seule qui peut permettre d'accéder au paradis* [...], *le suicide est messianique...*

« Monsieur Ayari s'enfuit car il pense que Belkaïd est en train de mourir, poursuit l'avocat. Les policiers montent, admettons qu'il les ait entendus. Quand on est déterminé, on sort sur le palier, on tire sur les policiers et on serait à la cour d'assises. Si deux individus aguerris et déterminés sortent avec deux Kalachnikovs, il y a alors quatre ou cinq morts.

« Scénario plus cynique : l'un mitraille perfidement dans l'escalier, l'autre, par la fenêtre. Encore plus de morts.

« Monsieur Belkaïd est blessé, il est en train de mourir. Ils attendent de pied ferme : Venez !

« Autre scénario : dès que les policiers frappent, Sofien Ayari et Salah Abdeslam sortent par-derrière dans une autre maison, croisent une jeune fille, la prennent en otage. Une scène amok, une prise d'otage. On sort dans la rue, on mitraille.

« Autre scénario : ils reviennent par-derrière et font un coup d'éclat.

« Ou encore : place Saint-Denis, il y a des magasins, ils prennent les armes, rien à perdre, mitraillent dans un supermarché.

« Ils sont arrêtés sans arme. Ayari est interpellé dans une cave. Si la volonté de Monsieur Ayari ou de Salah Abdeslam était de mourir en martyr, le statut le plus convoité, proche de celui du Prophète, qui permet d'intercéder pour les proches, les faits auraient été différents. Ils ne voulaient pas mourir. C'est la chose la plus sûre. Ni mourir ni faire un carnage plus effroyable car toutes les possibilités étaient réunies. Être soudés par une idéologie morbide et ils partent, cela démontre quoi ? »

L'avocat égrène les noms de terroristes déterminés.

« Khaled Kelkal, un des auteurs de plusieurs attentats en France en 1995. En fuite, il sait qu'il va mourir. Exécution de cet homme en direct à la télévision. Blessé au sol, il continue à tirer sur les forces de l'ordre.

« Mohamed Merah, en 2012. Après ses assassinats, les forces d'élite essaient de négocier avec lui : *Moi j'aime la mort comme vous aimez la vie*, dit-il[1]. Il meurt les armes à la main.

« Le 25 mai 2013, un individu attaque à l'arme blanche un soldat en faction à la Défense. Que lit-on dans le dossier judiciaire ? : *Je suis moudjahidin. Je suis venu pour que justice soit faite.* [...] *J'aurais voulu être abattu.* [...] *Mon but final : faire réagir les politiques, accroître l'onde de choc,* [...] *je voulais atteindre le martyre.* Il revendique un acte de vengeance, parle de sa fierté. Volonté délibérée de tuer un nombre maximum de victimes.

« En 2015, les frères Kouachi, auteurs des attentats contre *Charlie Hebdo*, meurent les armes à la main. Pas de reddition. Ne pas se rendre. Personne ne fuit.

« Amedy Coulibaly, après l'attentat de *Charlie Hebdo*, exécute des otages au magasin l'HyperCacher de la porte de Vincennes, il en sort les armes à la main. Même processus, vouloir mourir sur le champ de bataille.

« Le 18 novembre 2015, Abdelhamid Abaaoud et Chakib Akrouh meurent en se faisant sauter, ils voulaient tuer le plus de policiers possible, ne pas être pris vivants.

« Avril 2004, l'attentat de Madrid dans des trains. Sept des terroristes en fuite meurent dans l'explosion de leur appartement où il y avait des armes, juste avant l'assaut de la police. Pas de négociation. Tous meurent en voulant tuer le plus de policiers possible.

« Suite à l'attentat à l'aéroport d'Istanbul de juin 2016, le 22 novembre 2017, Akhmed Tchataïev meurt lors d'une opération antiterroriste, en se faisant exploser.

---

1. Reprenant un slogan attribué à Ben Laden.

« Tous cherchent la mort. C'est le statut valorisé par l'idéologie. Être martyr est le plus noble.

« Cela permet d'ouvrir la porte du paradis et de créer un effet psychologique dévastateur.

« Vous avez là des gens d'une autre nature. Quand les enquêteurs demandent à Sofien Ayari pourquoi il a fui, il dit : *pour éviter une nouvelle confrontation avec la police.* La tentative d'assassinat est entamée. En revanche, c'est un renoncement clair à la finalité terroriste, et donc à l'intentionnalité requise. »

Certains déserteurs du front syrien racontent que c'est précisément parce qu'ils ont été confrontés à des sacrifices humains inutiles que le fantasme du martyre, d'une mort glorieuse au nom de l'islam, a fini par retomber en eux. La vie ainsi manipulée témoignant du mépris et de la brutalité de l'État islamique.

L'avocat poursuit.

« Je n'ignore pas le contexte de ce dossier, mais c'est la fusillade de la rue du Dries qu'il faut juger. Comme chez le poissonnier, on enlève les arêtes. On essaie d'intimider. Si le but recherché est de créer le plus d'éclat et l'effet psychologique de la terreur, le dossier démontre que ce qu'ils voulaient, eux, c'était de ne pas mourir et de fuir. Des occasions de terminer en beauté s'étaient présentées à eux.

« Bien sûr, il y a un contexte, et notre tâche est difficile. Maître Bauwens a agité comme un mantra bouddhiste le hors norme. J'ai cru qu'il était en transe. Ce qu'on vous demande en réalité, c'est la norme.

« Il y a un contexte, une opinion publique et un brouillage de repères. On dit, nous sommes en guerre. Combien de couvertures de magazines sur ce thème ? On l'est dans les discours, politiquement, techniquement : depuis 2014, il y a des bombardements, nous participons aux opérations en Syrie, au Mali… À qui fait-on la guerre ? Aux terroristes, comment ? En bombardant des gens. Si on fait la guerre, celui qui a des doutes est disqualifié.

« Le droit pénal ne connaît pas cette notion de guerre. Si nous sommes en guerre, appliquons le droit de la guerre. Pourquoi ne sommes-nous pas cohérents ? Si ce sont nos ennemis, si c'est la guerre, si le but est la lutte contre le terrorisme, pourquoi n'y a-t-il pas de courage politique de tirer les conséquences du langage guerrier qu'on emploie ? On dit, ce sont nos ennemis. On leur dénie toute revendication politique mais, pour pouvoir argumenter des peines, on réutilise l'idéologie et la politique. Brouillage. Cette guerre est en train d'entraîner une mutation du droit commun et la mise en place de régimes dérogatoires. Tout est exceptionnel, même la place de la défense est renversée aujourd'hui. C'est symbolique. Tout devient dérogatoire y compris quand on vous demande d'avoir un raisonnement exceptionnel dans cette affaire.

« Deux cents policiers. Trois cents médias. C'est de l'oppression médiatique. C'est même de la pornographie médiatique. Vous éternuez dans la salle, cela devient un tweet de l'AFP.

« Mais ils sont tellement soudés, solidaires qu'ils se cassent ! La justice, c'est la sérénité, la mesure, le respect des droits fondamentaux et le raisonnement.

« Que l'émotion ne prenne pas le pas sur la raison. Ne raisonnons pas de manière dérogatoire.

« Parler en public dans un tribunal quand on est soupçonné de faits graves est difficile, ça peut être fatal. Établir un rapport de confiance avec son client n'est pas simple non plus. S'il vient vous choisir, c'est plus facile que l'inverse, d'autant s'il pense qu'on appartient à l'ennemi. Il n'est pas facile non plus de parler pour lui, nous n'avons pas de certification de sincérité. Certains anciens clients étaient rugueux, on n'irait pas faire un squash avec eux. Au début, Monsieur Ayari faisait usage de son droit au silence. Difficile de défendre quelqu'un quand on n'a pas partagé grand-chose avec lui. On est frustré professionnellement. Le rôle d'un avocat implique un travail à deux. On n'est pas là pour extorquer des informations. »

Que cela vienne des parties civiles ou de la défense, je sens que ces mots s'adressent aussi à Sven Mary. Tous semblent compatir aux difficultés qu'il rencontre avec Salah Abdeslam.

« Avec le temps, une relation respectueuse s'est construite avec Sofien Ayari. Si un prévenu ne parle pas, il est fermé. S'il parle trop, c'est un manipulateur.

« Elle est cash Madame Panou. Quatre jours d'instruction et d'interrogatoire avec Monsieur Ayari. Deux heures pour venir. Des conditions difficiles. Je ne dis pas qu'il fallait le conduire avec des pétales de roses et un orchestre tzigane. Dans un interrogatoire, Monsieur Ayari a dit : Je m'excuse, je sais que c'est pour mon bien, mais je n'en peux plus. J'ai déjà vu Madame Panou plus brutale. Juger de la dangerosité d'un individu et décider d'une peine, c'est savoir si un être est inapte au dialogue, insensible à la raison, s'il a une possibilité de prise de conscience, s'il persévère dans une revendication terroriste, s'il est capable d'autocritique.

« Il n'est pas toujours facile de se regarder dans le miroir. On peut refouler si c'est trop sombre. Lors d'un interrogatoire, Madame la juge d'instruction a demandé à Sofien Ayari pourquoi avoir quitté l'État islamique pour rejoindre l'Europe. "Là c'est compliqué pour moi, dur à expliquer." "Pourquoi ?" "Ça vient de l'intérieur, c'est dur, très dur, c'est un mélange. Le regret ça commence après avoir quitté la Syrie." "Vous avez des regrets ?" "Oui." "Si vous pouviez faire demi-tour ?" "Je vais essayer de faire ce que je peux en prison, apprendre des langues, prendre du recul. J'aimerais sortir et faire profiter pour le futur. Il y a beaucoup de choses que j'aimerais changer dans ma vie." »

L'audience est suspendue, annonce la présidente.

118

REBELLE STOÏQUE ?

> « J'aurais pu faire de la race mon activité principale […]. Après tout, je suis une femme de couleur […]. Mais je n'ai pas fait ça. Non, j'ai regardé tout au fond de moi, là où il n'y avait que ma personne. »
>
> Kathleen Collins, *Journal d'une femme noire.*

Je profite de la pause pour discuter avec les deux femmes voilées. Afin de mieux comprendre le départ des jeunes de Molenbeek en Syrie, elles me conseillent de regarder un documentaire : *Au nom du père, du fils et du djihad.* Ce que je ferai à mon retour à Paris, mesurant alors la confusion de leurs idées.

Un homme franco-syrien quitte la Belgique pour faire son djihad en Syrie : libérer le pays d'Assad et combattre l'injustice de la dictature. *Il voulait ressentir la fierté de son père dans ses yeux*, dit sa sœur. Il rejoint les rangs de l'armée syrienne libre et revendique un islam modéré. À la mort de son fils lors d'une opération militaire contre l'armée d'Assad, le père imam décide de marcher dans ses pas en Syrie. Daech, dont il se dit un ferme opposant, tente de l'assassiner.

Les jeunes de Molenbeek amis de Salah Abdeslam n'ont pas rejoint l'armée rebelle mais les rangs des fanatiques de l'État islamique. Ces jeunes femmes ne font-elles pas la différence ? Ou ne souhaitent-elles pas que je la fasse ?

Et le père en question, n'est-il pas Bassam Ayachi qui a dirigé le Centre islamique de Belgique à Molenbeek pendant plus de vingt ans, et été l'inspirateur de nombreux djihadistes en Belgique ?

Je discute aussi avec le père de L. assassinée avec son compagnon à la terrasse de La Belle Équipe le soir du 13 novembre. Âgée de trente ans, elle travaillait dans le cinéma. Ce père tendre au chagrin fou me montre la photo d'une femme brune, lumineuse.

Salah Abdeslam a eu un grand rôle dans les attentats : convoi, logement… Je n'ai rien ressenti quand il est entré dans la salle d'audience mais la plaidoirie de l'avocat d'Ayari avec ces différents scénarios était impossible à entendre. C'était comme si j'assistais à la mort de ma fille.

Je lui souris avec douceur alors que nous nous installons tous les deux derrière Sven Mary qui s'apprête à plaider pour la défense de Salah Abdeslam.

« Pourquoi encore plaider ? Pourquoi prendre la parole ? Pour satisfaire mon ego ? Ne pas mettre à la poubelle les jours et nuits de travail de mes vacances de Noël ? Me rendre intéressant ? Avoir la une des JT ? Je laisse cela à ceux qui n'ont pas eu le prétoire.

« Salah Abdeslam vous a dit qu'il n'y avait pas d'autres divinités qu'Allah, son seul juge, qu'il n'avait peur ni de vous ni de votre sanction. Pourquoi me fatiguer à le défendre ?

« Un peu de philosophie historique. Le courant du stoïcisme s'appuie sur la tempérance et le détachement de ce qui ne dépend pas de nous. Salah Abdeslam est un stoïcien différent de celui qu'imagine Zénon. Il dit accepter le sort qui est le sien. S'il avait déclaré être stoïcien, cela m'aurait personnellement ému, plutôt que de se revendiquer d'Allah. C'est ainsi.

« S'il accepte le sort qui est le sien, ce sort je peux l'impacter et vous aussi, en tant que tribunal.

« Je reconnais votre légitimité, Madame la présidente, et la respecte. L'État de droit que nous défendons est notre meilleur rempart contre l'abus de pouvoir. La procédure en est un contre la barbarie. Elle doit être respectée. Quel est le but de l'État islamique ? Nous ramener à l'état sauvage, remettre en cause les fondements de notre société.

« Le plus beau doigt d'honneur que nous puissions faire aux barbares, c'est de leur démontrer que cet État de droit reste debout, noble, indépendant et libre. La justice ne peut pas se poser en vox populi. Il faut garder le cap du droit.

« Mon réquisitoire concerne donc les faits du 15 mars 2016. »

Après cette introduction, Sven Mary plaide la question de l'emploi des langues qui rend à ses yeux les poursuites « irrecevables. Cette histoire est belgo-belge ».

Les ordonnances ont été rédigées en français, elles auraient dû l'être en néerlandais, selon lui. Sa plaidoirie devient très technique. Le père de L. me glisse à l'oreille : « La présidente est paumée. »

« Je demande au tribunal, aussi impopulaire que soit cette décision, aussi difficile soit-elle, de déclarer la nullité des actes de l'instruction irrégulièrement recueillis. Là est l'essence même de juger. Juger pour rester le dernier bastion de l'État de droit. »

Il en vient à présent aux faits.

« La fusillade de la rue du Dries. Tout ce que vous avez à juger mais rien que ce que vous avez à juger : c'est la règle qui doit vous guider. Et non les éventuelles informations livrées par les parties civiles d'autres dossiers ou les journaux. Le seul a priori à avoir, c'est celui de l'innocence de Salah Abdeslam, même si ce dossier est pollué par tout ce que vous avez vu, entendu avant même qu'il ne soit arrêté. Ce n'est pas un hasard qu'une semaine avant le procès on apprenne que sa ceinture était défectueuse, qu'on retrouve des mails attribués à Salah Abdeslam. Il n'y a pas de concours de circonstances. Une manière d'influencer ce tribunal. La folie sociétale, sécuritaire, médiatique paraît nous donner l'impression que vous avez à juger les attentats de Paris.

« La prise de parole de Salah Abdeslam n'était pas préparée de ma part. Il vous a demandé de fonder votre conviction sur les pièces scientifiques du dossier. Je vous demande la même chose. Ne pas juger sur l'imagination et le fantasme mais les faits. Rien que la rue du Dries. S'il ne s'agissait pas de Salah Abdeslam, l'ennemi public numéro 1, probablement cela aurait été un dossier comme tant vus. Malgré les deux cents policiers, les trois cents journalistes accrédités et Salah Abdeslam qui se pose en victime de la justice, je vous demande de juger Salah Abdeslam comme Dupont.

« On parle ici de tentative d'assassinat qui serait la suite du 13 novembre 2015. Aussi, on y attache un contexte terroriste.

Mais alors, cela aurait dû être jugé après les assises des attentats du 13 novembre 2015. »

Je le rejoins.

« Concernant la qualification d'infraction terroriste, l'élément matériel est clair. Contextuel : Est-ce qu'une fusillade contre des policiers porte atteinte à la Belgique ?

« Lors de la tuerie de Liège en décembre 2011, Amrani avait tiré sur des passants. Selon le juge d'instruction Ignacio de la Serna, ce n'était "pas juridiquement un acte terroriste". Même si l'émoi au sein de la population avait été fort, cet acte n'avait pas mis en péril le pays.

Rue du Dries, on est loin de l'élément contextuel. L'attaque de policiers dans le cadre d'une perquisition anonyme ne peut être considérée comme un acte terroriste. Souvenons-nous du meurtre du policier Marc Munten en 2001. Mohamed Hammani n'a pas été condamné pour acte terroriste mais coups et blessures volontaires ayant entraîné la mort sans intention de la donner.

« Dans les faits qui nous occupent, le but n'est pas d'intimider une population mais, pour Salah Abdeslam, de ne pas être arrêté.

« Le procureur a insisté sur le quartier résidentiel, une manière de tirer sur l'élastique. La seule question est : quand Belkaïd ouvre le feu sur les policiers, son intention est-elle d'intimider la population ? Non, sinon il aurait été dans la rue.

« S'agit-il pour Salah Abdeslam de contraindre une organisation internationale, d'obliger les pouvoirs publics à faire ou ne pas faire quelque chose ? Non, mais de s'opposer à son interpellation.

« Détruire les structures d'un pays, l'intention est radicale. Ici, il n'y a pas d'intention spécifique. Lors de leur procès à Paris, il bénéficiera aussi de la présomption d'innocence.

« Dans l'affaire qui nous occupe aujourd'hui, dix policiers ont été entendus, aucun ne parle d'un cri. »

Sous-entendu *Allah akbar*, mots qu'il décide de taire dans l'enceinte du tribunal.

« Pour soutenir l'infraction terroriste, on évoque un appartement conspiratif, la présence du drapeau de l'État islamique et les lettres de Salah Abdeslam. Une manière de faire entrer par la fenêtre le procès de l'État islamique. Ces éléments ne peuvent pas suffire. Il est de ma conviction juridique qu'il n'y a aucun élément pour condamner Salah Abdeslam dans ce dossier. Ni d'élément contextuel ni d'élément moral.

« Cette fusillade relève de la spontanéité.

« Qui a tiré ? Même si, selon le parquet, Salah Abdeslam n'a pas tiré, il faut développer cette question. À mon sens, la seule personne qui a tiré c'est Belkaïd en utilisant deux armes.

« Le policier numéro 1 parle d'*un homme dissimulé dans l'entre-porte* [...]. *Je ne vois que lui. L'homme se retire de l'entre-porte vers l'arrière* [...]. *La personne sur qui nous tirons* [...]. *La personne qui a tiré sur nous.* [...] *On ne la connaissait pas.*

« Le 15 mars 2016, Salah Abdeslam est connu du monde entier.

« *Face à un individu* [...] *il fait feu* [...] *je n'ai pas vu l'auteur parce qu'il était en retrait* [...]. *Je n'ai pas vu qui tirait.*

« Deux armes utilisées : une retrouvée rue de l'Eau a tiré à huit reprises. L'autre, à treize reprises. Les douilles de la première arme ont été trouvées sur le palier, pièces avant et centrale. Les douilles de la seconde, dans la pièce avant. Donc Belkaïd, à lui seul, a utilisé les deux armes.

« Il n'y a pas l'ADN de Salah Abdeslam ni sur les armes ni sur les chargeurs.

« Son ADN est identifié sur le bâton à mâcher et la djellaba qui sert à emballer la Kalachnikov, retrouvée à proximité de l'arme de guerre.

« Une seule personne a tiré, c'est Belkaïd. Rien là de concerté ni d'organisé. Pas de volonté commune de tuer ni de tirer. Sinon, ils se seraient emparés de l'arme.

« Salah Abdeslam serait-il coauteur de l'infraction commise par Belkaïd ? Pour établir la corréité, il faut la volonté de s'associer à la commission de l'infraction et poser un acte. Salah Abdeslam avait-il *connaissance* que Belkaïd commettait une tentative de meurtre ? Il avait *connaissance* du fait qu'il y allait avoir résistance mais pas *connaissance* du meurtre. Rien dans le dossier ne permet de démontrer la *connaissance* de donner la mort.

Étaient-ils prêts à l'arrivée de la police ? Oui. Avaient-ils l'intention de tuer des policiers ? Non.

« À Paris, Salah Abdeslam n'a pas cherché l'affrontement. Rue du Dries non plus, il part par les toits. Rue des Quatre-Vents, trois jours plus tard, quand l'homme au pull blanc sort, il ne court pas vers les policiers mais de l'autre côté resté libre.

« Il aurait pu sortir avec un couteau pour tuer un policier. Il ne les affronte pas.

« Lors de son audition du 25 avril 2016, Osama Krayem dit : *Je pense que Salah Abdeslam n'aurait jamais tiré sur la police même s'il avait eu une arme.*

« Il faut se replacer dans le contexte. Salah Abdeslam est recherché depuis novembre 2015, se trimballant de cache en cache. Il est l'homme le plus recherché d'Europe. Il se retrouve dans des appartements où il y a des armes.

« Imaginons que j'aille chez Maître Bauwens qui détiendrait une arme sans permis, la soirée est bien arrosée, je décide de rester dormir chez lui. S'il tue quelqu'un, suis-je complice d'homicide ? »

Maître Bauwens sourit, complice de son ami, tout adversaires qu'ils soient dans ce procès.

« Ne pas se lever devant vous, Madame la présidente, j'ai trouvé ça grave. Par substitution, j'aimerais vous dire combien j'ai été gêné. En gros, Salah Abdeslam a dit que son ADN n'avait pas été relevé scientifiquement. Je le rejoins sur ce point. En l'absence d'ADN, on ne peut pas en déduire qu'il ait touché les armes.

« Le coauteur dans la jurisprudence est celui qui contribue.

« La provocation, c'est l'incitation à commettre une infraction. Ce serait Salah Abdeslam demandant à Belkaïd de faire le sacrifice ultime, comme dans *Les Diaboliques*, par une sorte d'abus d'autorité ?

« Lorsque Salah Abdeslam rejoint Belkaïd, il l'aurait provoqué à commettre l'infraction ? Pourtant personne ne sait ce qui a été échangé entre eux avant sa fuite.

« On parle d'abstention coupable. Mais l'omission d'agir est un acte positif de circonstance. L'inaction serait un encouragement à l'infraction ? Il n'y a pas d'acte "positif" dans le cas de Salah Abdeslam, comme cela peut être le cas dans les bandes urbaines avec des violeurs, les autres faisant preuve d'une abstention coupable. Ce n'est pas le cas. Si Salah Abdeslam avait voulu stimuler Belkaïd, il aurait pu crier ou prendre la deuxième arme pour tirer avec.

« J'estime que, juridiquement, il n'y a pas de participation en qualité de coauteur. Salah Abdeslam n'a pas causé d'acte de participation. Je me demande en quoi il aurait pu participer. S'il a encouragé l'infraction, je veux que le parquet fédéral m'en apporte la preuve. Je vous remercie pour votre attention. »

La présidente donne la parole à la partie adverse pour une proposition de réplique.

Une des avocates s'adresse à ceux de la défense :

« Vos prévenus ne sont pas à votre hauteur. Votre intelligence n'est pas la leur. S'ils ne viennent pas à l'avant des policiers, c'est par couardise et lâcheté. Les policiers ont eu devant eux un homme qui se revendique d'un intégrisme certain et un autre qui voulait retourner en Syrie. »

Au tour de Maître Bauwens.

« Maîtres Mary, Delcoigne et Gultaslar ont beaucoup lu. Le contexte terroriste n'est pour eux pas possible parce qu'ils étaient trop gentils. Le Nobel, plus la peine de le chercher, le plus gentil, le voilà. Salah Abdeslam et Sofien Ayari ne cherchent pas à mourir. Ils sont innocents car ils ne sont pas sur le palier et n'ont pas fait un carnage plus important. Le contexte terroriste doit s'arrêter après les attentats de Paris, selon Maître Mary. Il dit : il faut me croire, moi. On ne peut pas tenir compte des courriers de Salah Abdeslam, selon lui. Pourtant, c'est un contexte terroriste. On est avec la fine fleur terroriste de la Belgique. On a retrouvé, scientifiquement, l'ADN de tous les terroristes. Le drapeau de l'État islamique ne s'achète pas sur Internet. Les éléments matériels sont là. Le contexte terroriste est dans le dossier. »

Le dernier avocat des parties civiles :

« Parce qu'il n'y a pas eu de scène catastrophique, la défense ne reconnaît pas l'infraction. Ayari et Abdeslam se sont contentés de prendre la fuite. Mais, s'ils n'avaient aucune visée terroriste, plutôt que de fuir pourquoi ne se sont-ils pas rendus aux policiers ? En fuyant, ils voulaient préserver d'autres projets terroristes. L'heure n'était pas encore venue pour eux de tirer sur les policiers ou la foule. Par ailleurs, mourir en martyr n'est pas prévu dans la loi pour qualifier un acte terroriste. »

La défense réplique par la voix de Maître Gultaslar :

« On ne nous a pas très bien compris. Notre client serait vierge de toute idée radicale ? On sait que Monsieur Ayari a été inculpé pour les faits survenus en France. Vous a-t-on dit qu'il était le neveu de l'Abbé Pierre ? Ce que j'ai dit, c'est que vous êtes saisis pour la fusillade de la rue du Dries et non pour les attentats de Paris ou de Bruxelles. On vous jette les autres dossiers périphériques pour lesquels ils sont présumés innocents. On ne conteste pas le port d'arme. On vous dit, ils ne sont pas morts en martyrs par lâcheté pour d'autres actes. Sinon, il faut les poursuivre pour tentative d'attentat. Dans cette séquence-là, ils auraient pu faire un coup d'éclat, ils ne l'ont pas fait. Cette double détente, ils auraient pu ne pas la rater. »

Puis le jeune avocat du cabinet Mary, Maître Delcoigne, parle du caractère « extrême de la couverture médiatique », de « l'engouement populaire ». « On s'est tous adaptés, emportés par le caractère extrême des circonstances. Mais toutes les caméras ne méritent pas qu'on torde le cou au droit. C'est la force du délibéré : le temps du recul, de la réflexion. Une justice extrême, non. Que l'on s'appelle Carlos, Hitler ou Abdeslam, le droit s'applique autant que si l'on s'appelle Mère Teresa. » S'adressant aux trois juges : « Nous savons le terrible poids qui pèse sur vos épaules. Celui de juger en toute indépendance, selon le droit et non la rue. »

« Que le prévenu ait le dernier mot, dit la présidente. Je vous donne la parole. Souhaitez-vous dire quelque chose aux victimes du 15 mars ?

— Mon avocat a tout dit, répond Ayari.

— C'est votre dernière possibilité pour votre défense.

— Je n'ai rien à ajouter.

— L'audience est levée. »

Reconnaître sa responsabilité, n'est-ce pas une *hassana*, une bonne action religieuse dont on est crédité au jour du Jugement dernier ? Alors que l'avocate d'Ayari commence à peine à souffler, je me penche vers elle.

— Pourquoi n'a-t-il rien dit ? C'était sa dernière occasion de repentance, ça ne lui coûtait rien.

Ne partageant visiblement pas mon émotion et étant sans doute plus clairvoyante que moi, elle me répond :

— Je ne sais pas. Je ne suis pas dans sa tête.

Je me heurtais au bloc de granit en eux ; deux hommes endurcis par un collectif militant. L'avocate quant à elle n'était pas mandatée pour les affaires de conscience.

119

UNE AFFAIRE POLITIQUE

La semaine suivante, le ministre de l'Intérieur belge, Jan Jambon, a déclaré publiquement qu'il ne comprenait pas la demande d'acquittement de la défense, déclarant qu'« un avocat est là pour faire en sorte qu'une personne reçoive une peine correcte ». Selon lui, la requête formulée par Sven Mary dépasse les limites. « Si des erreurs de procédure sont commises, il faut peut-être recommencer le procès mais cela ne peut quand même pas mener à un acquittement », avait-il ajouté.

Le procès n'était pas terminé, une nouvelle audience était prévue le 29 mars. Un jugement suivrait. Le monde politique a cru bon de se mêler de ce dossier qui n'était donc pas que judiciaire, en agitant la foule.

Sven Mary a pris connaissance de la nouvelle en haut d'une piste de ski à Courchevel. *Je m'en souviendrai toute ma vie.*

La réponse de l'Ordre des barreaux flamands ne s'est pas fait attendre : « Un avocat peut s'appuyer sur des vices de procédure et il appartient au juge, et non au ministre, de contrôler s'il y a un vice de procédure. Le juge ne peut être mis sous pression par qui que ce soit. »

Par voie de presse, Sven Mary a qualifié les déclarations du ministre de « populistes ». Il est, selon lui, inacceptable qu'un ministre en fonction s'implique directement dans une affaire pendante devant un tribunal. « J'estime qu'il met sous pression le pouvoir judiciaire, avec des moyens directs ou indirects. » Il a insisté sur le rôle premier d'un avocat, s'assurer du respect des règles de droit et de procédure, et ce même pour quelqu'un comme Salah Abdeslam.

Pour Sven Mary, le ministre l'a mis dans une situation dangereuse, a réchauffé le plat des menaces qui avaient pesé sur ses enfants par le passé. En disant : c'est honteux de demander l'acquittement d'Abdeslam, on pouvait selon lui trouver une justification pour l'abattre.

Très critiqué, le ministre a néanmoins maintenu ses déclarations de simple « citoyen ».

Une trentaine d'avocats ont signé une carte blanche exigeant des excuses et le retrait immédiat de ses propos. Selon l'ensemble des signataires, ils sont une menace pour l'État de droit et le principe de séparation des pouvoirs à la base de la constitution belge. « Le jour où plus aucun avocat ne sera prêt à défendre un prévenu accusé de terrorisme, l'État islamique aura gagné. »

Le 23 avril 2018, Sofien Ayari et Salah Abdeslam, absents des bancs des prévenus, ont été condamnés à la peine maximale, vingt ans de prison pour tentative d'assassinat terroriste.

« Le contexte était celui des attentats de Paris », a relevé le jugement, l'enquête avait abouti ce jour-là sur « un logement conspiratif » du groupe djihadiste à l'origine de ces attaques. Les membres présents dans l'appartement étaient « armés, portant des gilets pare-balles ». « Leur ancrage dans le radicalisme ne fait aucun doute », a ajouté le tribunal.

En clair, ce que dit le jugement : ils ont voulu tuer des policiers. Leur acte était prémédité. Ils ont agi dans un contexte terroriste.

« Nous allons analyser le jugement de fond en comble. Il nous paraît assez créatif, surtout pour le problème de procédure », a réagi Sven Mary, au Palais de Justice de Bruxelles, dans une colère à peine contenue.

Quelques mois plus tard, il me dira : *Je continue à croire que ce jugement est un leurre. Il ne pouvait pas être coauteur des tirs puisqu'il part. C'est aussi le seul dont on n'a pas retrouvé l'ADN sur les armes. Par ailleurs, la problématique de la langue aurait fait tomber un autre procès. On sourit un tout petit peu quand je l'expose et on la balaie d'un revers de la main. Si ce n'est que, en juillet 2018, on change la loi sur cet aspect précis. On crée une nouvelle loi pour que ce problème ne puisse plus jamais en être un.*

On peut aussi selon lui s'interroger sur la chronologie. *Vous commencez par juger quelque chose qui est un entre-deux, entre les attentats de Paris et ceux de Bruxelles. On aurait dû juger Paris d'abord.*

Les juges belges avaient-ils en tête la « réparation » des deux attentats, peut-être aussi la culpabilité que la France avait fait peser sur les autorités belges au moment de la cavale d'Abdeslam ?

Embrouiller les chronologies, mêler les récits, frotter le politique au judiciaire, refuser de se soumettre à l'État de droit, mentir, amalgamer, rendre le verdict d'un autre procès.

Une histoire difficile à vivre.

« Je verrai avec Salah Abdeslam quel est son souhait, s'il veut faire appel ou non », avait précisé Sven Mary à la presse, le jour du jugement. « Je vais lui faire part de mes recommandations, mais c'est lui qui prendra la décision. »

Sven Mary aurait dit à Salah Abdeslam : « Voulez-vous aller en appel ? » « Je vais réfléchir. » « Vous avez trente jours », lui aurait précisé son avocat, avant d'essuyer un refus. Je sens la profonde déception de Sven Mary de ne pas avoir pu exercer la défense de son client jusqu'au bout et d'avoir été empêché par lui. La seconde fois, après celle de son opposition, lors de l'audience, à faire appel de la feuille d'audience.

Sven Mary n'est pas devenu l'ennemi d'Abdeslam. L'avocat lui a été utile à un moment donné. Si Salah Abdeslam n'avait pas voulu prendre du temps pour l'affaire de la rue du Dries, il n'aurait pas mandaté Sven Mary. La mère d'Abdeslam a joué un grand rôle. Parce qu'elle voulait le sortir de là, elle a imposé Sven Mary à son fils et exigé de ce dernier qu'il assiste à son propre procès. Salah n'a pas appris à lui dire non. C'était pourtant, semble-t-il, contre sa volonté.

120

ABSENT DU POSTER

Vous l'avez donc vu à son procès, me dit Nour.

Aurait-elle aimé le sortir de son silence, entrer doucement en lui pour tenter une dernière fois de le réconcilier avec le monde ? Je ne crois pas. Je lis dans ses yeux que plus rien n'était possible.

J'ai entendu la lecture de la lettre qu'il lui avait adressée, utilisée par la partie civile pour démontrer le contexte terroriste. Une lettre qu'elle n'a jamais reçue, découverte dans la presse.

Nour affronte mon récit. Elle m'écoute avec un mélange de pudeur et d'intensité. Elle est là mais se protège.

Au début du procès, il m'avait semblé que Salah Abdeslam était dans de bonnes conditions pour parler. Je trouvais la présidente particulièrement bienveillante. Mais avec deux cents kilos à côté de soi, le souffle de deux hommes sur le visage, et deux paires d'yeux sous cagoule qui ne vous lâchent pas du regard, c'était finalement discutable. Par ailleurs, la venue de Salah Abdeslam au premier jour d'audience ne semblait motivée par un désir ni d'équité ni de vérité.

Il a manqué sur le poster du 13 novembre.

Poster qui a réellement existé. Dans son magazine de propagande, *Dabiq*, de janvier 2016, l'État islamique a mis en scène les neuf terroristes des attentats de Paris. Le grand absent : Salah Abdeslam.

Il a pu voir dans le procès de la rue du Dries l'occasion de se racheter et de faire passer un message, celui de la grandeur du

Seigneur et du rejet de la justice des hommes. Le prétoire offrait l'examen de rattrapage à un homme qui n'est pas sans ego.

En pseudo-agent de l'État islamique, il réclame une place sur la photo du 13 novembre pour justifier, selon l'expression de Günther Anders, le « courage de la lâcheté » dont il a fait preuve.

Au quartier, se tailler une réputation, c'est se faire un nom. Salah Abdeslam a sans doute voulu non pas « se faire afficher » comme l'expression populaire l'entend, mais au contraire se trouver exposé de manière avantageuse, au regard de ses pairs et du monde entier.

Son frère Mohamed ne m'avait-il pas dit : « J'ai un nom plus vendeur » ?

En décembre 2014, Salah m'a proposé de partir en Syrie avec lui, me dit Nour.

« Rejoindre la zone de combats, c'est se rendre utile. Viens avec moi. »

« Pas mon délire », je lui ai répondu.

« Tu ne veux pas aider les femmes et les enfants syriens ? » Me prenait-il pour une idiote ? Comme s'il s'agissait d'humanitaire. Je n'avais pas été éduquée aux jeux vidéo, la réalité était sous mes pieds. La guerre en Syrie, je la déplorais, mais les messages de propagande qui essayaient de nous harponner, j'avais appris à m'en méfier.

« Ils ont besoin de femmes pour éduquer la future génération de Lions. »

« Les hommes servent de chair à canon au front, et les femmes à la jouissance charnelle de ceux-ci », écrit Hugo Micheron.

« Ce sera sans moi. » J'avais l'impression qu'il nous prenait pour les nouveaux Adam et Ève, une sorte de couple fondateur à l'aune d'un pays mythique. « Mais réveille-toi. »

Son meilleur ami était en Syrie, pourquoi pas lui ? devait-il se dire.

Je commençais à travailler, lui ne trouvait rien.

« Il faut quitter la terre de mécréance qui souille les musulmans, s'installer en terre d'islam et défendre ses frères. » J'avais envie de le gifler comme on secouerait un inanimé.

La plupart des jeunes du quartier étaient allés en prison. Eh bien quoi ? Il fallait aller chercher du neuf en Syrie, d'autres raisons de rouler les mécaniques ? Je n'ai pas voulu l'humilier, j'ai gardé pour moi le fond de ma pensée.

« Il faut choisir son camp », avait-il conclu ce jour-là.

Comment le prendre au sérieux ? À fumer des joints, écouter de la musique et sortir à tout bout de champ, il n'avait ni le profil d'un bénévole d'une ONG ni celui d'un djihadiste islamique. »

Si Nour n'avait pas dit non fermement, elle serait une de ces veuves chargées d'enfants, rapatriées en Europe. Ses petits vivraient à jamais loin d'elle, sous l'étiquette « de retour de zone de guerre ».

Elle compterait dans les statistiques des quarante-deux mille combattants étrangers de plus de cent vingt pays ayant été « sur zone » entre 2011 et 2016. Précisément rangée dans les cinq mille originaires d'Europe.

En France, ses enfants – français par leur père – et elle seraient jugés au même titre que les hommes, au détail près que les pères sont « supposés décédés ou en fuite ». C'est ce qu'on dirait de Salah.

À leur arrivée à Paris, sur le tarmac de l'aéroport Charles-de-Gaulle, ils auraient été brutalement séparés, bébés compris, placés sans délai en famille d'accueil. Les règles d'aujourd'hui. Nour aurait été mise en examen pour terrorisme et abandon moral de mineurs.

Seule dans sa cellule.

Ses enfants auraient été accueillis comme des bombes à retardement.

La France est le seul pays européen à avoir judiciarisé les individus de retour de zone de guerre. La France est aussi la cible privilégiée de la propagande djihadiste.

Ailleurs, revenir d'Irak ou de Syrie n'est pas constitutif d'une infraction, pas suffisant pour poursuivre ou condamner. Ailleurs, les enfants revenus de zone de guerre restent vivre avec leurs parents.

La perversion du langage parle de « mesures de protection et de soin de l'enfant » pour celui qui, en réalité, est vu comme une menace.

Les enfants de Nour auraient été convoqués dans des services pédiatriques pendant une journée, accompagnés d'une famille d'accueil ignorant leur histoire.

Des professionnels se seraient chargés de mesurer l'emprise mentale de l'idéologie djihadiste sur ses petits. Comment évaluer un enfant de moins de deux ans sans personne qui le connaisse depuis plus de quinze jours ?

Séparée d'eux, Nour aurait trouvé le temps interminable. Jusqu'au moment où une audience les réunirait en présence d'un juge. Elle durerait de deux à quatre heures. Les enfants joueraient peu, ne chercheraient pas son contact.

La présidente demanderait de quoi ils ont souffert en Syrie.

Qui pour raconter la vie recluse des femmes dans les « zones familiales », à qui l'on défend de se déplacer sans un tuteur ou une gouvernante ? Qui pour dire la terreur des bombardements, les jeux d'armes, les mares de sang, les fouets ? Qui pour raconter les scènes d'exécution, de décapitation, de torture, les viols et les lapidations engouffrés en elle et dans les yeux de ses enfants ? Qui pour faire le récit des attentats suicides sous les cris de guerre ? Qui pour exprimer le déchirement de soutenir un mari agent de l'horreur ? Qui pour évoquer les autres épouses de Salah, certaines des esclaves achetées ? Qui pour parler de la mort de Salah et de la période de détention avec ses enfants après les chutes de Mossoul et de Raqqa ?

La présidente demanderait de quoi ses enfants souffrent aujourd'hui. Les mots des experts claqueraient dans la salle. « Troubles de stress aigu, troubles de l'adaptation, troubles de l'attachement, troubles de l'attention, gloutonnerie, retard de développement. On sent qu'ils ont été peu stimulés jusque-là. » Personne ne s'adresserait à Nour, fléchée en plein cœur et rongée de culpabilité vis-à-vis de ses enfants.

Ces derniers seraient placés sous microscope sans que personne soit garant du récit de leur vie. Viendraient-ils lui rendre visite en prison ? Peu probable. La ligne actuelle est d'élever ces enfants sous l'œil des services sociaux et de la police. Loin des mères. D'ici un an, ils observeraient de graves effondrements psychiques. Séparer brutalement un enfant de sa mère le plonge dans l'abîme. Forcer un être à faire le deuil d'une mère vivante est impossible.

Cela n'empêcherait pas qu'on répète à Nour : « L'intérêt de

vos enfants est primordial. La préoccupation des juges est leur avenir. »

Elle paierait encore plus cher son amour pour Salah.

Nour ne rencontrerait pas les professionnels de l'assistance familiale, chargés de ses enfants. Ils ne lui parleraient pas de leur détresse ni de leur demande de formation. Ils ne lui diraient pas le mal qu'ils ont à établir une relation avec eux, combien ils refrènent leurs projections, entre fascination et voyeurisme, effroi et répulsion. Toutes ces défenses projectives dont ils sont la proie, qui les empêchent de prendre soin des enfants comme ils le voudraient. Ils ne lui auraient jamais dit le manque crucial à leurs yeux d'un discours public sur eux. Ni la honte qu'ils s'efforcent d'étouffer à vouloir bien s'en occuper.

Ils ne lui confieraient pas qu'un référent devrait raconter aux enfants leur histoire sans jugement des parents pour enfin donner un sens à ce qui leur est arrivé. Ni que, sans cette parole, ils ne comprendraient jamais rien.

Personne ne connaît leur récit de vie. Encore moins celui enfoui, passé sous silence, du père absent. Des pans entiers de l'histoire de l'enfant devenus tabous.

Comment reconstruire cet indispensable récit quand le judiciaire garde les informations pour lui ? m'avait dit Esther. Comment dire l'histoire intime que seule la mère connaît mais qui est mise hors jeu ?

Comment ne pas enfermer un enfant dans des spécificités quand les magistrats comme les médias ne les appellent pas des enfants mais des bêtes, « lionceaux du califat » ? Comment s'approprier son histoire sans être stigmatisé ?

De terreur en terreur, les enfants de Nour auraient eu tout en main pour perpétuer la violence du père.

Plus tard, Nour a demandé à Salah des nouvelles de son projet de départ en Syrie. *J'ai changé d'avis*, fut sa réponse alors qu'il avait commencé les préparatifs des attentats de Paris. Changé d'avis signifiait ne pas en avoir changé, seulement suivre un autre plan.

121

L'ÉCHEC AU CARRÉ

« Qui s'arrête en chemin sert à demi son maître ;
[...] La moitié d'un ami, c'est la moitié d'un traître. »
Victor Hugo, *La Légende des siècles.*

Aujourd'hui on vous dit que la ceinture d'explosifs ne fonctionnait plus, vous verrez qu'au procès ce ne sera plus beaucoup le cas, me dit l'homme proche du dossier judiciaire. *La ceinture n'a pas explosé. Salah Abdeslam a eu au moins trois opportunités de mourir en martyr : le jour des attentats, lors de sa fuite rue du Dries où il abandonne son arme. Ce même jour, il est bloqué par deux policiers qui le font passer – ça vous ne le lirez nulle part –, qui lui disent « allez dégagez, dégagez, il faut dégager », ils sont à un mètre de lui, il part. Et puis, il y a sa sortie rue des Quatre-Vents où il est encerclé par cinq cents policiers d'élite donc si vous en voulez un dernier c'est le moment, après c'est trop tard. Les trois fois, permettez-moi l'expression, il a manqué de couilles.*

Un cabaliste dirait que c'était la part de Dieu en lui. Le petit point d'étincelle, indestructible, de notre humanité.

« C'est incompréhensible », dirait un policier. « Il est miraculeux qu'il y ait eu si peu de victimes. Concrètement, ce qu'ils ont fait, à part se suicider, n'a aucun sens. »

« Tu n'auras pas ton martyre », dirait un psychologue.

« Tu étais le tchatcheur pas le bagarreur, deux rôles exclusifs l'un de l'autre dans la culture des rues », dirait le sociologue.

Je ne sais pas qui du cabaliste, du policier, du psychologue ou du sociologue aurait raison.

Salah ne faisait qu'un avec ses frères de sang et de combat. Il a cru pouvoir tenir sur le tranchant de la lame, tenir sur l'intenable : être des leurs et rester en vie.

Faire sa part, ce qu'il considérait être son devoir de frère, et vivre. Partager leurs vues et ne pas se faire exploser.

Il ne l'a su que les derniers temps, qu'il n'en serait pas capable. Il a compris qu'il avait été trop loin, trop tard. La mort l'avait charmé jusqu'au moment où il s'est retrouvé seul face à celle de ses amis. S'enfuir pour échapper au sang.

Pourtant, il avait dû égrener les bonnes raisons de sa propre mort. S'offrir un martyre, lui qui a échoué avec la princesse du quartier, lui qui n'avait pas de situation.

Durant ses virées à travers l'Europe, Allemagne, Grèce, Hongrie…, l'avant-goût de mort qu'elles charriaient l'avait shooté. Le soir du 13 novembre, Salah Abdeslam n'avait sans doute plus rien à perdre mais la pulsion de vie fut la plus forte. Elle est montée en lui comme de la bile. Elle avait pris au passage le goût de ses échecs.

Il va tellement loin dans cette radicalisation, au moment où il est confronté au jour J, le come-back devient difficile, me dit l'homme proche du dossier qui côtoie Salah Abdeslam depuis son arrestation.

La mafia non plus, un individu ne peut pas s'en extraire. Il en sait trop, son départ mettrait en danger le groupe.

Si Salah Abdeslam arrête, ne monte pas dans cette voiture, il passerait pour un lâche, un traître, un défaitiste et serait responsable de l'échec des attentats de Paris. *Faire tout capoter après le mal qu'on s'est donné, non. Le boulot doit s'accomplir complètement. Sans compter que je suis attendu, je me ferais buter*, a-t-il pu penser.

Il avait tort. Si sortir du califat est considéré comme une trahison lourdement sanctionnée, l'État islamique n'a jamais liquidé un traître sur le sol européen. D'autres chats à fouetter.

Tout cela ne sont que des excuses car, même dans sa mauvaise conscience, il ne fait aucune place à l'autre, aux autres vies humaines. Il est dénué de force morale. C'est pourtant elle qui rend un individu capable de dire non au meurtre.

Sans doute meurt-on à l'endroit où l'on a vécu, comme l'exprimait si justement Anne Dufourmantelle. Sans doute notre mort fait-elle signe à la manière dont on a conduit sa vie. Son retrait ce soir-là aurait pu être un signe d'espoir. C'est là où mes mots ont voulu s'engouffrer.

Dans cette brèche, j'ai voulu voir un retrait volontaire, les interstices d'une humanité, un appel au secours, un lien possible. Je n'y ai trouvé que du vide, de la faiblesse, de la lâcheté, de l'indifférence à l'autre dont le revers n'était pas l'humain mais la misère humaine.

— C., viens. On a fait des cocktails anti-nègres. On va les massacrer.

Ils souriaient tous. Moi aussi, mais en fait je n'étais pas fier. Je voulais me tirer, mais je ne pouvais pas sortir de la bagnole. Qu'est-ce que je pouvais bien leur dire ? « Laissez-moi sortir. J'ai peur. Je suis une poule mouillée. » Je ne pourrais plus retourner dans notre quartier. Ils m'appelleraient le trouillard, le vendu. Ils diraient que je n'ai pas de couilles. J'entendais la voix de mon père résonner dans ma tête. « Tu vas morfler, comme les autres. L'important est de ne pas gâcher son talent. » J'entendais aussi la voix de Sonny. « Fais attention, C. Ne perds jamais ton sang-froid. Garde la tête froide. » Quelqu'un avait tiré la chasse, et j'avais l'impression de m'enfoncer dans les chiottes.

Robert De Niro, *Il était une fois le Bronx.*

122

L'INGRÉDIENT SOMBRE DE L'INTERDIT

Je revois Liès à Molenbeek. Il m'a donné rendez-vous dans un café flambant neuf à deux pas du métro Comte-de-Flandres. Il est 18 heures : deux femmes attablées à discuter, un jeune homme sous sa capuche en tête-à-tête avec son portable. Le responsable serre la main à Liès et me salue d'un hochement de tête. Il reste encore des crêpes et des olives, précise-t-il. Je propose que nous montions au premier étage, entièrement vide. Intrigué, le gérant nous suit et prend son temps pour essuyer une table ou deux. J'attends qu'il soit redescendu pour oser aller plus loin.

Salah Abdeslam aimait-il les hommes ? Liès ne baisse pas les yeux pour me répondre. *Non. J'en suis certain.* Fréquentait-il des endroits où il y avait des homosexuels ? *Oui.* Pour voler des cartes d'identité, de l'argent ? *Plutôt pour l'argent. Pour escroquer les gentils. Ça marchait. Mais il était 100 % hétéro.*

Kamel avait eu la même impression, comme il me l'avait confié quelques semaines plus tôt. *Dans ces bars fréquentés par des gays, Abdeslam et Abrini volaient des cartes d'identité pour faire de faux papiers. Ce n'étaient pas des gigolos mais des types qui allaient toujours vers les plus faibles. Les homos sont tout doux, tranquilles, faciles à voler. Il n'y a pas d'indice d'homosexualité chez Abrini et Abdeslam, selon moi.*

Liès a dit « escroquer les gentils », j'ai entendu « escorter ». Il me sourit.

Je me demande si, par amour pour l'argent, il aurait été

jusqu'à offrir ses services à des hommes. *J'ai l'intime conviction que non*, me répond Liès, *maintenant, je n'étais pas avec lui dans ces lieux. On s'étonne de tout. Mais je suis persuadé que non. Il était limite xénophobe, homophobe pardon.*

Les homosexuels dans le déni le sont souvent. Ils éprouvent la haine de ce qu'ils désirent, elle les protège de la peur de l'interdit.

Que disait Salah des homosexuels ? *Il était très radical, extrême. Du style, vous imaginez un homme avec un homme ? Il faudrait les exterminer. On savait très bien qu'il ne le pensait pas.*

« Exterminer. »

« Le caractère paranoïaque tient au fait que, pour se défendre contre un fantasme de désir homosexuel, on réagit justement par un délire de persécution », écrit Freud dans *Le Président Schreber.*

Salah Abdeslam était convaincu qu'on s'acharnait sur lui dans tous les aspects de sa vie.

Dans le milieu dans lequel vous évoluiez, de tels propos étaient-ils fréquents ? *Malheureusement tout le monde parlait comme ça. Vous pouvez faire une expérience, inviter des jeunes, vous verrez ce qu'ils vous répondront même sans le penser. « Il faut les exterminer, ce sont des antinaturels. » Salah n'aurait ni blâmé ni frappé un homosexuel face à lui. Il serait parti. Ce n'est pas typique de Salah mais des jeunes du quartier.*

« Typique. » Mettre les homosexuels au ban de la société constitue la norme.

Liès n'imagine pas Salah offrir ses services à des hommes pour de l'argent. *Je suis prêt à mettre ma main à couper que non. Je ne vois pas Salah se prostituer.*

À Bruxelles, j'avais discuté avec des hommes qui entretenaient des relations tarifées avec d'autres hommes. L'un d'eux m'avait expliqué qu'il y avait différentes manières de s'y prendre. Avoir des relations sexuelles avec son client n'était pas obligatoire. On pouvait être rémunéré pour un jeu de séduction ou une simple présence. Liès réagit : *Ça oui. Quand Salah partait dans des bars, il discutait avec des homosexuels mais il n'y allait pas seul.*

Il s'y rendait notamment avec Mohamed Abrini, « l'homme au chapeau » des attentats de Bruxelles qui ne déclenchera pas la troisième bombe à l'aéroport et s'enfuira comme Salah Abdeslam au Stade de France. Pourquoi précisément avec lui ? *Peut-être parce qu'il était plus facile à faire passer pour homosexuel*... Il se servira aussi d'autres connaissances.

Il utilisait ces gens-là pour attirer des homosexuels riches qui fréquentaient les lieux. Le but de Salah était d'avoir du fric. Si on pouvait avoir accès à l'appartement de la cible, on rentrait, on piquait tout ce qu'il y avait et on se cassait.

Il allait jusque-là ? *Oui.*

Mais sans s'offrir ? *Pas lui en tout cas.*

Comme un maquereau. Il jouait sur cette brèche. Séduire par substitution, et voler. *Parfois, il disait au garçon vas-y, va jusque-là, laisse-le mettre sa main sur ton épaule pour le ramener à tel endroit.*

La façon la plus extrême était de tout lui piquer. S'il y avait moyen d'éviter de déplacer la proie et que l'appât puisse prendre un maximum de blé, c'était aussi bien.

Ce que Salah Abdeslam ne s'avouera probablement jamais à lui-même, c'est la tension érotique qui le liait à sa victime. L'excitation éprouvée à la vue de l'effroi qu'il suscitait. L'instinct de prédation serre toujours fort le désir dans sa main.

Pour les filles occidentales, l'Arabe est la racaille. Pour les hommes, l'archétype de la virilité, m'avait confié un prostitué dans un bar à Bruxelles. D'accord pour se travestir, *mais il ne faut pas virer trop femme*. Des hommes peuvent payer jusqu'à quatre cents euros pour une prestation. Certains prostitués rencontrés sont mariés, avec femme et enfants.

Du fétichisme dans les demandes des clients : faire la lecture, s'adonner à des jeux érotiques, les accompagner au sauna, se laisser lécher les talons aiguilles. Ils peuvent avoir des exigences en matière d'hygiène et d'élocution. *Il n'y a pas de pénétration, on reste toujours à la limite.*

Ne pas aller au bout de l'acte sexuel mais jouer sur ses bords présente des intérêts. Cela permet de s'arranger avec sa conscience et les tabous culturels, et de ne pas se vivre en homosexuels dont ils rejettent l'archétype social. En eux, le cri d'une misère économique doublée de quelque chose de gargantuesque, une gourmandise sombre.

Les prostitués masculins ne risquent pas grand-chose, la filière, sans proxénète, n'est pas organisée. Pas étonnant que Salah Abdeslam ait fréquenté ce milieu fait de petits arrangements avec soi-même, d'abstinence et d'interdit.

Pour les exilés du sexuel qui rêvent de se faire sauter, l'idéologie islamiste est une agence de vérité, m'avait dit Esther. Comment affirmer sa masculinité alors qu'on fait si peu avant le mariage avec celle qu'on aime, et beaucoup avec d'autres? *L'État islamique apparaît comme une entreprise de lavement où le rôle du jeune mâle ne souffre d'aucune ambiguïté.*

À Molenbeek, Salah Abdeslam évoluait exclusivement dans une société d'hommes. « Hamdoullah! Ça éloigne mes fils du vice », disaient les mères. Le vice, c'était les femmes. Des figures de tentatrice dont il fallait tenir éloignés les jeunes hommes. Et de madone dont il fallait préserver la virginité avant le mariage.

Constamment entre hommes, l'excitation homosexuelle devenait omniprésente. Dans les bars à Bruxelles, Salah en a joué, s'en est délecté, en a fait un instrument de vol. L'argent l'a aimanté presque autant que le plaisir d'en prolonger la scène par son récit à ses amis. Par-dessus tout, il a aimé flirter avec ce double interdit: devenir un familier des lieux fréquentés par des homosexuels et les dépouiller.

Il arrivait à Salah Abdeslam d'envoyer un jeune garçon dans un quartier résidentiel pour suivre un prétendu riche homosexuel rencontré dans un bar. L'appât laissait la porte ouverte. Salah et un complice entraient, encagoulés. Salah braquait une arme – peut-être fausse – sur la tempe de la proie, quand le second essayait de manier une bombe lacrymogène sans s'asperger lui-même. La scène relevait rarement du grand banditisme, plutôt de caméra cachée. Aussi grotesque que son braquage de pieds nickelés avec Abaaoud.

Aucune maîtrise, le tout capotait régulièrement. Les agresseurs dirigeaient parfois la bombe vers eux-mêmes. L'angoisse de la victime était sans fond. Aux yeux de Salah, elle le méritait car il s'agissait d'un homosexuel. En bas de l'immeuble, lui et ses complices se tordaient de rire.

Cette fausse désinvolture et cette franche cruauté ne sont peut-être pas sans rapport avec la mère d'Abdeslam. N'est-ce pas à elle que ce faux jeu de dupes s'adresse? Avec elle qu'il fait corps? Pour elle qu'il offrirait le commerce de sa chair, resterait-elle intouchable?

Une mère peut faire du corps de son fils l'objet du désir des autres, à la mesure de sa propre impossibilité à admettre la séparation, m'avait dit Esther. *Aucune somme aussi exorbitante soit-elle ne viendrait au bout de cette dette.*

Terroriser un impie avait aussi quelque chose à voir avec le djihad qui ordonne, selon l'État islamique, de détruire le monde de l'ignorance et de la mécréance.

Pourquoi agresser des hommes et non des femmes? J'interroge Liès alors que nous sommes toujours seuls au premier étage « familial » du café. *Il ne l'aurait pas fait. Je vois mal Salah braquer une femme avec un flingue. Un homosexuel, oui, parce qu'il n'en a rien à faire, il le mérite selon lui. Voilà pourquoi je suis persuadé que Salah n'est pas homosexuel. Il ne terroriserait pas une femme. Peut-être l'escroquer, profiter d'elle pour prendre son argent, mais terroriser une femme avec un flingue, non.*

Des femmes ont été tuées lors des attentats de Paris. À l'époque, il considérait qu'il fallait faire une distinction? *Le soir du 13 novembre, Salah n'a pas tiré sur des femmes.*

Ça ne le rend pas moins coupable d'un attentat auquel il a participé, ayant causé la mort.

Il n'aurait pas agressé directement une femme. Il faisait aussi une distinction à l'école. La manière dont il répondait à un prof ou à une prof était différente. Si parfois il était sec avec une prof, il n'allait pas jusqu'à la faire pleurer. Il y avait toujours cette barrière, attends c'est une femme, une maman, il faut la laisser tranquille. Tandis qu'un prof, qu'il soit un papa, il n'en avait rien à faire, il lui rentrait dedans.

Respecter sa mère mais pas son père.

Son prof de maths avait une sœur qui donnait aussi des cours de maths. Salah répondait à la sœur de manière sèche quand elle se montrait injuste. Quand il a eu son frère l'année suivante, d'après lui la sœur aurait prévenu le frère de ses difficultés. Un jour, il a dit au frère viens, toi t'es un homme on s'arrange dehors. Avec ta sœur, je ne peux pas.

On a un différend avec une fille que l'on règle avec son frère. *Voilà.*

Dans votre groupe d'amis, y avait-il des homosexuels ? *Non. Je suis quasi persuadé que Salah n'allait pas au-delà, maintenant…* Pour l'argent, que ne ferait-on pas ? *Lui, il aimait l'argent, c'était ça son défaut. Il aimait trop l'argent.*

123

L'AUTRE EN SOI

> « L'homophobie se manifeste sous différentes formes, mais à notre époque aucune n'est aussi dangereuse que la version islamique. »
>
> Ayaan Hirsi Ali, *The Wall Street Journal.*

« Prendre les biens des homosexuels, ces *kouffars*, ce n'est pas du vol, mais un butin », a dû s'exclamer Abdeslam en quittant l'appartement de ses victimes.

N'a-t-il pas remplacé le corps défendu de Nour par un autre interdit ? L'homosexualité est à ce point taboue qu'elle aurait attisé son désir et sa violence. Dans le mot violence, n'y a-t-il pas *viol* ? Et réduction d'un homme ou d'une femme à un pur objet de jouissance ?

En traînant des cadavres, en profanant la mort, Abaaoud aurait excité les désirs coupables d'Abdeslam – s'en prendre à des innocents.

Depuis que j'ai découvert le commerce de peaux auquel Salah Abdeslam s'est livré et la cruauté dont il a fait preuve auprès de personnes homosexuelles, je devine comment le reste a pris en lui. Le désir homosexuel comme la mécréance pourrait être la source d'une dangereuse contagion.

S'empresser de mettre en pièces le corps du désir, le corps du délit.

Lui aussi allait trouver ses marques au sein d'un système érigeant la violence extrême en projet politique. Il serait un agent de la purification.

J'apprends par une personne de la police judiciaire que *nombreux sont les mis en cause terroristes dont on découvre des images de porno gay dans leur téléphone portable. Ils ont des problèmes de frustration sexuelle. En prison, nous exploitons leur téléphone. Ils filment leur bite. Le côté radicalisé a à voir pour eux avec l'homme viril qu'ils ne se sentent pas être. Lors des auditions, la sexualité est l'ultime affront. On n'en parle pas dans les familles. Il n'y a pas d'éducation sexuelle. C'est le grand tabou. Nous parvenons à les faire parler en évoquant les vidéos retrouvées dans leur téléphone.*

Elle me dit également qu'*avec Abaaoud, ils se sont tapé des travestis avant les attentats, au bois de Boulogne.*

La psychologue de la BRI aurait établi une typologie à partir des dossiers de la police judiciaire. Tous les mis en cause auraient connu une fracture (souvent liée au père) mais la sexualité resterait le nœud commun. Les magistrats aimeraient que la police judiciaire le fasse davantage ressortir car ils le constateraient eux-mêmes. *Il y a tellement de contenus à ce sujet qu'on ne peut pas faire autant de procès-verbaux que de vidéos pornos gays trouvées.*

Le porno gay les excite. Comment parviennent-ils à réconcilier leur fantasme avec les enseignements homophobes de Daech ?

La défiance à l'égard de l'homosexualité est très récente, m'avait dit Gamal à L'Étoile du Nord. *L'homo-érotisme était présent dans les textes antéislamiques, à l'époque du Prophète et après. Jusqu'à la colonisation, l'homosexualité n'était pas condamnée. Le Prophète faisait garder ses enfants par des travestis, des hommes habillés en femmes. Ce qui était condamné, c'était la sodomie forcée.*

Aujourd'hui, à quels mots est associée l'homosexualité dans la culture musulmane ? *Cela dépend de votre positionnement. Certains diront que c'est de l'impureté, d'autres, de l'amour.*

Je remarque son alliance en argent. En France, Gamal a été libre de s'unir à l'homme qu'il aimait.

Dans la mesure où le concept d'homosexualité n'existe pas et où le mariage est un contrat en vue de construire la société, le mariage homosexuel a la même visée. Il faut construire la société avec toutes les créations de Dieu. Il y a plusieurs exemples dans le Coran où Dieu bannit des créations entières. Si l'homosexualité était une aberration, Dieu ne l'aurait pas intégrée à l'humanité.

Lucide, Gamal, qui se destine à devenir imam, avait ajouté : *Mes propos peuvent être perçus comme une forme de dissidence mais l'islam n'interdit pas la contradiction, il l'encourage.*

L'archétype social de l'homosexuel est largement rejeté à Molenbeek. L'homophobie est légion. J'aurais tendance à penser que plus le rejet est virulent plus il relève d'un fantasme. *Je suis tout à fait d'accord. On a peur de ce que l'on ne connaît pas et aussi, parfois, de ce que l'on désire. Le plaisir coupable. Je le désire mais il m'est interdit, je le rejette. C'est entre ces hommes constamment ensemble que quelque chose se passe, qui continue à vivre en eux.*

La peur de l'autre en soi.

Mais aussi la grille obligatoire de Daech. L'homophobie violente fait partie du cadre interprétatif de l'idéologie, comme l'antisémitisme sous le IIIe Reich.

Avant Daech, de nombreux pays à majorité musulmane se sont appuyés sur la loi islamique pour punir l'homosexualité de châtiments : certains individus condamnés pour des actes homosexuels sont lapidés, décapités, d'autres jetés d'un toit ou brûlés vif. En vertu de la charia, les homosexuels encourent la peine de mort dans une dizaine de pays ou territoires à travers le monde. « Sur cinquante-sept pays ou territoires à majorité musulmane, quarante ont des lois qui criminalisent l'homosexualité et la punissent par des sanctions allant d'une amende et d'une courte peine de prison à la flagellation, une peine d'emprisonnement pouvant aller jusqu'à plus de dix ans ou la mort[1]. »

Le visage de Gamal s'assombrit à l'évocation de la barbarie des hommes. Il me répond par son engagement religieux et politique en France au service d'un islam progressiste. Il me parle aussi de l'initiative d'une femme imam aux États-Unis qui parcourt des villages musulmans pour enseigner les liens entre les droits de l'homme et l'islam. Il cherche à me montrer l'envers de la cruauté, les femmes et les hommes en lutte.

---

1. Ayaan Hirsi Ali, *The Wall Street Journal*, 13 juin 2016.

Dans l'école coranique de mon pays, entre mes quatre et mes six ans, les garçons étaient dans le même espace classe que les filles. Elles dans un groupe, les garçons dans un autre mais on se voyait, on se parlait. On entrait par des portes différentes. Notre maître coranique nous disait : il faut que vous soyez en lien. Ici c'est encadré, à l'extérieur ça ne l'est pas. Grâce à ce schéma mental, vous ne tomberez pas dans des relations avant mariage.

L'autre ne sera pas une terre entièrement étrangère.

Les meilleurs élèves devenaient imam de la classe. Pour notre maître coranique, les filles pouvaient guider la prière. « Comment choisir un imam ? Choisir le meilleur d'entre eux disent les textes, si le meilleur s'avère être une femme, c'est elle l'imame », répondait-il aux critiques.

« Ô vous les Hommes ! Nous vous avons créés d'un mâle (*dhakar*) et d'une femelle (*untha*), et Nous avons fait de vous des nations et des tribus, pour que vous vous entre-connaissiez. Le plus noble d'entre vous, auprès d'Allah, est le plus pieux. Allah est certes Omniscient et Grand-Connaisseur. »

Ce verset ne semble pas une exhortation adressée aux seuls croyants mais aux Hommes en général, comme le remarquent les auteurs du *Coran des historiens*. Il leur rappelle que Dieu les a créés homme et femme, et les a constitués en confédérations et en tribus pour qu'ils se « connaissent ». Pourtant, certains s'appuient sur ce verset pour exprimer combien l'homosexualité serait une offense faite à Dieu, à sa création ordonnée et à sa volonté.

C'est une interprétation. On pourrait aussi considérer que l'homosexualité est une différence et que l'offensant pour Dieu serait de la rejeter, me dit Gamal. *En arabe, l'étranger vient de la racine « proche », il se trouve à côté de moi. Le texte a été révélé en arabe. L'autre est l'étranger faisant partie de la diversité de la création voulue par Dieu. La différence divine est dans toute sa création. C'est en cela qu'elle est parfaite et que Dieu l'est aussi.*

La perfection de Dieu et de sa création n'est pas toujours l'obsession des hommes. On peut préférer Lui faire dire ce qui sert les intérêts d'une poignée d'entre eux, asséner qu'Il légifère les comportements sexuels quand Il se manifeste en Dieu créateur. L'invoquer, décréter ce qui Lui déplairait permet de justifier le rejet, quand ce n'est pas le meurtre. Pour certains, reconnaître leur mauvaise foi interprétative serait pareil à une mise à nu. Il ne faut pas attenter à l'idée qu'ils se font de la virilité. Ni au Mal qui les fascine quand ils massacrent leur désir.

124

LES ASSISES À PARIS

> « Son silence est le bruit du calcul qu'il opère en toutes circonstances pour prendre ou garder l'avantage. »
>
> Mathieu Terence, *Du ressentiment.*

Il ne parlera plus selon vous ? *On ne peut pas savoir*, me répond le juge rocker que je revois au Bar Édith Piaf, porte de Bagnolet. Quatre petites tables en bois, autant de tabourets le long du bar. Les photographies de la chanteuse accrochées au mur sont plus nombreuses que le café ne peut contenir de clients. La promiscuité est telle que le patron n'a pas à quitter son comptoir pour prendre la commande.

J'ai connu Smaïn Aït Ali Belkacem. Je suis arrivé pour le règlement du dossier en 2000. Après avoir refusé pendant cinq ans de parler lors de l'instruction, il a reconnu les faits. C'était le fruit d'une évolution personnelle, le changement d'interlocuteur, d'ambiance générale, de conditions de détention. Un moment fugitif, le temps d'un interrogatoire. Un mois plus tard, il s'était refermé et est revenu sur ses aveux. Un être humain est tellement complexe, vous ne pouvez pas prévoir que son silence sera définitif. Cinq ans emmuré et, juste avant les débats contradictoires et la clôture, il parle. À l'audience, il n'a rien dit. Pour les détenus de droit commun, elle peut avoir un impact et dénouer la parole, c'est beaucoup moins le cas en matière de terrorisme.

L'instruction est clôturée, Abdeslam n'a pas parlé.

Avons-nous besoin qu'il s'exprime lors du procès ?

Le patron nous tend un gin tonic et un diabolo menthe au-dessus du zinc.

Plus le temps passe, moins on a besoin qu'il parle. Au début, il a quelque chose à vendre. L'inquiétude, ce sont les autres membres du groupe. Trois personnes engagées par Abaaoud ont été arrêtées en Allemagne très peu de temps après. Au début, il faut vraiment qu'il parle, on a peur d'un nouvel attentat, des membres de l'équipe non identifiés. Pour des raisons de sécurité, enquête, cellule dormante, c'est très important. Au fil du temps, des mois, des années, ça l'est moins.

Je joue nerveusement avec ma paille. Je pense aux femmes et aux hommes morts dans l'attentat de Bruxelles juste après l'arrestation d'Abdeslam.

Pour les victimes, reprend le juge, *ce n'est pas la même chose. Elles sont plus exigeantes que nous. Elles veulent tout savoir, qui a décidé, comment, pourquoi, qui a fait quoi exactement. Le film complet. Pour elles, c'est utile qu'on leur explique vraiment. Alors que pour un juge d'instruction, les détails et les pourquoi... Nous, c'est plutôt, est-ce qu'on a arrêté tout le monde ? Comment ça fonctionne ? Les familles ont besoin de ne plus avoir de point d'interrogation. Les victimes d'aujourd'hui ont la chance – si j'ose dire – de savoir pourquoi.*

Il retire un à un les glaçons qu'il met dans un cendrier.

À l'époque du terrorisme d'État, on ne savait pas pourquoi il y avait eu un attentat. Celui de 1986 rue de Rennes était complètement nébuleux pour les victimes. Ça arrive aujourd'hui pour des enlèvements ou des meurtres à l'étranger, comme l'assassinat en novembre 2013 de deux journalistes français de RFI en reportage à Kidal, dans le nord du Mali. Les familles s'interrogent sur les raisons de l'enlèvement et du meurtre. On connaît le mobile des opérations de novembre 2015. On peut les rassurer, leur dire comment ça s'est décidé, quelles réunions, pourquoi tel aspect n'a pas fonctionné, les changements d'avis, etc. Les individus les plus désespérés que j'ai vus étaient ceux qui ne savaient pas pourquoi, comme pour l'attentat de Karachi du 8 mai 2002. Les familles ne pouvaient pas mettre un sens à la mort de leur proche, même absurde.

Le réveil de son téléphone sonne, le juge s'excuse, il doit partir. Un divorce l'attend dans le nord de la France. D'ici quelques mois, on le nommera président d'une cour d'assises où son expérience sera plus utilement mise à contribution qu'aux affaires familiales.

Nour interrompt ma lecture.

Pour moi qui le connais, Salah ne parlera pas. Je l'ai su dès le début. Il sait qu'il va passer sa vie en prison. À quoi bon?

Pour les victimes.

Il ne parlera pas. Quand il est sorti de prison en 2011 pour des faits autrement moins graves, il n'a jamais voulu me dire ce qu'il avait fait ni pourquoi.

Lorsqu'ils furent dans les champs, Caïn n'est pas parvenu à parler à Abel. Parler, c'est déjà s'adoucir.

« Les réponses n'apporteront pas grand-chose à la famille, déclare son frère Mohamed à la presse belge. Les conséquences sont là : un fils est mort, un autre a été emprisonné pour de nombreuses années. Je ne sais pas s'il y a un intérêt à avoir des réponses, si ce n'est que la famille aura encore plus de regrets de ne pas avoir fait plus d'efforts pour éviter ça. » Voilà ce qu'il aimerait dire à Salah : « Est-ce que ça en valait la peine ? » Puis il ajoute : « On espère qu'il se remettra en question et qu'il finira par dire qu'il a fait une grosse connerie. Peut-être qu'un jour... »

Parler, pour certains, c'est parler de soi-même jusqu'à la fin des temps.

C'est employer le même mot pour un braquage et pour la participation à un meurtre de masse.

Faut-il préciser qu'un procès n'est pas au service de la famille d'un inculpé ? Qu'un terroriste mort n'a pas à être confondu avec la centaine d'innocents tués notamment par sa faute ?

Les victimes dont le mot est passé sous silence.

Le juge d'instruction en charge de l'affaire a dû se rendre aux auditions sans espoir, par simple respect de la procédure. Qu'aucun mot ne sorte de la bouche d'Abdeslam, vissé muet sur sa chaise depuis avril 2016, n'a pas empêché ses piles de dossier de s'épaissir – il y en aura quatre cent soixante tomes à l'issue de la procédure, soit un million de pages –, ni les détails de l'affaire de s'accumuler. Au troisième étage de la galerie Saint-Éloi, derrière les caméras posées sur le bureau du magistrat et braquées sur Salah Abdeslam, il a égrené ses questions par centaines comme une litanie, un rituel bien rodé. Plus il les posait de mois en mois, d'année en année, plus la barbe de Salah Abdeslam s'allongeait. À la fin, la retranscription de l'interrogatoire sur laquelle il est écrit après chaque question « garde le mutisme » était remise à Salah Abdeslam pour signature. Ce qu'il refusait chaque fois de faire.

Pourtant monsieur Tessier est un bon juge d'instruction, m'avait dit l'homme proche du dossier. Celui qui a pris sa suite également. Ont-ils payé la note des conditions de détention d'Abdeslam ? *Je ne suis pas sûr que, si ses conditions avaient été allégées, il aurait parlé.*

D'ailleurs ne l'ont-elles pas un peu été ?

Parler serait aussi, à ses yeux, se montrer infidèle, déloyal vis-à-vis de son frère défunt. Je ne le crois pas miné par la culpabilité du survivant mais la fusion avec Brahim est toujours active en lui. Quand deux métaux s'allient, les propriétés de l'un gagnent l'autre.

Il est aussi devenu emblématique. Il a son fan-club, ses demandes en mariage, il reçoit des photographies de jeunes femmes. Le rôle de sa vie ? *Un rôle à jouer. C'est lui le Seigneur, c'est beaucoup de choses…*

Un christ corrompu en djellaba.

125

PRÉTENDANTES

Des demandes en mariage, il en a reçu un certain nombre en détention à Fleury-Mérogis. Des prétendantes envoient leurs photos à la mère de Salah. *Je veux porter ton enfant*, disent les lettres. Que les postulantes soient des soutiens à la cause djihadiste ne semble pas être un problème, pourvu que son fils ait quelqu'un dans sa vie.

La mère veut servir son fils au prix de tout.

Elle se rend en prison pour essayer de le convaincre de choisir l'une d'elles. *Non*, répond-il. *C'est Nour que je veux.*

La mère vient trouver la jeune femme. *J'aimerais tant te voir un jour porter ses enfants*, lui dit celle qui ne renonce devant rien. *En prison, n'est-ce pas courant les « enfants-parloir » ?*

Elle cherche à boire sans trêve le sang de sa vie.

Elle lui montre les photos des postulantes. *C'est lui qui décide*, ajoute-t-elle. *Il faut lui apaiser sa peine de prison.*

Et celle de Nour, qui s'en chargera ?

Sous couvert de flatterie, c'est la malfaisance qui est à l'œuvre.

Tes parents vont finir par te pardonner, lui dit-elle. *Tu vivras avec nous, tu travailleras, on s'entraidera, tu verras.*

Vivre donc sous le même toit que sa belle-famille, avoir pour mari un détenu ayant participé à des attentats terroristes et élever ses enfants sans père, tel est le plan. Le chagrin de Nour n'empêche pas sa lucidité. Pendant des années, elle a pris sur elle, avalé des couleuvres et passé sous silence sa propre nécessité. Ses espoirs ont été piétinés. Cette fois, elle ne cède pas à la manipulation. Elle vaut bien mieux qu'eux tous réunis.

Sa belle-mère, insatiable, a des airs de Harpies aux serres en guise de pieds. *Je ne pardonnerai jamais à ta mère d'avoir repoussé mon fils*, conclut-elle. À ses yeux, il a mal tourné par sa faute.

Bien avant les attentats, la mère de Salah jouait à un jeu grotesque qui n'amusait qu'elle. Se prenant pour la reine d'un conte fameux, elle alignait ses belles-filles sur des chaises et répondait à la question posée par une cousine : « Qui est la plus belle ? »

Le royaume, c'était son salon. Le miroir, c'était elle.

« Je ne savais pas qu'on pouvait être aussi cruelle », déclare Nour. J'imagine le sourire goguenard de sa belle-mère quand elle semait la discorde. « Ce sont les prières de ma mère qui m'ont sauvée. » La mère de Nour considère sa fille comme la plus sensible de ses enfants : elle verrait la bonté sur le visage du diable.

Dans *Une place au soleil*, Angela Vickers, interprétée par l'irrésistible Elizabeth Taylor, ne suspecte pas son aimé, George Eastman, de pouvoir verser dans l'infâme. Les traits fins du jeune homme, son teint de velours, son sourire éclatant, ses cheveux gominés, sa faible carrure et son blouson en cuir rappellent Salah Abdeslam. Aussi le caractère ambitieux et malin qu'on lui prête. Également la façon qu'il a de taire quelque chose d'important. « À quoi penses-tu ? » « À rien du tout. » Son esprit est pourtant rivé sur un meurtre. « Angela, pardonne-moi », dit-il en plein sommeil. Dans la salle de cinéma où il se trouve avec une autre jeune femme dont il finira par être accusé du meurtre avec préméditation, on entend ces mots venus du grand écran : « Quand tu es près de moi, les mensonges semblent vrais. »

Pour Nour aussi.

Quand les petites amies sont impliquées, on le voit très vite, elles servent de support. Celle de Coulibaly a tout organisé avec lui, me dit une des enquêtrices des attentats de Paris.

Nour a très vite été mise hors de cause. Avant de me confier quelque chose d'important, elle me demande : « Vous êtes croyante ? » « Oui. » Trois mois avant les attentats, Nour pleurait dans son lit. Désespérée de vivre depuis trois ans dans le mensonge, elle a prié Dieu qu'il éloigne Salah d'elle s'il le jugeait mauvais pour sa vie. Elle réclamait un signe du Ciel, elle suppliait Dieu comme on aboie. Aujourd'hui, Salah vit très loin d'elle, il va passer la majeure partie de son existence en prison, et sans doute ne se reverront-ils jamais.

« Dieu m'aime, conclut-elle. Il m'a protégée. »

126

ATTENTATS DE BRUXELLES

Abdeslam était au courant du projet des attentats de Bruxelles qui frapperont l'aéroport de Bruxelles-National et le métro à Maelbeek le 22 mars 2016. S'il n'en parle pas lors de sa première audition le 19 mars, il les a revendiqués quelques jours avant son arrestation par des mots sur un ordinateur que les terroristes ont jeté dans une poubelle de la rue Max-Roos, à Schaerbeek, au jour du massacre. Rouages huilés.

Je suis Abu Abderrahman celui qui a participé à la première attaque. Bien que j'aurais voulu être parmi les shahid [martyrs], *Allah en a décidé autrement* [...] *et j'ai réussi à rejoindre le reste des frères car il y avait un défaut dans ma ceinture. J'ai pensé dans un premier temps venir dans la terre du sham, mais en réfléchissant j'ai conclu* [...] *que la meilleure chose était de finir le travail ici avec les frères cependant j'aimerais juste pour l'avenir être mieux équipé avant de passer à l'action.*

Foutaise. Il pleurait sur lui-même à l'arrière d'une voiture. Incapable de s'inventer ailleurs, il retourne à Molenbeek comme dans une niche. Un déserteur qui revient au bercail, faute de mieux.

Le même mécanisme que Toto Riina, un des membres les plus influents de la mafia sicilienne, qui pendant ses trente années de fugue habitait dans sa maison de Palerme.

Il semblerait que le plan initial des terroristes après les attentats du 13 novembre était de s'en prendre de nouveau à la France lors de l'Euro 2016 de football. Ils ont finalement choisi de frapper plus vite et au plus proche : la Belgique. Leur crainte était qu'Abdeslam parle, les identifie et qu'ils soient arrêtés avant d'avoir pu agir.

Le procureur de la République française a relaté publiquement les propos que Salah Abdeslam a tenus lors de son audition avec les enquêteurs belges. Les terroristes savaient donc qu'il collaborait et livrait des noms.

Au même moment, un quotidien belge a publié un article sur les frères El Bakraoui impliqués dans les attentats du 13 novembre, alors qu'ils étaient toujours en cavale. Leurs photos ont également été publiées.

Ils ont envoyé des messages à Raqqa. Impossible à présent de tenir le plan initial de l'Euro 2016. Attaquons ici, disaient-ils à leurs commanditaires. Les deux frères seront parmi les auteurs des attentats du 22 mars 2016 à Bruxelles, entraînant la mort de trente-deux personnes et en blessant trois cent quarante autres.

La dictature de l'audience, la cupidité qu'elle sous-tend, « la société du spectacle », et la course à la reconnaissance auront prêté main-forte à la terreur.

Sans surprise, Salah Abdeslam est formellement inculpé dans le dossier des attentats du 22 mars 2016 à Bruxelles dont le procès devrait se tenir en septembre 2022.

Dans son message, il revient sur le fait de ne pas être parti en Syrie en 2014.

Lorsque j'ai voulu faire ma hijra[1] *on m'a demandé de ne pas la faire pour éviter que* [je] *sois grillé car je devrais travailler ici avec mon frère.*

« Ne nous rejoins pas, frappe d'où tu es », disait la propagande de l'État islamique.

Ce qui l'arrangeait. Les deux femmes de sa vie étaient vent debout.

---

1. L'Exode, en référence aux premiers musulmans qui quittent La Mecque en 622 et s'installent à Yathrib (Médine) « Cet événement constitue un véritable tournant dans la carrière de Muhammad. D'annonciateur et avertisseur, il se transforme en législateur, chef de guerre et diplomate. » Nabil Mouline, *Le Califat*, Flammarion, 2016.

Brahim et Salah auront bien dupé leur monde. En janvier 2015, Brahim avait maquillé son séjour en Syrie en vacances en Turquie. Il l'avait franchi la frontière entre la Turquie et la Syrie grâce à l'organisation terroriste. Sa mère s'était estimée chanceuse de le voir revenir à Molenbeek dix jours plus tard. Elle avait dû l'accueillir comme son tout-petit, son héros qui revenait de si loin. Personne ne l'avait giflé ni forcé à parler. Pourtant il aurait eu des choses à dire. Son entraînement aux armes et le plan détaillé qu'on lui avait confié.

« Votre heure viendra », leur soufflait Abaaoud.

À Salah, son ami d'enfance, il dira que ce n'est pas nécessaire qu'il se rende en Syrie, les deux frères seront plus utiles en Belgique. C'est à son petit frère Salah que Brahim ouvre son secret : en Syrie, il a été recruté pour commettre des attentats à Paris. « Sois des nôtres, faisons le travail ensemble », lui a-t-il dit. Les milices infernales ne se forment pas sans démons.

127

MARRE

En prison, l'islamisme de Salah Abdeslam semble à la fois un défi lancé aux normes et l'expression d'un indécrottable conformisme.

Le monde est toujours pour lui coupé en deux : les adversaires dont on doit provoquer ou souhaiter la mort et les frères d'armes, lui qui n'a laissé son empreinte sur aucune. D'un côté, les vrais musulmans, c'est-à-dire ceux qui accomplissent leur devoir religieux, de l'autre, les mécréants.

Où range-t-il ses amis, sa fiancée non voilée, ses parents dont le quotidien est parfois peu conciliable avec les exigences d'un islam rigoriste, et sa vie de jeune homme ? Dans le camp des mauvais croyants, des apostats ?

Salah Abdeslam doit être en train de se préparer à sa vie post-isolement avec les détenus salafistes. L'islam fondamentaliste est sa stratégie d'isolement total.

J'aurais aimé que la religion prenne la place de sa révolte, ait le goût de l'émancipation, d'une métamorphose possible, qu'elle soit l'autre nom de l'absolu en lui. Je ne lui aurais jamais dénié ça, j'aurais pris au sérieux qu'il se revendique de l'islam, n'aurait-il pas été un érudit. Mais l'opportunisme et la religion du paraître ne sont pas l'absolu.

La religion elle-même peut être vécue de manière très différente. Certains peuvent la vivre comme une spiritualité, un rapport ouvert à l'autre, une croyance dans les forces de la beauté et de la connaissance. D'autres, la considérer comme un moyen de se placer dans le monde.

Salah Abdeslam ne semble pas se pencher sur le mal qu'il a fait ni sur le sort des victimes. Il voudrait devenir une vedette auréolée d'un passé violent.

Le djihadisme a été un puissant antidote à son vide intérieur, comme le fondamentalisme semble l'être pour sa vie en prison. Nombril, nombril, nombril.

Un nouvel opportunisme de sa part que de rejoindre le groupe des salafistes qui fait de l'audience en prison et unifie ses rangs. Un placement d'avenir auprès de la culture dominante.

Depuis l'incarcération de Fabien Clain en 2009 qui considérait la prison comme un des territoires du djihad, une toile s'est tissée en détention entre les activistes de la mouvance djihadiste. Si Abaaoud est passé par l'université du Caire, Salah se forme à l'école coranique de Fleury-Mérogis où il va retrouver son réseau de solidarités.

L'islam est la première religion derrière les barreaux comme hier à Molenbeek. Et les militants islamistes et djihadistes structurent l'ordre pénitentiaire depuis les années 2000. En prison, le dogme islamique est sa paire de chaussons.

Muré dans le silence durant toute l'instruction, attaché à son propre personnage, convaincu que sa parole avait un prix, il n'a desserré les lèvres qu'une fois, en avril 2016, pour défendre un présumé complice.

« Il ne pouvait pas savoir que j'étais l'ennemi public numéro un », a-t-il lancé, plein de lui-même.

Salah Abdeslam se prend pour une marque.

Il n'a apparemment pas tué de ses propres mains mais aimerait empocher la notoriété au passage et le statut d'anti-héros sur les réseaux sociaux.

Dans une lettre versée au dossier d'instruction le 10 octobre 2016, voici ce qu'il écrit à l'une de ses admiratrices :

Tu es sincère alors je vais l'être aussi, si je te demande les intentions de ta démarche c'est pour m'assurer que tu ne m'aimes pas comme si j'étais une « star ou une idole » parce que je reçois des courriers comme ça et je ne cautionne pas cela car le seul qui mérite d'être adoré c'est Allah, Seigneur de l'univers. […] *Je ne cherche ni à m'élever sur terre ni à commettre le désordre, je ne veux que la réforme.*

Son miroir continue de lui procurer un plaisir affolant. N'est-il pas l'éternel enfant chéri de sa mère, désigné par le destin pour accomplir son œuvre ? Il semble convaincu d'être dans son droit, son crime n'en serait pas un mais une révolte légitime contre un État dont il veut éradiquer le lien social, ce qu'il appelle la réforme.

En 1923, le Syro-Égyptien Muhammad Rashîd Ridâ publie un ouvrage programmatique intitulé *Le Califat ou l'imâma suprême* dans lequel il affirme le caractère inséparable du politique et du religieux et appelle à la restauration de la grandeur de l'islam par l'élection libre d'un calife qui remplirait « toutes les conditions légales, notamment la qurayshité[1], la probité et le savoir[2] ». Ridâ appelle les promoteurs de cette idée : les partisans de la réforme.

C'est dans cette filiation que l'idéologie djihadiste s'inscrit. Elle considère la « réforme » comme l'invention de l'après-Daech. La confiance de ces doctrinaires dans l'avenir universel de l'islam politique est intacte mais selon eux, face à l'effondrement de Daech et au démantèlement de ses filières, une nouvelle ère doit s'ouvrir. Une nouvelle organisation, fille de l'EI et des salafo-fréristes d'al-Qaida, doit se théoriser et voir le jour. Un « califat rénové », selon ses doctrinaires. Un nouvel idéologue et porte-parole de l'avenir islamique doit émerger. Salah Abdeslam chercherait-il à faire partie de cette « avant-garde », à endosser le rôle de meneur ? Les organisations islamiques ne se sont-elles pas toujours réformées en prison ?

La force du déni lui fait-elle oublier qu'être jugé selon les règles de la démocratie en France est plus favorable que devant une cour martiale irakienne ? Qu'une vie en détention en France est un destin plus souhaitable que de mourir comme chair à canon pour un califat éphémère ou d'en revenir anéanti par l'ultra-violence instaurée par l'EI ?

Il y a des jours comme aujourd'hui où j'ai honte d'écrire sur

1. C'est-à-dire être un descendant du prophète Mahomet qui appartenait à la tribu de Quraysh.

2. Nabil Mouline, *Le Califat, histoire politique de l'islam*, Flammarion, 2016.

cet homme. Des jours comme celui-là où j'étouffe. Le ressentiment, la mégalomanie, l'entre-soi de partout sont asphyxiants.

Paradoxalement, j'essaie d'en sortir en me tournant vers les alliés que mon livre s'est choisis : des auteurs qui regardent en face le mal absolu sans céder à la fascination. Dans un pénitencier d'une bourgade rwandaise, Jean Hatzfeld a rencontré un groupe de tueurs ayant pris part au génocide des Tutsis. L'égocentrisme fut le trait le plus impressionnant de leur personnalité, selon lui. D'un côté, ils minimisaient leur participation et rejetaient les responsabilités sur les autres. D'un autre, ils ne s'inquiétaient que de leur sort et n'éprouvaient de compassion que pour eux-mêmes.

Je ne veux pas être seule avec Salah Abdeslam, son silence rejoint le discours de ses maîtres. Écrire, c'est en sortir, retrouver la voix, faire cohabiter des voix et accéder à un sens possible.

Je ramasse tout ce qui peut m'aider à le suivre, à décortiquer la langue de l'idéologie à l'œuvre pour m'en défendre. Mais rien ne me guérira de ce que j'ai cherché en lui, un individu, une singularité que je ne trouve pas.

128

DANS LE RANG

> « Les hommes agissent dans des situations qui leur laissent des degrés variables de liberté. Dans des situations d'extrême concentration du pouvoir, cette liberté peut être très réduite ; mais, en règle générale, même dans des contextes de violence militaire ou paramilitaire, elle peut être relativement grande. »
>
> Harald Welzer, *Les Exécuteurs.*

Sur le fond, Abdeslam ne semble pas avoir changé. Se désister au dernier moment ne signifie pas que le système mental qu'on s'est construit s'effondre. Au contraire.

Dans l'expérience de Milgram dont le but était d'étudier le phénomène de soumission à l'autorité, on constate que le taux d'obéissance chute de façon spectaculaire quand l'expérimentateur n'est pas personnellement présent mais donne ses instructions par téléphone. Abaaoud n'a-t-il pas communiqué par téléphone le soir du 13 novembre ? Salah Abdeslam ne se retrouve-t-il pas seul face à lui-même sur le parking du Stade de France ? Un désistement qui aurait tenu à un fil.

Abdeslam a su saisir sa liberté en cet instant précis : après avoir déposé ses trois complices au Stade de France. Tétanisé, il s'enfuit. Il aurait pu le faire plus tôt, il aurait pu ne jamais rejoindre le groupe. Il aurait pu aussi faire quelque chose de sa liberté ce soir-là. Mais non, il n'a fait que prolonger l'esprit des mois précédents. Son désistement n'apparaît pas comme une rupture mais un simple pas de côté, une frousse passagère. Il rentre dans le rang juste après, en retournant à Molenbeek dans les jupes de Belkaïd.

Les mois suivants, il se voit toujours comme le soldat obligé d'une mission dictée par l'Histoire. Certes, l'épisode du Stade de France l'a secoué mais il n'a pas oublié d'en tirer quelque chose pour lui-même: fanfaronner auprès de ses amis. Il n'a jamais cessé de vouloir se vanter de quelque chose.

Sous prétexte qu'il n'a pas tué de ses mains mais largement contribué à la tuerie par son aide logistique, il pourrait ne jamais se sentir meurtrier et continuer de se décerner les honneurs de la moralité.

Voilà les traces du poison de la division du travail. Le soir du 13 novembre, il y a ceux qui tirent, ceux qui escortent les tueurs, ceux qui se font exploser et ceux qui donnent les ordres.

Les nazis aussi répartissaient les tâches.

Si son corps a failli ce soir-là, le sens attaché à ses actes n'a sans doute pas bougé. S'il s'est retiré, il n'a jamais cessé d'obéir à l'appareil idéologique.

Il se montre fier d'avoir participé à un meurtre de masse. Il adhère d'autant plus à la cause qu'il a exprimé sa faiblesse cette nuit-là.

Elle était aussi exploitée par l'Allemagne nazie. Accepter tant de « volontaires » non originaires de l'ancien Reich était délibéré. Psychologiquement, note Gitta Sereny, c'étaient des hommes dont on pouvait penser qu'ils se croyaient moins en sécurité et que, par conséquent, on pouvait les amener à se sentir plus dépendants, plus anxieux de prouver leur nouvelle allégeance nationale. Pratiquement, en somme, ils étaient vulnérables aux pressions.

Salah Abdeslam n'a pas été combattre en Syrie, s'est désisté le soir du 13 novembre parce qu'il n'était pas habitué aux liquidations et aux explosions. Sa volonté de prouver son allégeance à Daech n'en était que plus grande. Le sens particulier qu'il mettait lors des préparatifs est intact. Avant, pendant et après les attentats, il est son souci permanent.

La mécréance doit être un sujet aussi préoccupant pour lui que l'était la question juive pour les nazis. Une référence collective qui a eu le pouvoir de libérer les énergies. L'instauration du califat a pu être la même déferlante pour lui, le même espoir fou que fut pour les nazis la prise du pouvoir par Hitler en 1933. Voir ses plus proches rejoindre le califat a bouleversé et accéléré monstrueusement sa vie. Tuer les mécréants a dû rester pour lui une obligation morale.

S'il n'a pas eu le cran de réaliser sa mission jusqu'au bout, il n'a pas remis en cause la nécessité des attentats. Il s'agissait d'une tâche inévitable pour créer une société islamique.

Il croit à sa mission, qui était aussi celle du califat. Il a travaillé à son expansion. N'est-ce pas la seule fois de sa vie où il s'est senti gratifié ?

Précisément parce qu'il a failli, il est solidaire des attentats de Paris et de leur visée. Précisément parce qu'il a été faible, il doit lui sembler impensable de revenir en arrière quand il existait la possibilité de décider autrement. Son échec a renforcé sa solidarité. Il n'en brisera plus l'accord.

129

LA PRESSE

Sven Mary a porté plainte contre le procureur de Paris, François Molins, pour violation du secret de l'instruction. « La lecture d'une partie de l'audition de Monsieur Abdeslam en conférence de presse constitue une violation », s'est-il indigné dans le quotidien belge *Le Soir*.

L'avocat a également commis l'erreur de s'exprimer, comme il le reconnaît lui-même. *J'ai assumé mes propos parce que ce n'est pas dans une crise de folie que je les ai dits. Si ce n'est sous la confidence, le sens de la discussion que des gens peuvent avoir.*

C'est l'histoire du cendrier vide.

« C'est un petit con de Molenbeek issu de la petite criminalité, plutôt un suiveur qu'un meneur. Il a l'intelligence d'un cendrier vide, il est d'une abyssale vacuité. Il est l'exemple parfait de la génération GTA [Grand Theft Auto] qui croit vivre dans un jeu vidéo. Lui et ses copains ont réussi à rendre antipathique toute une religion. Je lui ai demandé s'il avait lu le Coran, ce que j'ai fait, et il m'a répondu qu'il avait lu son interprétation sur Internet. Pour des esprits simples, c'est parfait, le Net, c'est le maximum qu'ils puissent comprendre », peut-on lire dans un article de *Libération* du 26 avril 2016.

L'expression « cendrier vide » a fait le tour du monde.

Hannah Arendt raconte que l'avocat Robert Servatius déclara, avant l'ouverture du procès Eichmann à Jérusalem, que son client avait une mentalité de « facteur de l'espèce la plus commune ».

Derrière des agents « communs » voire médiocres, il y a toujours une stratégie politique tout à fait pensée. Le califat a constitué un changement de paradigme par rapport à al-Qaida. Les combattants n'ont pas été sélectionnés comme auparavant. Le califat a parié sur le nombre pour augmenter l'onde de choc. Il a volontairement ouvert les portes à tous les musulmans, seraient-ils peu formés au dogme, moins expérimentés que leurs prédécesseurs, délinquants ou opportunistes. Leurs convictions personnelles n'en étaient pas pour autant superficielles. Ils partageaient les valeurs du djihad.

Malgré les redites de l'Histoire, Sven Mary a vécu l'épisode du « cendrier vide » comme une chausse-trappe.

Le journaliste auteur de l'article est l'époux d'une consœur de Sven Mary. Il travaille pour un journal que l'avocat respecte. Il souhaite écrire son portrait et évoquer ses dossiers. Une fois l'entretien terminé, ils décident de déjeuner ensemble. *La conversation et l'homme étaient agréables.* Le journaliste évoque le rôle d'organisateur de Salah Abdeslam dans le cadre des attentats de Paris. Sven Mary est en train de fumer, un cendrier à portée de main. Il lui dit : « C'est lui donner trop d'importance, lui faire trop d'honneur que de le penser organisateur des attentats, il a l'intelligence d'un cendrier vide. » *S'il y avait eu une tasse, j'aurais parlé d'une tasse sans café… Ce n'était pas très chic, j'en conviens.*

Cette expression n'était donc pas le fruit d'une stratégie de défense de la part de Sven Mary, utiliser cette interview pour retirer de l'épaisseur à son client.

Je pensais que Salah Abdeslam n'était pas capable d'être l'organisateur des attentats. C'était une stratégie de défense pour l'ensemble mais je ne l'aurais pas lancée à ce moment-là, et elle aurait été partagée avec lui. Ce qu'il a été contraint de faire après la publication de l'article. *Que Salah Abdeslam m'ait gardé comme avocat…*

Il y a sans doute vu son intérêt.

Sven Mary l'a défendu deux fois. *Je n'ai plus jamais fait les mêmes erreurs. La seconde fois, lors du procès de la rue du Dries, j'ai gardé le silence et communiqué à la suite du jugement.*

Mais tous ces pataquès n'ont fait qu'entretenir Salah

Abdeslam dans sa défiance vis-à-vis de la presse, de l'autorité et des institutions.

Bien sûr.

Je m'étais étonnée auprès de Nathalie que la lettre d'une inconnue reçue par Salah Abdeslam en détention finisse dans les journaux. Je lui avais demandé comment c'était matériellement possible.

L'administration pénitentiaire ouvre tous les courriers entrants et sortants. Ensuite, ils sont versés au dossier. La presse a accès au dossier judiciaire, donc aux lettres. Ça rend les juges furieux. Communiquer ses lettres est quand même limite…

« La procédure au cours de l'enquête et de l'instruction est secrète. Toute personne qui concourt à cette procédure est tenue au secret professionnel », selon l'article 11 du Code pénal.

Que se passe-t-il dans ces cas-là ?

Pas grand-chose. Le droit protège les sources des journalistes. Il y a juste un magistrat qui s'agace dans son bureau. Il n'y a pas d'intimité en prison sur ce genre de dossier.

Qui donne les lettres ? La personne qui ouvre le courrier ?

Non, le dossier judiciaire est versé aux magistrats, aux avocats, au procureur. La presse essaie de corrompre les gens qui ont accès de droit au dossier. Ils sont payés ? *Non.*

En réalité, la presse rémunère ses sources particulièrement quand il s'agit d'images. Elles frappent les esprits, elles sont diffusées largement, elles valent très cher. En France, en période d'attentat, on appuie fort sur le champignon de la communication.

Comment les remercie-t-on ? je demande à Nathalie.

C'est compliqué. Ce sont des rapports d'influence. La presse tient beaucoup à ce droit-là.

J'imagine.

Un droit très français. En Belgique, aucun journaliste n'a eu accès aux dossiers judiciaires des attentats de Paris ou de Bruxelles, ni à celui de la fusillade de la rue du Dries au cours de l'instruction.

130

L'AVOCAT ET SON CLIENT

> « Désormais c'est lui qui juge et condamne [...] sans appel la société, c'est lui qui assume le rôle du juge en tant que chevalier de la foi en guerre contre les impies. L'inversion du rôle restitue la confiance en soi du détenu en tant que noble individu qui exécute désormais les sentences divines. »
>
> Farhad Khosrokhavar, *Prisons de France.*

Salah a une force, il apprend par cœur, me dit l'homme proche du dossier judiciaire. Faites-vous allusion aux quelques phrases prononcées lors de son procès à Bruxelles ? *Non, ce n'était que quatre phrases. Il connaît des passages du Coran par cœur. Cela nécessite des facultés.*

N'est-ce pas récent ? *Oui, c'est nouveau.*

Salah Abdeslam s'est islamisé après coup. Le jour du massacre, il avait à peine l'islam en lui.

Aujourd'hui en détention, il se consacre presque entièrement à la lecture religieuse et à la récitation des versets du Coran. Sans doute veut-il gagner la considération des autres. Espère-t-il être consulté et devenir le meneur, le prosélyte du bâtiment ? La prison est une nouvelle expérience d'enclave et d'incubateur islamique. Il doit se sentir investi d'une mission qui lui semble cette fois à portée, l'éloquence a été sa note à Molenbeek. Un jour, il formera des écroués de droit commun à l'idéologie et à l'activisme djihadistes. Il sera reconnu comme un *hafiz,* un de ces érudits ayant appris par cœur le Coran. Il doit rêver que l'administration pénitentiaire le range parmi les « influenceurs récalcitrants » et les « idéologues ».

Salah Abdeslam n'a jamais adressé la parole ni donné la main au collaborateur de Sven Mary, Romain Delcoigne, considéré comme de la quantité négligeable.

Tout comme à un certain moment à son propre avocat, Sven Mary. Un jour, à Fleury-Mérogis, Salah lui a dit : « Il ne faut pas mal le prendre, je ne peux plus vous serrer la main. » Sven Mary a un bon caractère – non ce n'est pas vrai, rectifie mon interlocuteur en souriant. *Les dix fois où il l'a encore vu, Sven Mary n'a cessé de lui tendre la main qu'Abdeslam refusait parce qu'il était divorcé.*

Une des rares personnes autorisées à le voir en détention, l'homme chargé de sa défense, Abdeslam décide au fil des mois de ne plus lui serrer la main, il serait un mécréant. Sven Mary a-t-il changé ? Non, c'est Abdeslam qui est devenu islamiste.

Certains doctrinaires en détention, rapporte le chercheur Hugo Micheron, reconnaissent avec un malin plaisir bénéficier d'un avocat payé par l'État pour s'occuper de leur défense. Ces hommes de loi qui sont souvent les meilleurs orateurs du barreau n'échappent pas aux railleries de leurs clients dans les cours de promenade ou lors des conversations avec leurs proches. Ils sont désignés comme des *kouffars*, des impies qui accèdent à la célébrité grâce à eux.

Va-t-il me demander de le défendre pour le procès des attentats de Bruxelles ? m'avait dit Sven Mary. *Et moi, que déciderai-je ? Je n'en sais rien.*

131

LA MALLE À COSTUMES

> « Le Diable est un admirable père de l'illusion, père du mensonge. [...] Il fait structurellement partie du spectacle. Il est impossible de filmer correctement les choses essentielles. Or la croyance qu'on peut tout filmer, qu'on joue soi-même un rôle dans un film et qu'on est filmé en train de faire ce qu'on fait est de plus en plus ancrée dans les imaginations. On voit sans cesse des gens qui se croient en train de jouer un rôle dans un film global. Rien n'est plus faux. »
>
> Philippe Sollers, *Une conversation infinie.*

Dans ses phases de lucidité, son discours reste contradictoire avec son désistement volontaire au soir des attentats. Cela empêche toute prise de parole lors de son procès à l'appui de sa défense et va rendre la tâche de son avocat très dure, comme me le confie la personne proche du dossier judiciaire.

Son discours consiste à dire que sa vie, si le Seigneur l'accepte et lui ouvre la porte du Ciel, c'est l'au-delà. Assez contradictoire avec son attitude au soir des attentats : il a eu l'occasion de tuer des mécréants et d'aller au paradis. Il ne l'a pas fait. C'est incompréhensible.

Comprendre le fonctionnement de ce garçon intéressait un psychiatre. Ça n'a pas donné grand-chose. Avec Salah Abdeslam, on n'arrive à rien, c'est fatigant. D'habitude on parvient à une solution au moins pour soi-même.

Même si aujourd'hui Salah Abdeslam ne semble pas avoir les idées claires, comment articule-t-il son discours dogmatique avec son retrait final au soir des attentats? *Je ne l'ai jamais connu avec les idées claires.*

J'insiste.

Comment s'ajuste-t-il à cet acte qu'il n'a pas commis? Son Dieu n'a-t-il pas voulu de sa mort?

Probablement... À l'entendre, tout vient du Seigneur. Le même qu'il a oublié les vingt-cinq premières années de sa vie, comme je n'ai pas manqué de lui faire remarquer.

Pensait-il que le Seigneur pouvait passer l'éponge sur ses premières années? Ce sont des conversations que l'on commence avec lui mais qui n'aboutissent jamais. C'est frustrant.

Abdeslam parle sans arrêt du Seigneur et dit: vous verrez...

Les derniers temps, nous n'avons fait que tourner en rond.

La crainte que nourrit aujourd'hui Abdeslam vis-à-vis du Seigneur est semblable à celle qu'il entretenait hier avec le groupe de terroristes. Un rapport mafieux: à faire ce qu'on me demande, je serai protégé. Le clan a été le pansement sur ses blessures narcissiques.

En sevrage d'addiction, Salah Abdeslam rentre en religion. Dieu prend la place d'Abaaoud et du commando de super-héros qu'il s'imaginait former.

Pourquoi manifesterait-il une quelconque clairvoyance?

S'il reconnaissait avoir renoncé au dernier moment, il en perdrait son rôle, ce à quoi il tient plus qu'à sa vie.

Après le Stade de France, il se sauve et finit son errance vers une heure du matin cité Vauban à Châtillon. Les lycéens qui passent avec lui quelques heures le trouvent « sympa », un « mec normal ». Salah leur raconte qu'il travaille dans la maintenance des trains en Belgique, qu'il a une fiancée et va bientôt se marier.

C'est encore son imaginaire.

Il y a tellement de questions auxquelles je n'ai pas de réponses. C'est frustrant comme pour nombre de gens. Entretient-il cette énigme? *Bien sûr. Ça le fait vivre et le rend important.*

Je ne vois pas en quoi il est énigmatique. Il a simplement changé de masque. L'islamiste est le rôle opportun de la séquence actuelle qui rêve de faire oublier celui du fuyard. Par ailleurs, son obsession de la pureté corporelle caractéristique des salafistes et sa peur de la contamination par les impurs sont en train de le rendre fou.

« Le personnel pénitentiaire se rend bien compte que le temps grignote la raison derrière les barreaux[1], rapporte son avocat Frank Berton, que le rapport au réel s'érode. Salah Abdeslam a des hauts, des bas, une attitude de plus en plus versatile. Il lit les livres que lui apporte sa famille, parce qu'il n'a pas accès à la bibliothèque de la prison. Et d'un coup, il a des poussées délirantes. Il peut se mettre à jouer avec ses chaussettes, enfilées au bout de chacune de ses mains, leur donner la parole comme si elles conversaient entre elles.

Les bouffées d'angoisse le débordent aussi : il arrive qu'il se gratte partout sur le corps, qu'il gratte même les murs, qu'il voie de la glu partout. La direction, le sentant basculer, a fait nettoyer toute la cellule pour l'apaiser, pour lui prouver qu'il n'y avait pas de colle. Et il a fallu lui commander des boîtes de thon particulières sur Internet, parce que Salah était persuadé qu'on cherchait à l'empoisonner. Puis, la plaque opaque qui obstruait sa fenêtre a été remplacée, maintenant il y a des petits trous qui lui permettent de respirer l'air du dehors, le vrai. Enfin, Salah Abdeslam a désormais droit à un ballon pour compagnie quand il est seul dans sa cour de promenade, et ça lui fait du bien. [...] On dit qu'il prie moins, mais Salah a quand même une tache brune marquée sur le front. »

Le clivage est un mécanisme de défense qu'on rencontre aussi chez les auteurs de violence sexuelle. Un trouble du comportement imperceptible dans la vie sociale, m'avait expliqué Esther.

Au procès de Paris, il risque de faire comme pour celui de la rue du Dries, me dit l'homme proche du dossier judiciaire. Refuser de parler et faire une petite sortie.

Raccord avec le rôle en cours. L'homme du milieu. Ni meneur ni victime. Le corrompu, l'opportuniste.

1. Elsa Vigoureux, *Journal de Frank Berton*, Flammarion, 2019.

Il a intérêt à se draper dans sa dignité s'il veut encore exister, m'avait dit Kamel. *Il a son fan-club, il reçoit des lettres d'admiratrices qui veulent se marier avec lui. La réponse qu'il a donnée à l'une d'elles : « Dieu décide. Tu ne peux pas m'adorer, on adore que Dieu » est la meilleure. C'est ce qu'elles veulent entendre.*

Ces femmes fascinées par Abdeslam sont sans doute lectrices des livres salafistes dédiés à ces « éprouvés d'Allah » en milieu carcéral.

S'il commence à répondre aux questions du procureur, il est fini. Il n'aura plus son cercle de groupies, ni d'existence.

Mais peut-être enfin une conscience individuelle ?

La loyauté en prison est sacrée, avait continué Kamel. *Parler serait légitimer la justice des hommes. Les séquelles de l'isolement doivent être là aussi. Face à lui-même, il doit être en boucle.*

Si Salah Abdeslam se présente à la barre lors des assises, il essaiera sans doute d'apparaître comme la victime expiatoire de l'Occident ennemi et effacera son itinéraire personnel. Tentant d'exploiter la situation à son avantage, il parlera des humiliations en détention, de l'islamophobie de la société et de ses agents, et nous infligera un sermon politico-religieux. Ou un silence pétri d'arrogance.

Combien d'exécuteurs à travers l'Histoire ont été sur la défensive lors de leur procès ? Pour combien l'idée qu'on puisse les qualifier de meurtriers est restée étrangère ?

132

ACTES NON MANQUÉS

> « Avec un rire dur, Misandre arrêta le bel être ramassant ses jupes, déjà prêt à bondir, lui tendit un miroir où l'aube lui permettait de trouver son visage, comme si elle n'avait consenti à le mener au jour libre que pour lui infliger, dans un reflet plus effrayant que le vide, la preuve blême et fardée de sa non-existence de dieu. »
>
> Marguerite Yourcenar, *Feux.*

Abaaoud avait peut-être un coup d'avance. Ne connaissait-il pas Salah mieux que lui-même? Il savait qu'il ne se ferait pas sauter, qu'il n'aurait jamais cette force. Clairvoyant quant à la fin d'Abdeslam, Abaaoud l'aurait utilisé pour ce qu'il savait faire.

L'État islamique est plus confus qu'al-Qaida, me dit le juge rocker au téléphone. *Dans les filières irakiennes d'al-Qaida, c'était assez rodé, ils arrivaient, on leur donnait leur tapis, leur faisait remplir un formulaire très complet où on leur demandait s'ils étaient d'accord pour mourir en kamikaze. La volonté individuelle était respectée. L'État islamique est moins organisé.*

Peut-être n'était-ce pas un problème pour Abaaoud qu'Abdeslam n'aille pas au bout. Dans la phase amont, pour conduire la Mercedes, aller chercher les membres du commando, l'odeur des billets pour faire avancer l'âne, Salah lui aura été très utile. En Syrie, Abaaoud en avait connu des comme lui qui voulaient seulement faire du *ribat,* de la logistique à l'arrière. Peu importe que Salah ne soit pas capable de monter au front ni de se faire exploser. Abaaoud l'aurait su dès le début. Il n'avait déjà pas été capable de braquer un garage automobile. Sans passer par le maniement des armes en Syrie ni se perfuser au Caire d'islamisme armé, il n'en attendait probablement pas des merveilles ce soir-là. Pour lui, sa mission était remplie par la prise en charge des préparatifs. Abaaoud a pu imaginer que Salah agirait comme il avait toujours vécu.

Le Stade de France : Salah a été affecté à la tâche la moins huilée des attentats de Paris. Celle qui d'emblée ressemblait à un fiasco. Un match revanche irréalisable. Si on force les portes d'une salle de concert avec une Kalachnikov, les tourniquets du Stade de France ne tournent pas sans ticket d'entrée ni avec un gilet d'explosifs sous le blouson. « Je devais rentrer comme un client, déclare Salah lors de sa première audition. Pas de billet, pas d'arme, que ma ceinture explosive. » S'ils avaient pensé une minute à cette opération, ils auraient réalisé son absurdité. Tout était foutraque. Salah en prendra la mesure une fois sur place.

Il voit ses comparses mourir seuls au Stade de France. L'opération capote. Et il s'enfuit. *On se demande même si ce n'est pas lui qui est en retard dans l'opération*, m'avait dit une enquêtrice de la police judiciaire. *Il fait un détour à l'aéroport, on ne sait pas pourquoi. Il fume peut-être une dernière clope avant de partir, ce n'est pas grave si on a dix minutes de retard. Ceux du Bataclan sont différents, ils revenaient de Syrie, étaient beaucoup plus motivés. Samir Amimour, chauffeur à la RATP, avait une vie organisée. Il est parti en Syrie avec une jeune Caina Ladra de seize ans rencontrée par messagerie. Toujours sur place, elle est montée en échelon, en devenant femme de moudjahidin. Ils ne parlaient pas la même langue.*

On a attribué à Abdeslam la mission la plus clinquante, le lieu du football par excellence qui inspirait les marques dont il était fou. Ne rêvait-il pas de se distinguer grâce au ballon rond ?

L'État islamique est certes bordélique mais de nouvelles étapes ont été franchies par rapport à al-Qaida, poursuit le juge rocker. *Aujourd'hui l'organisation peut utiliser une femme, un adolescent de quinze ans mais il faut qu'il soit sûr que la personne passe à l'action. Si elle n'est pas convaincue, c'est dangereux. Soit on lui lave le cerveau pour qu'elle le fasse, soit elle le veut déjà et on n'a pas besoin d'insister. On ne peut pas ordonner à quelqu'un de mourir. C'est basé sur le volontariat. Aussi je ne suis pas sûr qu'on en veuille à celui qui ne le fait pas. Les terroristes de l'État islamique peuvent être cyniques sur le mode opératoire.*

Abaaoud n'était peut-être pas intéressé de savoir si Salah se ferait exploser ou non. Le sujet n'aurait jamais été abordé entre eux. Terrorisé par Cerbère, Eurysthée s'est réfugié dans une jarre. Salah Abdeslam, dans une cage d'escalier. À chacun son trou.

Abaaoud avait d'autres chats à fouetter. Pur produit de Daech, il avait été récompensé par sa hiérarchie : il conduirait les attentats de Paris. Seule sa gloire posthume dans les magazines de propagande lui importait. Intimement, Abaaoud a pu l'en croire incapable. Il aurait veillé à ce que Salah organise la boutique jusqu'au moment ultime. Il l'aurait soigneusement manipulé en lui demandant une multitude de « petits » services. La tactique du pied dans la porte. Abdeslam se serait senti d'autant plus engagé.

Ensuite, Abaaoud l'aurait lâché.

133

DÉLIVRÉE ?

« Vais-je trouver une poignée de sable pour enterrer ce qui ne peut être oublié ? »

Stefan Hertmans, *Antigone à Molenbeek.*

En croyante de l'amour et au nom du bien inoubliable qu'il m'avait fait, j'ai voulu convertir, retenir, sauver Salah. « Cette guerre n'est pas la tienne », je ne cessais de lui dire.

Je n'ai pas échappé à la fascination du bad boy ni à vouloir prouver que j'avais raison de l'aimer.

Je voulais être son havre de paix alors qu'il me faisait vivre des nuits d'angoisse.

À partir de début 2015, j'ai senti le fluide monter en lui. Il partait régulièrement dans les Ardennes ou en France disait-il, avait différents numéros de portable. J'avais peur mais je ne pouvais pas m'imaginer le monstrueux de ce qu'il préparait, ou ne voulais pas voir ce qui aurait été trop violent. J'avais projeté autre chose sur mon prince charmant.

Respectueux des traditions musulmanes, nous ne partagions pas le même toit ni nos amis. Notre intimité se vivait par téléphone ou en dehors du quartier.

Notre soumission à la communauté a ouvert la voie aux pressions, aux interdits, aux reproches et a peu à peu dressé un mur entre nous.

Je baignais entre trois cultures, flamande, française et amazighe. Nous vivions avec beaucoup de tabous et dans un certain décalage avec les Européens de notre génération.

Salah a rejoint un collectif alors qu'il n'existait pas individuellement. Il était encore un adolescent, pas tout à fait un homme. Il a fui les responsabilités. Sans doute n'aurait-il pas été capable d'être père. Son intelligence était peut-être supérieure à la moyenne des jeunes de Molenbeek mais il n'a rien su en faire. Œil pour œil, dent pour dent est devenu sa pensée unique. Un mirage.

Il est passé sans moi de l'autre côté du miroir. Il est le seul responsable de ce qui lui arrive. À lui de surmonter l'échec de sa vie.

Ma route ne va pas s'arrêter là. Me conduira-t-elle en dehors de la zone nord du canal ? La bienveillance de mes proches m'a rappelée à la vie. J'aspire à la tranquillité. Je crois avoir la force de l'avenir qui m'attend.

Nour.

Que reste-t-il en nous quand la vie et la mort se sont livré bataille ? Peut-être une parole délivrée s'ouvrant à l'inconnu.

134

LA NUIT DU 13 NOVEMBRE

> « HAMLET. – Voici l'heure sinistre de la nuit,
> L'heure des tombes qui s'ouvrent, celle où l'enfer
> Souffle au-dehors sa peste sur le monde.
> Maintenant je pourrais boire le sang chaud
> Et faire ce travail funeste que le jour
> Frissonnerait de voir… »
>
> Shakespeare, *Hamlet*.

Quelques heures après avoir dîné avec Nour, mardi 10 novembre, Salah part pour Paris. Il y réserve des chambres d'hôtel. Il rejoint ensuite la planque de Charleroi. Le lendemain, il retourne à Paris avec son frère Brahim et Mohamed Abrini. Brahim, en quittant le domicile de ses parents, embrasse le front de sa mère endormie.

Dans ce pavillon en pierre meulière et brique rouge de la rue Georges-Tarral à Bobigny, Salah ne trouve pas le sommeil. Il est arrivé avec Brahim vers 23 heures à bord d'une Clio noire immatriculée en Belgique.

Louée sur Internet à un couple qui vit dans la même rue, la maison doit abriter les commandos des terrasses et du Stade de France. Pas question de séparer les frères Abdeslam.

La location, c'est Brahim qui s'en est chargé par téléphone il y a quatre jours, lundi 9 novembre, avant de réserver en ligne pour la semaine, au nom d'une société de sécurité belge pour le compte de six collaborateurs.

Avec les propriétaires, ils font le tour des soixante-quinze mètres carrés alors qu'il fait déjà nuit. Satisfait, Brahim leur tend les sept cents euros et sa carte d'identité.

Salah est le logisticien du groupe mais, depuis qu'il est arrivé à Paris, il semble chercher une issue de secours. « Toi, donne-leur ta carte », dit-il à son frère.

Brahim évoque un possible prolongement de la location. « Oui, si le plan marche », dit Salah qui espère secrètement se cacher là après les attentats, « le temps que ça se calme ».

« J'ai choisi ma chambre, toi, tu dormiras en haut », dit Brahim à Salah.

« Fais ce qu'il y a à faire, fais ce qu'on te dit », ajoute Brahim en allumant un joint.

Pause de courte durée. Vers une heure du matin, les deux frères repartent, direction Appart'City au Blanc-Mesnil. Brahim demande quatre chambres pour une semaine, jusqu'au 17 novembre. Entendu. Brahim présente une carte de crédit sans nom. « J'ai perdu la mienne. Celle-ci m'a été délivrée en urgence par ma banque. » Le gérant refuse, il a besoin de garanties. Brahim insiste. « Vous n'êtes pas très commerçant. »

En un éclair, Salah, qui se tient aux côtés de son frère, se revoit face à des portiers lui barrant l'accès aux boîtes de nuit, comme à Lloret de Mar où il brandissait ses billets en signe de défi. Il s'agite. « Laisse tomber, on s'en va », dit-il, agacé. « On ne va pas donner notre argent à un type qui n'en veut pas. »

Les deux frères s'engouffrent dans la nuit.

Depuis plusieurs mois, Salah n'arrête pas.

Début août, il est à la frontière grecque, prêt à embarquer pour l'Italie où il est intercepté.

Au cours de l'été, il rassemble près de trente mille euros pour préparer et financer les attentats. Il retire régulièrement des centaines d'euros dans des distributeurs de billets en Belgique, en France, en Allemagne, en Autriche et en Hongrie.

Début septembre, il s'est occupé de louer deux appartements en Belgique. Il est allé chercher Mohamed Belkaïd et Najim Laachraoui à Budapest. Le premier est chargé de coordonner les attaques depuis Bruxelles, le second, un Belge de vingt ans qui fut l'un des geôliers des journalistes français Didier François,

Édouard Elias, Nicolas Hénin et Pierre Torrès, est l'artificier du groupe.

Le 5 octobre, Salah a loué une maison en Belgique. Il s'est rendu également à Beauvais dans un magasin spécialisé en piscine, spa et arrosage où il a acheté quinze litres de Bayroshock, un produit habituellement utilisé pour assainir l'eau des piscines. Il servira à la fabrication d'explosifs. Le même après-midi, il a acheté douze détonateurs et des piles dans un magasin d'articles pyrotechniques de Saint-Ouen-l'Aumône. Il a le nécessaire pour fabriquer dix kilos de TATP, l'explosif artisanal utilisé à Paris et à Bruxelles. Aux explosifs, il faudra ajouter la mitraille faite de vis et de clous pour transpercer les corps.

Le 9 novembre, il a loué à Etterbeek, commune de Bruxelles, une Clio noire pour le « groupe irakien » qu'il conduira dans quelques heures au Stade de France et une Polo Volkswagen à Ixelles pour le « groupe Omar », le commando du Bataclan pour qui il a également retenu la veille un appartement à Alfortville.

En tout, il a loué huit voitures auprès de six sociétés différentes.

Débarrassé des questions personnelles, vidé de ses pensées, Salah s'est démené dans ce travail à la chaîne.

Grâce à lui, les membres du commando du Bataclan ont un toit et un lit. Deux *large twin studios* ont été réservés sur Booking.com pour six nuits : les 311 et 312. Dès le 11 novembre en début de soirée, ils ont pu entasser leurs armes et leurs gilets d'explosifs. Salah règle avec sa carte de crédit les 708 euros demandés.

Au matin du 13 novembre, il fait le point, clés, essence, portables à usage unique, ceintures d'explosifs préparés et transmis par l'artificier, contacts, ravitaillement. Il salue les autres arrivés dans la nuit. Notamment Mohammad al-Mahmod et Ahmad al-Mohammad qui doivent se faire exploser au Stade de France ce soir. Salah n'a pas retenu leurs noms de guerre : Ali al-Iraqi et Ukasha al-Iraqi. Il est trop tôt et il a mal dormi. Ce qu'il n'a pas oublié, ce sont les images de propagande de Daech où on les voit égorger des captifs.

Chacun vérifie son arme, ses cartouches, essaie son gilet d'explosifs, et répète la scène. Salah s'intéresse aux autres provisions. « Il y a de quoi manger les gars ! » Deux baguettes, une bouteille de thé Lipton, du thon, des galettes de semoule et un gâteau marbré dont Salah raffole, ça lui rappelle les goûters de son enfance. Brahim vient de se blesser, le sang gicle. Il est tellement pâle, Salah aimerait l'arracher d'ici.

Pendant ce temps-là, deux cent cinquante clients de l'hôtel Molitor où logent les joueurs de l'équipe de la Mannschaft, qui jouent ce soir un match amical contre l'équipe nationale française au Stade de France, sont évacués. Un appel anonyme a annoncé la présence d'une bombe.

Ailleurs dans Paris, les Samu d'Île-de-France, les sapeurs-pompiers de Paris et certains hôpitaux se livrent à un exercice théorique de régulation des secours en cas d'attentats terroristes sur plusieurs sites.

Après le déjeuner, Bilal Hadfi, vingt ans, français comme Salah, né à Jette, commune de Bruxelles, va faire des repérages à Paris avec deux membres du commando des terrasses. Si Bilal est inconnu des services de renseignement français, il est parti en Syrie le 15 février 2015, quelques semaines après les attentats de *Charlie Hebdo* dont il a défendu les auteurs en cours. Étudiant en électricité à l'Instituut Anneessens-Funck à Bruxelles, il est comme Salah passionné de foot. Sur Facebook, son profil est « Billy du Hood ».

Vers 14 heures, ils sont place de la République, ils remontent le boulevard Voltaire, rejoignent le périphérique par la rue de Charonne, passent par la porte de Champerret puis Clichy, avant de revenir rue Georges-Tarral à la nuit tombée.

Entre-temps, Abaaoud arrive à Bobigny en baskets orange fluo. Salah sourit mais sans être prêt à plaisanter. Fier de lui-même, Abaaoud connecte son téléphone Samsung Galaxy II, acheté en Albanie, sur la box du pavillon. Sa présence tire Salah en avant. « Grâce à toi, tout est prêt », lance-t-il. L'avenir lui donnera tort. Abaaoud force le trait, il devine où en est son ami d'enfance. Ses félicitations ont la force d'une poigne. Il n'est pas question pour Salah de provoquer sa colère ni de se soustraire au mouvement général. C'est le temps de la force du groupe. Il faut agir comme prévu, faire ce qu'on lui a demandé : se rendre au

Stade de France. Abaaoud prononce une dernière fois la profession de foi des martyrs de l'islam, l'index pointé vers le ciel, avant de donner une petite tape à Salah.

Peu avant 18 heures, Salah et trois autres hommes montent dans la Clio. Sur le siège passager : l'ami proche, Bilal Hadfi. Sur la banquette arrière : les deux Irakiens qui ont gagné l'Europe avec le flot des migrants et de faux passeports.

Prières frénétiques comme un coït à la va-vite, au fluide contagieux. Pas un mot de plus. Salah prend le volant. Il sait qu'ils se tiennent entre eux, que tous vont répondre à l'ordre de suivre docilement l'ombre absente d'Abaaoud ; celle qui étouffe l'angoisse et qui n'a cessé de leur promettre « la jouissance éternelle, mes frères ! », avant d'ajouter : « N'oubliez pas le cahier des charges ! C'est vous qui donnez le coup d'envoi. »

Les yeux de Salah sont fixés sur la route. Jusque-là il épousait sa mission : les voitures, les planques, d'accord. Pour le reste, c'est le vide. La mort se rapproche. Elle ne se laisse plus dénier ; il est forcé de croire en elle.

Brusquement, il entend Bilal lui dire :

— On ne peut pas faire ça.

A-t-il lu dans ses pensées ? Dans la voiture, ils sont les seuls à parler français.

— Je sais, il ne faut pas y aller. Jure-moi qu'on ne va pas mourir.

— Je te le promets. On va trouver un moyen… Roule, lui répond Bilal.

Les mains sur le volant, une sueur froide couvre les paumes de Salah.

À 18 h 20, la Clio arrive à l'aéroport de Roissy, passe devant l'aérogare 2C. Ensuite Bondy, à un kilomètre de la rue Georges-Tarral. Un détour de deux heures sans raison, pour rouler, faire tomber la pression, brouiller les pistes, arriver pile à l'heure prévue au Stade de France ? Venir chercher quelqu'un qui ne vient pas ? L'enquête montrera qu'au moins deux autres hommes devaient se joindre au commando mais en ont été empêchés par la police grecque.

Ou était-ce une parade pour s'échapper ?

Dans le vide-poches de la Clio, on retrouvera la liste du parcours de Bilal Hadfi durant l'après-midi et ce soir-là : « Place de la République, boulevard Saint-Martin, Stade de France, Aéroport Charles-de-Gaulle. »

À 19h40, Salah reçoit un message : l'équipe du Bataclan se met en route.

Frisson dans la Clio même si tous sont déjà câblés sur du très haut voltage. Et sanglés dans des ceintures d'explosifs comprenant un à deux kilos de TATP, des centaines d'écrous et un bouton-poussoir commandant la mise à feu. Salah envoie un SMS à Abaaoud : « On y va, on commence. » En lui, le chaos.

Direction le Stade de France où se joue la rencontre amicale France-Allemagne. Sur la route, vers 20h30, le quatuor apprend que l'équipe des terrasses est partie à son tour à bord de la Seat. Brahim Abdeslam est avec Abdelhamid Abaaoud et Chakib Akrouh : vingt-cinq ans, belgo-marocain, combattant du djihad en Syrie dès 2013 et condamné en son absence par la justice belge à cinq ans de prison pour terrorisme.

À 20h41, quatre minutes avant l'arrivée du président de la République, Salah et ses comparses arrivent au Stade de France.

L'araignée a tissé sa toile.

Aux abords du Stade, la voiture ralentit. Bilal Hadfi, Ali al-Iraqi et Ukasha al-Iraqi, dont Salah remarque les visages cireux, en descendent. Salah cherche le regard de Bilal. « Vas-y et tu reviens », lui dit-il.

Aucun d'entre eux n'a oublié de porter le costume du parfait supporter. Bilal, aux cheveux ramassés en queue-de-cheval, est en survêtement Adidas : pantalon bleu foncé aux bandes rouges sur le côté et veste blanche marquée de rouge le long des manches. Aux pieds, des baskets blanches. Ahmad al-Mohammad arbore un sweat à capuche bordeaux, une chemise à petits carreaux rouges et blancs sur un tee-shirt noir, un pantalon beige, des chaussures de sport Adidas noires et blanches. Mohammad al-Mahmod porte un haut de survêtement rouge à bandes rouge foncé du club de football du Bayern de Munich.

Seul Salah n'est pas aux couleurs du Stade. Vêtu d'une doudoune bleu marine à capuche et d'un pantalon gris, il détonne. Il ne s'est pas habillé pour moisir ici.

Il redémarre, prétextant d'aller se garer un peu plus loin.

Pour les Irakiens, rien d'anormal. Ils ont les yeux fixés sur leur mort.

En moins d'une heure, le stade s'est gonflé de soixante-douze mille personnes. La majorité est arrivée par les transports en commun et a pu franchir les grilles du stade dès 19 heures. Salah est impressionné par la taille de l'enceinte où il n'a jamais mis les pieds et son dispositif de sécurité. Délimité par de hautes grilles, le bâtiment compte dix-huit accès – A, B, C, D, E, G, H, J, K, L, N, R, S, T, U, X, Y et Z – ouvrant sur le parvis de l'arène.

Devant chaque porte, des barrières sont destinées à canaliser les spectateurs en vue d'un premier filtrage par deux agents de sécurité. Ensuite, un tripode, sorte de tourniquet métallique, s'ouvre si le billet est valide. Ce soir-là, cent quarante et un tripodes sont utilisés et mille agents chargés de la sécurité. Une fois cette étape franchie, chaque spectateur est fouillé au corps.

Salah est frappé par l'ambiance festive qui règne autour du stade : les visages colorés en bleu-blanc-rouge, les adolescents un hot-dog à la bouche, les vendeurs ambulants de drapeaux et d'écharpes tricolores. Peu à peu, l'avenue Jules-Rimet se clairsème.

Devant l'entrée L, Bilal aborde un vigile et cherche à entrer. Salah sait que ni lui ni les deux autres n'ont de billets. C'était à lui de s'en occuper mais les dernières semaines tout a été si vite. Comment gérer les détails ? Personne de l'organisation islamique foutraque n'y a non plus veillé. L'accoutrement oui, mais pour le reste…

« Vous rentrerez comme des clients avec vos ceintures explosives », leur avait-on dit. Stupidement.

L'improvisation et la bêtise ont leurs fenêtres de survie.

Derrière son pare-brise, Salah voit le vigile refuser une première fois l'entrée du stade à Bilal qui ne cherche pas à forcer le passage. Il n'y a pratiquement plus de spectateurs devant les entrées. Aucun des deux Irakiens ne parle français. Aucun ne pourra pousser le premier portillon ni le tourniquet électronique, ni passer le cap de la fouille corporelle. Salah mesure l'infranchissable auquel il n'avait pas voulu penser avant. Y avait-il aperçu sa propre chance ?

« Ça sent mauvais... » Il commence à paniquer. Pourquoi avoir fait partir les commandos au même moment ? Au Stade, on aurait dû y aller plus tôt, on ne peut plus attendre la fin du match. Ailleurs, les autres ont commencé, il faut que *nos explosions* aient lieu à l'heure prévue.

Salah voit les trois kamikazes faire les cent pas devant les portillons. « C'est quoi ce désert ! » Le temps pèse soudain très lourd. Des souvenirs montent en lui comme un poing prêt à frapper.

Il se revoit avec Abaaoud en 2010 au soir de leur braquage raté, dans ce misérable garage automobile, incapables de voler la caisse.

Les yeux de Salah piquent comme il y a quelques mois dans l'appartement d'une de ses victimes homosexuelles. Son complice avait mal orienté la bombe lacrymogène. Nous y voilà à nouveau. Fiasco.

Ce braquage comme ces guets-apens devant quoi il avait échoué hier, voici qu'après des mois il s'y trouvait à nouveau rejeté.

20 h 55, les hymnes nationaux retentissent dans le Stade.

Salah remarque les clients attablés en terrasse et à l'intérieur du McDonald's. Des agents de la gare du RER prennent leur repas aux côtés de familles serbes et françaises.

21 heures, coup d'envoi du match.

21 h 1, Salah remarque que Bilal téléphone, un peu à l'écart de ses deux complices. Il doit appeler Abaaoud et lui demander comment faire pour entrer sans billet. Au total, ils s'appelleront neuf fois. Comment passer les portillons et les fouilles au corps ? « Ça va chauffer pour moi », pense Salah. Le projet de se faire sauter s'éloigne à toute vitesse. Le charme est rompu.

21 h 7, l'ordre est donné de fermer les grilles. Seules quatre sur les dix-huit portes restent ouvertes pour les retardataires.

21 h 17, détonation en face de la porte D, à quelques mètres de la voiture de Salah. Il voit le corps d'Ahmad al-Mohammad

voler en éclats. Des gens affolés courent loin des fumées noires. D'autres, brûlés, troués, fracturés, démembrés, parsemés de morceaux de chair, restent cloués au sol.

Panique et misère. Le cœur de Salah s'accélère.

Dix minutes plus tard, nouvelle détonation. Le second Irakien vient de se faire exploser à quelques mètres de la porte H. Bilal Hadfi ne voit pas mais entend.

Dans le dossier d'instruction, une femme témoigne : après la seconde explosion, elle a vu un homme au téléphone à côté d'une voiture noire sur la bande d'arrêt d'urgence de l'esplanade, regardant vers le parvis. À quelques mètres de lui, elle entend ses mots : « Colis posé ».

Des policiers et des secouristes prennent en charge la dizaine de blessés dont certains en urgence absolue – arrêt cardiaque, écrous dans le thorax, le dos, entre le cœur et les poumons, fractures ouvertes, multiples plaies – et le corps sans vie de Manuel Dias, chauffeur d'un car de supporters, soixante-trois ans.

Aucun pansement, aucun garrot ce soir-là ne guérira les âmes pétries dans le sang et les larmes.

Salah Abdeslam démarre et s'enfuit loin de la chair.

Il n'entendra pas les premiers tirs des terrasses à 21 h 22. Il ne sera pas au côté de son frère Brahim à 21 h 41 quand il se fera exploser au café le Comptoir Voltaire. Il ne recevra pas le dernier texto du commando du Bataclan envoyé à 21 h 42 : « On est parti on commence. » Il ne sera pas au Stade de France à 21 h 45 pour entendre les clameurs de la foule quand les Bleus marquent leur premier but. Il ne répondra pas aux appels de Bilal. Il ne le verra pas tenter d'entrer à nouveau par une autre porte à trois reprises. À 21 h 53, Salah Abdeslam sera loin de son ami quand celui-ci jouera son va-tout en déclenchant sa ceinture devant le McDonald's.

Les écrans graves s'élèvent en un chœur qui emplit la nuit. Salah Abdeslam roule au hasard, l'effroi au ventre.

135

MATIN DU MONDE

— *Qu'est-ce qu'on a fait ?* Te souviens-tu de cette phrase insensée que tu as prononcée au lendemain des attentats ? me demande Monia. Comme si on endossait une responsabilité immense.

Un enfant pris dans la violence s'en sent toujours coupable. Une société aussi parfois.

Fillette, j'ai souvent vu ma mère alitée. Allongée comme sur une pente qu'elle semblait résolue à descendre jusqu'au bout ; le chemin des ombres qu'elle dévalait tout droit. Elle alternait entre immense faiblesse et crise de rage. Mon effroi apaisé pour quelques heures, j'osais lui déposer des dessins de grands feux au pied de son lit. Je voulais calmer les tremblements de son corps, la réchauffer du froid qui semblait la parcourir. Je donnais du pouvoir à mes dessins et aux mots griffonnés sur le papier. Je les croyais capables de guérir ma mère, d'en déchiffrer le secret et de lever le poids des malédictions.

Il y a quinze ans, le psychiatre qui lui évita l'internement m'a suggéré de lire *L'avenir dure longtemps* de Louis Althusser, ovni littéraire à l'enjeu presque intenable : soulever la « pierre tombale du silence » posée sur lui depuis le meurtre de sa femme en pleine crise de folie. *Allez voir, c'est pour vous.* Ce texte deviendra mon sujet de DEA.

À l'époque déjà, je cherchais derrière le silence et les atrocités. À travers la démarche du philosophe banni qui ne se résignait pas au silence dans lequel un non-lieu l'avait plongé, je m'approchais du mal qui rongeait ma mère « disparue » à elle-même. Quelque chose du lien à elle m'emmenait déjà de l'autre côté de la barrière, à l'origine des coups.

« Le désir de tuer [...], écrivait Althusser, ou de se détruire et de tout détruire autour de soi, est toujours doublé d'un immense désir d'aimer et d'être aimé [...], d'un immense désir de fusion avec l'autre. »

À sa façon, ma mère l'exprimait aussi. Son désespoir apparaissait comme l'envers de son amour. Sa violence, le passage obligé de son cœur. Combien de temps faut-il pour désapprendre ce qui nous a construits ? La terreur n'est pas le verso de l'amour. Et l'amour ne se définit ni par la destruction ni par la fusion.

La violence paroxystique du 13 novembre 2015 m'a fait revivre l'épouvante de mon enfance, au moment même où j'allais donner la vie. Les cris de ma mère semblaient aussi un chant d'amour pour l'enfant que j'étais. J'ai désespérément cherché à entendre siffler ce bruit de mort et d'amour dans la nuit terrible ; en flairer les traces dans la vie du terroriste sous les pas duquel je me suis jetée. Dans les yeux vides d'un homme des enfers qui nous a regardés comme si nous étions des statues de pierre, se dressait une femme à l'amour sans bornes. Orgueilleuse et farouche, encore pâle des meurtres atroces, Nour s'est tournée vers moi. Elle savait mieux que son fiancé Salah Abdeslam combien l'homme n'est divin que dans l'amour. Elle s'est reposée sur mes pages de toute sa peine. Elle est descendue dans son histoire comme au fond d'une mine. Par là, elle cherchait à survivre à la honte. Écrire a été ma manière de l'asseoir, de lui mouiller le front et de lui apporter à boire. J'ai aussi voulu la faire gagner sur lui. Qu'elle devienne une Géante dans le soleil du matin.

Il faut savoir vaincre la violence, si l'on veut vivre.

Ma course folle entre Molenbeek, Fleury-Mérogis et Paris m'a emmenée vers des lieux anciens, à la fois sombres et désirés. Sans doute parce qu'on ne se résout jamais à ce qu'une mère ne soit en état d'aimer ; qu'une bouche de cris se gonfle de tendresse, que des mains caressantes tournent à la colère.

Comme dans un labyrinthe souterrain d'émotions, je me suis empressée de retrouver la terre connue de l'enfance. Pour ne jamais éteindre le chant de ma mère, ce chœur de femmes et d'hommes – éducateurs, juges, policière, imam, rabbin, prêtre, psychologues, historien, journalistes, avocats, habitants de Molenbeek – a continué de me bercer par leur récit de violence.

Seule l'expérience de la langue m'a sortie de l'ornière. M'a évité la moindre compassion à l'égard du meurtrier. Lire et écrire ont été pareils à un amour ne cherchant ni à m'épargner ni à me protéger mais désirant mon bien, à la fois inconnu et familier.

À cause du mal qui éclipsait ma mère, j'ai longtemps cherché les mots à même de la soulager. Quitte à m'oublier et à anesthésier la terreur qu'elle me faisait éprouver. Mes mots, cette fois, n'ont pris personne dans leurs bras. J'ai voulu tout affronter et tout dire.

Écrire sur Salah Abdeslam, un homme sans ethos pour qui l'opportunisme a tenu lieu de tout, a été ma manière d'affronter la violence, les yeux ouverts et parée de la langue.

Intérieurement, l'enfant accepte les fureurs de sa mère. Il accepte tout de celle qui est tout. Devenu adulte, une part de lui bataille avec ses souvenirs, une autre trouve à s'apaiser car la maladie rend intelligible la violence qu'elle produit. Socialement, il est juste que le droit reconnaisse l'irresponsabilité d'un individu en souffrance psychique. C'est le cas en France depuis 1838. Salah Abdeslam se trouvait, lui, en pleine possession de ses moyens. Il était, comme l'énonce le Code pénal, en état de responsabilité.

Le laisser-aller d'une éducation, une politique laxiste et clientéliste, des héritages de violence, les pièges de la rue, l'appât du gain, le ravage des mères, l'école désastreuse, les solidarités toxiques, des pactes entre rois, la corruption, le relativisme éthique, une idéologie totalitaire et des déconvenues sentimentales relèvent-ils un homme de sa responsabilité ? Non.

Salah Abdeslam a fait le choix de participer au massacre du 13 novembre pour exister en tant qu'individu. Comprendre, comme j'ai tenté de le faire, n'est pas déresponsabiliser. Faire partie du genre humain ne signifie pas non plus s'assimiler à lui.

Mon entreprise littéraire n'a pas été sans obstacles. La maladie mentale d'un individu comme le silence d'un assassin ou les dénis de son entourage trouent les récits. *L'avenir dure longtemps* est fait d'ellipses de la mémoire. Les témoignages réunis autour de Salah Abdeslam ont leur propre manque. Il m'a parfois été impossible de conduire plus loin mes interlocuteurs. Mais les silences n'étaient pas de même nature. Louis Althusser était en pleine crise de démence quand Salah Abdeslam participait à une tuerie en conscience.

Ce dernier a choisi la violence comme récit de vie et manière d'exister. L'être humain s'inscrit dans une histoire sans majuscule, une histoire personnelle qui le relie aux autres. Lui n'a rien voulu voir en l'autre qu'un reflet de lui-même.

Nos propres mots peuvent-ils nous guérir de ceux qui se taisent ?

Tenter de dire ce qui est tu ne rendra rien à personne. La violence ne sera pas absoute, les morts ne seront pas rendus aux vivants. La violence portée l'est à jamais. Mais en retraçant les faits, en reliant les fragments de connaissance, l'écriture crée du sens, sans dénier à l'individu son droit à la justice.

Écrire sur la violence est une manière de continuer à se civiliser avec elle. C'est être convaincu qu'on peut la transformer. C'est savoir, au plus loin en soi, qu'au cachot de l'innommable la violence se perpétue.

Il faut affronter la langue de la violence. La consigner, la scruter et en déceler le fiel, ici l'idéologie politico-religieuse à l'œuvre, est un moyen d'en prévenir les assauts. Au cours de mon enquête, j'ai compris à quel point écouter la langue permettait de mieux comprendre la nuit. On commence par résister à ces voix. Elles remettent en cause trop de choses essentielles. Un jour, on décide d'écouter jusqu'au bout ce qu'elles ont à nous dire des legs de violence, du récit enfoui de la Seconde Guerre mondiale et de la guerre d'Algérie. Le vrai voyage, impitoyable, débute alors, dont le seul risque est d'en sortir renouvelé et de prendre pied autrement dans le jour. Car la terreur écrite est une terreur vaincue.

Se laisser traverser par les bouleversements du monde et ceux plus intérieurs, prendre du recul pour les regarder par tous les bouts, en découvrir la langue, en remonter les fleuves, en explorer les bas-fonds est peut-être une des conditions intimes et collectives à toute métamorphose. Celle capable d'enfanter l'avenir.

REMERCIEMENTS

Les « romans-vérité » comme les a baptisés Truman Capote empruntent à la littérature dans la construction du récit et ses intuitions, mais aussi au journalisme et au reportage, leur point d'ancrage est un fait réel. *De sang-froid*, le grand livre du genre, révèle les vrais noms des témoins rencontrés par l'écrivain américain – en dehors de trois personnes. J'ai dû pour ma part y renoncer presque entièrement. Un fait divers n'est pas un attentat djihadiste dont le feu continue d'embraser. Celles et ceux qui se sont ouverts à moi sans faux-fuyants ont eu besoin de la protection de leur anonymat pour le faire. Qu'ils se sentent tous ici remerciés : éducateurs, responsables d'association, avocats, documentaristes, imam, rabbin, prêtre, psychologues, journalistes, intellectuels, policiers, juges et habitants de Molenbeek.

En dehors des noms, tout ce que j'ai consigné ici est vrai : les rencontres, les questions, les propos, les impressions, les doutes, les lectures, les reconstitutions et les intuitions.

Merci à mes éditeurs à qui ce livre doit son point du jour.

Merci à mon agent littéraire, Ruby, pour son aide déterminante.

Merci à mes alliés pour leur écoute, leur relecture, leur hospitalité à Bruxelles, leur conseil, leur patience et leurs objections qui m'ont aidée à aller au bout de ma démarche.

Merci enfin à ma famille qui a supporté les hauts et les bas de mon entreprise pendant cinq ans et m'a témoigné son indéfectible soutien.

Mise en pages :
rue.des.malassis@free.fr

*Reproduit et achevé d'imprimer
par Normandie Roto Impression s.a.s.
en juillet 2021.
Numéro d'imprimeur : 2103541.*

Imprimé en France.

PEFC
10-31-2541
Certifié PEFC
Ce produit est issu de forêts gérées durablement et de sources contrôlées
www.pefc-france.org

IMPRIM'VERT